인간의 욕망과 기독교 복음
- 정신분석학으로 성서 읽기 -

프랑소와즈 돌토 지음
김성민 옮김

한국심리치료연구소

Les évangiles et la foi au risque de la psychanalyse
- la vie du désir -

by Françoise Dolto

Copyright ⓒ 1996 by Editions Gallimard
All rights reserved

Korean Translation copyright ⓒ 2000
by The Korea Psychotherapy Institute

본 저작물의 한국어판 저작권은
Editions Gallimard와의 독점계약으로
한국어판권을 한국심리치료연구소가 소유합니다.
저작권법에 의하여 보호를 받는 저작물이므로
무단전제와 무단복제를 금합니다.

인간의 욕망과 기독교 복음

발행일 • 2000년 5월 20일
지은이 • 프랑소와즈 돌토
옮긴이 • 김성민
펴낸이 • 이재훈
펴낸곳 • 한국심리치료연구소
등록 • 제 22-1005호(1996년 5월 13일)
주소 • 서울시 서초구 반포동 47-5 (낙도빌딩 5층)
Tel • 3477-6187, 6188   Fax • 3477-6189
www.PTI21.org

값 25,000원

ISBN 87279-15-4 93180

인간의 욕망과 기독교 복음
- 정신분석학으로 성서 읽기 -
Les évangiles et la foi au risque de la psychanalyse
- la vie du désir -

역자 서문

　현대인들이 체험하는 하나님의 이미지는 과거 사회인들의 그것과 달라서, 현대인들은 이제 더 이상 교회에서 가르치는 대로 하나님께 복종하고 경외만 하기보다 그들에게 있어서 하나님은 누구이고, 어떻게 체험되는지 탐구하게 되었다. 그래서 프랑스의 신학자 B. 로레와 F. 르풀레는 현대신학 역시 이러한 정신적인 상황에 맞추어 과거처럼 교의학적이고 조직적인 연구보다 해석학적이고 심리학적인 연구 경향을 띠게 되었다고 주장했는데, 그것은 성서 연구에서도 마찬가지다. 성서신학 역시 그 전처럼 신약성서에서 나타나는 그리스도의 모형과 구약성서에 어떻게 나타났는지를 따지는 유비적인(allegorical) 해석이나, 해당 본문은 누가, 언제, 어떤 목적에서, 어떤 독자들에게 기록하였으며, 그 본문이 정말 말하려고 하는 것은 무엇인지를 따지는 역사비평, 양식비평에서 벗어나 심리학적인 해석이 1970년대 말부터 시작된 것이다. 그런 가운데서 지난 1977, 1978년 나온 프랑스와즈 돌토의 『인간의 욕망과 기독교 복음』은 이런 현대인들의 정신적 욕망을 헤아리고, 그에 부응하는 최초의 시도 가운데 하나이며, 그 이후의 성서에 대한 심리학적 해석에 많은 영향을 끼쳤다. 더구나 돌토는 신학자가 아니라 그의 진료실에서 수많은 정신과 환자들을 돌보면서 인간은 누구이고, 현대인들이 정말로 바라는 것이 무엇인지 살펴보았기 때문에 더욱더 가치가 있다. 사변의 산물이 아니라, 실제적인 연구이기 때문이다.

돌토는 1908년 11월 6일 빠리의 전형적인 중산층 가정에서 태어났지만 어머니의 우울증과 엄격한 교육 때문에 그렇게 행복한 어린 시절을 보내지 못하였다. 특히 그녀가 12세가 되던 해 언니가 죽었는데 언니의 죽음이 그녀가 하나님께 기도를 잘 하지 못했기 때문이라는 어머니의 말 때문에 돌토는 깊은 죄의식을 가지게 되었다. 자기는 어리기 때문에 기도를 잘 하지 못하는데, 어머니 말대로 언니는 꼭 자기 때문에 죽었다는 생각이 들었기 때문이다. 어른들의 사려 깊지 못한 말은 얼마나 어린이들의 영혼에 상처를 입히며, 어른들은 또 얼마나 그런 말과 행동을 하고 있는가! 그 후 돌토는 어머니와 내내 불화 관계에 놓이고, 어머니와의 관계를 회복하지 못하였다. 돌토는 이때의 충격 때문에 나중에 정신분석을 받게 되고, 정신과 의사가 되어 어린아이들의 정신적인 고뇌를 치료해주게 되었다. "어머니는 자기 어머니와 정반대로 우리들을 가르쳤다. 우리들에게 죄의식을 심을 만한 행동을 전혀 하지 않았던 것이다"라는 그녀의 딸 꺄트린느 돌토-똘리취의 말은 이때의 상처가 얼마나 깊었는지 알게 하기에 충분하다.

진료실에서 어린이들의 정신적인 고뇌를 치료하면서 그녀는 이 세상의 부모들이 너무 자기 아이들을 소유하려고 하며, 그들에게 고통을 준다는 사실을 절감하게 되었다. 아이들을 하나의 인격체이며, 자기 삶의 주체로 되게 하지 못하고, 부모의 틀 속에 집어넣고, 아이들이 부모들 대신 부모들의 가치관을 가지고 이 세상에서 살기를 원하거나, 아이들이 실패했을 때 부모가 아이들 대신 분노하여 아이들이 스스로 느끼고, 행동하지 못하게 하는 바람에 아이들이 자발성을 잃고 나약해지는 것을 너무 많이 보았던 것이다. 그래서 돌토는 기회가 있는 대로 논문이나, 세미나나 방송을 통해서 아이들이 그들의 주체를 찾을 수 있게 해야 한다고 강조하였다.

돌토는 어린아이들을 진료하면서 인간에 관해서 더 깊이 이해하게 되었고, 나중에 J. 라깡과 함께 프랑스 정신분석학계에서 주도적인 위치를 차지하게 되었다. 그래서 수많은 논문, 저서, 강연을 하면서, 1953년 파리 정신분석협회와 갈등을 빚게 되자 라깡과 함께 프랑스 정신분석협회를 만들었고, 1963-64년 다시 파리 프로이트협회를 만들면서 프랑스 정신분석운동을 이끌었다. 그러는 동안 1941년 보리스 돌토와 만나 결혼하고 2남 1녀를 낳아 그녀의 자녀들에게 아주 좋은 엄마가 되었다. "나는 내 진료실에서 나가자마자, 다른 모든 여자들처럼 바쁘고 분주한 아주머니가 된다." 그녀는 오랜 세월 여러 가지 활동을 하다가 70세가 되던 1978년 모든 공적인 활동을 그만 두고 집필활동과 어린이 진료에만 전념하다가 1988년 폐렴에 걸려서 80세에 세상을 떠났다.

돌토는 『도미니끄의 사례』, 『삶의 어려움』, 『욕망으로부터 놀이로』, 『몸의 무의식적인 이미지』 등 많은 저작을 남겼는데, 그 속에서 그녀는 사람에게는 욕망이 있으며, 정신적인 문제가 생기는 것은 부모와 자식 사이에 도착된 무의식적 역동성 때문이라고 주장하면서 그 문제를 해결하려면 부모와 자식 모두가 그들의 주체(subject)가 진실로 원하는 차원에서 주체의 진실을 회복하게 해야 한다고 주장하였다. 사람들이 그들의 내면에 있는 진정한 욕망이 무엇인지 깨닫고, 그 욕망을 실현시켜야 한다는 것이다. 그러나 그녀가 주장하는 욕망(desire)은 단순한 신체적 욕구(need)와 다르다. 배고프면 먹고, 목마르면 마시는 등 우리 몸에서 생기는 호르몬의 작용이나 외부적인 자극 때문에 신경에 긴장이 조성되고, 그 긴장을 풀려는 것이 아니라 다른 사람과 함께 삶을 나누고, 의사소통을 하며, 관계를 맺으려는 것이 더 근본적인 것이라는 주장이다. 그러나 사람들은 얼마나 단순한 쾌락만 가져다주는 욕구에 매달리고 있는가? 또는 그런 욕구의 충족이 두려워서 아예 욕망까지도 억압하고 있는가? 후자의 경우를 돌토는 특히 기독교인들에게서 많이 보았다. 율법과 죄와 죄의식 때문에 기독교인들은 자신의 욕망을 닫아걸고, 이 세상에서 살려고 하지 않는데, 그녀의 어머니가 대표적인 사람이었다. 그러나 돌토는 욕구를 충족시키는 것이 잘못된 것이라고 생각하여 욕망마저 억압한다면, 그것은 더욱 잘못이라고 주장하였다.

하지만 사람들이 욕구에만 몰두해도 문제는 생긴다. 인간의 전체성이 손상되기 때문이다. 욕구는 언제나 우리 몸의 전체성과 상관없는 부분적인 욕망이다. 그러므로 사람들이 부분적인 욕망에 매달릴 때, 그들은 그들 자신은 물론 그들이 관계하는 대상도 부분적인 존재로 만들게 된다. 그를 전체적으로 받아들이며 진정한 나눔을 가지지 못하고, 그의 한 부분밖에 만나지 못하는 것이다. 이런 삶에서 진정한 의미와 기쁨은 기대할 수 없다. 기껏해야 부분적인 쾌락밖에 얻지 못한다. 그러므로 우리 삶의 근본적인 의미는 우리가 부분적인 욕망에 사로잡히지 않고 전체적인 욕망을 실현시키고 다른 사람들과 진정한 관계를 맺는데서 찾을 수 있다. 그때 우리는 하나님에게 더 가까워지고, 하나님의 모습을 이 세상에 비출 수 있게 된다. 그래서 돌토는 이렇게 말하고 있다. "하나님의 불꽃들인 다른 사람들을 더 많이 당신 주위에 모은다면, 당신은 그만큼 더 하나님과 의사소통을 많이 할 수 있습니다. 그리고 당신이 그 불꽃들을 더 잘 모은다면, 당신은 하나님의 빛을 더 잘 비출 수 있습니다." 이것이 돌토가 『인간의 욕망과 기독교 복음』을 통해서 모든 사람들에게 말하려는 메시지이다. 그녀 자신이 오랫동안 그리스도인이며 정신분석가로 활동하면서 깨달은 진리이기 때문이다. 그러나 많은 사람들은 성서를 읽으면서 문자에 매달려 자기 어머니처럼 자신의 진정한 욕망을 억압하고, 좁디좁은 울타리에 갇혀서 사는데, 20세기가 다 저물어 가는 현시점에서도 마찬가지다. 그 질곡으로부터 나와서 해방되어야 하는 것이다.

이 책은 처음에 쐬이유 출판사에서 두 권으로 된 문고판 도서로 『정신분석학의 위협앞에 선 기독교 복음』(L'Evangile au risque de la psychanalyse) I, II으로 출판되었다가, 『정신분석학의 위협 앞에 선 기독교 신앙』(La foi au risque de la psychanalyse)과 합쳐져서 1996년 갈리마르 출판사에서 『정신분석학의 위협 앞에 선 기독교 복음과 신앙』(Les Evangiles et la foi au risque de la psychanalyse)이라는 이름으로 증보(增補)되어 출판되었다. 그래서 1996년에 갈리마르 출판사에서 나온 책에는 그 전에 나온 세 권의 책에 없던 논문 다섯 편과 끌로드 발디-물리니에가 쓴 정신분석학적인 주와 주석학적인 주가 덧붙여졌다. 쐬이유 출판사는 기독교 계통의 출판사이지만 갈리마르 출판사는 프랑스 굴지의 문예출판사인데, 쐬이유 출판사에서 나온 책이 갈리마르 출판사에서 재편집되어 나왔다는 것은 그만큼 이 책이 폭넓은 독자들에게 호응 받았기 때문이라는 사실을 보여준다. 그래서 이 책은 영어, 독어, 이탈리아어 등 수많은 언어로 번역되어 전세계 수천만 명의 독자들에게 읽히고 있으며, 앞에서도 언급했듯이 성서를 심리학적으로 읽으려는 현대 신학계에서도 주목받고 있다. 본 역서는 1977, 78년 출판된 책을 대본으로 하였으나, 1996년 갈리마르에서 출판된 책을 참고로 하여 갈리마르 판에 있는 다섯 편의 논문과 정신분석학적인 주, 주석학적인 주를 모두 번역, 수록하였다. 그러나 『정신분석학의 위협 앞에 선 기독교 신앙』은 1999년 11월 "다산글방"에서 번역, 출판되었기 때문에 본서에는 수록하지 않았고, 이 책이 중판이 될 때 함께 수록하기로 하였다. 한편 번역을 하면서 주석학적인 주는 갈리마르 판과 달리 각주로 처리하였고, 정신분석학적인 주만 미주로 처리했는데, 각주와 구별하기 위해서 1*, 2* 등으로 번호를 붙였다. 때때로 본문의 이해를 돕기 위해서 정신분석학 개념을 "역자 주"를 통해서 설명하였다.

우리 나라에서 자끄 라깡에 관해서는 1990년대 중반부터 소개되기 시작되었지만, 돌토에 관해서는 아직 많이 알려져 있지 않다. 도서출판 샘터에서 나온 『아이가 태어나면』(최혜륜 역), 도서출판 백의에서 나온 『프로이트에서 라깡까지 위대한 7인의 정신분석가』(이유섭 외역)의 한 부분과 다산글방에서 나온 『정신분석학의 위협 앞에 선 기독교 신앙』(김성민 역)밖에 없는데, 그녀의 책 중 『삶의 어려움』(La difficulté de vivre) 같은 책이 나오면 우리 사회에 많은 도움이 되리라 생각한다. 이 책은 역자가 한 학기 동안 대학원에서 "심층심리학과 성서해석"이라는 제목으로 강의할 때 참고문헌으로 사용했는데 학생들의 반응이 좋아서 번역하기로 마음먹게 되었다. 교회에서 성경공부를 하거나, 설교를 준비할 때도 사용될 수 있을 터이고, 무엇보다도 먼저 삶의 깊은 의미를 찾고, 자신의 내면에 관해서 탐구하려는 사람들에게 좋은 안내서가 될 것이다.

돌토가 삶을 바라보는 시각은 참으로 따뜻하다. 모든 것을 긍정하고, 사람들에게 죄의식을 결코 주지 않으려고 하며, 자신도 사람들을 그런 눈으로 바라본다. 그러면서 삶에서 불가피하게 찾아오는 좌절 때문에 쓰러지고, 아파하는 사람들을 안타까운 마음으로 품어주고 일으켜 세우려고 한다. 참으로 "삶에는 어려움"이 너무 많기 때문이다. 우리는 이 책을 읽으면서 돌토의 손에 이끌려, 우리 삶과 욕망의 진실을 깨닫고, 그 삶을 조용한 눈으로 관조할 수 있을 것이다. 이 책이 나오도록 도와준 한국심리치료연구소 이재훈 박사님과 교정과 색인 작업 등 여러 가지로 애써준 이은경, 신은정 님에게 감사드린다.

             2000년 5월 어버이날에,
             修裕堂에서 김 성 민.

목 차

역자 서문 ……………………………………… 5
서 문 …………………………………………… 15
서 언 …………………………………………… 23

   1 예수님의 가정 ………………………………… 33
   2 성전에서 ……………………………………… 49
   3 어린아이 같이 되라 ………………………… 56
   4 갈릴리 가나의 혼인잔치 …………………… 66
   5 십자가 아래 ………………………………… 77
   6 성서에 나오는 부활 기사들 ………………… 84
   7 향유를 부은 여인 …………………………… 163
   8 선한 사마리아 사람의 비유 ………………… 173
   9 이방여인 ……………………………………… 213
  10 잃어버린 양과 드라크마 …………………… 220
  11 사마리아 여인 ……………………………… 239
  12 돌아온 탕자의 비유 ………………………… 266
  13 간음한 여인 ………………………………… 290
  14 바리새인과 세리 …………………………… 321

15 부자와 나사로 ················· 340
16 예수님의 깨어남 ················· 379
17 변화산에서의 예수님 ················· 419
18 간질병 걸린 어린이 ················· 424
19 달란트의 비유 ················· 432
20 정직하지 않은 청지기 ················· 439
21 어린이의 영적인 각성 ················· 447

미 주 ················· 475
성서본문 색인 ················· 489
주제 색인 ················· 491

서 문

　이 책은 어떤 성격의 책인가? 이 책은 프랑스의 정신분석가 프랑소와즈 돌토가 복음서를 읽으면서 그녀의 내면에서 깨달음을 불러일으키면서 메아리치게 했던 생각들을 담은 것이다.

　이 책은 본래 세 권으로 출판되어 나왔고 아홉 개의 언어로 번역되어 전세계에서 수천만 명의 독자들에게 관심을 불러일으켰던 책이다. 이 책은 거의 20년 동안이나 세 권으로 따로 따로 나뉘어져 있었지만, 새로 개정된 이 책에서는 그동안 발표되지 않았던 부분들까지 덧붙여져서 내용이 더 충실해졌고, 한 권으로 묶여져서 독자들에게 더 편리하게 다가가게 되었다.[1]

　같은 곡이라도 교향악단의 지휘자에 따라서 서로 다르게 해석

---

[1] 이 책은 그동안 단권으로 출판되었던 『정신분석학과 복음서 해석』 I, II와 『정신분석학과 기독교 신앙』(이 책은 다산글방에서 『정신분석의 위협 앞에 선 기독교 신앙』이라는 제목으로 번역 출판되었다)에서 찾아볼 수 없는 "변화산에서의 예수님", "간질병 걸린 어린이", "달란트의 비유", "부정직한 청지기", "어린이의 영적인 각성" 등이 첨가되어 한 권으로 나오게 되었다.

되어 연주되듯이, 서구 문화 건립의 기반이 되는 복음서 역시 그
것을 읽는 사람들의 감수성과 개인적인 삶의 역정(歷程)과 학식
에 따라서 무한히 다양하게 읽힐 수 있으며, 언제나 새로운 기운
을 불러일으킬 것이다. 이 책은 기록된 말씀에 대한 책으로 이
세상에 다시 나타나게 되었다. 그러므로 독자들은 이 책에서 무
궁무진하고 고갈되지 않은 광맥과 자기 자신들에 대해서 말하는
언어를 찾아볼 수 있으며, 자기 삶과 존엄성을 새롭게 창조하게
하는 언어를 발견하게 될 것이다.

　프랑소와즈 돌토는 수년 동안 복음서들을 그런 방식으로 읽
고, 거기에 대해서 묵상하였다. 그녀는 가톨릭 가정에서 자란 기
독교인이었는데, 결혼을 하면서 정교회와도 접하게 되었다. 또한
그녀는 정신분석가였다. 그래서 그녀는 정신분석가이면서 동시에
한 사람의 신앙인으로 신약성서를 펼쳐보았다. 한 가지 더 첨가
할 것은 그녀가 이 세상을 살면서 쌓은 경험이 있다는 것이다.
그래서 그녀는 "여기에 사십 년 동안이나 내가 일해온 것들이
들어있다"고 자주 말하곤 하였다. 그녀는 처음에 간호사로 삶을
출발하였고, 그 다음에 소아과 의사와 정신분석가가 되었으며,
한 가정의 어머니가 되었다. 그녀에게는 책만 읽는 책벌레 같은
모습이 하나도 없으며, 학문의 새로운 사조에 정통하고 있다. 그
녀가 펴낸 수많은 책들이나, 그녀가 주관하는 세미나는 그녀가
얼마나 박학하며, 그녀의 이론과 연구가 얼마나 깊이 있는지 증
언해준다.

　그녀가 복음서를 읽는 방식은 다른 모든 사람들이 어떤 존재
나 사물을 관찰할 때 그러는 것처럼 그녀가 처해 있는 시간, 공
간 및 존재 방식에 따라서 어느 정도 제한이 있을 것이다. 다시
말해서 그녀 역시 그렇게도 읽을 수 있다는 한 가지 관점을 보
여주고 있다. 그녀의 관점만이 유일한 것이고, 틀림이 없는 것이

라고 주장할 수는 없다. 그녀는 이렇게 말한 적이 있다: "내가 어떤 진리라도 지닌 것처럼 내 독자들이 내가 말한 것들을 되뇌이면서 나를 모방하려고 한다면 그것은 내 의도와 전혀 다른 것이 될 것입니다."

프랑소와즈 돌토는 학파를 만들려는 생각이 전혀 없었다. 그녀는 "마치 한 사람의 미개인이며 이방인인 사람이" 복음서를 알게 되고, 복음서에서 대부분의 경우 무의식적이지만 살아있는 힘이 계속해서 뿜어 나온다는 사실을 발견하고 느끼는 기쁨에 대해서 말했던 것이다. 그래서 그녀는 "예수님은 어떤 것이든지 스스로 그렇게 되어야 하는 것에 관해서 말씀하셨다고 사람들은 생각하지만, 사실은 그렇지 않습니다. 예수님이 말씀하신 것은 오히려 무의식 안에서 일어나는 일들입니다. 예수님은 모든 사람들, 즉 부자나 가난한 사람들이나 젊은이들, 늙은이들에게서 … 욕망이 역동적으로 실현되도록 하셨습니다"라고 말한 적이 있다.

모든 사람들은 그의 내면에 스스로 인간 발달을 이룰 수 없었던 나인 성 과부의 아들이나, 회당장 야이로의 딸들을 지니고 있다. "이런 일들은 오래 전에 사람들에게서 일어난 일들입니다. 그러나 오늘날 우리에게도 이런 일들이 이루어지고 있습니다"라고 그녀는 반복해서 말하였다. 똑같은 의미에서 예수님은 이렇게 말씀하고 있다. "그대가 만일 배고파하는 사람에게 먹을 것을 주지 않거나, 헐벗은 사람에게 옷을 입히지 않는다면, 그것이 바로 지옥이다."

그러므로 우리가 아무리 복음서를 정신분석학적인 입장으로 읽는다 할지라도 (이 책 제목이 말하는 것과 달리) 복음서는 우리에게 전혀 위협이 되지 않는다. 그런데 돌토는 그녀가 우리에게 영적인 계시를 주는 이 기록을 모두 다 이해할 수 있는 것은 아니라고 말한다. 또한 우리가 잘 알다시피 정신분석학은 인간의 심리에 관해서 다루는 학문이고, 그녀는 영적인 문제에 대해서 연구한 사람은 아니다. 그러므로 영(靈)이 진리에 대한 탐구나 정의에 대한 그 깊이를 헤아릴 수 없는 염원이나 아름다움에 대한 경배, 하나님과의 만남 등 우리 마음속 깊은 곳에서 움직이는 요청들에 모두 관계되고 있는데 반해서, 돌토는 복음서에서 이러저러한 모습으로 나타나는 태도나 행동이 왜 생기게 되었고, 어떻게 생기는가 하는 문제에 관해서 살펴볼 수 있는 관점들만 제공해주고 있다. 그러나 정신분석학에도 긍정적인 측면이 있는데, 이 책은 복음서에 무관심한 독자들에게 그 위험성을 경고하고 있으며, 그들이 복음서에 관해서 익히 알고 있던 것들이 다는 아니라는 사실을 말해주고 있다. 그래서 이 책의 제목이 『인간의 욕망과 기독교 복음: 라깡 정신분석학으로 성서 읽기』인 것이다.

프랑소와즈 돌토는 우리가 어떤 종교, 어떤 교파에 소속되어 있든지 간에 거기에서 벗어나서 이 본문을 읽는 새로운 방법을 알려주고 있다. 왜냐하면 복음서는 보편적인 것이기 때문이다. 예수님은 기독교인들에게만 속해있지 않다. 그래서 그는 모든 사람들에게서 일어날 수 있는 모든 일들을 보여주고 있다. 즉 그는 돈이나 물질이나 성공에 사로잡혀 있는 사람들이나, 자기의 개인적인 정신적 균형이나 자기가 속해 있는 집단의 정신적 균형이 깨어져서 부분적인 충동에 사로잡혀 고통을 당하는 사람들과 다른 사람들로부터 자기 자신을 닫고 있는 사람들이나, 상부상조나 또 다른 차원의 것들에 자기를 활짝 열어놓은 사람들 모두에게 말하는 것이다. 그는 우리의 소외, 해방, 부활, 각 사람들을 위한 우리의 우정 등에 대한 거대한 벽화를 그리고 있는 것이다.

예수님이 만일 어떤 집단—예를 들어서 말하자면 바리새인들—을 정죄했다면, 그것은 결코 그 집단에 속한 한 개인, 즉 자기의 욕망을 실현시키려고 애쓰는 사람을 정죄하는 것이 아니다.

왜냐하면 레옹 블르와(Léon Bloy)[2]가 "이 세상에서 비극이 있다면, 그것은 성자가 되지 못하는 것이다"라고 말했을 때, 어떤 모슬렘 교도가 "성자가 되려는 욕망은 가장 고귀한 욕망이다. 그러나 성자가 되려면 그보다 먼저 다른 모든 욕망들을 충족시켜야 한다"고 블르와의 말을 보충해주었기 때문이다.[3] 어떤 젊은 부자 청년의 이야기는 이것을 설명하는 예가 될 수 있다. 예수님은 그 부자 청년이 그의 재산들을 모두 포기할 수 없었다는 것을 결코 정죄하지 않았다. 모든 사람들에게는 그에게 알맞는 리듬이 있고, 그 리듬을 찾을 때에야 비로소 그 사람은 "지나갈 수 있는 통행인이 될 수 있기 때문이다"[4].

예수님이 보여준 이 계시는 그에게 위험한 것이 아닐 수 없었다. 그래서 그는 그 계시 때문에 죽게 되었다. 왜냐하면 그렇게 사는 것은 보통 사람들 사이에서 통용되는 율법과 다른 것이었기 때문이다. 율법을 따르는 일, 더구나 하나님의 율법을 따르는 일은 덕스러운 일이 아닌가? 그러나 복음서를 우리 몸으로 체험하는 것은 우리 안에 있는 욕망을 따르는 지고(至高)의 삶이다. 그래서 돌토는 "예수님은 우리에게 욕망을 가르쳤지 도덕을 가르치지 않았습니다"고 말했다.

그렇다면 예수님이 우리에게 가르친 욕망은 과연 어떤 것인가? 그 문제에 관해서 돌토는 아주 간단하게 답변하고 있다. "욕망이란 우리에게 결핍되어 있는 것을 추구하도록 우리를 떠미는 것입니다."

---

[2] 19세기 말부터 20세기 초에 활동했던 프랑스의 소설가 ―역자 주
[3] 이 말은 N. Kazantzaki의 『대화』(Entretiens), Editions du Rocher, p. 57에 나온 말이다.
[4] 르네 샤르(René Char): 프랑스의 초현실주의 시인. 그는 삶에 내재해 있는 힘과 형제애를 찬양하였다 ―역자 주

당신은 알파벳의 문자들이나 그림의 어떤 부분들이 그려져 있고, 사람들이 그 조각들을 이리저리 움직이면서 맞추는 사각형의 놀이판을 알 것이다. 거기에는 언제나 빈곳이 하나 있기 마련인데, 이 놀이판에 빈곳이 있어야만 사람들은 글자나 그림이 그려진 작은 말들을 이리저리 움직여 가면서 어떤 단어를 만들거나 그림을 완성할 수 있다. 이 놀이판에서 놀이가 제대로 되려면 여기에 어떤 부재(不在)나 결핍(缺乏)이 있어야 하는 것이다.

그것은 우리들에게도 마찬가지이다. 우리에게도 어떤 빈곳이나 결핍이 있으며, 우리는 그것을 채우려고 애쓰지만 결국 모두다 채우지 못하고 만다. 어쩌다가 빈곳을 모두 다 채웠다고 할지라도, 그것은 잠시뿐이고 우리는 다시 또 다른 곳에서 빈곳을 발견하게 된다. 그것은 마치 조금 전에 말한 놀이판과 같은 것이다. 이것이 우리 삶의 비극이자 즐거움이기도 하다.

때때로 우리는 욕망(le désir; desire)과 욕구(le besoin; need)를 혼동하고 있다. 그렇다면 욕구란 과연 무엇인가? 우리들에게 가장 근본적인 욕구는 숨쉬려는 욕구이다. 그래서 우리에게는 공기가 필요하다. 매순간 우리는 숨쉬려는 욕구를 느끼고 있으며, 이 욕구가 충족되지 않으면 우리에게 불안이 생겨난다. 왜냐하면 그때 죽음이 우리에게 그 모습을 서서히 드러내기 때문이다.

그것보다 조금 덜 직접적인 욕구는 식욕이다. 우리는 배가 고플 때, 처음에는 위(胃)의 빈곳을 채우고, 배고픔을 달래기 위해서 어떤 대상, 즉 빵을 필요로 한다. 그러나 이 욕구가 일단 채워지면, 우리는 즉시 좀더 좋고 맛있는 것을 바라게 되고, 요리를 주문하려고 한다. 그리고 더 나아가서 다른 사람들과 같이 식사를 하려는 욕망이 생기기도 한다. 다시 말해서 다른 사람들과 함께 식탁에 둘러앉아서 담소를 나누면서 식사하고 싶어하는 것이다. 먹으려는 욕구 이상으로 우리는 생각의 빵을 같이 나누고, 감정의 포도주를 같이 나누려고 하는 것이다.

욕구는 우리에게 쾌락을 가져다주는 대상과 관계를 맺게 한다. 그러나 욕망은 다른 사람과의 정신을 나누는 만남을 의미한다. 욕망은 역동적인 것이고, 삶의 약동이며, 우리를 삶으로 밀어 넣는 원천이다. 그것은 우리로 하여금 우리를 부르는 다른 사람들에게 찾아가게 한다. 결코 끝나지 않는 걸음을 걷게 하는 것이다. 욕망이란 그 안이 영원히 비어있기 때문에 무엇이라고 묘사할 수 없는 것을 향해서 나아가는 약동이다 … 말하자면 욕망이란 음악이나, 책이나, 얼굴이나, 동정하는 몸짓을 초월하는 것이다. 우리는 영원히 마감되지 않는 것과 모순되는 것 안에서 살아야 한다.

이 책에 처음 실린 "부정직한 청지기"에 대한 설명은 욕망이 무엇인가 하는 것을 잘 보여 주고 있다. 이 이상한 비유에서 예수님은 부정직한 청지기에 관해서 말하고 있다. 돌토는 이 비유가 말하려고 하는 요점은 의사소통의 중요성이라고 주장하였다. "이 대화가 욕심꾸러기인 주인과 부정직한 청지기 사이에서 이루어졌다는 사실은 전혀 중요한 문제가 아닙니다. 인간의 도덕과 영적인 차원에서의 도덕은 전혀 다르기 때문입니다." 어떤 주석학자들은 이런 종류의 설명을 도저히 용납하지 못할 것이다. 그들은 이 청지기가 세리처럼, 다시 말해서 로마 시대에 세금을 걸으러 다녔던 사람들처럼 자기 주인의 소작인들에게 자기 멋대로 소작료를 징수하려고 했다고 말할 것이다. 여기에서 중요한 사실은 그가 그의 주인이 벌어들이기를 바랐던 만큼 벌게 해 주었으며, 자기는 주인으로부터 아무 보수도 받지 못했지만 그 소작인들에게 과도하게 소작료를 징수함으로써 자기 배도 채웠다는 것이다. 프랑소와즈 돌토에게 이런 사실은 별로 중요한 것이 아니었다. 그녀에게 중요했던 것은 사람들이 자기와 다른 사람들 사이에서 무엇인가를 오고가게 하는 것, 다시 말해서 무엇인가를 교환하게 하는 욕망의 삶이었다. 이것이야말로 예수님이 우리들에게 가르치려고 했던 것, 즉 욕망의 삶이다.

프랑소와즈 돌토가 죽기 전에 하나의 약속처럼, 또한 이 비유에 대한 결론으로서 마지막으로 나에게 한 말은 다음과 같은 말이다. "당신이 하나님의 불꽃인 모든 사람들을 더 많이 모으면 모을수록 당신은 하나님과 더 많이 의사소통을 할 수 있습니다. 그리고 당신이 그 불꽃들을 더 많이 피워놓으면 피워놓을수록 당신은 하나님의 빛을 더 많이 밝히게 될 것입니다."

… 복음서는 오늘날에도 우리들의 잉크를 통해서 다시 쎄어지고 있다. 응답을 받으려면 우리가 먼저 기도해야 하는 것처럼, 진리는 우리의 창조적인 숨결을 통해서 아주 작은 부분이나마 드러나기를 기다리고 있으며, 우리가 그 진리에 참여할 수 있도록 우리를 초대하고 있다. 하나님을 닮은 인간에게 하나님은 언제나 새로운 모험을 시작하도록 촉구하는 것이다.

제라르 세베랭

서언

제라르 쎄베랭(Gérard Séverin) : 자기 자신이 기독교인이며, 신자라고 공개적으로 말하는 정신분석가들은 거의 없으며, 기독교 복음에 대한 자기 신앙에 대해서 말하고, 다른 사람들에게 그 신앙을 공표하는 정신분석학 연구도 별로 없는 것 같습니다. 더구나 자기 자신이 오랫동안 영적인 수련을 해왔던 것과 정신분석을 통해서 다른 사람들을 치료했던 경험을 이렇게 공개하려고 하는 경우는 거의 없으리라는 생각이 듭니다.

그런데 선생님은 왜 선생님이 예수 그리스도의 복음을 만나서 기뻐하고 즐거워했던 일에 관해서 밝히려는 것입니까?

프랑소와즈 돌토(Françoise Dolto) : 내가 어렸을 때, 나는 교회에서 복음서의 본문들을 지나간 역사 이야기, 즉 예수님이나 예수님이 살던 시대의 사람들, 또는 예수님이 살던 지방에 관해서만 말하는 이야기로 들었습니다. 아니 어쩌면 내가 그렇게 읽었는지도 몰라요.

그것은 마치 우리 집에서 할머니나 할아버지가 자기네들의 어린 시절에 관해서 이야기하는 것처럼 "아주 먼 옛날"에 지나간, 아니 그보다도 더 먼 옛날에 지나간 일들이었습니다. 그 이야기들은 나에게 꿈을 꾸게 하였고, 거기에 나오는 이미지들이나 그림들은 나에게 이 세상에 사는 모든 사람들 역시 꿈을 꾸고 있으며, 자기 나름대로 꿈꾸는 방식이 서로 다르다는 사실을 일깨워 주었습니다. 그러나 나는 이 이야기들과 이 이야기를 몸으로 사는 것 사이에는 아무 관계가 없다는 사실도 알게 되었습니다. 그것은 교회의 성직자들이건, 일반 "신도들"이건 할 것 없이 마찬가지였습니다

그 다음에 나는 성장하였고, 흔히 말하듯이 어려움을 당하였고, 정신분석을 받게 되었습니다. 그러다가 결국 나는 의사가 되었으며, 정신분석가가 되었습니다. 그런데 어느 날부터인지 모르지만 나에게는 헬레니즘적이고, 유대-기독교적인 이 성서 본문 말씀들이 점점 더 중요하게 인식되기 시작하였습니다.

성서, 특히 복음서들은 때때로 나에게 여러 가지 것들에 관해서 묻고 있습니다. 그리고 나는 그것을 읽으면서 그 말씀들에 어떤 방식으로든지 대응하게 되었습니다. 나는 내가 이 세상을 살면서 여러 가지 경험을 하게 되고, 특히 분석가로서의 임상 경험을 거치며, 프로이트 이래 우리가 무의식의 역동성에 대해서 발견하고, 무의식이 지니고 있는 힘과 그 힘에 얽힌 여러 가지 법칙들에 관해서 알게 되면서, 성서에 대해서 점점 더 깊은 관심을 가지게 되는 것에 대해서 스스로 놀라고 있습니다.

나이를 먹어가면서 나는 점점 더 성서의 본문 말씀들은 지금까지 우리가 여러 가지 학문을 통해서 인간이란 과연 어떤 존재인가에 대해 발견했던 것들을 이미 그 속에 다 담고 있으며, 또 그것들에 관해서 우리에게 들려주는 것이나 아닌가 하는 생각을 하게 되었습니다. 성서는 언어로 된 보화 속에서 인간에 관한 진

실을 이야기한다는 것입니다.

그런데 선생님은 어떻게 해서 선생님이 성서의 말씀들에 대해서 생각했던 바를 다른 사람들에게 들려주려는 생각을 하게 되었습니까?

어느 날 저는 장-삐에르 들라쥬(Jean-Pierre Delarge)와 만나서 저녁 식사를 하던중 어쩌다가 "선한 사마리아 사람"과 그의 "이웃"에 대하여 대화를 하게 된 적이 있습니다. 그 비유는 예수님이 우리에게 진정한 사랑이란 어떤 것이냐 하는 문제에 관해서 가르치기 위하여 말씀하셨던 비유입니다. 그때 저는 그 비유가 말하고자 하는 것은 우리의 도덕성에 관한 것도 아니고, 의지적이며 의식적인 행위에 관해서 말하는 것도 아니라, 우리 내면에서 자연스럽게 흘러나오는 무의식적인 욕망의 훈련에 관한 것이라고 말했습니다. 그러나 그 훈련은 우리들로 하여금 욕망을 자제하도록 강요하고, 그 다음에 그 자제를 통해서 어떤 자비로운 행위를 하게 하며, 그 다음에 또 다시 그 거짓된 자비를 계속해서 베풀게 하려는 훈련을 말하는 것이 아닙니다. 그렇게 될 경우 그것은 우리에게 자비를 베풀지 않은 사람들을 비판하는 또 다른 도덕률밖에 되지 않기 때문입니다.

그때 내가 성서를 해석했던 방법은 거기 모여 있던 모든 사람들에게 전혀 새로운 것처럼 들렸을 것입니다. 그래서 거기 모여 있었던 제도적인 교회에 속해 있는 기독교인들은 나를 매우 "엉뚱한" 사람으로 생각했을 것이 틀림없습니다. 그러나 나는 그들과 전혀 다른 의미에서 그 성서 본문을 좋아하고 있습니다.

내가 생각하기에 이 비유는 우리가 보통 생각하듯이 기독교인들에게 필요한 도덕성에 관해서 이야기하는 것이 아닙니다. 오히려 서로 모르고, 때때로 불신하기까지 하는 사람들 사이에서 어떻게 연대감(solidarité)이 무의식적으로, 또 역동적으로 일어나고 있는가 하는 점에 관해서 말해주는 비유입니다. 다시 말해서 우리 모두의 내면에 있는, 다른 사람과의 연합의 역동성에 관해서 말해 주는 비유인 것입니다.

　이 비유는 또한 우리에게 사랑과 자유 사이에 있는 아주 미묘한 연결 고리에 관해서도 보여 주고 있습니다. 다시 말해서 이 비유는 사람들이 서로 어떤 관계를 맺을 때 그들은 서로 사랑하면서 동시에 자유를 바라고 있다는 사실을 말해주며, 우리가 어떤 것을 몹시 바라고 있을 때, 우리 마음속에서는 그것을 향한 사랑의 마음과 그것으로부터 놓이기를 바라는 자유에 대한 감정이 동시에 일어나기 마련인데, 이 비유는 그때 우리가 느끼는 그 미묘한 감정에 관해서 말해주는 것입니다.

　그 날 저녁, 들라쥬는 나에게 "그러면, 그것에 관해서 글로 써야겠군요."라고 말했고, 나는 그의 말대로 그것을 쓰려고 했습니다. 그래서 몇 년 동안 나는 그 문제에 관해서 끄적거렸고, 다시 고치고 또 고치고 하다가 마치지 못하고 말았습니다. 그것은 아주 어려운 작업이었습니다. 어쩌면 불가능한 작업이었는지도 모릅니다. 그러다가 어느 날 당신의 집에서 저녁을 먹을 때 이 계획에 관해서 말하게 된 것입니다. 그때 당신은 제 계획에 관해서 매우 재미있게 생각하면서 나를 도와줄 수 있노라고 말씀하셨지요. 당신 역시 정신분석가이면서, 또 당신 나름대로 이런 방면의 연구에 관해서 흥미를 느끼고 있었습니다. 거기에는 당신 부인의 도움도 컸습니다. 당신 부인 역시 우리가 말하는 것들을 녹음하고, 종이를 펼쳐놓고 기록하곤 했으니까요.

　맞습니다. 사실이 그래요. 그러나 당신은 저보다 더 정신분석가예요. 그런데 이것을 출판하려고 생각하기 이전부터 당신은 어떻게 해서 이 문제에 관해 연구하려고 마음먹었으며, 그 이유는 과연 무엇입니까?

왜냐고요? 저 역시 제가 왜 그런 일을 하려고 마음먹게 되었는지 정말 알지 못합니다. 아마 인간의 정신에 관한 프로이트의 발견이 코페르니쿠스의 발견 못지 않게 인간의 삶에 혁명적인 변화를 가져온 발견이기 때문이라는 이유밖에는 아무 이유도 없을 것입니다.

교회는 전성기를 누리고 있을 때 코페르니쿠스나 갈릴레오를 비롯한 많은 사람들이 발견한 것들을 받아들일 수 없었습니다. 그러니 성서의 메시지에 어떤 모순되는 것이 있다고 하는 사람에게는 어떻겠습니까?

이제 저 역시 다른 사람들이 그랬듯이, 정신분석학이 우리에게 가르쳐주는 대로 인간의 정신 구조 속에서, 또 인간이라는 존재를 형성하는데 있어서 무의식은 대단히 중요한 역할을 하고 있다는 사실을 전제로 이제 새로운 모험을 시작하려고 합니다.

교회 당국과 교회의 충직한 "신도들"은 프로이트가 발견한 것들을 "범성욕설"(pan-sexualisme)이라고 "반대"했습니다. 그들이 프로이트에게 품었던 증오심을 한번 생각해보십시오.

그러나 나는 프로이트와 그의 후계자들이 그의 연구방법론에 따라 사람들의 삶과 행동에 관해서 연구한 결과들을 본 후에, 사람들에게는 무의식이 틀림없이 존재하며, 모든 사람들은 그들의 삶을 통해서 어떤 욕망을 숨김없이 실현시키려고 한다는 사실을 확인할 수 있었습니다. 그것은 소위 도덕적이고 세련된 사람들이라고 하는 이들의 도덕적인 행동들에서는 아무런 자발성이나 기쁨이나 인간의 본성에 대한 고려도 없이 서글프고 경직된 행위들이 이루어지고 있는 것에서 보면 잘 알 수 있는 일입니다.

나의 환자들이 어릴 때부터 받아왔다는 소위 기독교 교육이라고 하는 것을 보면, 그것이야말로 우리 삶을 무기력하게 만드는 커다란 적이고, 우리들에게 진정한 자비와 사랑을 불가능하게 만드는 원천이라고 생각합니다. 정말이지 그런 교육은, 내가 생각하기에, 복음서에서 본래 말하려고 하는 사랑과 기쁨의 소식과 정반대 되는 것입니다. 그래서 나는 복음서들을 다시 읽었고, 이런 사태 앞에서 충격을 느끼지 않을 수 없었습니다.

내 생각으로는 오늘날 교회에서 그 신도들에게 가르치는 것들 모두가 성서는 물론 복음서 어디에도 나와 있지 않은 것들입니다. 나는 예수님의 말씀과 프로이트가 발견한 것들은 전혀 모순되지 않는다고 생각합니다. 그래서 나는 이런 방식으로 성서를 계속해서 읽어야겠다고 생각하였습니다.

그렇게 한 결과 선생님은 무엇을 얻을 수 있었습니까?

무엇을 얻었느냐고요? 저는 과거에만 어떤 것을 얻은 것이 아니라, 지금도 얻고 있습니다.

정신분석학을 공부한 입장에서 저는 복음서를 읽으면서 인간의 정신에는 무엇인가 살아 움직이려는 역동적인 것이 있으며, 그 힘은 무의식에서 나온다는 사실을 확인할 수 있었습니다. 그에 대한 예증도 많이 눈에 띕니다. 말하자면 무의식은 우리 욕망의 원천이고, 우리 욕망은 무의식으로부터 출발해서 사람들에게 결핍된 것들을 추구하는 것입니다.

우리가 복음서를 늘 읽는다면 우리의 마음과 지성은 언제나 새롭게 다가오는 진리로 충만하게 됩니다. 그렇게 진리로 충만한 삶은 우리에게 언제나 새롭게 열리는 모든 나날 속에서 의식 중심적인 삶을 뛰어넘으라고 우리를 부르는데, 우리 의식은 언제나 좁디좁은 논리의 틀을 깨지 못하고 있습니다. 우리 의식이 하는 말은 매일 똑같습니다. 그것은 우리가 앞으로 나아가고, 의식적인 체험이 줄어들 때에야 비로소 새로운 의미를 드러내는 것 같습니다. 내가 정말 흥미를 느꼈던 것은 이 때문입니다.

그러나 복음서는 우리에게 끊임없이 질문을 하고 있습니다. 그 질문에 대한 이전의 대답이 어떤 것이었든지 상관하지 않고 우리들에게 묻는 것입니다. 그런데 복음서의 본문들, 그 말씀들이 우리에게 하나님의 나라에 대한 인식욕과 그 인식욕에 대한 기쁨을 가져다주면서 우리 의식에 충격을 주고, 무의식에까지 충격의 물결을 일렁이게 하는 까닭은 또한 무엇입니까?

내가 복음서에 대한 내 생각들을 감히 출판하려고 하는 이유는 이와 같은 것들입니다. 정신분석학에서 말하는 대로 어떤 한 가지 행위에도, 우리가 비록 그 대부분에 대해서는 미처 깨닫지 못하고 있을지라도, 그 속에는 언제나 수많은 복합적인 동기가 있는 법이며, 그 대부분의 것들은 자기애(自己愛)에서 나오는 것들입니다. 왜 그렇지 않겠습니까?

복음서를 읽는다는 것은 지금 우리 눈에 보이지는 않지만 예수님이 한 개인으로서 이 세상에 사셨을 때 행했던 것에 대해서 다른 사람들이 보고, 듣고, 증언한 것들을 듣는 것을 의미합니다. 예수님은 개별적인 존재로서의 나에게 말을 하고 계십니다. 내 가슴과 지성에 대고 그의 말씀을 듣고, 그를 만나려는 욕망을 가지라고 말씀하시는 것입니다.

그런데 당신은 그가 어디 계시든, 우리가 그를 어디에서 찾든지 간에 나처럼 당신에게 어떤 일이 생기기를 바라지 않으시렵니까? 왜냐하면 그는 우리 모두를, 다시 말해서 이 세상에 있는 모든 어린이들, 미개인들, 가난한 사람들, 배운 이들을 모두 초대했으며, 그의 말과 행동은 이제부터 우리가 죽을 때까지 뒤따라가야 하는 이정표가 되었기 때문입니다.

우리는 정신분석가로서 우리가 훈련을 받은 정신분석학을 바탕으로 해서, 그리고 정신분석가로서의 우리 직업에서 생기는 여러 가지 문제들에 대해서 우리 자신에게 질문을 하면서 왜 다른 사람들처럼 우리가 예수님에 관해서 느낀 것을 우리 나름대로 이야기할 수 없는 것입니까? 다른 사람들 역시 예수님을 추구하려는 욕망에 부름 받았기 때문에 자기 나름대로 그렇게 하고 있으며, 그렇게 할 것입니다.

다른 사람들이 선생님을 비판하는 것은 선생님이 복음서에 관해서 하는 어떤 말이나 어떤 구절 때문인 경우가 많습니다. 예를 들어서 말하자면 선생님은 복음서의 구절들 속에서 너무 자주 거세(去勢)라든지, 우리 삶의 욕망을 찾아내셨습니다. 다시 말씀드려서 다른 사람들이 선생님이 쓴 글을 읽고서 예수님보다 프랑소와즈 돌토, 즉 선생님의 이론을 더 많이 찾아내거나, 복음서보다 선생님의 무의식을 더 많이 읽지나 않을까 하는 것입니다.

복음서를 읽으면서 나는 한편의 심리극(psychodrame)을 읽습니다. 즉 나는 복음서를 읽으면서 복음서에 사용된 단어들, 문장들, 주제들을 프로이트가 발견해낸 무의식과 무의식의 법칙에 입각해서 새롭게 들을 수 있으며, 여태까지와는 다른 방식으로 말하는 것입니다. 정말이지 우리는 복음서를 읽으면서 그동안 정신분석학이 발견했던 인간 무의식의 역동적이며 변증적인 특성들이 복음서 기자들이 증언하는 이 심리극 속에서 그대로 드러나는 것을 찾아볼 수 있는 것입니다.

우리가 복음서를 잘 들여다보면 다른 것들은 물론 예수님과 복음서 기자들 및 복음서의 처음 독자들의 무의식이 어떻게 작용했는가 하는 사실을 살펴볼 수 있습니다. 무의식의 이 법칙이 복음서의 구조를 통합하는 중요한 요소가 되는 것입니다. 그런데 다른 사람들은 왜 복음서를 읽으면서 이 새로운 도구인 정신분석학을 사용하려고 하지 않는 것입니까?

그렇다면 선생님은 예수님이나 마가, 마태, 요한, 누가의 정신분석을 하겠다는 말입니까?

그런 말은 전혀 아닙니다. 다시 한번 말씀 드리지만 복음서를 읽으면서 우선 저는 매우 커다란 충격을 받았습니다. 그 다음에 저는 이 본문 말씀들과 접하면서 예수님이 가르치신 것은 다른 것이 아니라 우리의 욕망이며, 그 욕망이 이끌어가고 있는 모습이구나 하는 사실을 발견하였습니다. 2000년 전에 기록된 이 본문 말씀들이 현대인들의 무의식과 전혀 다르지 않다는 사실을 발견한 것입니다. 그래서 저는 이 말씀들이 지난 세기에 비로소 발견된 인간의 무의식의 법칙을 보여주고 있으며, 그것을 더 뚜렷하게 밝혀주고 있다는 생각에 이르게 된 것입니다. 이것 이외에 다른 아무 것도 없습니다.

그러니까 이 말씀들은 요정담(妖精譚)과 똑같은 능력을 가지고 있다는 말씀이군요.

아니지요. 복음서의 말씀들은 요정담보다 훨씬 뛰어난 능력을 가지고 있습니다. 그렇지 않았다면 복음서는 지난 2000년 동안 읽혀오지도 않았을 것입니다. 복음서는 그것을 읽는 사람들 마음 속 깊은 곳에서 진리를 일깨워 주었던 것입니다. 내가 복음서에 관심을 가졌던 것도 진리의 이 원천에 대한 탐구 때문이었습니다.

복음서의 말씀들이 실제로 있었던 이야기였든지, 그렇지 않았든지 간에 그것들은 우리의 충동을 승화시킬 수 있는 매우 환상적인 물결의 역할을 하고 있습니다. 이런 역할을 하는 복음서의 구절들은 결코 소홀히 취급될 수 없습니다. 그러므로 정신분석학적으로 살펴볼 때, 우리는 복음서의 구절들이 가지고 있는 이 열쇠 속에 든 역동성에 대해서 좀더 깊이 살펴보아도 결코 무리가 아니라는 생각이 듭니다.

1
예수님의 가정

누가복음 1:26-38

여섯 달만에 천사 가브리엘이, 하나님께로부터 갈릴리 지방의 나사렛 동네로 보내심을 받아서, 다윗의 가문에 속한 요셉이라는 사람과 약혼한 처녀[1]에게로 갔다. 그 처녀의 이름은 마리아였다. 천사가 안으로 들어가서, 마리아에게 말하였다. "은혜를 입은 사람아, 기뻐하여라. 주께서 너와 함께 계신다." 마리아는 이 말을 듣고 몹시 놀라 '이 인사말이 대체 무슨 뜻일까' 하고 생각하였다. 천사가 마리아에게 말하였다. "두려워하지 말아라 마리아야, 너는 하나님의 은혜를 입었다. 보아라, 네가 잉태하여 아들을 낳을 것이니, 너는 그의 이름을 예수라고 하여라. 그는 위대하게

---

[1] 그리스어 parthénos는 흔히 "결혼하지 않은 젊은 여자"를 의미하는 "처녀"로 번역된다. 이 본문에서 이 말이 가리키는 것은 마리아는 열 두 살이 되었고, 요셉과 정혼하였다는 의미이다. 아직 아버지의 권위 아래 있던 마리아는 법적으로는 결혼한 셈이다.

되고, 가장 높으신 분의 아들이라고 불릴 것이다. 주 하나님께서 그에게 그의 조상 다윗의 왕위를 주실 것이다. 그는 영원히 야곱의 집을 다스리고, 그의 나라는 무궁할 것이다." 마리아가 천사에게 말하기를 "나는 남자를 알지 못하는데, 어떻게 이런 일이 있겠습니까?" 하였다. 천사가 마리아에게 말하였다. "성령이 네게 임하시고, 가장 높으신 분의 능력[2]이 너를 감싸줄 것이다. 그러므로 태어날 아기는 거룩한 분이요, 하나님의 아들이라고 불릴 것이다. 보아라 네 친척 엘리사벳도 늙어서 임신하였다. 임신하지 못하는 여자라는 소문이 났으나, 그는 임신한 지 벌써 여섯달이 되었다. 하나님께는 불가능한 일이 없다."[3] 마리아가 말하기를 "보십시오, 나는 주의 여종입니다. 천사님의 말씀대로 나에게서 이루어지기를 바랍니다" 하였다. 천사는 마리아에게서 떠나갔다.

마태복음 1:18-25

예수 그리스도의 태어나심은 이러하다. 그의 어머니 마리아가 요셉과 약혼하고 나서, 같이 살기 전에, 마리아가

---

2 지극히 높으신 분의 "그림자"란 구약성서에서 하나님의 능력이 그의 백성들에게 나타나는 것을 가리킨다(출애굽기 40:35; 민수기 9:18-22; 10:34). 이 구절은 창세기 18:14에 세 사람의 행인이 나타나서 이미 늙었고 단산이 된 사라에게 아이를 낳을 것이라고 예고한 구절을 직접적으로 암시한다.

3 "하나님께는 불가능한 일이 없다"는 말을 직역하면 "주님의 말씀에 너무 어려운 일이 있습니까?"가 된다. 그리스어 réma는 서로 분리될 수 없는 말과 행동의 결합을 말한다. 프랑소와즈 돌토가 정기적으로 강조하듯이 하나님의 말씀은 바로 그의 행동이라는 것이다. 그에 대한 응답으로 마리아 역시 천사가 사용한 같은 단어로 대답한다 : "당신의 말씀대로 나에게서 이루어지기를 바랍니다."

성령으로 잉태한 사실이 드러났다. 마리아의 남편 요셉은 의로운 사람이므로, 약혼자에게 부끄러움을 주지 않으려고, 가만히 파혼하려 하였다. 요셉이 이렇게 생각하고 있는데, 주의 천사가 꿈에 그에게 나타나서 말하였다. "다윗의 자손 요셉아, 두려워하지 말고, 마리아를 네 아내로 맞아들여라. 그 몸에 잉태된 아기는 성령으로 말미암은 것이다. 마리아가 아들을 낳을 것이니, 너는 그 이름을 예수라고 하여라. 그가 자기 백성을 그들의 죄에서 구원하실 것이다." 이 모든 일이 일어난 것은 주께서, 예언자를 시켜서 이르시기를 "보아라 동정녀가 잉태하여 아들을 낳을 것이니, 그의 이름을 임마누엘이라고 할 것이다" 하신 말씀을 이루려고 하신 것이다. 임마누엘은 번역하면 '하나님이 우리와 함께 계시다'는 뜻이다. 요셉은 잠에서 깨어 일어나서, 주의 천사가 말한 대로, 마리아를 아내로 맞아들였다. 그러나 아들을 낳을 때까지, 아내와 잠자리를 같이하지 않았다. 아들이 태어나니, 요셉은 그 이름을 예수라고 하였다.

제라르 세베랭: 요셉에게는 아내가 없었고, 마리아에게도 남편이 없었습니다. 따라서 예수님은 아버지가 없이 태어난 아이라고 할 수 있습니다. 이런 가정을 과연 진정한 가정이라고 말할 수 있겠습니까?

프랑소와즈 돌토: 물론이지요. 이런 가정 역시 그 구성원들이 율법 앞에서 책임을 지고 있다는 의미에서 진정한 가정이라고 말할 수 있습니다. 동물의 가정에는 아무런 율법도 없습니다. 그

러나 가정이라는 단어는 그 부모들이 율법 앞에서 자녀의 교육에 서로 책임을 지고 있기 때문에 인간에게만 해당되는 단어라고 할 수 있습니다.

가정으로부터 아이들은 그가 속한 집단의 재화나 생산물은 물론 공동의 어려움을 같이 나눌 수 있는 교육을 받고, 그 집단의 습속에 맞춰서 살고, 말하는 방법을 배우게 됩니다.

그러나 당신의 질문은 이 복음서 본문에 어떤 신화적인 부분이 있지나 않은가 하는 생각에서 나온 것 같습니다.

꼭 그런 것은 아니지만 … 그런데 선생님에게 있어서 신화란 어떤 의미를 가지고 있습니까?

신화란 언어 이전 단계에서 생기는 상상의 내용들을 투사(projection)[4] 한 것, 즉 사람들이 자신의 몸을 가지고 살면서 매우 격한 감정을 느꼈을 때, 그때 경험했던 것들을 투사한 것입니다. 그런데 내가 신화적인 것이라고 말하는 것은 어떤 특정한 사람들이 상상 속에서 그리는 것들을 뛰어넘고 있습니다. 어떤 내용에 대해서 모든 사람들이 마음속에서 상상하는 것들이 서로 만나는 접촉점을 나타낸다는 말씀입니다.

사람들은 보통 신화란 언제나 어떤 것이 어떻게 생겨났는가 하는 기원

---

[4] 투사란 정신분석학 용어로서, 사람들이 자기 내면에 있는 무의식적인 정신 내용을 자기 밖에 있는 대상에 쏟아 붓고 그것이 자기에게 있지 않고 다른 사람에게 있다고 착각하는 현상이다. 이렇게 하는 이유는 그 내용이 자기 자아에 위협적이라고 생각되기 때문이다. 사람들은 투사를 함으로써 잠시 자기에게는 그런 위협적인 정신 내용이 없다고 착각하게 된다. 예수님의 "자기 눈에 있는 들보는 보지 못하고, 다른 사람의 눈에 있는 티만 나무란다"는 말씀은 투사 현상을 꿰뚫어 보고 하신 말씀이다—역자 주.

에 관해서 말하는 이야기라고 말하고 있습니다. 여기서도 우리는 예수님의 탄생과 복음서의 기원을 말하는 대목 앞에 있습니다. 또한 신화는 신비(mystére)에 참여하고 있습니다. 다시 말해서 신화는 우리에게 진리를 보여주고 있는 것입니다. 그러므로 그리스도교의 시원(始原)에 관해서 말하는 이 신화에는 아주 중요한 의미들이 많이 담겨 있습니다.

우리는 종종 유대-기독교 신화에 나오는 인물들에게서도 의미 있는 사실들을 캐낼 수 있다는 사실을 무시하고, 그리스 신화나 힌두교 신화에 나오는 등장인물들에게서만 의미를 찾으려 하고, 그것들만 위대한 것이라고 말하는 경향이 있습니다. 물론 신앙인들에게 이 전승들은 또 다른 차원에서 의미가 있다는 사실을 인정합니다. 하지만 유대-기독교 신화를 의도적으로 무시하려는 태도는 어쩌면 비신앙인들이 그들을 사로잡을 수도 있는 저 세상 또는 초월적인 세계에 대한 두려움에서 나온 것이나 아닌가 하는 생각이 듭니다.

그럴 수도 있습니다. 많은 가톨릭교인들이 말하고 있듯이 예수님의 어린 시절에 관해서 언급하고 있는 복음서들은 신화적인 이미지를 가지고 말하고 있습니다. 그러나 그 이야기들에는 또한 어떤 신비와 진리가 동시에 들어 있습니다.

복음서의 이 구절에도 신화가 들어있습니다. 그것은 틀림없는 사실입니다. 그러나 한 사람의 신앙인이며, 정신분석학자인 나로서는 그 이상도 그 이하도 아무 것도 없습니다.

우리의 과학적이며, 생물학적인 지식을 가지고 우리는 사랑이나 신비에 관해서 무엇을 알 수 있다는 말입니까? 기쁨에 관해서는 무엇을 알 수 있습니까?

같은 의미에서 우리는 말씀에 관해서 무엇을 알 수 있습니까? 말씀이란 때때로 매우 생산적이기는 하지만 동시에 죽음을 가지고 있지 않습니까?

우리는 식물로 말한다면 접목과도 같은 매우 자연적인 현상이라고 할 수 있는 이 신비한 연금술에 관해서 무엇을 알 수 있겠습니까? 이 기적에 관해서는 로마의 시인 비르길리우스가 이미 읊은 적이 있습니다. 그는 놀랍게도 그 가지에 알 수 없는 열매를 단 접붙인 포도 나무 가지에 관해서 읊었던 것입니다.

마리아가 받아들인 말씀이 다윗이라는 가지[5]에 하나님께서 접붙인 접목(接木)의 도구가 아니겠습니까?

하지만, 사실이 그렇지가 않아서 인간으로서의 예수님이 마리아와 요셉의 육체적인 결합을 통해서 태어났다고 할지라도 나는 거기에서 불편한 감정을 전혀 느끼지 않습니다. 결국 중요한 것은 인간 예수의 삶에서 하나님이 완전히 성육신된 모습으로 나타날 수 있었던 것은 인간의 단순한 결합을 통해서 된 것이 아니라는 사실을 이 이야기가 말하고 있는 것입니다.

그러므로 당신은 동정녀 탄생에 얽힌 모든 산부인과적인 각도에서의 논쟁들이나 남편으로서의 요셉의 지위에 관한 조롱끼 어린 언급들 모두는 나에게 있어서 참으로 어리석은 궤변에 지나지 않는다는 사실을 이해할 것입니다.

천사가 마리아에게 이렇게 말하였습니다. "지극히 높으신 분의 권능이 그림자처럼 너를 감싸 줄 것이다."그러면 요셉은 어디 있는 것입니까?

하나님이 마리아를 그림자처럼 감쌌듯이 모든 남자들은 자기를 사랑하는 여인들을 감싸고 있지 않습니까?

마리아를 감쌌던 하나님의 권능과 그림자는 마리아가 남편으

---

5 예수님이 다윗의 가계에서 탄생하게 된다는 암시로서 마태복음 1:1-17과 누가복음 3:23-38절을 참조하라.

로 알고 있는 이의 육체적인 측면일 수도 있습니다.

그러나 성경 말씀을 보면 요셉은 자신을 마리아의 남편은 물론 예수님의 아버지로 인정하지 않았던 것 같습니다. 그래서 마리아가 임신한 사실을 알았을 때, 마리아와 파혼하려고 했습니다. 더구나 마리아는 "나는 남자를 알지 못합니다"라고 말하고 있습니다.

그래서 중요한 것은 성경 말씀의 이 대목이 과연 무엇을 말하려고 하는가 하는 사실을 찾는 것입니다.

여기에서 중요한 것은 예수님의 수태에 대한 계시가 마리아에게는 깨어있는 상태에서 이루어졌고, 요셉에게는 잠자는 중에 꿈속에서 이루어졌다는 사실입니다. 즉 마리아에게서 욕망은 생기발랄하게 깨어 있었으며, 요셉에게서 욕망은 소극적이었다는 것입니다. 마리아에게 욕망은 여성적인 창조성을 가지고 강력하게 뻗어나가는 힘을 가지고 있었지만, 요셉에게는 수동적이었다는 사실입니다.

다시 말해서 마리아는 욕망을 가지고 있었고, 천사가 알려 주어서(이것은 신화가 말하는 방식입니다) 그녀가 임신하게 될 것이라는 사실을 알고 있었습니다. 그러나 어떻게 임신하게 될 것인가? 그 문제에 대해서 그녀는 전혀 알지 못했습니다. 그저 다른 여자들처럼 그녀 역시 어떤 특별한 아기를 가지기를 바라고 있었으며, 희망을 가지고 있었습니다.

다른 한편 요셉은 꿈을 통해서 받은 입문식(initiation) 때문에 하나님의 아들이 이 세상에 태어나기 위해서 남성으로서의 그의 역할은 거의 필요하지 않을 것이라는 사실을 알게 되었습니다.

당신도 알다시피 우리는 이때 있었던 성 관계와 출산에 관한 모든 이야기들에 대해서는 별로 알지 못하고 있습니다. 다만 여기서 그려내고자 하는 것은 상징적인 남근*의 관계, 다시 말해서 모든 사람들에게 있는 근본적인 결핍이 어떤 방식으로 나타나는가 하는 점입니다. 이 복음서가 말하고자 하는 것은 하나의 부부에게 있어서 남편이나 부인 어느 쪽도 상대방의 비어있는 부분을 모두 다 채워주지 못하며, 그들에게는 언제나 갈라진 상처, 결핍, 서로가 결코 만나지 못하는 부분이 있다는 사실입니다. 그래서 이 세상에 있는 모든 부부들은 아무도 상대방을 완전히 소유하거나 지배할 수 없으며, 상대방에게 완전히 의존적이지도 않습니다.

요셉은 그의 아내에게 어느 것도 준 것이 없습니다. 마리아 역시 그가 출산하게 될 예수님에게 아무 것도 미리 준 것이 없습니다. 약혼자로서 그들은 서로의 삶을 신뢰하고 있었으며, 이제 그 신뢰 속에서 부부로서의 삶을 시작하려고 했습니다. 그들은 그 사실을 받아들였습니다.

사람들은 그들을 가리켜서 요즘 사람들 같은 부부, 즉 혼외 부부라고 부를 것입니다.

그렇지 않습니다. 그들은 모범적으로 결혼한 부부입니다. 아이는 부부 사이의 열정에 의해서 생기는 것이 아니라, 사랑의 열매로 생겨납니다.

그들의 욕망은 그들에게서 태어날 아이에 대한 사랑 때문에 초월되었다고 기록되어 있습니다. 더구나 그들은 그들에게 주어진 삶, 성경 말씀에 기록되어 있는 운명에 복종하고 있습니다.

내가 생각하기에, 그들이 모범적인 부부, 말씀에 따른 올바른 부부가 된 것은 그들이 성경 말씀, 즉 기록된 하나님의 말씀에 복종하였기 때문이라고 생각합니다. 주어진 말씀을 받아들인 말

씀으로 변화시켰기 때문이지요.[6]

　주어진 말씀은 매우 창조적이고 생산력이 풍부한 말씀을 받아들일 때 생겨납니다. 그리하여 주어진 말씀은 그 아이를 자신의 아이로 받아들일 때 완성됩니다. 주어진 말씀은 신뢰를 가능하게 하였고, 그 이유를 알지 못하면서 어머니가 되게 하였습니다 …

　요셉은 그에게 들려온 말씀을 통해서 자기가 자기 아내에게 아이를 갖게 한 것은 아니지만, 그럼에도 불구하고 마리아가 임신한 것을 받아들이게 하였습니다. 그 말씀은 요셉이 자는 가운데 이렇게 말하고 있습니다. "그녀는 하나님의 아이를 가지게 될 것이다. 그녀를 버리지 말아라."

　들려진 말씀은 다시 그 아이를 구하기 위해서 죄 없는[7] 아이들에 대한 학살이 일어나기 전날 밤 요셉이 자는 가운데 꿈속에서 다시 나타납니다. 그리고 요셉은 그 말씀에 복종하여 자기 육체와 아무런 관계도 없는 아이를 데리고 떠납니다.

　　그러면 그는 아버지가 아닌가요?

　그럴 수도 있겠지요. 그러나 사람들은 흔히 아버지와 생식자를 혼동하는 경향이 있다는 말을 해야겠습니다. 한 사람이 생식자가 되는데는 3초밖에 걸리지 않습니다. 하지만 아버지가 되는 것은 전혀 다른 문제입니다.

　아버지가 된다는 것은 아이에게 자기 이름을 주는 것이고, 그

---

6 우리는 여기에서 돌토가 성서 본문을 아주 가까이에서 읽는다는 사실을 주목해야 한다. 그녀는 여기에서 마리아와 요셉의 체험은 언어의 질서 안에서 하나님을 만나는 체험, 즉 한 존재에게서 다른 존재로의 이동이 일어나는 만남이라고 주장하고 있다.
7 마태복음 2:16-18 참조하라.

아이를 위해서 일을 하는 것을 의미합니다. 또한 그 아이를 가르치고, 교육시키며, 그 아이에게 더 나은 삶, 더 나은 욕망을 가지도록 부르는 것을 의미합니다 … 생식자가 되는 것과는 전혀 다른 것입니다. 생식자이면서 동시에 아버지가 되는 것이 좋은 일이기는 합니다. 그러나 당신도 알다시피, 모든 아버지들은 양아버지[2]입니다.

아버지들은 언제나 자기 아이를 자기 아들로 받아들여야 합니다. 어떤 아버지들은 자기 아이를 낳는 순간부터 받아들이고, 다른 아버지들은 몇 일 후나, 몇 주가 지난 다음에 받아들입니다. 그것보다 더 늦은 사람은 그 아이가 말하기 시작할 때에야 비로소 받아들이는 경우도 있습니다 … 아버지들은 언제나 양아버지인 것입니다.

한 가지 덧붙일 사실은 모든 남자들은 자기가 자기 아이의 아버지라는 사실을 확실하게 알 수는 없고, 오직 자기 아내의 말을 통해서 믿게 됩니다.

이처럼 모든 부부에게서 일어나는 인간사의 미묘한 일들이 마리아와 요셉의 부부에게도 일어났습니다. 결코 평범한 부부라고 할 수 없는 이 부부가 우리에게 아주 평범한 남자와 여자가 만나서 엮어 갈 수 있는 일들의 아주 깊은 측면까지 보여주는 것입니다.

오늘날 어머니가 처녀인 가정, 처녀가 어머니인 가정에 관해서는 어떻게 생각하십니까?

그것은 별로 대수로운 일이 아닙니다. 우리는 매일 매일 그런 일들을 만나고 있습니다. 모든 아들들은 자기 어머니가 처녀이기를 바라고 있습니다. 그것은 그 아이가 어머니 자궁에 있을 때,

밤처럼 아주 조용한 시간에 가졌던 환상으로부터 온 것입니다. 어머니 자궁 안에서 그에게는 아무 경쟁자도 없습니다. 그가 그의 어머니에게 다른 남자가 있다는 사실을 알게 되는 것은 그에게 시력과 청력이 생기고, 그의 어머니를 둘러싸고 있는 것들을 분별하기 시작하면서부터입니다. 그러므로 사내아이들은 그들이 성인기에 이르기 전에 가지게 되는 이성에 대한 욕망 때문에 아주 오랫동안 그들 자신이 자기 어머니의 욕망을 채워 줄 수 있다고 믿는 것입니다. 청소년기에 이르러서도 아이들은 그 전에 어머니 뱃속에서 느꼈던 욕망의 고태적인 잔재(殘滓)를 가지고 있습니다.

하지만 복음서에서 말하는 동정녀 탄생이란 사내아이들에게서 청산되지 않은 환상과 다른 종류의 것이 아닙니까?

물론 그렇습니다 … 처녀라는 존재는 무엇이든지 할 수 있는 자유로운 존재를 의미합니다. 그리고 처녀나 총각에게 말은 육체보다 훨씬 더 중요합니다. 따라서 이 장면에 있어서도 하나님의 말씀은 그들의 몸보다 훨씬 더 중요했습니다.

그래서 교회는 마리아가 출산하기 전이나 출산한 다음에도, 그녀가 말씀에 의해서 출산한 것처럼 처녀로 남아있기를 바라는 것 같습니다. 그리고 그녀로부터 나온 것, 어머니로서의 그녀의 몸을 통해서 이 세상에 나온 것도 '육체의 덩어리'가 아니라 말씀, 하나님의 말씀이기를 바라는 것 같습니다.

남자든지, 여자든지 모든 사람에게는 남자와 여자, 즉 마리아와 요셉이 있습니다. 다시 말해서 사랑을 가지고 무엇인가를 주거나, 받는 존재가 있는 것입니다.

우리 모두에게는 처녀가 될 수 있고, 처녀로 남을 수 있는 모성(母性)이 있으며, 똑같은 의미에서 우리는 부성(父性) 역시 지니고 있습니다. 그런데 우리에게 모성이나 부성이 있다는 말이 가리키고자 하는 바는 우리 모두는 다른 이로부터 어떤 말씀을 받았을 때 그 말씀에 대한 열매를 맺을 수 있다는 사실을 의미합니다.

우리의 생각은 그 원천이 어디인지 알 수 없지만 항상 우리 밖 어딘가로부터 오는 사상들에 의해서 풍부해지고 많은 열매를 맺을 수 있습니다. 그런데, 심리학적으로 볼 때 진실한 것이 영적인 존재라고 할 수는 없는 것입니까?

마리아가 나타내는 바는 바로 이것입니다. 다시 말해서 마리아는 언제나 어떤 사태를 완벽하게 받아들일 수 있는 이미지 또는 은유라는 것입니다. 그 점은 요셉에게 있어서도 마찬가지였습니다. 남편으로서, 또한 아버지로서 그가 지니고 있던 동정(童貞)과 순결성은 그에게 일어나게 될 모든 사태들을 완벽하게 받아들일 수 있는 바탕이었기 때문입니다. 그런데 그들이 하나님의 말씀을 받아들였을 때의 상태는 조금 달랐습니다. 마리아는 그때 깨어있었으며, 요셉은 잠을 자고 있었습니다. 하지만 그때 그들은 그들의 몸을 통하여 인간의 몸으로 성육하시려는 하나님의 욕망에 전적으로 동의하였습니다.

여기서 우리가 눈 여겨 지켜보아야 할 사실은 인간이라는 존재를 통해서 나타나려는 하나님의 말씀은 언제나 어떤 문제에 부딪히고 있다는 사실입니다. 다시 말해서 성육신하려는 하나님의 말씀은 언제나 인간 편에서 똑같이 그와 똑같은 욕망을 지니고 있어야 하고, 하나님에 대한 사랑의 응답이 있어야 한다는 사실입니다.

그러므로 여기서는 동정녀라는 환상, 순결한 총각이라는 환상과 하나님의 욕망이 서로 조응(照應)하는 것입니다. 그리하여 우리는 마리아가 지녔던 것과 같은 마음 속 깊은 사랑을 가지고, 우리를 예수님과 동일시하고, 요한과 동일시하는 것을 통하여[8] 우리의 육신적인 어머니로부터 잉태되고, 태어나고, 양육됨으로써 생기는 우리의 구강기적, 육체적, 태아적 집착으로부터 구원받고, 그것들을 초월할 수 있는 것입니다. 왜 그렇지 않겠습니까? 따라서 마리아는 우리가 전이(transfert)의 문제를 해결하고, 부모와 자식간의 진정한 사랑을 확립하려고 할 때 많은 도움을 줄 수 있는 것입니다.

그리고 이 세상에 있는 모든 처녀들, 아내들, 어머니들은 그네들의 어머니나 그들을 둘러싸고 있는 모든 남성들에게 상처받은 마음을 마리아를 통해서 달랠 수 있을 것입니다.

나는 마리아와 요셉을 하나의 모델로 말하려 했는데, 선생님은 그들을 살(肉)과 얼굴을 가진 구체적인 존재로 말씀하시는군요?

마리아는 특별히 정신을 똑바로 차리고 있는 상태에서 하나님을 완전히 받아들인 여자들을 나타내는 구체적인 표상이고, 요셉은 잠자는 상태에서 하나님의 말씀을 완전히 받아들인 남자들을 나타내는 구체적인 표상입니다. 사정을 할 때 남자는 능동적이지만, 여자는 그 사출을 수동적인 상태에서 받아들입니다. 그런데 여기서는 남자의 능동성이 졸고 있는 것으로 나타났고, 여성의 수동성은 하나님의 말씀을 깨어서 듣는 모습으로 나타났습니다.

이 사실은 아무 말 없이 하나님의 말씀을 듣는 우리의 의식적

---

[8] 이 구절은 요한복음 19:27을 암시하는데, 여기서 예수님은 십자가에서 그의 어머니를 그가 사랑하는 제자인 요한에게 위탁하고, 이로부터 기독교 전통에서는 사도 요한을 특별히 인정하고 있다.

이고 무의식적인 허용성에 관해서 생각하게 합니다.

  요셉은 일반적인 기준과 상당히 다른 모습을 보여주고 있습니다. 왜냐하면 그가 이 아이를 무의식의 깊이에서까지 맡아 기르기로 했기 때문입니다. 요셉은, 우리는 우리가 바라는 아이들을 가질 수 없고, 언제나 우리 아이로 받아들일 뿐이라는 사실을 잘 알고 있었습니다. 그래서 그는 그 아이를 보호하고, 인도하고, 율법에 따라서 가르치며, 생계를 꾸려나갈 수 있는 기술을 전수시키려고 마음먹었습니다. 그리고 그 아이와 경쟁자가 되지 않으려고 했습니다.

  그 사실에 관해서 언급하는 그 말이 어린이들을 받아들이려고 하기보다는 검열하고[3], 그들에 대한 두려움이나 경쟁심 때문에 그들을 "성가시게 하는" 우리들에게 무슨 소용이 있겠습니까?

  이제 그 문제에 관해서는 그만 두는 것이 좋겠습니다. 마리아의 동정(童貞)이나 혼인 관계에 있어서 요셉의 위치에 관한 모든 문제들이 선생님에게 있어서는 별로 중요한 것이 아니라는 생각이 듭니다.

  결국 그 점들에 관한 질문은 잘못된 질문이라고 생각합니다. 왜냐하면 우리는 육체로 인하여 영적인 삶에 관계되는 것들을 잘 이해할 수 없기 때문입니다. 사실이지 우리가 영적인 삶을 바라고 있거나 영적인 삶에 관해서 질문 받을 때 우리 몸에 관한 논리적 질서는 아무 의미도 없게 됩니다.

  정신분석가로서 우리는 육체적인 삶이 우리의 욕망에 함정이 될 수 있다는 사실을 분명히 말할 수 있습니다. 그러나 그것이 항상 걸림돌이 되는 것은 우리 육체의 본성이 그렇기 때문만은 아닙니다.

  마찬가지로 우리는 영적인 삶—영적인 삶이 있을 수 있을까요?―이란, 말하자면, 자기애(narcissisme)를 벗어난 삶이라고 생각합니다. 예를 들면, 영적인 삶 속에서 우리는 우리가 하나님께 하는 말, 하나님을 향해서 하는 말을 사랑하기 시작합니다. 우리가 그렇게 할 수 있는 것은 우리의 기도가 언제나 그랬듯이 우리를 위태롭게 하기 때문이 아닙니다.

기도란 본시 우리가 소리내어 말하는 음성과 소리를 초월해서 드려집니다. 알 수 없는 침묵 가운데서 드려지는 것입니다. 그런데 그 침묵은 그들의 삶 어느 순간에 영적인 삶을 향해서 그들을 부르는 부르심을 느꼈던 모든 남자들이나 여자들에게 하나의 욕망으로 빛나고 있으며, 이 욕망은 그들을 강하게 해줍니다.

그런데 저는 아무리 생각해도 우리 육체에 걸림돌이 되는 것으로서 선생님이 말하는 영적인 삶과 예수님의 "성 가정"(la sainte famille) 사이에 어떤 관계가 있는지 모르겠습니다.

인간적인 측면에서 볼 때 예수님의 가정이 자녀를 생산하는 과정에서는 평범하지 않기 때문에 "성 가정"이라고 말할 수 없을지도 모르지만, 이 가정은 영적인 측면에서 볼 때 많은 것을 생산하는데 필요한 것들에 초점을 맞추고 있습니다. 다시 말해서 이 가정은 우리들에게 사람은 어떻게 해서 태어나며, 영적인 삶에 어떻게 응답하고 있는가 하는 사실을 보여주는 것입니다.

그 예로써 당신은 어떤 사람이 깊은 잠에 빠져 있으면서도 하나님의 말씀을 믿는 것을 볼 수 있습니다. 이 말은 비논리적인 말처럼 들릴지도 모릅니다. 왜냐하면 보통 사람들은 자기의 행위나 신체적인 능력을 믿기 때문입니다. 정말이지 사람들은 자기의 신체적인 능력이나 자기가 자부심을 느끼는 자기의 성적인 능력을 믿지 하나님의 말씀은 잘 믿지 않고 있습니다. 또한 모든 사람들은 그들 부모의 성적인 능력을 통해서 이 세상에 나왔습니다.

　당신은 이 말씀에서 한 여인을 보고 있습니다. 그 여인은 깨어 있었지만 하나님이 자기를 통해서 드러나실 것이라는 사실을 전적으로 신뢰하고 있었으며, 그 사실 앞에서 아무런 항거도 할 수 없었습니다.

　이 사실은 완전히 비논리적이고, 초자연적인 것입니다. 그러나 마리아와 요셉은 매일 매일의 삶을 우리들과 똑같이 살았습니다. 그리고 헤롯왕의 병사들의 집단적인 학살로부터 예수님을 보호하려고 이집트로 떠났습니다. 그들은 부유하지도 않았습니다.

　그들은 아는 것이 별로 없었지만 영적인 마음으로 영적인 삶을 살고 있었습니다.

2
성전에서

누가복음 2:42-52

예수가 열 두 살이 되는 해에도 그들은 절기관습을 따라 유월절을 지키러 올라갔다. 그런데 그들이 절기를 마치고 돌아올 때에, 소년 예수는 예루살렘에 그대로 머물러 있었는데, 그의 부모는 이것을 모르고, 일행 가운데 있으려니 생각하고 하룻길을 간 다음에, 비로소 그들의 친척들과 친지들 가운데서 그를 찾다가 찾지 못하였으므로, 그들은 그를 찾으려고 예루살렘으로 되돌아갔다. 사흘 뒤에야 그들은 성전에서 예수를 찾았는데, 그는 선생들 가운데 앉아서, 그들의 말을 듣기도 하고, 그들에게 묻기도 하고 있었다. 그의 말을 듣고 있는 사람들은 모두 그의 슬기와 대답에 경탄하였다. 그의 부모는 예수를 보고 놀랐다. 어머니가 예수에게 "애야, 이게 무슨 일이냐? 네 아버지와 내가 너를 찾느라고 얼마나 애를 태웠는지 모른다" 하고 말하였다. 예수가 부모에게 말하기를 "어찌하여 나를 찾으셨습니까? 내가 내 아버지의 집에 있어야 할 줄을 알지 못하셨습니까?" 하였다. 그러나 부모는 예수가 자기들에게 할 그 말이 무슨 뜻인지를 깨닫지 못하였다. 예수는 부모와 함께 내려가 나사렛에 돌아와서, 부모에게 순종하면서 지냈다. 예수의 어머니는 이 모든 일을 마음에 간직하였다. 예수는 지혜와 키가 자라며, 하나님과 사람에게 더욱 사랑을 받았다.

쩨라르 쎄베랭: 예수님도 사람들이 흔히 말하는 오이디푸스 콤플렉스라는 아주 중요한 콤플렉스를 그의 몸으로 겪으면서 살았다고 생각하십니까? 예수님 역시 그의 아버지 요셉에 의해서 어머니 마리아로부터 분리되어야만 했고, 거세(去勢) 당한 것입니까?

프랑소와즈 돌토: 일반적으로 사내아이들은 자기 어머니로부터 다섯 살이나 여섯 살 무렵에 분리를 이루게 됩니다. 성전에서의 이 이야기를 가지고 판단하건대 예수님 역시 이 나이 무렵에 이런 거세를 체험했다고 생각합니다. 예수님이 오이디푸스 콤플렉스를 해결하지 못했으면 삶의 이 전환기를 이렇게 훌륭하게 넘기지 못했을 것입니다.

이때 예수님에게 무슨 중요한 일이라도 일어난 것입니까?

그렇습니다. 예수님은 이때 이미 성인으로서의 삶에 접어들었습니다. 이때 그의 부모님들이 가지고 있던 소유 의식에 거세를 한 것은 예수님입니다.

마리아와 요셉이 예수님에게 소유 의식을 가졌었다는 사실을 어떻게 알 수 있습니까?

예수님이 그의 부모인 마리아와 요셉과 함께 그들의 가정에서 살았기 때문에 그들 역시 다른 모든 부모들과 마찬가지로 예수님은 그들의 자녀이고, 그들에게 속해 있는 존재라고 생각했습니다.

더구나 마리아는 이때 예수님에게 이렇게 물어보지 않았습니까? "애야, 너는 왜 그렇게 했니?" 이 말은 마리아가 예수님이 마치 그들에게 일부러 나쁜 짓을 한 것 같이 생각하지나 않았나 하는 생각을 들게 합니다. 이때 마리아와 요셉은 예수님이 올바르게 행동하든지, 아니면 하나님의 부르심을 따라서 행동했든지 간에 예수님이 어떤 행동을 했는가 하는 것에 관심을 가졌습니다.

마리아가 보기에 예수님의 행동은 자기는 물론 요셉까지도 거스른 행동처럼 생각되었습니다. "그 애가 우리에게 그렇게 하다니!" 여기서 부모님들의 삶과 자녀의 삶이 아주 밀접하게 연결되어 있고 결합되어 있는 것을 볼 수 있습니다. 이 세상에 있는 모든 부모들은 여간 조심하지 않으면 그들의 자녀를 소유물처럼 생각하게 됩니다. 사실이 그렇지 않습니까?

따라서 예수님은 다른 모든 아이들과 마찬가지로, 반복해서 말하는 감이 없지 않지만, 이때 그의 부모가 가지고 있던 소유 의식에 거세를 가했던 것입니다. 여기서 그는 한 가정에서 어린 아이들이 행하는 발달의 모습을 모범으로 보여주었던 것입니다.

그는 그때 열 두 살이나 열 세 살이었고, 성인으로서의 삶에 들어가는 문턱에 있었습니다. 그가 그의 부모들 곁을 떠나지는 않았지만 이제 더 이상 아이가 아니라, 아들이었습니다.

유대인의 가정에서 열 두 살이나 열 세 살이 되면 성인이 됩니다. 그래서 유대인의 회당인 시나고그는 돌로 만든 집일 뿐 아니라, 열 세 살 이상이 되는 사람들이 모이는 장소이며, 하나의 공동체인 것입니다. 시나고그란 인간적이고 사회적인 장소인 것입니다.

그러므로 예수님은 그의 부모님에게 이렇게 말했습니다. "나는 내 아버지의 일을 해야 합니다." 그들은 예수님이 언젠가 그래야 한다는 사실을 알고 있었지만, 예수님이 그때 벌써 그것을 알고 있었는지에 관해서는 알지 못하고 있었습니다. 그들은 이해하지 못하고 있었던 것입니다. 그들은 그것이 불안했고, 예수님이 떠나야 한다는 사실이 그들을 아프게 했습니다. 그러나 모든 것은 그들의 내면에 들어왔고, 그들은 그것을 마음속에 간직했습니다.

그러니까 예수님은 이제 자기가 하나님께 속해 있으며, 하나님의 일을 해야 한다고 생각했던 것이군요? 그는 어린아이로서의 자기를 "죽인 것"입니다. 이때 "고통의 칼날"[1]이 그 부모님들의 가슴을 파고들었습니다. 그런데 예수님의 그런 행동이 모범적인 행동이었다는 말은 어떤 의미에서 그런 것입니까?

우선 예수님은 인간으로서의 어머니인 마리아를 떠났습니다. "나는 당신에게 속해 있지 않습니다. 나는 당신의 아이였습니다. 그러나 지금 나에게는 내 아버지의 일이 있습니다. 나에게는 내가 따라가야 할 길이 있고, 부르심이 있습니다."

이어서 예수님은 요셉에게 계시자의 역할을 했습니다. 요셉이 꿈속에서 보았던 "어린 양"으로서의 계시를 계속해서 알려 주는 것입니다. "당신은 속지 않았습니다. 나는 당신의 아들만이 아니

---

1 누가복음 2:35 참조하라.

라, 지극히 높은 곳에 계신 분의 아들입니다." 그는 마리아에게는 물론 요셉에게도 속해 있지 않았던 것입니다.

하지만 예수님은 요셉의 슬하에서 청소년기를 보내기 위하여 요셉을 따라갑니다. 그는 요셉이 그에게 인간으로서의 팔을 주었고, 그가 현재에 이르기까지 양육시켜 주었다는 사실을 잘 알고 있었습니다. 왜냐하면 목수가 되려면 건강해야 하기 때문입니다. 그가 앞으로 성전에서 상인들을 내쫓을 수 있으려면 몸과 마음이 건강해야 했습니다. 예수님은 책 속에만 파묻혀 사는 서기관처럼 자라지도 않았고, 자기 아버지를 몹시 두려워하거나 아버지에게 전적으로 의존해서 아버지 눈치만 보면서 복종해 사는 덜떨어진 아들로 자라지도 않았습니다.

여기서 우리는 자기 아버지의 도움과 격려를 통해서 자기 어머니로부터 떠나고 자기 삶의 길을 찾아서 나아가는 한 소년의 전형적인 모습을 살펴볼 수 있습니다.

예수님의 유년기는 이 의미심장한 사건과 함께 막을 내리게 됩니다. "내가 내 아버지 집에 있어야 할 것을 왜 알지 못하셨습니까?"라는 이해할 수 없는 말을 하면서 예수님은 자신이 하나님의 부르심에 응답하려는 욕망을 느끼고 있다는 사실을 그의 부모에게 말하고 있습니다.

예수님은 이 세상에 있는 모든 부모들이 그들의 자녀에게 받기 마련인 거세를 그의 부모에게 했다는 말씀입니다. 그 점에서도 그는 모범적이었습니다. 그런데 이 비범한 아이가 연출했던 장면의 의미를 좀더 설명해주시지요.

예수님의 부모는 예수님을 잃어버렸다가 불안 속에서 다시 찾았는데, 그때 그는 그의 하나님 아버지가 하시고자 하는 일에 책임을 느끼고 있었습니다. 그때 허리띠는 채워졌고 예수님의 영적인 교육은 완수되었습니다. 예수님은 열 두 살이었고, 자기가 해야 하는 일에 대해서 알고 있었습니다. 그는 자기 자신을 주장하였고 자기 소명을 선포하였습니다.

그것은 부르심이었습니다. 다시 말해서 그는 부르심을 받고, 이끌림을 받았다고 느꼈습니다. 또한 이 부르심에 응답하려는 그의 욕망은 그를 과거에 묶어두었던 모든 것들로부터 풀어낼 수 있는 힘을 자극했습니다. 그리고 그의 삶과 욕망 모두를 이 부르심에 응답하는 방향으로 향하게 했습니다.

그러므로 중요한 것은 사람들이 이런 부르심을 느끼고, 그의 모든 힘과 욕망을 여기 응답할 수 있도록 하는 것입니다.

예수님은 자신이 어떤 동경(憧憬)에 이끌리고 있다고 느꼈습니다. 그는 거기 도달하기 위해서 다른 모든 나태한 욕망들로부터 풀려나야 했습니다. 그는 그가 초대받았다고 느꼈던 일에 이끌려서 거기 응답하지 않을 수 없었습니다. 그렇지 않았다면, 그는 자기 자신을 부인해야 했습니다. 다음으로 그에게는 아직 자기 아들이 나아가야 하는 길에 들어서지도 못했고, 그의 아들이 그들과 전혀 다른 길에 그렇게 빨리 나아가리라고 기대하지도 못했던 그의 부모를 걱정시켜야 하는 불안이 나타났습니다.

많은 아이들이 열 두 살 무렵부터 이렇게 자기가 가야 하는 길을 감싸 안으려고 하는군요? 그들은 그 길에 대해서 꿈을 꾸고, 그 길을 걸어가려고 준비하는 것입니다.

그렇습니다. 이런 도약, 이런 욕망은 그 부모가 아무리 이해할 수 없거나, 보통 사람들이 기대하는 것과 아무리 다르게 보일지라도 정당한 것으로 존중되어야 합니다.

하지만 많은 아이들은 그의 내면에서 오래 타오르는 이런 욕망 때문에 길을 잃곤 합니다.

그것은 사실입니다. 그래서 이런 젊은이들을 매혹시키는 것들을 잘 알고 있는 사람들 앞에서 이런 욕망들을 표출할 줄 아는 것은 아주 중요한 일입니다. 이런 사람들은 그런 젊은이들에게 신념을 확고하게 해주고, 그들의 소명이 가치 있는 것이라고 안심시켜 줍니다. 그리고 그런 젊은이들을 자기 안에 받아들이고, 우리가 사는 현실이 여태까지 상상의 세계에 머물러 있던 욕망을 창조적으로 드러낼 수 있는 무대가 된다는 사실을 말해주고 있습니다.

예수님은 열 두 살 되던 해 유월절에 예루살렘에서 처음으로 그의 부모와 분리되었습니다. 그는 하나님으로부터 부르심을 받았으며, 그 부르심에 응답하였습니다. 성전에서 그는 말을 했고, 박사들은 그의 말을 경청했습니다. 그는 자신의 아버지가 하시는 일에 함께 했던 것입니다.

3
어린아이 같이 되라

마가복음 10:14-15

그러나 이것을 보시고, 예수께서 노하셔서 제자들에게 말씀하셨다. "어린이들이 내게 오는 것을 허락하고, 막지 말아라 하나님의 나라는 이런 사람들의 것이다. 내가 진정으로 너희에게 말한다. 누구든지 어린이와 같이 하나님의 나라를 받아들이지 않는 사람은 거기에 들어가지 못할 것이다."

마태복음 19:4-5

예수께서 대답하여 말씀하셨다. "너희는, 창조주께서 처음부터 '사람을 남자와 여자로 만드시고' 말씀하시기를 '그러므로 남자는 부모를 떠나, 자기 아내와 합하여 둘이 한 몸이 되어야 한다' 하신 것을 아직 읽어보지 못하였느냐?

쩨라르 쎄베랭 : 여기서 우리는 우리 삶의 모델로까지 드높여진 어린아

이의 모습을 보고 있습니다. 좋든지 싫든지 간에 예수님은 모든 사람들에게 하나님 나라에 들어가기 위해서는 그들 속에 있는 어린아이의 모습을 되찾아야 한다고 초청하고 있습니다. 이것이 우리의 진정한 삶의 조건입니다. 우리가 이렇게 되지 않으면 우리에게 구원은 없는 듯합니다. 그런데 다른 한편에서 정신분석학은 우리에게 우리가 살기 위해서는 어머니와 아버지를 "죽이고", 우리 안에 있는 어린아이를 "죽여야 한다"고 말하지 않습니까?

프랑소와즈 돌토: 어린아이 속에 있는 하나님 나라를 받아들여야 한다는 말은 "어머니, 아버지 품을 떠나라"는 말입니다. 이 둘은 결국 같은 의미이지요. 그런데 지금 한 이 말, "어머니, 아버지 품을 떠나라"는 말은 너무 도발적인 말 같습니다 …

어린아이가 태어날 때, 그에게는 아직 어머니와 아버지가 없습니다. 왜냐하면 그는 아직 그들을 잘 알지 못하기 때문입니다 (그들과 같이 태어나지 않기 때문입니다).[1] 그러나 이 세상에서 생존하기 위해서 어린아이들에게는 그들을 돌봐주고, 지켜주고, 기르는 어른들이 필요합니다. 그런데 어린아이가 갓 태어났을 때, 그에게 어머니와 아버지가 있다고 말할 수 있습니까? 저는 그렇다고 생각하지 않습니다.

생식자로서의 그의 어머니와 아버지는 그를 육체적으로 만든 존재입니다. 그러나 그들이 매일 매일 의식적으로는 물론 무의식적으로도 그를 가르치고, 정신적으로 어떤 틀을 잡아가게 하는 것은 그가 출생한 다음이며, 때로는 아주 먼 훗날 이런 일들이 이루어지게 됩니다. 이때 아이들은 그들의 부모를 준거 기준으로

---

1 프랑스어에서 "알다"(connaitre)라는 동사는 "같이"라는 의미를 가진 접두사 con과 "태어나다"라는 의미의 동사 naitre와의 합성으로 되어 있어서 글자 그대로의 의미는 "같이 태어나다"이다—역자 주.

삼기도 하고, 그들로부터 받은 것은 물론 받지 않은 것들로부터 영향을 받으며, 자기 부모로부터 받은 사랑이나 무관심에 많은 영향을 받게 됩니다. 그들은 부모님으로부터 들은 언어를 말하게 됩니다. 그러나 날이 갈수록 아이들은 부모로부터 받은 교육에서 벗어나 스스로 존재하게 됩니다.

선생님은 어린아이들이 부모님이 가르치는 교육의 대상이라기보다는 스스로 자기 욕망의 주체가 되어야 한다는 것을 말씀하시는 것이군요?

그렇습니다. 어린아이들은 그들의 성장 과정에서 모델의 역할을 하는 어머니와 아버지를 뛰어넘어서 성숙한 남자와 여자로 되어 가는 존재인 것입니다. 그것은 그들의 부모가 그들의 조부모 슬하에서 자랄 때 그랬던 것과 마찬가지입니다. 이때 어린아이들은 그들이 그들의 부모는 물론 다른 모든 사람들과 마찬가지로 하나님의 자녀라는 사실을 알게 됩니다. 이렇게 그들이 아버지와 어머니 곁을 떠나면서 그들은 그들 자신의 삶과 인간의 삶 자체를 찾을 수 있는 것입니다.

어떤 교육자들이나 부모님들은 어린아이들에게 어떻게 살아야 한다고 가르침으로써 자기네들의 삶의 양식이나, 틀이나, 방법을 전수하는 경우도 있습니다. 하지만 이렇게 할 때 어린아이들은 그들이 계획해야 하는 것과 부모님들이 이미 성취해 놓은 것을 혼동하고, 부모님들이 그들에게 열심히 하라고 하고, 더 나아지라고 하며 어떤 식으로 하라고 하는 바람에 어디로 나아가야 할지 혼란에 빠져서 모든 것을 망쳐버리고 맙니다. 또한 부모님들과 다른 그들 자신의 삶의 조건이나 한계를 망각하고 열정에만 사로잡혀서 모든 것을 망쳐버리는 경우도 종종 있습니다.

부모님들이나, 선생님들이 아무리 좋은 의도를 가지고 있다고 할지라도 그들은 어린아이들이 그들과 같은 방식으로 살고, 보고, 느끼게 할 따름입니다. 지금까지 말했던 것들은 의식적인 차원에서 이루어지는 것입니다. 하지만 무의식적인 차원에서는 그들이 아무리 어린아이들에게 무엇인가를 가르치려고 하지 않았을지라도, 그들은 이미 어린아이들에게 어떻게 살아야 한다는 예를 암암리에 보여주고 있습니다. 그래서 이런 것들은 모두 어린아이들에게 커다란 영향을 끼치는 교육과 학습의 전체적인 것들을 구성하고 있습니다. 이것이 인간의 육체적인 면과 정신적인 면에서 이루어지는 것입니다. 물론 이것들은 영적인 측면과는 아무 관계도 없는 것입니다.

우리는 우리 자신을 형성하는 원천을 찾아야 합니다. 다시 말해서 우리 자신이 우리 아버지, 어머니가 되고, 우리 아이가 되어야 합니다. 그동안 우리 삶에 커다란 영향을 끼쳤던 우리 부모님들, 선배들, 선생님들을 떠나서 우리 자신이 우리 스스로를 형성해야 하는 것입니다. 우리들 한 사람 한 사람은 우리들에게 주어진 것들을 가지고 무엇인가 좋은 것을 빚을 수 있는 장인(匠人)이 되어야 합니다.[5]

이 세상에 생명을 부지하고 살 수 있도록 태어난 어린아이들은 그들이 이 세상에서 살아 가는데 필요한 모든 것들을 지니고 태어납니다. 그러나 그들이 자율적이고, 책임적이며, 사회적인 존재로 발달하기 위해서 그들에게는 이런 것들 이외에 또 다른 외부적인 도움과 모범과 인도가 필요합니다. 이런 것들 이외에 다른 사람들이 필요한 것입니다. 다시 말해서 그들의 성장과 발달을 위해서 그들에게는 물질적인 도움과 언어와 그들 주위에서 그들을 사랑하고, 양육하는 이들의 지지가 필요한 것입니다. 그러나 그들이 주위 사람들의 교육에서 벗어나지 못하면, 이 교육은 그들을 망쳐버릴 수도 있습니다.

그리스도는 육친의 아버지와 어머니 슬하에서 자라나 이성(理性)이 형성되는 나이에 도달한 어린이들에게 그들의 부모를 떠나 하나님을 향해서 나아갈 수 있는 능력을 되찾아야 한다고 명령하셨습니다.

그러므로 복음서가 우리에게 권하는 것은 우리가 우리 부모님들에게 바쳤던 신뢰를 예수님께 바치고 살라는 것입니다.

예수님은 우리가 외로움이나 고통과 같은 어려움 속에 있을 때 우리에게 이정표가 되고, 우리를 양육하며, 우리에게 사랑과 연민과 위로를 해 주시는 분입니다. 마치 우리 부모님들이 우리가 어렸을 때 보살펴 주었던 것처럼 우리를 보살펴주시는 분입니다.

예수님은 우리가 청소년기에 접어들 무렵 우리에게 아직 미약한 채로 있기는 하지만 각성되어 있는 우리 삶의 원천, 근거, 원리를 되찾으라고 하시는 것이군요?

예수님은 어린아이들에게 있는 본성적인 능력과 지식을 찬미했습니다. "어린아이가 내게 오도록 하라"는 말은 "당신의 아이들을 자유인이 되게 하라"는 의미입니다. 다시 말해서 "어린아이들이 그들을 부르는 체험을 향해서 달려가는 삶의 약동 가운데 있을 때 그들을 붙잡지 말라. 그들을 매료시키는 삶이 옳다는 것을 믿고, 그들의 자발적인 욕망을 막으려고 하지 말라. 어린아이들이 '나'라는 말을 하기 시작할 때, 그들은 어머니나 아버지의 이미지와 합쳐진 나나 내 친구와 합쳐진 나라고 하지 않는다. 그러므로 '나'라는 말의 의미는 '나인 나'라는 의미"인 것입니다.

그러면 "나"란 과연 무엇입니까?

나에게 있어서 "나"란 문법적으로 우리 몸 속에 있는 하나의 과정을 향해서 나아가는 통합 또는 일관성이 있다고 느껴지는 어떤 것입니다. 그것은 다른 사람들을 직면해서 또는 다른 사람들과 어울려 살면서 하나의 시간과 공간 안에 존재하는 것입니다. 그러면서 수많은 "너", "그들"(그녀들), "우리들", "당신들" 앞에 있는 것입니다. 예수님은 우리에게 우리가 "나"라고 말하고, "나인 나"라고 말하기 시작할 때, 하나의 "주체"가 되어야 한다고 말씀하고 계십니다. 다시 말해서 우리는 하나의 말을 뛰어넘어서 우리 존재를 다 바쳐서 하나님께 참여하고, 하나님의 말씀에 참여할 수 있도록 우리 모두를 부르시는 진리로부터 영적인 부름을 받았다고 느낄 때, 우리가 취해야 하는 삶의 전형으로서의 "주체"의 모습을 보여주는 것입니다.

그리스도가 "나에게 오도록 하라"고 한 말의 의미는 바로 그에게 "어린아이를 나, 즉 주체에 도달하게 하라"는 것입니다.

"나다", "나는 나다"[2]라고 하는 말은 "나는 존재 자체의 아들이다"라는 말을 의미합니다.

그러므로 어린아이들을 매일 매일, 매 순간 매 순간 하나님의 자녀(존재자의 자녀)가 되게 하고, 인간이 되게 해야 합니다. 이것이 우리가 잉태되었던 대로 하나의 남성이나 여성이 되어가는 영원한 현재의 모습입니다.

모든 사람들은 그들의 내면에서 이 영원한 창조가 현재 진행되고 있다는 사실을 직관하고 있습니다. 다시 말해서 모든 사람

---

2 "나는 나다"라는 것은 구약성경에 나온 하나님의 이름이다. 하나님은 자기 이름을 이렇게 말함으로써 그 자신을 존재하는 이로 계시하였다(출애굽기 3:14; 요한복음 8:24).

들의 육체 안에 이 말씀이 현재화되어 있다는 사실, 즉 그 말씀이 그들의 유전적이고, 인종적이며, 개인적인 언어 습관을 가지고 있는 독특한 모습 안에 성육(成肉)되어 있다는 사실을 직관하는 것입니다.

모든 사람들에게는 자기를 낳아 주신 부모님들과 동일시할 수 없고, 감정적으로나 감각적으로는 물론 세속적으로도 그들에게 의존할 수 없는 독특한 욕망이 있습니다. 그 욕망은 하나님을 향한 순수한 욕망으로서, 소유, 지식, 권력 등 어른들 세대에 의해서 그 사용 방법이—선용을 하건, 악용을 하건 간에—학습된 것들 너머에 있는 존재의 욕망인 것입니다.

그런데 아들과 딸의 세대가 자유로운 가운데서 욕망을 창출해 내는 것은 부모님 세대의 영향력이 그치는 곳에서입니다.

하지만 부모님들이 너무 빨리 뛰거나, 너무 높이 뛰려고 한다면 경솔한 짓이 됩니다. 더구나 부모님들이 자기 자녀의 몸에 어떤 책임을 지려고 하거나, 자기 자녀의 욕망을 이끌려고 한다면 잘못 될 수 있습니다.

그리스도는 그에게 매혹 당한 사람들, 남자나 여자나 가릴 것 없이 모두 달음박질하거나 높이 뛰게 했습니다. 그리스도는 사람들을 이끌고 가지 않습니다. 다만 잡아당길 뿐입니다. 또한 사람들에게 명령을 내리지도 않습니다. 다만 부르고 계실 뿐입니다.

선생님은 선생님이 생각하기에 매우 중요한 주제를 반복해서 말했습니다. 부모님들은 자기 아이들을 소유하려고 해서 의존적으로 되게 하거나 도덕적인 의미에서 의존적으로 되게 해서는 안 된다고 한 것입니다.

그러나 그리스도가 나보다 먼저 이런 말을 했습니다. "아버지와 어머니를 떠나야 한다!" 그것은 나에게만 중요한 명제가 아니라 복음서의 근본적인 제안입니다.

"그들이 나에게 오도록 하고, 그들이 나를 욕망하게 하라. 그들이 그들 삶의 진리와 행로를 찾을 수 있는 것은 그들이 나에게 오려는 욕망 안에서이다." 그리고 하나님의 말씀에 부름 받은 사람들 모두는 그가 어머니 뱃속에 잉태된 날 "스스로 계신 자"에 의해서 부름 받은 모습대로, 다시 말해서 존재를 나타내는 etre 동사의 주격의 속성에 따라서 그대로 될 것입니다. 그에게 주어진 성이나 이름을 넘어서 모든 사람들은 스스로의 이름을 짓게 될 것입니다. 그리하여 그 자신의 삶의 진리가 가진 주어와 속사(屬辭)는 여태까지 전혀 이루지 못했던 목적을 이루기 위해서 지평선 위에 펼쳐지고 전개되어 나갈 것입니다.

이런 것들은 모두 어느 누구에게서나 이루어지는 것입니다. 자녀들을 낳은 육친의 아버지는 그의 자녀들이 욕망을 품을 수 있는 가능성을 주고 있습니다. 다시 말해서 생식자로서의 어머니와 아버지는 인간의 수정란에 욕망의 가능성을 낳는 것입니다. 그러나 실질적인 교육자로서의 아버지와 어머니는 자녀들에게 여러 가지 잠재적인 것들을 전수시켜 주는데, 그들에게 동일한 것이라고 여겨지는 잠재성들밖에 건네주지 못하고 맙니다. 이러한 상황에서 그리스도는 여기에 어떤 새로운 것을 가져다 줄 수 있는 것입니까?

예수님이 "어린아이들이 내게 오는 것을 막지 말라"고 말했을 때, 이 말씀을 한 이는 평범한 사람이 아니라 하나님의 아들이었습니다. 그러므로 이 말씀은 "너는 네 어머니나 아버지와 같은 것들을 뛰어넘어서 하나님을 비추어 가면서 네 욕망을 실현시키도록 하여라. 네가 신체적으로 아직 미숙하였던 어린 시절에 너에게 한 동안 하나님을 부분적으로 나타내 주었던 네 부모님들에게 의존되어 있는 네 욕망 안에 머물러 있지 말라"는 의미입니다.

사실 부모님들은 어린아이들에게 하나님을 나타내 주고 있습니다. 어린아이들은 매우 작은데 비해서 부모님들은 매우 크기 때문입니다. 어린아이는 작은 덩어리이고 커다란 덩어리의 작은 부분이기 때문에 어린아이는 신체적으로 그의 부모님들과 같아지기를 열망하게 됩니다.

어린아이들이 이렇게 그들의 부모님에게 신체적으로 의존되어 있기 때문에 성인들은 모두 인간의 욕망을 대표하는 존재라고 믿게 됩니다. 그들의 부모가 아무리 일시적으로만 욕망의 율법을 대표하는 존재라고 할지라도 그 사실을 알지 못하는 것입니다. 어린아이들은 자라나면서 항상 그들의 어머니와 아버지가 물질적으로 하나님이라고 믿을 수 있습니다. 여기서 왜곡이 생기게 됩니다.

그리스도가 "어린아이들을 나에게 오도록 하라"고 말씀하시면서 정말로 말씀하고자 했던 것은 "이 어린아이들은 당신에게 속해 있는 것이 아니라, 하나님의 아들인 나에게 속해 있는 것이다. 이 아이들은 나처럼 하나님의 자녀이고, 단지 당신들을 매개로 해서 육신을 빌어 입었을 따름이다. 당신들도 당신의 부모를 매개로 해서 육신을 빌어 입고 나왔지만 나와 똑같이 하나님의 자녀이고, 당신의 부모들도 마찬가지로 하나님의 자녀이다. 하나님 앞에서는 그들도 당신들과 같은 존재이다. 당신의 자녀들이 하나님의 돌보심을 바랄 수 있도록 그들을 자유롭게 하여라"라는 것입니다. 이것이 다입니다.

어떤 사람이 그의 사랑을 그리스도와 그리스도의 말씀에 초점을 맞출 때 그는 자유를 누리게 되는 것입니까?

그러나 이 말은 우리 마음의 섬세한 끈 하나 하나가 모두 우리 자녀들에게 집착해 있고, 우리 자녀들 역시 마찬가지인데 인간으로서 부모가 된 우리에게 얼마나 걸림돌이 되는 말입니까? 그러므로 우리는 우리를 불안하게 할지도 모르는 모험을 해야 합니다. 그리고 우리 자녀에게도 부모를 거스를 수 있게 하는 어려움을 겪게 해야 합니다.

어린아이들은 그들이 어머니, 아버지 곁에 있어야 사랑을 받을 수 있고, 안전을 누릴 수 있다는 사실을 잘 알고 있습니다. 그런데 그들은 이제 삶의 이 귀중한 가치들을 부모님에게서 찾지 않고 예수님에게서 찾아야 합니다.

우리 가운데서 누가 이런 말을 자기 자녀에게 감히 말할 수 있겠습니까?

4
갈릴리 가나의 혼인잔치

요한복음 2:1-11

사흘째 되는 날에, 갈릴리 가나에서 혼인 잔치가 있었다. 예수의 어머니가 거기에 계셨고, 예수와 그의 제자들도 그 잔치에 초대를 받았다. 그런데 포도주가 떨어지니, 예수의 어머니가 예수에게 말하기를 "포도주가 떨어졌다" 하였다. 예수께서 어머니에게 말씀하셨다. "여자여, 그것이 나에게 무슨 상관이 있습니까? 아직도 나의 때가 오지 않았습니다." 그 어머니가 일꾼들에게 이르기를 "무엇이든지, 그가 시키는 대로 하여라" 하였다. 그런데 유대 사람의 정결 예법을 따라, 거기에는 돌로 만든 물항아리 여섯이 놓여 있었는데, 그것은 물 두세 동이들이 항아리였다. 예수께서 일꾼들에게 말씀하셨다. "이 항아리에 물을 채워라." 그래서 그들은 항아리마다 물을 가득 채웠다. 예수께서 그들에게 "이제는 떠서, 잔치를 맡은 이에게 가져다 주어라" 하고 말씀하셨다. 그들은 그대로 하였다. 잔치를 맡은 이는, 포도주가 된 물을 맛보고, 그것이 어디에서 났는지 알지 못하였으나, 물을 떠온 일꾼들은 알았다. 그래서 잔치를 맡은 이는 신랑을 불러서 그에게 말하기를 "누구든지 좋은 포도주를 먼저 내놓고, 손님들이 취한 뒤에 덜 좋은 것을 내놓는데, 그대는 이렇게 좋은 포도주를 지금까지 남겨 두었구려!" 하였다. 예수께서 이 첫 번 표적을 갈릴리 가나에서 행하여서 자기의 영광을 드러내셨다. 그래서 그의 제자들은 그를 믿었다.

제라르 쎄베랭: 가나의 혼인 잔치 때 예수님은 서른 살 먹은 목수였습니다. 이때 혼인한 부부는 앞으로 살게 될 집을 마련했고, 그들의 가정을 꾸몄습니다.

프랑소와즈 돌토: 그렇습니다. 예수님은 거기서 또 다른 영적인 집의 건축자로서의 자기 자신을 드러냈습니다. 그러면서 그는 거기에서 놀라운 삶의 전환을 이루게 됩니다.

그것을 한번 살펴볼까요? 그곳은 먼저 혼인 잔치 자리였습니다. 한 사람의 신랑과 신부가 여러 증인들 앞에서 하나가 된 것입니다.

그들은 서로의 가정에 묶여 있고, 개인적인 여러 가지 일들로 점철되어 있던 과거로부터 떠나서, 서로가 서로를 사랑한다는 맹세를 교환했습니다.

그들은 이제 이 잔치를 통해서 부모의 보호 아래서 살았던 젊은 날과 끊어지게 되었습니다.

그들은 서로의 가족들이 동의하고, 서로가 서로에게 이끌리며 그 욕망이 이끄는 대로 그들의 조상 때부터 가계(家系)를 만들어 왔던 삶의 에너지 안으로 들어갔습니다. 혼인이란 이렇게 신중하게 행해지는 매우 개인적이고, 가족적이며, 사회적인 행위입니다.

그들은 그들이 사는 짧은 삶에 커다란 의미를 부여하게 될 서로간의 전적인 헌신 속에서 서로가 서로에게 너그럽게 대하고, 책임감을 느껴야 하는 사회적인 세포 하나를 새롭게 만들었습니다.

이 날 혼인한 젊은 부부는 그 잔치에 참석한 사람들 하나 하나에게서, 그들의 나이나 성별에 상관없이, 그들이 꿈꾸어 왔던 삶의 미래상이나 완성된 모습을 그려보게 됩니다. 그때 포도나무에서 난 번쩍거리는 마법의 액체는 얼마나 많이 흐르게 됩니까?

선생님은 왜 번쩍거린다느니 마법이니 하는 말을 쓰십니까?

왜냐하면 우리가 같이 취할 때, 같이 이 현실에서 탈출할 수 있고, 같이 즐거워질 수 있기 때문입니다. 이렇게 같이 느끼는 즐거움은 우리가 술에 취한 다음에 흔히 느끼게 되는 죄의식을 씻어 줄 수 있습니다. 한 가지 덧붙일 수 있는 것은 이때 우리 무의식이 아주 자유롭게 된다는 사실입니다.

그렇다면 혼자서 취하는 것은 또 다른 의미를 가진다는 말이군요.

그렇습니다. 혼자서 술을 마시는 사람은 자기 속에 갇히게 됩니다. 그런 사람들은 현실로부터 빠져 나와서 다른 사람들과 피부를 맞대고 사는 것을 두려워합니다. 그들이 살고 있는 현 상태에서 아무 것도 바꾸려고 하지 않는 것입니다. 따라서 그들은 합리적이고, 법률적이며, 똑똑하고, 이성적인 대화밖에 하지 못합니다. 그런 범주에서 벗어나는 것들은 그들에게 사막과도 같은 것입니다.

그런데 가나에서는 그와 정반대 되는 일들이 일어났습니다 …

일하는 사람들이 항아리에 담아서 갖다 놓았던 맑은 물이 매일 매일의 삶 속에서 생겨나는 근심과 고통을 잊게 하고 웃음을 가져다주는 발효된 음료로 바뀐 것입니다. 그것은 혼인 잔치 자리에서 같이 어울려 먹고 마시는 사람들의 영혼 속에서 잔치의 흥을 돋우고, 미소가 활짝 피게 하는 즐거움의 젖이 된 것입니다. 사람들은 그 젖 속에서 그들을 취하게 하는 맛을 지닌 가벼운 환상으로 가득 찬 농익은 포도송이를 딸 수 있을 것입니다.

예수님은 나중에 또 다른 만찬 자리에서 이 포도주를 내시게 됩니다.

그렇습니다. 예수님은 십자가에 달리시기 전 날 밤, 제자들과 작별하면서 이 포도주가 그의 살아있는 피라고 말씀하시며 봉헌하게 됩니다. 새로운 언약[1]의 피로써 말입니다.

가나에서 예수님이 사람들의 인간적인 언약인 육체적 혼인을 위해서 식물에서 나온 피를 선물로 주면서 그의 공적인 삶을 시작했다면, 그 다음에 그는 예루살렘에서 영적인 혼인을 위하여 그의 몸에서 나온 피를 선물로 주면서 그 삶을 완수하게 됩니다. 이것은 새로운 언약을 위한 것이며, 하나님과 사람들 사이의 관계를 새롭게 풍성하게 하려는 것이었습니다.

---

1 돌토는 여기서 몇몇 교부들의 해석 전통 위에 서있는데, 가나는 유월절을 예시하며, 예수님이 유월절 전날 그의 제자들에게 최후의 만찬을 베푼 것의 전주(前奏)인 것이다(마태복음 26:26-30; 마가복음 14:22-25; 누가복음 22:19-20; 고린도전서 11:23-25).

이제 예수님께서 새로운 "징표"로 보이신 첫 번째 기적 사건으로 돌아가 봅시다. 예수님이 그 일을 하신 것은 어머니 마리아의 요청 때문이었습니다. 그러니까 이 사건에서는 어머니와 아들 사이에 어떤 중요한 일이 일어났던 것입니다. 예수님은 그의 어머니에게 "아직은 내 때가 아닙니다"라고 말을 했지만, 결국 그의 때로 드러났습니다. 여기서 무슨 일이 있었던 것입니까?

그러나 … 여기서 마리아는 예수님을 다시 한번 더 낳은 것입니다.

이때 혼인 잔치는 아주 빠르게 지나갔습니다. 그래서 포도주가 더 이상 남지 않게 되었습니다. 마리아는 그 이야기를 그의 아들에게 했습니다. "포도주가 이제 남아있지 않다고 하는구나." 여기에 예수님은 뭐라고 대답했습니까? "아직은 내 때가 아닙니다"라고 답변하지 않았습니까? 이 말에 대해서 마리아는 "어, 그러니? 아직 네 때가 아닌가 보구나"라고 하지 않았습니다. 오히려 그와 정반대로, 마치 예수님이 하신 말씀을 전혀 듣지 않았다는 듯이 일하는 사람들에게 "이 사람이 하라는 대로 하시오"라고 명령하였습니다.

하지만 마리아가 이렇게 자신 있게 행동했던 것은 무엇을 믿고서였을까요?

마리아는 예수님이 공적인 삶으로 출발하기에 앞서서 두려워하고 있다는 사실과 그의 내면에서 어떤 저항이 있다는 사실을 알고 있었습니다. 그런 것들이 그 대답으로 나타났음을 잘 알고 있었던 것입니다.

예수님은 한 사람의 남자였습니다. 그리고 남자들은 흔히 자기에게 어떤 운명적이라고 생각되는 일이나, 책임을 져야 하는 중요한 일 앞에서 종종 불안해하곤 합니다. 나중에 예수님은 또 한 차례 감람산에서 울부짖고, 피를 땀처럼 흘리며, 가슴이 터져 죽을 것 같다고 말하게 됩니다.

가나에서도 예수님은 불안했습니다. 그러나 마리아는 예수님보다 덜 불안해했습니다. 그래서 올바른 선택을 할 수 있었습니다.

이제 예수님은 공적인 삶을 살기 위해서 그 전까지 영위해 왔던 숨겨져 있고, 아무말도 하지 않았던 삶을 떠나야 합니다.

마리아는 이제 그가 떠나야 하는 시간이 돌아온 것을 알았습니다. 그것은 모든 어머니들이 그의 아들에게 어떤 때가 온 것, 그래서 그가 다시 그를 품어서 낳아야 한다는 것을 아는 것과 똑같은 것입니다.

예수님의 대답이 부정적이지 않습니까? "아직 내 때가 되지 않았습니다"라는 말은 "싫습니다"라는 말을 완곡하게 표현한 것이 아닙니까?

전혀 그렇지 않습니다. 그것은 거절(négation)이 아니라, 부인(dénégation)입니다.

우리 무의식에는 거절이 없습니다. 그러므로 예수님이 무엇이라고 대답을 했다면, 그것은 그의 어머니가 하는 말에 어떤 식으로든지 "듣기로 했다"는 것을 의미합니다. 그가 만약에 부인하는 응답을 했다면, 하기는 하겠지만 거기 대해서 불안해하는 것이 있다는 사실을 나타냅니다.[2] 마리아는 여기서 그렇게 하기는

---

2 자기 불안을 틀어막으려는 듯이 이렇게 거꾸로 말하면서 불안을 드러내는 것을 우리는 우리의 일상생활에서는 물론 정신과 진료실에서 매일 볼 수 있다. 예를 들어서 말하자면, 어떤 사람이 "실례되지 않는다면, 한 달 수입

하겠지만 무엇인가를 불안해하는 예수님의 욕망을 보았던 것입니다.

마리아는 여성으로서의 그녀 내면 어딘가에 "포도주가 이제 남아있지 않다고 하는구나"라는 간단한 말로 그의 아들 예수가 여태까지 그의 영혼 깊은 곳에서 꿈꾸어 왔던 삶의 전환을 이루게 하는 어떤 것을 간직하고 있었던 것이 아닐까요?

그때 그녀는 어떤 답변을 듣게 되었습니까? "그것이 당신과 나 사이에 무슨 상관이 있는 것입니까?" 마리아는 그의 아들 입에서 이렇게 부인하는 소리가 나왔는데도 어째서 하인들에게 조용하지만 위엄 있게 명령을 내렸습니까?

그녀는 이 범상하지 않은 사람에게 앞을 향해 나아갈 수 있는 능력이 있다는 사실을 확신하고 있었습니다. 그 힘은 어머니만이 느낄 수 있는 것으로 예수님도 아직 자기에게 있다는 사실을 미처 깨닫지 못하는 힘이었습니다.

그러나 … 마리아는 어떤 근거로 그렇게 말한 것입니까?

저도 언제나 그 문제에 대하여 의문을 갖고 있습니다 …
마리아가 정말로 자기가 확신하는 것을 예수님께 말했던 순간 그 말이 예수님께 얼마나 역동적인 영향을 끼치게 될 것인가 하는 사실을 과연 알고 있었을까? 그리고 그것은 그녀의 여성적인 직관 때문에 가능한 것이었을까? 아니면 무의식적인 압력이나 또 다른 어떤 미묘한 압력 때문이었을까? 그것도 아니라면 이제 막 시작되는 새로운 시대에 대한 전의식(前意識) 때문이었을까?

은 어느 정도나 되십니까?"라고 물었다면, 그 사람은 이미 실례를 하고 있는 것이다. 그가 아무리 조심스럽게 부인하고 있지만 실례는 실례인 것이다.

결국 여기서 논리로 풀 수 있는 것은 아무 것도 없습니다. 마리아는 새로운 시대에 대해서 아무 것도 직접적으로 요구하지 않았습니다. 그리고 예수님은 거기에 대해서 "아니"라고 답변하였습니다. 하지만 "포도주가 이제 남아있지 않다고 하는구나"하는 단순한 말이 그의 아들에게는 이제 새로운 삶을 살아야 한다는 채근이 되었습니다. 자기 집도 아닌 곳에서 하인들에게 명령을 내리는 이 여인은 누구입니까? 그리고 이 여인에게 그런 명령을 하게 한 이는 또 누구입니까? 그리고 하인들은 왜 이 사람의 말을 들었습니까?

그렇습니다. 마리아는 자기 존재의 어떤 곳으로부터 자기 아들에게 "포도주가 이제 남아있지 않다고 하는구나"라는 말을 하였고, 하인들에게 "이 사람이 하라는 대로 하시오"라고 했습니까? 여기서 마리아는 예수님이 공적인 생활의 첫 발걸음을 내딛을 수 있도록 하는 인도자의 역할을 하게 됩니다.

중요한 것들이 처음 등장할 때는 모든 것이 으레 그렇듯이, 그것들은 아주 단순하게 시작됩니다. 별로 깊이 생각할 필요도 없는 어떤 사실을 말하는 것처럼 들리는 것입니다. "포도주가 이제 남아있지 않다고 하는구나." 그러나 이 말은 우리에게 아주 많은 것을 생각하게 합니다. 아주 많은 의미를 담고 있는 말입니다.

이때 마리아에게 어떤 명확한 의도가 있었을까요? 마리아는 깊이 생각한 다음에 의도적으로 이런 주도권을 잡으려고 한 것일까요? 그렇지 않으면 예수님이 언제나 들을 수 있었던 그의 어머니의 말에서 그가 기다려 왔던 성령의 표징을 듣고 확인했으며, 자신의 창조적인 말씀의 능력을 공적으로 선포하라는 하나님 아버지의 뜻을 읽은 것일까요?

복음서가 우리에게 말하는 것은 마리아가 그의 아들에게 말을 했고, 최종적으로 신비한 인도자 역할을 했던 곳은 갈릴리 가나라는 사실입니다.

예수님이 일을 시작하게 되는 것은 다른 사람들, 즉 하인들 때문입니다. 하인들이 포도주를 충분히 준비하지 않아서, 무엇인가 부족했기 때문입니다.

선생님 생각에는 이 잔치 집에서 마리아는 자기가 했던 일의 의미에 관해서 알았으리라고 생각합니까?

글쎄요. 잘 모르겠는데요 … 제 생각에, 그녀는 그 자리에 있을 필요가 있었습니다. 아마 마리아는 그렇게 행동할 준비를 모두 갖추었을 것입니다. 그리고 그녀는 그 자리에 모인 모든 사람들에 대한 공감(共感) 때문에 그렇게 한 것입니다. 이제 포도주가 떨어졌으니, 흥도 모두 깨지겠구나!라고 생각해서 그런 것이 아니었다면, 마리아는 초자연적인 어떤 것에 의해서 그렇게 했을 것입니다.

우리 이성만 가지고 생각한다면, 가나에서 마리아가 한 행동들은 전혀 논리에 맞지 않는 것들입니다 … 그러나 그것은 잘 굴러갔습니다.

결국 마리아는 포도주에 관해서 말을 했는데, 사건은 다른 차원으로 진행되었습니다. 그러므로 여기서 행해진 모든 말들, 모든 대화들은 침묵의 언어가 존재한다는 사실에 관해서 믿게 합니다.

그것은 마치 정신분석을 하는 시간에 일어나는 일과 비슷합니다. 침묵의 언어 같다는 말입니다. 이때 사람들은 어떤 사실에 관해서 이야기하지만, 그것은 다른 응답을 불러오게 됩니다.

정신분석적인 안목을 가지고 복음서를 읽을 때, 재미있는 사실은 사람들이 처음에는 어떤 것을 부인(否認)하지만 그 부인으로부터 결국에 가서는 어떤 빛을 얻게 된다는 사실입니다. 여기서도 인간으로서의 예수님은 처음에 "아니"라고 대답하였지만, 그것이 사실은 "예"를 말하려는 것이었다는 정신분석학의 미궁(labyrinthe)을 거쳐 나올 수밖에 없었습니다. 이것은 그가 거짓말을 하려고 했다는 것이 아니라, 합리적인 방식으로서는 도저히 나올 수 없는 새로운 욕망이 태어나는 순간 느껴지는 그의 불안을 나타내는 징표였습니다.

만약에 예수님이 "포도주가 이제 남아있지 않다고 하는구나"라는 마리아의 말을 듣지 않았더라면, 아무 일도 일어나지 않았을 터이고, 마리아는 정말 예수님이 그 말을 들을 때가 되지 않았다고 생각했을 것입니다. 따라서 마리아는 그가 이제 공적인 삶을 살도록 출발할 때를 기다렸을 것입니다. 그러나 예수님이 그 자신을 드러내는 것에 어떤 저항이 있는 것 같았다는 사실이 놀랍게 생각됩니다.

"아직은 내 때가 아닙니다."

"이 사람이 하라는 대로 하시오."

여기서 예수님을 강력한 존재로 다시 태어나게 하는 것, 강권하여 앞으로 나아가게 하는 것은 마리아라는 사실을 이해할 수 있습니까?

예수님이 "여자여, 그것이 당신과 나에게 무슨 상관이 있습니까?"라고 했을 때, 저는 그 말속에서 언제나 "어머니, 당신은 왜 내 일에 끼어드십니까?"라는 비난의 목소리를 듣고 있습니다. 그런데 이 말의 더 정확한 의미는 "어머니, 제 속에서 무슨 일이 일어났습니까? 어머니 말을 듣고 제 안에서 일어난 이 반향(反響)은 어찌 된 것입니까?"라는 것이 될 것입니다.

그것은 질문이었습니다. 어린아이가 막 태어나 "자, 이제 아이가 막 나오려고 합니다"는 소리가 들리는 순간 태아가 자기 어머니에게 "어머니, 지금 무슨 일이 일어나는 거예요?"라고 묻는 것처럼 그리스도가 태어나는 순간에 그의 어머니에게 질문하는 것입니다.

"그것이 당신과 나에게 무슨 상관이 있습니까?"라는 말은 그 때 예수님과 마리아 사이에서 일어난 일에 대해서 예수님이 묻고자 한 것과 똑같은 것입니다.

어머니와 아들 사이, 어머니와 그의 살아있는 열매인 아들 사이에는 언제나 없어서 안될 은밀한 합의가 있는 법입니다. 그것은 바로 이런 순간들입니다. 그 두 사람이 새로운 변화를 향해서 나아가고, 새로운 탄생을 향해서 나아가는 때에 관해서 합의하는 순간이 있는 법입니다.

마리아가 성모(聖母)가 되는 순간은 갈릴리 가나에서 있었던 이 혼인 잔치 자리에서 였습니다.

5
십자가 아래

요한복음 19:25-27

그런데 예수의 십자가 곁에는 예수의 어머니와 이모와 글로바의 아내 마리아와 막달라 사람 마리아가 서 있었다. 예수께서는 자기 어머니를 보시고, 또 그 곁에 자기가 사랑하는 제자가 서 있는 것을 보시고, 어머니에게 "여자여, 이 사람이 어머니의 아들입니다" 하고 말씀하시고, 그 다음에 제자에게는 "자, 이분이 네 어머니시다" 하고 말씀하셨다. 그때로부터 그 제자는 그 분을 자기 집으로 모셨다.

마가복음 15:33-37

낮 열 두 시가 되었을 때에, 어둠이 온 땅을 덮어서, 오후 세 시까지 계속되었다. 세 시에 예수께서 큰 소리로 "엘로이 엘로이 레마 사박다니?" 하고 부르짖으셨다. 그것은 번역하면 "나의 하나님, 나의 하나님, 어찌하여 나를 버리셨습니까?" 하는 뜻이다. 거기에 서 있는 사람들 가운데서 몇이, 이 말을 듣고서 말하기를 "보시오, 그가 엘리야를 부르고 있소" 하였다. 어떤 사람이 달려가서, 해면을 신 포도주에 푹 적셔서 갈대에 꿰어, 그에게 마시게 하며 말하기를 "어디 엘리야가 와서, 그를 내려 주나 두고 봅시다" 하였다. 예수께서는 큰 소리를 지르시고서 숨지셨다.

제라르 쎄베랭: 가나에서 영광이 있었다면 … 십자가 밑에서는 정신적인 고독이 있습니다.

프랑소와즈 돌토: 가여운 여인! 마리아는 자기 아이가 성공했으면 하고 간절히 바랐었는데, 자기가 보는 앞에서 완전히 실패한 모습으로 죽어가는 것을 지켜보아야 했습니다. 여기에 그 가련한 여인이 있습니다.
예수님은 아들로서는 완전히 실패하였습니다. 마리아의 사랑을 받는 육신의 아들로 실패한 것입니다. 예수님은 마리아가 너무 고통스러워하고, 낙심할 것이라는 사실을 잘 알고 있었습니다. 예수님이 죽는다면, 마리아는 이 세상에서 살아갈 근거를 잃게 됩니다.

선생님 생각에는, 자기의 모든 희망을 걸었던 아들이 오명을 뒤집어쓰고 죽어갈 때, 이 세상에 있는 어떤 어머니가 자기 삶의 의미와 욕망을 계속해서 지닐 수 있으리라고 생각하십니까?

가나에서, 그는 힘이 있었습니다. 그러나 여기서 그는 비통에 빠지게 됩니다. 마리아가 계속해서 어머니로 남아있을 수 있으려면 아들이 있어야 했습니다. 그래서 예수님은 그녀에게 요한을 주었습니다. "어머니에게 아들이 하나 필요하군요 … 그래서 어머니께 아들 하나를 드립니다."

모든 여인들은 육신을 가진 아이를 낳는 운명을 지니고 있기 때문에, 이 세상에서 계속 살 수 있으려면 사랑의 대상이 되는 아이를 가지고 있어야 합니다.

그러면 예수님은 마리아를 측은히 여겼던 것입니까?

전혀 그런 것은 아닙니다. 그는 그녀를 측은하게 여기지도 않았고, 그녀의 고통의 원인이 되는 자기 자신을 측은히 여기지도 않았습니다. 그래서 그는 우리가 병적인 사랑을 나누고 있는 어머니와 아들, 아들과 어머니 사이에서 흔히 볼 수 있는 것처럼 결코 이렇게 말하지는 않았습니다. "아, 나의 가엾은 어머니, 제가 당신을 그렇게 고통스럽게 해서 괴롭기 짝이 없습니다."

그는 그녀 안에서 고통을 받는 것은 어머니로서의 여인이라는 사실을 간파했습니다. 이제 그 여인이 어머니로서의 기능을 발휘할 수 없게 되려는 순간, 다시 살아있는 아이를 얻음으로써 그렇지 않아도 되게 되었습니다. 즉 한 아이가 죽고, 다른 한 아이를 얻은 것입니다.

예수님은 마리아에게 여인이 당할 수 있는 고통 가운데서 가장 커다란 고통을 받아들이고 이겨낼 수 있는 방법을 주었던 것입니다. 말하자면, 어머니들이 자기 아이를 잃어버린다는 것은 자기 몸의 일부를 떼어내는 것과 같이 고통스러운 일인 것입니다.

그러나 마리아에게 있어서 예수님이 죽는다는 것은 희망의 근거를 잃어버린다는 사실을 의미하는 것이었습니다.

예수님은 그녀에게 요한을 주었으며, 요한은 마리아에게 예수님을 대신할 아들이 되었습니다. "요한은 당신에게 아들처럼 될 것입니다. 그러니 이 세상에 있는 모든 어머니들이 자기 아들에게 하는 모든 것을 그에게 해주고, 이 세상에 있는 모든 어머니들이 자기 아들과 관계를 맺는 방식대로 그와 관계를 맺으십시오. 요한 역시 그처럼 하고, 당신의 아들이 될 것입니다."

이처럼 예수님은 그의 고통 가운데서 마리아에게 인간적인 위로를 주었습니다.

그러나 요한은 예수님이 아니었고, 예수님이 될 수도 없는 존재였습니다. 따라서 요한은 마리아의 마음에서 자기 아들 예수를 대신할 수 없었습니다.

물론 그럴 것입니다. 그래서 마리아는 예수님과의 이별을 아파했습니다. 가슴이 무너져 내렸습니다. 그러나 예수님은 그녀의 슬픔을 달래주려고 했으며, 우리에게 다른 사람들을 위로하는 방법을 가르쳐 주었습니다.

인간으로서 우리 모두는 우리의 육신이나 언어나 마음에 관계되는 여러 가지 관계들 속에서 살고 있습니다. 그런데 우리 욕망은 다른 사람들과 의사소통을 하려고 하는 속성이 있습니다.

그러나 우리에게 어떤 존재가 부족하다면, 그 관계는 깨져버립니다. 그런데 여기에서 예수님은 마리아에게 요한을 아들로 받아들이는 것이 어떻겠는가 하고 제안하면서 어머니가 되려는 마리아의 욕망과 아이 사이의 관계를 이어주려고 합니다. "여기에 당신의 아들이 있습니다"라는 말씀과 요한을 그녀에게 드리는 것이 같이 가는 것입니다.

이렇게 하면서 예수님의 말씀과 함께 새롭고 역동적인 관계가 생겨나게 됩니다. 이 말씀은 어머니로서의 마리아의 욕망 속에 커다란 의미를 지니고 남아 있을 것입니다.

다른 사람과의 관계가 존속하는 한, 우리들에게서 욕망은 죽지 않습니다. 그러나 이 관계가 깨어지거나 사라지면, 사람들은 말씀과 함께 새롭고 역동적인 관계를 만들 수 있습니다.

마리아와 요한 사이에 얼마나 역동적인 관계가 형성된 것입니까? 왜냐하면 그들은 이제 예수님에 관해서 서로 말할 수 있게 되었습니다. 그리고 그들의 관계는 예수님의 이름으로 하나가 될 수 있습니다.

그의 어머니와 요한에게 새로운 관계를 맺어준 다음 예수님은 어떤 의심에 시달리게 됩니다…

예수님은 모든 사람들이 자기 신앙에 관계되고, 자기 권리에 관계되는 일을 완수하고, 자기 욕망이나 과업에 관계되는 모든 일들을 다 마친 다음에 으레 그렇듯이, 성경 말씀에 기록된 대로 자기 임무를 모두 완수한 다음에 의심의 고통이 밀려오는 것을 느꼈습니다.

그러나 여기서 예수님이 느꼈던 것은 실망이 아니었습니다. 그가 내지른 비명은 상실, 파멸, 고독, 비탄에서 나온 것이었습니다.

모든 사람들은 그가 어떤 일을 했는데 아무도 그를 정당화해 주지 않는다면, 단 한 사람의 친구도 그에게 찾아와서 잘 했다고 해 주지 않는다면, 절망에 빠지게 됩니다. 그때 그는 자기 자신의 정당성, 자기 욕망과 행동의 정당성에 대해서 의심하게 되는 것입니다.

예수님이 이때 하신 말씀은 이런 외로움에서 나온 고뇌였습니다. 이때 예수님은 그가 했던 모든 행동들에 대해서 아무런 메아리도 들을 수 없었고, 그의 행동을 비추어 볼 수 있는 아무런 거울도 가지고 있지 못했으며, 아무 도움도 오지 않았던 것입니다.
"나의 하나님, 나의 하나님, 어찌하여 나를 버리시나이까?"라고 부르짖었던 예수님의 외침은 우리 욕망, 소명, 임무 등과 관계된 우리의 모든 의심이 잘못된 것이 아니라는 사실을 알려주고, 우리가 죽음을 무릅쓰고 우리의 부르심을 완수해야 하는 것과 안락한 삶을 살고자 하는 유혹 사이에서 갈팡질팡하며 흔들릴 때 우리 삶은 전적으로 잘못된 것이 아니라는 사실을 말해주고 있습니다.

하나님의 응답 없이 다른 사람들의 조롱이나 동정을 자아내게 했던 예수님의 이 부르짖음 다음에 그는 다른 사람들처럼 갈증에 시달리고, 어떤 욕구에 시달렸습니다 …

그러나 그가 다른 사람들과 같지 않고, 다른 곳에서 온 분이라는 사실을 보여 준 것은 바로 그 순간이었습니다. 이러한 빈사 상태 속에서 그는 마지막 노력을 다하여 커다란 비명을 질렀으며, 이때 다른 곳에서 바람이 불어왔던 것입니다. 그는 이 바람으로 숨을 쉬었고, 이 바람으로 살았으며, 말을 했습니다. 또한 그는 이 바람으로 그의 육체라는 임시적인 거처로부터 떠났습니다.
사람들로부터 버림받았고, 자기 아버지인 하나님에게서도 버림받았으며, 귀에 들리는 아무 응답도 듣지 못했던 그리스도의 이 긴 비명은 그 크기와 소리에 한계가 있는 우리 사랑의 말이나 욕망의 말이 가지고 있는 전형적인 모습이 아닙니까?
갓난아기들이 웅크리거나, 평안을 찾거나, 자기의 갈증과 허기를 달랠 수 있도록 어머니를 부르는 것은 소리를 질러서 가능한 것입니다. 또한 아이들은 소리를 지르면서 자기 아버지를 불러서 나쁜 사람들로부터 보호받을 수 있습니다. 이런 종류의 외침은 다른 사람의 구원과 도움을 요청하는 외침입니다.

  욕구의 외침, 욕망의 외침, 사랑의 배반 때문에 나오는 외침, 사람의 아들의 외침, 모든 사람들의 외침, 예수님의 외침 속에서 우리는 이런 모든 외침들을 읽어볼 수 있습니다.

  예수님의 십자가 아래 있던 모든 증인들이 들었던 이 외침, 이상하고 신비스러우며 색다르기도 하고 그치지 않는 이 외침 속에서 우리는 그의 몸의 부활을 예고하는 메시지를 읽어볼 수 있지 않을까요? 다시 말해서 이 외침은 나사렛 예수가 십자가에서 못박혀 죽는 순간, 그의 죽음에 전제되어 있던 부활의 외침이 아닌가 하는 것입니다.

  하늘과 땅 사이에서 외쳐졌던 이 외침은 온 우주에 퍼져나갔고 언제 어디서나 메아리쳐 질 것입니다.

6
성서에 나오는 부활기사들

서 언

프랑소와즈 돌토: 저는 20세기를 사는 한 사람의 성서 독자로서 성서에 나오는 세 가지 부활 기사를 보고 얼마나 놀랐는지 모릅니다. 하지만 여러분들이 잘 알고 있듯이 제가 정신분석가로 수련을 받은 것이 이 문제에 관해서 어떤 뜻하지 않았던 통찰을 주었습니다.

복음서에 기록된 이 세 가지 이야기들은 우리들에게 무엇보다도 먼저 우리 내면에 있는 욕망을 꽃 피우고, 발달시켜야 한다는 긴급한 필요성에 대해서 말해주는 것이라고 생각합니다. 이어서 이 이야기들은 우리의 욕망과 그 욕망이 따라야 하는 율법 사이에는 어떤 변증법적인 관계가 있다는 사실도 알려 주고 있습니다.

갓난아기들이 처음 태어났을 때, 그들은 혼자서 살 수 없습니다. 그들에게는 먹을 것과 어른들의 보호와 보살핌이 필요합니다. 갓난아기들은 이렇게 어른들과 같이 살고, 자라면서 그들이 가진 본성적인 직관을 가지고 그들의 삶 속에서 여러 가지 정보를 얻고, 그 정보들을 굳건히 하는가 하면, 상처를 입기도 하고, 병들기도 합니다.

그러므로 우리는 그들의 욕망이 정말 무엇인지 다 말할 수는 없습니다. 그들의 욕망은 어른들의 율법과 무의식의 법칙에 예속되어 있기 때문입니다. 그러나 다른 한편으로 생각해 보면, 그들의 욕망과 무의식의 법칙에는 모두 그 나름대로 가는 길이 있습니다. 그 길로부터 그들을 둘러싼 사람들의 무의식이 작용하는 법칙이 나오게 됩니다. 그러므로 우리는 인간의 욕망과 율법 사이에는 어떤 변증법적인 관계, 다시 말해서 끊임없이 어떤 방향으로 나아가게 하는 역동적인 관계가 있다고 말할 수 있게 됩니다.

그런데 나는 욕망의 발달 과정에서 언어가 매우 특별한 역할을 한다는 사실을 덧붙이고 싶습니다. 사실 어린아이들이 다른 사람들에게 자기를 드러내고, 남자로서나 여자로서의 자기 욕망을 특정 지어서 표현하는 것은 언어를 통해서입니다. 즉 그는 다른 사람들을 흉내내거나, 어떤 행동을 하거나, 음성을 통해서 자기 자신을 나타내는 것입니다.

언어와 욕망이 인간을 구성하는 중요한 두 가지 요소라고 한다면, 자기를 버리고 율법을 따르는 일은 인간의 사회생활에서 반드시 필요한 것입니다. 인간 사회의 통합을 위해서는 자기-양도밖에 다른 것이 없지 않습니까? 정말이지 사람들이 만든 여러 가지 기술적 발명품들이나 문화가 위기 상태에 빠지지 않고, 해체되거나 분해되지 않게 하려면 우리는 우리 자신을 내어주고 율법을 준수해야 합니다. 자기-양도와 율법의 준수 없이 사회생활은 전혀 불가능한 것입니다.

제라르 쎄베랭: 선생님이 말하는 자기-양도에 관해서 좀더 자세하게 설명해 줄 수 있습니까?

과거에 자기-양도(aliénation)와 자기-소외(aliéné)는 위험하고, 무책임하며, 병적인 상태를 의미했습니다. 실제로 사람들은 자기-소외 상태에 있는 사람들—오늘날 우리들은 "정신병리적 상태" (L'image inconsciente du corps, Le Seuil, 1984, p. 206)[6] 에 있는 사람들이라고 부릅니다—에게서 다른 사람들과는 다른 무의식 상태에서 나온 행동들을 찾아내곤 하였습니다. 어떤 사람이 병이나 불구나 사고를 당해서 아주 중대한 상태에 빠져있거나, 사랑하는 사람과 헤어졌다든지 사별해서 감정이 매우 고조된 상태에 있으면 그들은 자신들의 본래적인 상태에서 벗어나게 됩니다. 그들은 다른 사람들과 다른 행동을 하게 되는 것입니다.

이때 그들의 행동은 그것 자체가 하나의 언어입니다. 그들은 그 행동을 통해서 어떤 것을 말하려고 하는 것입니다. 그러므로 우리는 그 행동들이 말하려는 의미를 해독해야 합니다. 다시 말해서 그들의 정신이 혼미한 상태에 있어서 아직 이해하지 못하고 있거나, 우리에게 그 내용이 들리지 않거나, 말로 표현하지 못한 것들을 언어로 명료하게 다시 복원시켜야 하는 것입니다.

그러니까 선생님이 자기-양도 또는 자기-소외라고 사용하는 단어에는 두 가지 뜻이 모두 들어있다는 말씀이군요. 한편으로 그것은 사회의 인습,

규칙에 잘 적응하지 못하는 것이고, 다른 한편으로 그것은 그런 것들에 아주 잘 적응하는 상태를 의미하는데, 선생님은 주로 자기-양도를 법칙에 아주 잘 순종하고, 권위의 부속물처럼 된 상태를 의미하는 것으로 사용하고 있다는 말입니다.

　맞아요. 저는 그렇게 쓰고 있어요. 그런데 거기에 "무의식적으로" "법칙"과 "권위"에 마치 하나의 "부속물"처럼 복종하는 것이라는 말들을 덧붙이면 좋겠습니다. 그러나 소위 말하는 자기-소외(aliéné), 또는 미쳤다라는 말은 또 다른 의미에서의 자기-양도(aliénation)를 의미합니다. 그것은, 다시 말하지만, 다른 모든 사람들이 따르고 있는 규범을 따르지 않는 상태인 것입니다. 그런 사람들은 다른 사람들이 왜 그런지 알지 못하고, 다른 사람들 역시 그가 왜 그러는지 이해하지 못합니다. 그는 다른 사람들과 욕구나 욕망이 전혀 다른 상태에 있는 것입니다.
　내가 생각에 사람들이 자기-양도를 하지 않는다면 공동생활은 불가능해집니다. 그런데 사람의 욕망이란 때때로 잘 정돈되어 있고, 배출구를 제대로 찾을 수 있을 때 이미 결정된 방식대로 움직이거나 고착되지 않을 수 있습니다. 사람들은 인간의 욕망을 경직되게만 생각해서는 안 됩니다. 그것은 때때로 기존의 법칙들을 뒤집어엎을 수도 있고, 지금까지 확실했던 것들을 뒤흔들어 놓을 수도 있으며, 우리가 안전하게 생각했던 것들을 뛰어넘어 새로운 법칙을 만들 수도 있습니다. 그러면 사람들은 다시 새로운 법칙에 자기-양도를 해야 하고, 그때 어떤 위기가 찾아올 수도 있는 것입니다 …
　인간의 욕망과 율법 사이에 존재하는 이런 성격의 역동적인 관계가 복음서에서 말하는 세 가지 부활 기사 속에 들어있습니다.

나인성 과부의 아들

누가복음 7:11-16

조금 뒤에 예수께서 나인[1]이라는 성으로 가시게 되었는데, 제자들과 큰 무리가 예수와 동행하였다. 예수께서 성문에 가까이 이르셨을 때에, 상여가 나오고 있었는데, 죽은 사람은 그의 어머니의 외아들이고, 그 여자는 과부였다. 그런데 그 동네 많은 사람이 그 여자와 함께 상여를 뒤따르고 있었다. 주께서 그 여자를 보시고, 가엾게 여기시며 울지 말라고 하셨다. 그리고 앞으로 나아가서, 관에 손을 대시니, 메고 가는 사람들이 멈추어 섰다. 예수께서 말씀하시기를 "젊은이야, 내가 네게 말한다. 일어나거라" 하셨다. 그러자 죽은 사람이 일어나 앉아서, 말을 하기 시작하였다. 예수께서 그를 그의 어머니에게 돌려주셨다. 그래서 모두 두려움에 사로잡혀서, 하나님께 영광을 돌리며 말하기를 "우리에게 큰 예언자가 나타났다" 하고, 또 "하나님께서 자기 백성을 돌보아 주셨다" 하였다.

---

1 이 이야기는 엘리야가 사렙다 과부의 아들을 부활시킨 이야기를 상기시킨다(열왕기상 17:17-24; 열왕기하 4:29-37의 엘리사 이야기 참조하라).

프랑소와즈 돌토: 이 이야기 속에서 예수님은 한 소년이 누워 있는 관을 둘러싸고 소리지르며 울고 있는 한 무리의 사람들을 보고 계십니다. 관속에 누워있는 소년의 어머니는 슬픔 때문에 몸을 가누지 못하면서 그 무리의 뒤를 따르고 있습니다. 그녀는 그 아들 이외에 다른 아무 가족도 없는 과부였습니다. 이때 예수님이 그녀에게 다가갑니다.

그 사람들은 흐느끼면서 무슨 말을 하고 있었습니까? 놀라움 때문에 창백해진 그들의 얼굴에는 무슨 말들이 씌어있었던 것입니까? "이 아들이 이 과부의 유일한 아들이 아니었는가? 이 과부가 유일하게 마음 붙일 가족이 아니었는가? 그런데 이 아이가 죽다니 … 이 아이야말로 이 여자가 나이 든 다음에도 의지할 수 있는 유일한 삶의 지팡이가 아니었는가? … 일찍이 과부가 된 여자에게 이런 불행이 연이어 닥치다니 … 아, 가여운 여인. 하나님도 무심하시지 … 이 세상에 이렇게 가여운 일이 또 있을 수 있을까 … 이 과부의 아들이 죽다니 … 이제 이 여자는 어떻게 살아가나? 이제 이 여자에게는 아무 것도 남아있지 않게 되었구나 … 이제 이 여자는 다시 모든 것을 빼앗겼구나!"

예수님은 이런 이야기들을 들으면서 그 여인에게 깊은 연민을 느꼈습니다. 그래서 그녀에게 "울지 마시오"라고 말씀하셨습니다. 예수님은 그 소년이 누워있는 관에 다가가서 관에다 손을 대셨습니다. 자연히 관을 메고 가던 사람들은 걸음을 멈추었습니다.

오늘날 이 말씀을 읽는 우리들은 이때 이 여인, 이 어머니가 얼마나 놀랐을 것인지 충분히 상상할 수 있습니다. 갑자기 그녀의 얼굴에는 긴장감이 감돌았습니다. 그녀의 눈은 눈물로 범벅이 되었던 상태에서 벗어나 이것이 도대체 무슨 일인가 하는 표정이 되었습니다. 그러나 가슴은 아직도 깊은 어둠 속에 잠겨 있었습니다.

그녀의 두 눈썹 사이에는 주름이 잡혔습니다. 그녀는 자기 아들이 죽어서 지금 매우 비통한 가운데서 통곡을 하고 있는 자기를 방해하는 이 사람에게 시선을 고정시켰습니다. 그리고 머리를 들고 목을 길게 빼고 아무 말도 하지 않은 채 이제 과연 무슨 일이 벌어지려나 하는 기대를 가지고 무슨 말을 한 이 사람을 쳐다보았습니다. 자, 이 장면을 한번 상상해 보십시오. 얼마나 극적인 장면입니까?

선생님은 우리가 상상할 수 있는 장면을 아주 극적으로 그리셨군요.

네, 그렇습니다. 복음서의 이 구절을 읽으면서, 나는 이러한 장면을 떠올렸습니다.

이 말씀을 더 깊이 파헤치고, 이 말씀에 나타난 상징들에 주목을 할 때, 이런 방식으로 상상하는 것 이외에 또 다른 재미있는 부분이 없을까요?

물론 우리는 성경 말씀에 나오는 것들을 우리 멋대로 상상할 수 없으며, 성경에 나온 말들에 충실해야 한다고 생각합니다. 그러나 나는 우리가 읽은 모든 것들, 즉 성경에 기록된 모든 말들은 우리 존재 전체에 어떤 반향을 일으킬 수밖에 없다고 생각합니다. 그러므로 우리가 성경 말씀을 읽으면서 상상력을 발휘하지 않는다면, 우리는 복음서가 우리에게 정말로 말해주려는 메시지를 들을 수 없다고 생각합니다.

그러면 말과 생각과 상상력 사이에는 어떤 관계가 있는 것입니까?

우리의 생각 혹은 반성(反省)이 상상의 산물이 아니라면, 생각은 상상과 아무 관계도 없을 것입니다. 어린아이 때부터 우리는 우리를 둘러싸고 있는 이 세상을 상상을 통해서 이해하고 있습니다. 이 세상을 상상으로 가득 채우는 것이지요. 그러다가 우리는 어느 순간 이 세상은 우리가 상상했던 것과 같지 않다는 사실을 알게 됩니다.

이 세상의 본 모습은 우리가 이 세상에 부딪혀서 충격 받을 때, 다시 말해서 우리가 이 세상으로부터 분리되고, 찢겨질 때 그 모습을 드러내는 것입니다. 그때 우리는 이 세상은 우리가 상상했던 것과 전혀 다르다는 사실을 알게 됩니다.

다른 말로 표현하자면, 우리는 현실에 직접적으로 다가설 수도 없고, 현실을 직접적으로 파악할 수도 없다는 것입니다. 우리는 상상이라는 매개, 혹은 촉매를 통해서 밖에는 우리 현실과 하나가 될 수 없는 것입니다. 우리는 상상이라는 이 매개를 결코 없애버릴 수 없습니다.

우리 모든 사람에게 있어서 생각하고, 말하고, 상상하는 것은 우리의 존재와 삶의 중요한 부분을 이루고 있습니다. 상상이 우리 자신을 이루고 있는 것입니다. 우리가 복음서에 다가가고, 복음서의 의미를 파악할 수 있는 것 역시 상상을 통해서 입니다.

사실이 그렇다면 … 가장 바람직한 것은 … 복음서들에 나타난 환상들을 찾아보는 것이군요!

아닙니다. 단순히 그것만 의미하는 것은 아닙니다. 제가 말하려고 하는 것은 우리가 현실과 만날 때―제가 지금 말했듯이―그동안 우리가 상상했던 것들은 깨어지고, 갈라진다는 사실입니다. 그래서 우리는 우리가 상상하고, 꿈꾸고, 환상을 가졌던 것들로부터 빠져 나올 수밖에 없는 것입니다. 왜냐하면 그때 우리는 우리 내면에서 우리를 상상과 갈라놓았던 현실이 갑자기 솟아나는 것을 알아채기 때문입니다. 이 현실은 이제 우리를 더 풍요하고, 값지게 만들 것입니다.

그래서 나는 한 사람의 여자로서 이 여인, 지금 자기 아들과 헤어지고, 찢어지고, 아들로부터 거세당해서 모든 사람들의 애도 속에 매장이라는 사회적인 "통과의례"를 통해서 이제 아들과 영원히 헤어져야 하는 이 가련한 여인에게 나를 투사시킬 수 있는 것입니다.

그러니까 선생님 말씀을 정리해서 말하자면, 우리는 복음서를 읽으면서 우리 자신을 투사시킬 수 있다는 말씀이군요? 다시 말씀 드리면 우리는 성서에 나오는 장면들을 통해서 거기 나온 이 사람이나 저 사람에게 우리 감정을 대입할 수 있고, 그것을 통해서 우리 자신을 더 잘 알 수 있다는 것입니다.

그래요. 당신 말씀이 옳아요. 나는 복음서에 나오는 장면들을 읽으면서 마치 내가 거기 있는 것 같은 생각이 들 때가 많이 있습니다. 그렇지만 모든 사람들이 복음서를 읽으면서 한 사람의 독자로서 내가 복음서를 읽을 때 상상했던 것들과 똑같이 상상해야 한다는 말은 전혀 아닙니다. 다만 내가 확신하는 바로는, 우리가 복음서에서 말하는 메시지를 더 잘 이해하기 위해서 우리는 복음서에 우리의 상상을 투사시켜야 하고, 그것이 복음서가 지닌 독특성이라는 사실입니다.

복음서의 말씀들에 담긴 상징적인 의미들이 우리의 존재 자체, 다시 말해서 우리의 몸과 삶에 아무 상관도 없이 그냥 지나가 버리고 만다면 그 말씀들은 우리의 몸과 영과 마음에 아무 생명도 주지 못할 것입니다.

예수님이 우리에게 주셨던 메시지의 골자는 그의 말씀들 모두가 우리를 통해서 성육신되어야 한다는 것입니다. 다시 말해서 그 메시지가 우리를 통해서 살이 되고, 우리의 부분적인 충동이 되어 나타나야 한다는 것입니다.[2]

복음서에 나오는 인물들의 나이, 욕망의 내용, 고통의 정도, 정신적인 발달 정도가 어떻든지 간에 우리 모두는 그들에게 우리 자신을 투사시킬 수 있습니다. 복음서를 읽을 때의 열쇠는 우리가 복음서로부터 무엇인가를 얻으려면 우리 자신을 그 안에 투사시켜야 한다는 것입니다.[3]

우리가 복음서에 아무 것도 투사시키지 않으면서 무엇인가를 얻으려고 한다면, 그것은 잘못된 생각입니다. 그것은 진정한 것이 아니며, 우리는 다만 지적인 것밖에 얻을 수 없게 됩니다. 성

---

[2] 어떤 사람이 다른 사람과 의사소통을 하려고 할 때, 그의 욕망은 그 사람을 보거나, 만지거나, 그 사람의 말을 듣는 등 부분적인 충동을 통해서 표현된다. 그의 욕망은 하나의 물꼬를 통해서, 즉 우리 몸의 어떤 부분을 가지고 직접적으로 접촉하거나 말을 가지고 간접적인 방식으로 접촉하는 등으로 어떤 수단을 통해든지 표현되는 것이다.

우리 욕망의 이런 충동은 우리에게 쾌락을 가져다 준다. 즉 우리가 보거나, 듣거나, 만지는 것들은 우리에게 부분적으로 어떤 쾌락을 가져다 주는 것이다. 이렇게 우리들에게 부분적인 쾌락을 가져다 주는 것을 사람들은 "부분적인 욕망"이라고 부른다. 그런데 "전체적인 욕망"이라고 하는 것도 있는데, 그것은 우리가 다른 사람과 전체적으로 접촉할 때 생긴다. 예를 들어서 말하자면, 우리는 성찬식 때 어떤 이를 전체적으로 만난다. 그리고 그 만남은 우리의 부분적인 충동들을 모두 만족시킨다. 즉 우리의 허기, 갈증, 먹고 싶은 것, 마시고 싶은 것 … 구순기적인 충동, 공격적인 충동 등은 물론 우리의 소유욕, 인식욕, 권력욕 등을 모두 한꺼번에 만족시키는 것이다.

[3] 마태복음 5:25~34에 나오는 혈우병에 걸린 여인의 이야기는 이 사실을 가장 잘 보여주는 이야기이다. 이 장면에서 예수님은 그를 만지려는 사람들 때문에 이리 저리 흔들렸다. 그러나 이때 단 한 사람만이 예수님에게 자기의 욕망을 온통 투사시켰다. 이때 예수님은 혈우병에 걸린 그 여인으로부터만 만져졌던 것이다.

경 말씀에 나오는 살아있는 내용들, 그리하여 우리를 변화시킬 수 있는 말씀들은 우리가 성경 말씀을 읽으면서 우리 내면에서 어떤 창조적인 것들을 산출해야만 얻어질 수 있습니다.

선생님의 말씀을 들으면 우리는 복음서 장면들을 떠올리면서 다만 우리 자신을 투사하거나, 상상하는 것만으로는 부족하고, 거기서 무엇인가 열매를 맺으면서 반응하고, 풍부한 결실을 맺어야 한다고 말씀하는 것 같습니다.

거기에 대해서 하나의 예를 들어서 말하자면, 이 장면에서 예수님이 나타나신 것은 나에게 이런 생각을 하게 했습니다. "예수님이 여기 나타나신 것은 과연 어떤 변화를 가져올 수 있었을까? 다시 말해서 그의 출현은 한 사람의 여인이며 어머니로서의 내가 이때 해야 할 일이 정해져 있고, 시체가 된 아들이 해야 하는 역할이 정해져 있으며, 모든 것이 그렇게 돌아가야 하는 이미 정해진 과정에 어떤 변화를 가져올 수 있을 것인가?"

기독교의 진리는 바로 여기에 있습니다. 즉 예수님은 언제나 현실에 어떤 충격을 준다는 사실입니다. 나는 지금 내 나름대로 상상을 해보았습니다. 그리고 나를 장례식이라는 이 사회적인 의식(儀式)에 대입시켜보았습니다. 이때 갑자기 하나의 현실 속에 실재가 돌입해 들어왔습니다. 아주 놀랍고, 기대하지도 않았던, 여태까지의 것들과는 전혀 다른 말씀이 나타난 것입니다.

이때 이 여인의 몸과 전존재는 장례식의 일반적인 진행 절차를 막는 이 사람 때문에 큰 충격을 받게 되었습니다.

어떤 사람이 이 소년이 죽은 자리에 나타난 것이군요.

그 사람도 이 여인과 그 관을 메고 가던 사람들에게 자기 자신을 투사시킨 것입니다. 우리는 왜 성경 말씀을 읽으면서 그 본문이 진정한 것이냐, 아니냐 하는 것만 따지려고 하지 우리 자신을 투사시키려고 하지 않습니까? 그렇게 하는 것은 참된 본문 말씀만 찾으려고 하는 일반적인 주석 작업과는 또 다른 종류의 잘못이라고 말할 수 있습니다.

그러니까 선생님에 의하면 성경에 나오는 단어들은 별로 중요하지 않고, 성경 말씀에 자기 자신을 대입시키는 것이 더 중요하다는 말씀이군요?

내가 말하는 것은 그런 의미가 아닙니다. 본문 말씀 속에서 단어들은 단어들 대로 중요합니다. 단어들이 주석의 초점이 되고 시금석이 되기 때문입니다.

사람들이 성경 말씀을 읽을 때, 그 속에서 자기들이 이미 겪은 것들을 보게 됩니다. 그러나 그가 성경 말씀을 읽을 때마다 그 본문 말씀이 다르다면 그 본문은 마치 껌처럼 이리 늘렸다, 저리 늘렸다 할 수 있는 것으로서 믿을 수 없는 것으로 되고 맙니다. 그렇게 될 경우 그것은 본문 말씀도 무엇도 아무 것도 아니게 됩니다. 하지만 복음서의 말씀들은 모든 사람들에게 자기가 살았던 대로의 삶을 그대로 상상할 수 있게 해줍니다. 왜냐하면 복음서는 달라질 수 없으며 우리가 우리 상상을 투사시킬 수 있는 준거점이 되기 때문입니다.

어떤 사람들은 "유물론적인" 망(網)을 가지고 복음서를 읽고 있습니다.

그렇습니다. 또 다른 사람들은 "구조주의적인" 망을 가지고 읽는 사람도 있을 것입니다. 왜 그렇지 않겠습니까? 그럴 경우 같은 본문 말씀이라도 전혀 다르게 읽힐 것입니다. 당신도 잘 아시다시피 모든 사람들은 자기 욕망의 결핍과 싸우고 있으며, 자기가 바라는 것들의 비어있는 곳을 채우려고 합니다. 그리고 그렇게 하는 것을 통해서 그들은 어떤 것을 얻고 있습니다. 교양이나, 지식이나, 기술 등을 얻게 되는 것입니다. 자기가 쌓아놓은 교양이나 가장 중요한 경험을 가지고 사람들은 성경의 본문 말씀에 다가갑니다. 이렇게 서로 다른 방식으로 성경 말씀에 접근하면서 성경 말씀 속에서 새로운 의미들을 찾아낼 수 있습니다. 그리고 성경 말씀이 성령에 의한 것이기 때문에, 그의 내면에 있던 어떤 것은 새롭게 일깨워질 수 있습니다.

자, 그러면 우리의 본문 말씀으로 돌아가 보지요.

그녀를 부축해가던 그녀의 친구들은 갑자기 그녀에게서 몸무게를 느낄 수 없게 되었습니다. 그녀가 이때 예수님과 자기 아들의 시체 사이에서 일어나는 일에 관심을 온통 기울였기 때문입니다. 그녀의 얼굴은 갑자기 벅찬 감동으로 뒤덮혔습니다. 이때 갑자기 나타난 이 이상한 사람에게서 전혀 상상하지도 못했던 것을 기대했기 때문입니다. 사람들은 울기를 그쳤고, 모든 것은 갑자기 얼어붙은 것처럼 되었습니다.
예수님은 나지막하고 자연스러운 목소리로 관속에 누운 소년에게 말했습니다. "젊은이여, 내가 네게 명하노니 일어나거라!" 그러자 죽은 소년은 관속에서 일어나 앉았으며, 그를 둘러싸고 있던 사람들은 소스라치게 놀랐습니다. 그 소년도 놀란 얼굴로 그의 주위를 둘러보았습니다. 그 소년이 그의 어머니 얼굴을 바라보았을 때, 어머니는 그가 여태까지 한번도 본 적 없었던 표정을 하고 있었습니다.

이때 이 소년 곁에서 소년이 아무 영문도 모르는 채 소위 죽음이라고 부르는 것으로부터 빠져 나와서 다시 이승으로 돌아올 수 있도록 깨워준 이 사람은 과연 누구입니까?

이 소년은 병이 들어서 그의 의식을 혼미하게 하는 열꽃 속에서 자기 나이가 몇 살인지 알지도 못하고 있었습니다. 그러다가 그 소년은 그의 마음 속 깊은 곳에서 아주 다정하게 그를 부르는 소리를 듣고 깨어났습니다.

그의 존재의 깊은 곳에서 그에게 새롭게 생겨난 이 욕망에 어울리는 이 부드럽고 강력한 남자의 음성은 과연 어떤 것이었습니까? 이때 이 남자의 음성은 그 소년의 귓속에서 너무 일찍 돌아가신 아버지라는 후견인과 관계된 모든 것들을 일깨운 것이 아닙니까? 그래서 그 소년은 다시 일어나서 자기 어머니 옆에서 자기를 깨운 것이 누구인지 찾으려고 했던 것이 아닙니까? 이때 이 소년의 어머니가 너무도 감사한 나머지 예수님의 손을 잡아당겨 끌어안는 모습을 상상해 볼 수 있습니다. 이제는 한 사람의 젊은이로 다시 태어난 이 소년이 자다가 깨어난 듯이 깜짝 놀란 표정으로 눈을 부릅뜨고 있는 요람(사실은 그 전까지 그 소년이 누워있던 관—역자 주) 위에 팔을 걸치고 있는 예수님을 말입니다. 자, 그러면 이 소년을 새로운 미래로 나아가도록 부른 이 사람은 과연 누구입니까?

우리는 이때 이 자리에 있었던 다른 많은 사람들처럼 진리가 솟아 나올 때 아무 말도 하지 못하고 그저 지켜보기만 할 수도 있으며, 이때 다시 살아난 소년처럼 될 수도 있습니다. 아니면 이때 일어났던 일의 의미가 우리에게 그저 스쳐지나갈 수도 있습니다.

"아, 이것은 기적이야"하고 그 소년 가까이 있던 사람들 중 하나가 목이 메어서 말을 했습니다. 그리고 장례 행렬의 앞에 가던 사람들이 흩어졌습니다. 그 사람들 가운데서 어떤 사람들이 깜짝 놀라서 도대체 무슨 일이 일어났는지 가까이 와서 보려고 발걸음을 뒤로 돌리는 바람에 다른 사람들과 뒤섞여 혼잡해졌습니다. 그리고 젊은 사람들은 죽음의 결박이 풀려난 것을 보고서 격정에 사로잡혀서, 펄쩍펄쩍 뛰거나, 소리를 지르면서 자기 옷을 움켜쥐고, 그 무리를 떠나서 달려갔습니다.

다른 사람들은 이때 생긴 일에서 눈을 떼지 못한 채 여기저기 어깨동무를 하면서 작은 무리를 만들고 아무 말도 하지 못한 채 긴장을 풀지 못하고 있었습니다.

행렬 선두의 맨 끄트머리에는 이 지방의 풍습대로 다른 사람들과 같이 관을 따라서 공동묘지까지 그냥 따라온 사람들도 있었습니다. 그들이 생각하기에, 죽음이란 언제나 두려운 것이고, 있어서는 안 되는 것이었습니다. 더구나 젊은 나이에 죽는다는 것은 있을 수 없는 일이었습니다. 그래서 죽음에 대해서는 되도록이면 생각하지도 말고, 말하지도 않는 것이 좋은 일이었습니다.

이때 무슨 일이 생겼는지 알지 못하면서 이 행렬을 따라오던 사람들은 갑자기 웅성거리는 소리가 들리면서 행렬이 멈추고, 그들보다 앞장서 가던 사람들이 흩어지는 것을 보고서 무슨 일이 생긴 것이나 아닌가 해서 놀랐습니다. 그래서 그들은 서로를 쳐다보면서 도대체 무슨 일이 생긴 것일까 하면서 서로에게 물어보았습니다. 각 사람들은 서로의 얼굴을 쳐다보면서 갑자기 장례 행렬이 중단된 것에는 어떤 수수께끼와도 같은 일이 생겼음에 틀림없다는 해답을 얻을 수 있었습니다.

그때 그들에게는 새로운 소식이 들려왔습니다. 죽었던 아이가 살아났다!

"아니, 당신은 지금 죽었던 아이가 다시 살아났다고 말했습니까? 말도 안 되는 소리를 하지도 마세요." 사람들은 뛰어갔고, 달려갔습니다. 또 다른 사람들은 다시 이리로 왔습니다. 사람들은 도대체 뭐가 뭔지 알 수 없었습니다.

심지어는 역정을 내거나, 웃음을 터뜨리며 가버린 사람들도 있습니다. 그 가운데서도 신중한 사람들은 이 모든 것이 장난일 수 없으며, 아마 마술의 일종일 것이라고 생각하였습니다. 그들은 자기들과 이 일 사이에는 아무 상관도 없으며, 관심도 없다는 것을 표시하기 위해서 다른 핑계를 대며 그 자리를 떠나는 것이 상책이라고 생각하고, 떠나 가버렸습니다.

모든 사람들은 아주 짧은 시간 동안 이렇게 견디기 힘든 정서적인 긴장 상태를 자기 나름대로 푸는 방식을 보여주었습니다. 그리고 모든 사람들은 격식을 차릴 새도 없이 서로가 자기 생각들을 말하면서 열띤 토론을 벌였습니다. 늙은이들은 중얼거리면서 이렇게 말하기도 했습니다. "이건 마술이야. 마법이지. 요술이거나, 바알세불의 장난이야." 그들은 신성모독이라고까지 할 수 있는 어떤 협잡이 개입된 것임에 틀림없다고 말한 것입니다. 왜냐하면 이때 일어난 일은 그들이 여태까지 생각해왔던 것을 송두리째 뒤집어엎는 일이었기 때문입니다.

그들 가운데는 겁에 질린 얼굴을 한 사람도 있고, 가슴이 터질 듯이 쿵쾅거리는 사람도 있었습니다. 팔짱을 낀 손을 하늘로 치켜드는 사람도 있었으며, 수염까지 꼿꼿하게 선 사람도 있었습니다. 그들은 모두 무엇이라고 중얼거리면서 기도를 했습니다. 여인네들은 두 손을 모으고 하나님을 찬양하기도 했습니다.

모든 것이 뒤죽박죽이 되고, 혼란스러우며, 격정에 사로잡혀서 무엇이 무엇인지 알 수 없이 돌아가는 판국에서도 서쪽 하늘에는 노을이 붉게 물들면서 해가 뉘엿뉘엿 져가고 있다는 사실을 알려왔습니다. 사람들은 가슴 속 깊은 곳에서 생각이 온통 정지

해버려 무엇이라고 말할 수도 없었고, 침묵만 감돌고 있었습니다. 다만 목구멍에서 무엇이라고 웅얼거릴 수밖에 없었습니다. 아직 말로 구성되지 못한 외마디 소리들만 여기저기서 들리고, 혈관 속에서 피가 솟구치는 소리가 들려오기도 하고, 반쯤 벌려진 입술 사이에서는 몇 마디 음절이 뒤섞이면서 무엇이라고 하는 비명을 나지막하게 내지르는 사람도 있었습니다.

모든 사람들의 언어는 죽음에 가해진 이 놀라운 사건 앞에서 파열될 수밖에 없었던 것입니다. 이것은 정말 모든 것이 완전히 거꾸로 돌아간 것 이외에 다른 어느 것도 아니었습니다.

사람들에게는 그들이 지금 애도 의식을 거행하고 있었다는 생각이 떠올랐습니다. 그래서 언어의 질서는 거기서부터 다시 제자리를 찾을 수 있었습니다. 그들은 그 자리에 적합한 말과 행동을 하면서, 그들에게 매우 소중한 이 소년, 죽었다가 살아난 이 젊은이로부터 서로가 무사히 떠날 수 있도록 도와주었습니다.

이제 여기에는 한 사람의 성인이 있습니다. 그에게 소년 시절은 매우 매혹적인 것이었습니다. 그러나 이때 이 소년의 눈은 그의 영혼에 대고 무엇이라고 말하는 예수님의 눈을 뚫어지라고 쳐다보고 있습니다. 그는 이제 그를 그의 어머니에게 마력과도 같은 힘으로 붙들어 맸던 의존 상태로부터 끊어내는 또 다른 죽음으로부터 해방되었다는 소리를 듣고 있는 것입니다.

한 남자의 목소리가 그를 부르고 있습니다. 그리고 그의 목구멍과 생식샘에 이제 아이의 상태로부터 벗어나라고 명령을 내리고 있습니다. 그의 욕망은 이제 그가 그의 뇌리에 깊이 박혀 있던 길을 따라가야 했던 운명적인 힘으로부터 벗어나고, 일찍 돌아가신 아버지로부터 벗어나며, 그가 그 전에 살았던 유년시절의 둥지로부터 벗어나게 되었습니다.

어릴 때부터 아버지가 없었던 이 아이에게 잠재되어 있던 아들로서의 강력한 남성성(男性性)이 다시 살아났고, 어머니는 이제 이 소년을 떠나고, 이 소년과 친구가 되어야 했습니다. 이 아이가 이제 삶의 부름을 쫓아서 청소년으로 살기로 작정하자 그에게는 사랑으로 가득 찬 약속이 기다리게 되었습니다.

여기 모인 사람들은 우리 내면에 있는 욕망의 질서가 우리 삶에서 상징적인 방식으로 어떻게 드러나는가 하는 것을 어렴풋이나마 느낄 수 있었습니다.

"청년이여, 내가 그대에게 명하노니 일어나라" 하고 예수님은 말하였습니다. 그러자 그 소년은 그의 관을 지고 가던 사람들에게 무슨 신호를 보냈습니다. 이때 그 사람들에게 무슨 신호를 한 것은 그 소년이라는 사실을 주목해야 합니다. 그러자 그 사람들은 관을 땅에 내려놓았습니다. 그 소년은 즐거운 미소를 터뜨리며 꼿꼿하게 섰습니다.[4] 그 미소는 여태까지 죽음 속에 갇혀서 병들었던 소년의 입가에 번진 미소였습니다.

선생님이 생각하기에 그 소년은 죽은 것이 아니라, 갇혀있었던 것이군요? 다시 말해서 그 소년은 힘이 약해져서 어머니와의 관계 속으로 퇴행했다는 말입니다. 그래서 그는 어머니로부터 해방되기 위해서 다시 한번 어머니와 분리되어야 했습니다. 그런데 그가 이 관계로부터 벗어나기 위해서는 예수님의 개입, 다시 말해서 남자의 목소리인 제 3자가 필요할 수밖에 없었던 것입니다.

맞아요. 바로 그것입니다.

그 소년에게 한동안 금지되었던 자세인 똑바로 선 자세로 그는 예수님과 어머니를 한번씩 쳐다보았습니다. 그리고는 잠시 주

---

[4] 여기서 돌토는 남근이 발기된 상태를 암시하고 있다--역자 주.

춤했습니다. 그러자 어머니는 예수님에게 애원했습니다. 그때 예수님은 그에게 어머니에게 가라고 말했습니다. 어머니는 그의 살아있는 가슴을 그의 가슴에 껴안고 힘을 주었습니다.

흩어졌던 사람들은 죽었던 사람이 다시 살아난 모습을 보려고 다시 모여들었습니다. 이 군중은 아무 말도 못하고 뒤로 뒤로 물러섰습니다.

이 세상과 거기 모여든 여자들을 놀라움과 함께 새롭게 보게 된 이 소년은 가슴이 뛰는 것을 느꼈고, 발그레한 볼과 청순한 아름다움을 지닌 처녀들의 반짝이는 눈을 보고 그의 혈관에서 피가 흐르는 것을 느꼈습니다. 그녀들은 다른 사람들과 함께 그를 둘러쌌고, 그 소년의 얼굴은 다시 미소로 가득 찼습니다. 그녀들이야말로 앞으로 그에게 있을지도 모르는 사랑으로 가득 찬 미래에 대한 약속이었습니다.

나는 그를 볼 수 있습니다. 그는 이제 그 도시의 성벽 가까이 다가오고 있습니다. 그 나이 또래의 소년들이 달려와 그와 함께 무리를 만들어서 많은 사람들의 무뎌진 가슴을 일깨워준 예수님을 찬양하면서 즐거운 노래를 부르고 있습니다. "여러분들, 하나님이 그들의 백성에게 나타나셨습니다. 자, 보십시오. 죽었던 소년이 부활했습니다."

선생님이 말씀하는 것을 들으면, 선생님은 예수님이 그 어린아이를 청년으로 부활시켰다는 것 같습니다. 그래서 그 아이가 다시 어머니 품으로 돌아갈지라도 그 아이는 이제 더 이상 아이가 아니라, 독립적인 아들이자 독립적인 청년이 되었다는 말씀 같습니다.

예수님은 이제 이 어머니와 이 어머니의 부속물이었던 이 아이 사이에 그려져 있던 환상(幻像)에 다시 역류할 수 없는 점을 찍어놓았습니다.[5] 이 아이는 자기를 낳아준 어머니를 향한 욕망으로 가득 찬 아이였습니다. 더구나 그 욕망은 그에게 주어진 의무라는 생각으로 부추겨졌습니다.

그래서 많은 사람들은 이 소년에게는 어머니에게 헌신해야 하고, 어머니를 위해서 살아야 하는 의무가 있다고 생각하지 않았습니까? 이 소년은 어머니가 늙었을 때 의지할 수 있는 삶의 지팡이가 되어야 했던 것입니다.

그런데 그때 그에게 그를 한 사람의 남성으로 해방시키는 목소리가 들려와 그를 깨웠습니다. 그 목소리는 남성적인 것이었고, 투명하며, 맑고, 단호했습니다. 예수님은 이 아이 속에 있는 아버지, 즉 그가 장차 되어갈 남성을 일깨워 준 것입니다. 그의 속에 있는 아버지와 함께 예수님은 이 아이에게 그의 후손들과 미래에 기다리고 있는 풍요를 보여준 것입니다. 죽음 속에서 그는 그를 불렀던 아버지의 음성에 귀를 막고 있었습니다. 그는 어렸을 때 그의 귓전에 들려왔던 아버지의 음성을 통하여 자아-이상(le moi idéal)[7]을 형성했습니다. 그러다가 죽으면서 어머니 곁을 떠났고, 죽음 속에서 아버지를 다시 찾게 되었습니다.

아들은 언제나 자기 아버지를 모방하려고 하며, 딸은 자기 어

---

5 라깡은 오이디푸스기에 사내아이들은 자기는 성기를 가지고 있지만, 어머니는 성기가 없다는 사실을 발견하고 자기가 어머니의 결핍된 성기가 되어주어야겠다고 생각하면서 어머니에게 집착하는 2자적인 관계, 상상적인 관계를 맺게 된다고 주장한다. 이때 사내아이의 상상 속에서 자기와 어머니는 하나이다. 그러나 아버지라는 제3자 등장하면서 사내아이의 이런 환상은 거세불안 때문에 깨어지고 아들은 어머니에 대한 집착을 버리면서 오이디푸스기를 벗어나게 된다. 이제 아들은 어머니를 상징으로 받아들여야 하는 것이다. 여기에서 아버지는 아들에게 율법이고, 질서이며, 문화에로의 인도자가 된다. 그러나 이런 제3자의 존재가 없거나 불분명해서 어머니와의 2자적인 관계에만 빠져있을 경우 사람들은 정신적인 문제에 봉착하게 된다--역자 주.

머니를 모방하려고 합니다. 그래서 이 소년에게 내재해 있던 남성으로서의 욕망도 이 소년으로 하여금 어린아이의 몸을 벗어버리고 아버지를 추종하게 했는데, 이 소년은 아직도 어린아이 때의 모습을 벗지 못하고 마치 열매를 맺을 수 없는 모래땅에서 자라는 나무들이 갈증을 느끼듯이 어머니와 아들 사이에서 있을 수 있는 사랑에 파묻혀서 매사에서 수동적인 모습밖에 보여주지 못했습니다.

이렇게 하면서 이 소년은 또 다른 모험을 해야 했습니다. 자기 아버지와 자기를 동일시하면서 자기 어머니와 하나가 되고, 어린아이로 남으려는 것에 맞서서 서서히 죽음에 이끌려갔던 것입니다.

선생님이 말한 것을 제가 제대로 이해했는지 모르겠지만, 선생님이 말하는 것은 오이디푸스 콤플렉스라는 생각이 듭니다. 다시 말해서 선생님 생각에는 이 어린아이가 오이디푸스 콤플렉스를 제대로 처리할 줄 몰랐고, 병리적인 가정 환경 속에서 자기도 모르게 어머니와 사랑의 관계에 빠져있었다는 것입니다.

그렇습니다. 이 소년과 어머니 사이에 아버지가 없었기 때문에 이 소년에게 있는 욕망은 모두 화석처럼 무기력해졌던 것입니다. 남편을 잃은 어머니의 유일한 아들이었던 이 소년은 어머니에게 이끌리고 둘러싸여서 그에게 주어진 생산자, 생식자로서의 삶을 살 수 없었습니다. 왜냐하면 그의 어머니는 자기 아들이 그런 삶을 살아야 한다는 사실을 미처 생각하지 못하고 자기 아들을 그런 삶의 길로 나아가도록 하지 못했기 때문입니다.

결국 이 소년은 자기 혼자서 자기 고통을 치료해야 했으며, 아버지가 돌아가시고 안 계신 어머니 가슴속의 빈자리를 채워 주어야 했고, 어머니가 다른 남자에게서 받지 못하는 따스한 사랑을 대신 채워 주어야 했습니다. 어머니에게 헌신함으로써 어머니의 우울증을 달래주어야 했습니다. 어머니에게 억압되어 있는 생식 욕망은 이 소년으로 하여금 그 나이 또래의 다른 아이들이 누리는 기쁨을 맛보지 못하게 하였고, 그 나이 또래의 다른 아이들처럼 미래에 대한 계획도 갖지 못하게 하였습니다. 이 어머니와 아들 사이에서 풍기는 분위기는 병적으로 되어갔고, 그 두 사람 사이는 자기도 모르게 점점 근친상간적으로 되어갔습니다.

요약해서 말씀 드리자면 한 때 어머니였던 이 여인에게 남편의 품이 없었기 때문에 이 아이는 그녀에게 부족한 모든 것들을 대신 채워 주어야 했다는 말씀입니다. 사회적인 것, 사랑과 관계되는 것, 따스함 등을 말입니다.

하지만 이런 사정은 오늘날에도 마찬가지입니다. 이 세상에는 남편을 잃은 여인들의 아들들이 얼마나 많이 그 어머니의 유치하고, 가련하며, 집요한 사랑의 굴레에 싸여 있습니까? 그런 어머니들은 흔히 전제적이며, 질투심 속에서 자기 아들을 지키고, 보살피려고 합니다. 그런 어머니들 때문에 그 아들들은 그 나이 또래의 다른 아이들에게서 발견되는 욕망들이 막혀있습니다. 그 어머니들은 자기 아들들을 너무 감싸느라고 숨통을 막아버리는 것입니다.

이런 어머니들은 아직 젊은데도 불구하고 자기 자신의 욕망에 귀를 막고, 다른 구혼자들의 청혼에 눈을 막은 채 놀라우리 만큼의 자기 희생을 통하여 과부로서의 삶, 불모의 삶에 헌신합니다. 이들은 자기 아들과 같이 산책이라도 하는 날에는 아들이 잘못 될까봐 아들 곁을 지나가는 다른 여인들을 유심히 살피면서 망을 봅니다. 굶주린 고양이나 아첨꾸러기 고양이처럼 이들은 자기 아들을 다른 사람들로부터 소외시키고 아들 속에 들어가서 이 정숙한 아들을 신경쇠약에 빠뜨리는 것입니다.

그러면 어떻게 해야 이 아들들은 자기 어머니로부터 분리될 수 있을까요? 이 아들들이 어머니 곁을 떠나면 사회는 그들을 모두 배은망덕한 자식이라고 비난합니다.

이 소년들이 독자적인 삶을 살아야 하는 때가 다가오고, 이들에게서 남성으로서의 욕망이 자라나 성욕이 생기기 시작할 때, 어머니는 이들을 비난하는 눈으로 바라보고 불행감에 휩싸이게 됩니다. 그러나 이들은 캥거루의 아기 주머니[8] 같은 가정의 따분한 일상사로부터 빠져나가는 모험을 저지를 수도 없습니다. 때때로 이들은 무시무시하거나 이상적인 성행위에 대한 공상을 하기도 합니다. 그리고 그들의 외로움을 달래주는 자위행위를 통해서 그 공상을 어느 정도 풉니다.

"소년아 일어나라." 절망 속에 잠겨있는 이 어머니에게 예수님은 그녀의 아들을 부활시켜서 일으켜 세웠습니다. 그때 그 아이는 어머니와의 관계 속에서 남자로서의 욕망을 배출할 출구가 막힌 상태였고, 삶의 열매를 맺을 기약도 없어서 나이가 정지해 버린 상태에 있었습니다.

그에게서 삶의 힘은 고갈되어갔고, 죽음을 상징하는 일들이 매일 매일 그의 삶을 온통 휘저었습니다. 그래서 그의 몸에는 이런 저런 병들이 찾아왔고, 그는 그의 몸에서 생긴 욕구를 잊으려고 잠만 잤습니다. 그러다가 결국 죽고 말았습니다.

선생님이 생각하기에, 나사렛의 예수님은 사람들이 죽었다고 하는 이 소년이 자기 어머니로부터 분리되기만 하면 화석처럼 메마른 상태에서 벗어나서 다시 살 수 있다는 사실을 잘 알고 있었다는 것이군요?

예수님은 그에게 많은 사람들 앞에서 "일어나라"고 명령하면서 독자적인 남성의 모습을 보여주면서 그런 남자가 되게 하셨으며, 그 사회 속에서 자기의 삶을 꾸려나갈 수 있는 삶의 도약을 가져다주었습니다.

예수님은 가슴이 팔삭동이 같은 이 소년에게 그의 몸이 이미 남성으로 되었다는 사실을 일깨워 주었습니다. 이 나이 때가 되면 모든 아이들은 자기 성기를 보면서 그 사실을 잘 알고 있습니다. 왜냐하면 이때 성기는 눈에 띠게 커지고, 발기하기 때문입니다. 그러나 어떤 사람도 육체의 이 법칙을 따르도록 이끌어주지 않는다면 당신은 어떻게 하겠습니까?

그렇다면 선생님은 예수님이 이 명령을 통해서 이 소년을 죽음으로부터는 물론 그의 어머니로부터도 해방시켰다는 말씀이군요? "젊은이여, 내가 너에게 명하노니 일어나라." 그러나 본문 말씀을 보면 어머니와의 분리에 대해서는 나와있지 않습니다. 오히려 예수님은 이 여자를 불쌍히 여겼고, 그녀에게 아들을 다시 준 것으로 기록되어 있습니다.

나인성 과부의 아들이 부활한 이야기 속에서 예수님이 부활시킨 것은 아이가 아니라 젊은이였습니다.

예수님은 남자의 목소리로 그를 불렀고, 그를 "젊은이"라고 불렀으며, "젊은이"로 선포하였습니다. 그렇게 하면서 예수님은 그에게서 생겨난 성욕에 내재된 거세의 법칙을 그의 어머니에게 적용하면서 그를 어머니에게 돌려주었습니다. 그래서 그는 이제 결정적으로 성인으로서의 삶을 살아야 하게 되었습니다. 그는 이제 더 이상 아이가 아닙니다. 한 사람의 젊은이로 이 세상을 살아야 하는 것입니다.

이 이야기를 예언자 엘리야가 부활시킨 과부의 아들 이야기와 비교해 보십시오. 이야기들은 언제나 이런 식으로 이루어지고 있습니다. 다시 말해서 우리는 열왕기서(열왕기상 17장)에서 이미 이 소년의 부활 속에는 모든 욕망에 함축된 거세의 법칙이 작용하고 있음을 찾아볼 수 있습니다.

열왕기서를 살펴보면 엘리야는 어느 날 아직 어리지만 하나밖에 없는 아들과 함께 사는 과부의 집에 찾아가 몸을 좀 숨겨달라고 부탁합니다. 그러다가 식사 때가 되어서 엘리야와 과부와 어린 아들이 같이 식사를 하게 되었습니다. 조금 후 그 아들은 병에 걸려서 죽게 됩니다. 그 과부는 자기 죄 때문에 아들이 죽게 되었다고 생각해서 엘리야에게 찾아와 간청을 합니다.

엘리야는 그 아이를 어머니로부터 떼어놓았습니다. 그리고 그 아이를 안고 윗층에 있는 방으로 데려갔는데, 그것은 그 아이의 성장을 나타내는 상징적인 유비였습니다. 엘리야는 그 아이의 몸에 자기 몸을 세 번이나 길게 포개 누우면서 그 몸에 다시 영혼이 돌아오게 해달라고 하나님께 기도드렸습니다.

이 이야기 속에서 엘리야가 죽은 아이의 몸에 세 번이나 자기 몸을 가져다 대었다는 사실을 한 사람의 정신분석가로서 살펴볼 때, 그것은 엘리야가 그 아이에게 있는 어린아이로서의 욕망을 성인의 욕망으로 성장시키기 위해서 율법을 따라서 성인식(l'initiation)을 거행했다는 사실을 의미합니다.

첫 번째 성인식은 구강기의 거세와 관계되는 것, 즉 수유기(授乳期)로부터의 거세를 의미합니다. 다시 말해서 어린아이들이 어머니의 젖을 빠는 것으로부터 분리되는 것을 의미하는 것입니다.

두 번째 성인식은 항문기로부터의 거세를 의미합니다. 이제 어린아이들은 자기의 자율신경계와 몸을 조절할 수 있게 되었기 때문에 어머니로부터 분리되어야 합니다. 이제 그는 어머니의 부속물도 아니고, 어머니 욕망의 집행자도 아닙니다.

세 번째 성인식은 성욕으로부터의 분리, 즉 어머니를 통해서 아이를 낳고 싶다는 욕망으로부터의 분리를 의미합니다. 소위 말하는 근친상간의 금지를 의미하는 것입니다.

엘리야가 이 소년의 몸에 정결한 방식으로 접촉한 것은 이 소년이 어린아이의 상태에서 벗어나 자기를 한 남성으로 동일시할 수 있게 하는 것을 상징적으로 말해주고 있습니다. 이 소년은 이 의식을 통해서 이 나이 무렵에 모든 사내아이들이 가질 수 있는 근친상간적인 리비도를 거세⁹할 수 있게 됩니다. 이제 이 소년은 그의 강력한 육체 속에 담겨진 욕망의 법칙으로 들어가게 됩니다. 그런데 그것은 구강기적 욕망과 항문기적 욕망을 거쳐서 지금 돌아가 버린 자기 아버지의 아내이며, 자기를 낳아주고, 길러주며, 보호해주는 어머니 안에서 여인의 모습을 발견하고, 그 여인을 탐내는 성욕을 금지함으로써 이루어지는 사건인 것입니다. 엘리야는 그의 남성성을 가지고, 또 그 소년의 몸에 세 번이나 접촉함으로써 과부인 자기 어머니와의 관계밖에 모르는 그 소년의 내면에서 잠자고 있던 남성성을 다시 일깨우면서 그 소년을 부활시켰습니다.

열왕기서에 나와있는 과부의 아들처럼 나인 성 과부의 아들은 이제 한 사람의 성인으로 살게 되었습니다. 그가 가지고 있던 유아적 성욕으로부터 그를 분리시키면서 예수님은 그를 그의 어머니에게 되돌려주었습니다. 그러나 이제 그 어머니도 예수님이 그 소년에게 다시 찾아준 남성의 언어 때문에 자기 아들로부터 분리되어야 합니다. 그 소년은 근친상간적인 최면 상태 속에서 잠자고 있던 그의 남성성을 작동시켜서 이제 청소년으로 변화되어야 하는 것입니다.

엘리야와 예수님이 시행하신 이 두 가지 부활 사건 사이에는 커다란 차이점이 있습니다. 그것은 두 사람 사이에 능력의 차이가 있기 때문입니다. 예수님이 하신 심리극(psychodrame)에서는 말씀이 모든 거세 작업을 수행하였습니다. 예수님은 엘리야처럼 그 소년의 몸에 접촉하지 않고 말씀으로 그 소년을 욕망으로부터 해방시켰습니다. 다시 말해서 그 욕망이 의미하고, 나아가고자 하려는 것으로부터 해방시킨 것입니다.

그렇다면 예수님은 엘리야처럼 마술적인 방법을 사용하지 않았다는 말씀입니까?

맞습니다. 예수님에게는 우리가 실재(le réel)나 상징, 또는 상상[10*]이라고 부르는 것이 분출되고 있습니다. 예수님은 그 자신이 하나의 성례전입니다.

예수님이 우리에게 말씀하시고자 하시는 것은 바로 그것입니다. 말(la parole)이야말로 우리 욕망의 모든 것입니다. 특히 그 말이 순결하고, 우리 모든 사람 속에서 하나님의 욕망을 위해서 봉사할 때 말은 우리 욕망의 모든 것을 드러내 준다는 것입니다.

이것이야말로 예수님이 우리에게 이 소년, 겉으로 보기에 완전히 죽은 듯해서 사람들이 땅에 파묻으려고 했던 이 소년의 부활 사건을 통해서 예수님이 가르쳐 주려고 했던 것입니다.

우리는 또한 여기서 예수님이 이 소년을 자기에게, 자기의 인격에 매어두려고 하지 않았다는 사실도 확인할 수 있습니다. 예수님은 결코 이 소년을 유혹하거나, 이 소년이 자기에게 고착되도록 하지 않았던 것입니다.

예수님은 관 위에 성령에 의해서 굳건하게 되고, 명령하는 힘으로 가득 찬 그의 팔을 얹으셨습니다. 그때 관은 모든 사람들이 다 알고 있듯이 한 소년이 죽어서 슬피 울면서 무덤을 향해 가고 있었습니다. 그래서 예수님은 그 어머니에게 그녀의 욕망을 거세시켜야 했고, 그렇게 함을 통해서 그녀의 아들이 나을 수 있다는 사실을 고취시켜야 했습니다.

간단히 말하자면, 이 어머니의 사랑은 잘못된 것이었다는 말씀이군요. 길을 잘못 들었고, 의존적인 것이었다는 말입니다. 그래서 그녀의 아들은 그녀가 늙은 다음에 의지할 지팡이가 되어야 했습니다. 이 아이에게는 그의 어머니가 삶의 황혼 녘에 이르도록 함께 나누어야 하는 의무가 지워져서 계속해서 어머니의 아이로 남아있어야 했습니다. 그 어머니는 그녀의 아들을 자기 삶에 합쳐 놓았던 것입니다. 여기에서 예수님은 분리를 이루어놓았습니다.

젊은이들이 나중에 나이가 들어서 그들의 부모가 혼자 살기에는 너무 노쇠하여 그들이 도와주어야 한다는 사실을 발견할 때, 그들은 그들이 부모로부터 물려받은 그들 자신의 삶의 과제들을 수행하기 위해서 그들 역시 또 다른 어머니와 아버지가 되어서 부모 곁을 떠나야 하고, 부모님의 가정을 떠나서 사회에 나가고, 그들 자신의 여성성이나 남성성을 감당해야 한다는 사실을 깨닫게 됩니다.

그러나 아버지가 너무 일찍 세상을 떠난 가정의 아이들은 종종 "자, 보아라. 네 어머니가 얼마나 불쌍한 사람이냐!"하는 말을 듣거나, 한 가정의 가장이 죽음과 동시에 모든 힘이 어머니와 자녀들로부터 사라져 버리거나 한 것처럼 "아이고, 불쌍한 내 새끼들아!"라고 하는 소리도 듣게 됩니다.

우리는 이렇게 병리적인 연민의 소리에 대해서 익숙해 있습니다. 그러나 그것이 어린이의 발달 과정에 얼마나 해로운가 하는 사실에 관해서는 잘 알지 못하고 있습니다.

사실 우리는 "네 아버지가 돌아가셨으니까 이제는 네가 이 집의 가장이고, 너는 네 어머니의 기둥이 되어야 한다. 네가 네 어머니에게 아버지를 대신해 주어야 한다는 것을 생각해야 한다"는 말을 그렇게 직접적으로 자주 듣는 것은 아닙니다. 그리고 이런 말은 참 위험한 말입니다. 왜냐하면 이 말 속에는 은근히 근친상간적인 냄새를 풍기는 조언이 들어있기 때문입니다.

그러나 우리는 이런 말은 자주 하곤 합니다. "네 아버지가 돌아가셨으니까 이제는 네가 네 앞에 닥치는 모든 문제들을 감당해야 한다. 네 아버지가 돌아가셨지만 네 어머니는 계속해서 살아가야 하고, 네 어머니는 사회적인 일은 물론 자기 자신에 관한 일조차 모두 감당할 수가 없다. 그러니까 너는 밖에서 일어나는 일들은 물론 집안에서 일어나는 아주 작은 일까지라도 모두 어머니를 도와서 해야 한다. 그리고 너는 모든 사람들이 네 어머니가 재혼하기를 기다리고 있다는 사실을 알고 있어야 한다."

정신분석학이 발견한 것으로서 인간의 원초적 성욕에 관한 관점에서 볼 때, 지금 우리가 생각하고 있는 나인 성 과부 아들의 부활 기사 속에서 예수님은 지금 하나의 삼위일체적인 상황, 그렇지 않다면 삼각구도적인 상황을 다시 만들고 계신 것이 아닌가 하는 생각이 듭니다. 즉 인간이 이 세상에 태어나는 원초적인 장면을 다시 만들고 계시는 것입니다.

복음서의 이 구절은 우리에게 어느 누구도 다른 사람에게 종속적으로 의존된 부속물이나 대상이나 보조자가 될 수 없다는 사실을 가르쳐 주고 있습니다. 예수님은 우리에게 자유에 관해서 가르치고 계시는 것입니다.

한 사람의 정신분석가로서 이 이야기를 살펴볼 때, 나인 성 과부의 부활한 아들은 한 사람의 욕망이 갑자기 금지될 때 어떤 일이 생기는가 하는 것을 증언해 주고 있다고 할 수 있습니다. 즉 한 사람에게 생물학적이며, 정서적인 흐름의 분출이 막힐 때 어떤 일이 생기는가 하는 것을 말해주는 것입니다.

이 소년에게서 욕망의 도약은 그의 어머니가 과부가 되는 순간부터 어머니에게서 여성성이 퇴행하는 바람에 막히게 되었습니다. 그때 어머니와 이 외아들 사이에서는 페티시즘적인 상상의 관계가 형성되었습니다.[6] 다시 말해서 그 아이는 그의 어머니에게 힘과 능력과 상징적인 남근(男根)[11*]이 되었던 것입니다. 그의 아버지가 일찍 돌아가셔서 그를 어머니로부터 분리시키지 못했기 때문에, 아버지는 아들에게 생식을 위한 성욕이 생기는 문턱에 이르기까지 그에게 성에 대해서 아무 것도 가르칠 수 없었습니다.

다시 말해서, 아버지가 계시지 않으면, 아들들은 어머니와의 관계에서 어머니 뱃속에서 경험했던 상상적인 관계를 다시 경험한다고 해도, 그것을 금지할 것이 아무 것도 없다는 말입니다.

그렇습니다. 그때 어머니와 아들 사이에서는 아무도 모르게 그런 관계가 다시 맺어집니다. 어머니는 아들로부터 남성적인 보살핌을 받아야겠다고 변명하면서 아들에게 집착하게 되는 것입니다. 이때 어머니의 친구들은 그것도 모르거나 알면서도 어

---

6 페티시즘이란 주물숭배(呪物崇拜)라고 번역되는데, 원시종교에서 사람들이 자기 몸에 해골이나 적의 뼈 등을 차고 다니면서 그것이 주물이 되어 자기를 지켜준다고 믿었던 행동양식을 말한다. 오늘날에도 어떤 볼펜으로 시험을 보면 잘 본다든지, 십자가를 걸고 다니면 사고를 당하지 않을 수 있다고 생각한다면 일종의 페티시즘인 것이다. 이때 나인 성 과부와 그의 외아들 사이에서는 상상 속에서 하나가 되어 그녀에게 그 아들이 이런 주물(呪物)이 되었다는 것이다—역자 주.

쩔 수 없이 방조하면서 그들의 관계를 암암리에 조장하고 있습니다.

그 소년은 외아들이었습니다. 그리고 유대인이기 때문에 할례를 했을 것입니다.

그 의식은 대단히 중요한 의식입니다. 더구나 그것이 아버지의 설명 아래 행해진다면, 그것은 더 중요해집니다. 말하자면 할례는 모든 사내아이들을 성인 사회에 입문시키는 것입니다.

그것은 사내아이들이 그의 어머니로부터 태반은 물론 다른 모든 보호로부터 떠난다는 사실을 말해 주는 결정적인 표시입니다. 귀두를 싸고 있던 포피를 잘라낸다는 것은 "너는 네 몸을 보호해 주는 모든 것으로부터 벗어났음은 물론 네 성(性)을 지켜주는 모든 것으로부터도 벗어났다. 이제 너는 네가 지켜야 한다"는 사실을 의미하는 이미지인 것입니다.[7]

이 소년에게 형제나 자매 같은 경쟁자가 없었기 때문에 이 소년은 그의 부모들이 그를 낳은 다음에 또 다른 아이를 생산하는 것을 경험하지 못했습니다. 그래서 이 아이에게는 그와 어머니를 갈라놓는 의식으로서 할례에 의한 일종의 성인식 밖에 다른 어

---

[7] 이 문제는 여자아이들에게서 조금 다르게 나타납니다. 여자아이들은 그 모범을 어머니에게서 발견하고, 남자를 욕망하는 것도 어머니와의 경쟁심에 의해서 이루어집니다. 처음에 여자아이들은 아버지를 욕망합니다. 그러나 아버지가 그네들에게 "너는 나에게는 적합하지 않아"라고 말하면, 그네들은 아버지의 대체자로서의 다른 남자들을 찾게 됩니다. 여자아이들의 욕망 또는 무욕의 책임은 아버지에게 있습니다. 왜냐하면 아버지는 무의식적으로 딸에게 그런 정보를 제공하기 때문입니다. 아버지는 딸을 계속해서 근친상간적인 관계 속에 묶어두고 있거나, 그 관계로부터 해방시키고 있습니다.

떤 흔적도 없었습니다. 그런데 그 흔적도 아버지의 말에 의해서 다시 확인되지 않는다면, 다시 말해서 그 아이가 생식욕과 관계되는 사랑의 경쟁자를 경험하지 않는다면—생식욕과 관계된 사랑이란 그 아이가 자기 어머니에게 품고 있는 사랑과 전혀 다른 종류의 사랑입니다—그 아이는 아직도 상상의 세계에서 벗어나지 못하기 때문에 어른의 생식욕과 아이들이 보통 자기 어머니에게 품고 있는 생식의 전 단계에서 느끼는 욕망 사이의 차이를 구분하지 못하게 됩니다.

간단히 말하자면 나인 성 과부의 아들이 살아야 했던 가족적인 상황이 대단히 어려운 것이었다는 말씀이군요? 그는 우리가 여태까지 살펴본 대로, 아버지의 부재가 야기시킬 수 있는 모든 문제를 짊어져야 했던 아버지 없는 자식이었습니다. 또한 선생님은 여기에서 외아들이나 외동딸에게도 또 다른 정신적인 문제가 있을 수 있다는 사실을 말씀하셨습니다.

자기보다 어린 남동생이나 여동생이 없다는 사실은 좀 복잡한 문제를 야기합니다. 이 문제는 모든 가정의 막내들이 살아야 하는 문제이기도 합니다. 사실 막내나 외아들, 외동딸들은 다른 아이들보다 유년시절로부터 벗어나기가 더 어렵습니다.

그래서 사내녀석들은 스스로에게 이렇게 자문하기도 합니다. "아버지는 내가 태어난 다음에 무력해진 것이나 아닌가?" 또 계집아이들은 "어머니는 이제 아이를 낳지 못하게 된 것이 아닌가?"라고 묻게 됩니다.

아이들은 그들의 부모가 여전히 젊고, 살아있으며, 강력하기를 바라고 있습니다. "늙은" 부모님들은 그들에게 모범이 될 수 없습니다. 그래서 아이들에게 그들의 부모는 무력하지도 않고, 불임도 아니라고 생각하는 것이 매우 중요한 일입니다. 그런데 그들에게 다른 형제자매가 없다면 그것은 그들의 부모가 다른 아이를 원하지 않거나, 다른 아이를 지금 기다리고 있거나 하는 것일 수도 있습니다. 어찌하였든지 간에 어린아이들은 그들의 삶에서 생식과 관계되는 삶을 위한 모델이 되는 경쟁자를 느껴야 하는 것입니다. 그것이야말로 그들을 발달시킬 수 있는 건강하고 자연스러운 지렛대가 됩니다.

다시 복음서 본문으로 돌아갑시다. 나인 성 과부의 아들이 건강했더라면 어머니를 버리고 도망쳤어야 하는 것이 아니었습니까?

맞습니다. 바로 그것입니다. 그러나 그때 그는 사회가 그에게 배은망덕하다고 하는 소리를 듣고 싶지 않았습니다.

그래서 그는 그의 의식을 좁게 했고, 삶에의 충동보다 무의식적으로 더 강하게 느껴지는 죽음에의 충동에 굴복하기로 했습니다. 여기서 말하는 삶에의 충동이란 젊은 처녀나 총각이 결혼 적령기가 되어 욕망이 그들을 부를 때 감당하지 않을 수 없는 것으로서, 가정에서 벗어나 그 자신에 대해서 책임을 져야 하는 것입니다. 그러나 그는 아들로서의 잘못된 의무감 때문에 고통스러웠고, 전제적이며 잘못된 소유욕으로 가득 찬 부모로부터 도망치려는 생각 때문에 괴로워서 그렇게 하기로 한 것입니다. 이렇게 그 과부의 아들은 그의 피를 말리는 갈등 속에 갇혀 있어야 했습니다.

이렇게 몸집만 커버린 이 소년은 자기 자신을 죽여 가면서 무의식적으로 두 가지 종류의 자살 행위를 자기에게 했습니다. 한편으로는 자기 아버지처럼 자기 자신을 죽이는 것이고, 다른 한편으로는 그에게서 그가 앞으로 되어야 하는 미래의 아버지 모습을 죽이는 것이었습니다. 이것은 한편으로는 상징적인 죽음이면서 동시에 다른 한편으로는 실제적인 죽음이기도 하였습니다.

그는 죽음 안에서 자기 아버지와 자기를 동일시하였습니다. 그러면서 무의식적으로 그를 향한 어머니의 탐욕과 어머니를 향한 자기 자신의 탐욕으로부터 벗어나려고 했습니다.

말하자면, 어머니로부터 도망치지 않고 병에 걸리고, 죽었다는 말이군요?

그는 다른 사람의 도움 없이 결코 어머니로부터 떠날 수가 없었습니다. 그래서 차라리 죽음을 선택하였습니다. 왜냐하면 죽음이야말로 그에게 자기도 모르는 사이에 자기의 경쟁자였던 아버지처럼 되는 기쁨을 안겨주었기 때문입니다. 죽음으로써 그는 이제 아버지처럼 되었습니다.

이제 그는 그가 아는 아버지의 모습을 그대로 복사하였습니다. 그는 그의 아버지가 젊은이였던 때의 모습을 모방하려고 하지 않았습니다. 왜냐하면 내가 여러 번 반복해서 말했듯이 결혼을 하려면 젊은이들은 자기 어머니를 떠나서 가족 이외의 여자를 선택해야 하기 때문입니다.

이처럼 이 젊은이에게서 병과 죽음은 모순적이면서도 보상적인 기쁨을 가져다주는 것이었습니다. 우리 무의식은 흔히 우리들에게 아버지의 질투심 때문에 생기는 불안으로부터 벗어나기 위해서 우리 자신이 스스로를 거세하려는 욕망을 충족시켜줍니다. 이때 아버지와 아들 사이에서는 무의식적으로 이런 말이 오고 갑니다. "'네가 좋아하는 것들을 할 것이냐, 아니면 목숨을 건지고 싶으냐? 대답해보아라.'―'아버지, 저는 둘 다 하고 싶어요.'―'그것은 안 되는 일이다. 왜냐하면 그럴 경우 네가 나를 죽이려고 하기 때문이다. 그래서 네가 먼저 죽어야 한다.'" 다시 말해서 이 말은 "네 어머니는 너보다 나를 더 생각해야 한다"는 것을 의미합니다.

예수님이 여기서 비난하는 것은 무조건적으로 너의 어머니와 아버지를 공경하라는 율법으로 도망치고, 자기 성(性)에 파묻히고, 자기 가족 이외의 사람과 함께 성욕을 나누는 태도입니다. 다시 말해서 자기 가족 이외의 성원과 함께 사랑의 욕망을 나누는 율법에 아무 생각도 없이 복종하는 것입니다.

나는 여기에서 독자들이 우리 무의식에 깃들어 있는 변증법에 놀라는 모습을 볼 수 있습니다. 그래서 프로이트가 말한 무의식의 변증법에 관해서 좀더 설명해야겠다고 생각합니다. 정신분석을 통해서 밝혀진 것에 의하면, 자기애가 매우 강한 신경증 환자들에게 있어서 죽음은 무의식적으로 삶보다 더 두려운 것이 아닙니다.

무의식에는 본래 거부(négation)가 있을 수 없습니다. 그래서 무의식에서는 삶의 거부인 죽음이 있을 수 없습니다.[8] 사람들은 죽음을 통해서 자기 욕망을 충족시키려는 경우를 많이 보게 됩니다. 좀더 정확하게 말한다면, 사람들이 죄의식 때문에 자기 욕망을 충족시키지 못하는 경우, 다시 말해서 성윤리가 너무 엄격한 경우 죽음은 종종 그에게 그의 욕망을 충족시켜 줄 수 있다는 환상이나 미끼를 던져 줄 수 있다는 것입니다.

---

8 여기서 돌토가 말하려는 것은 이렇다. 사람들은 무의식적인 차원에서 거부나 거절을 할 줄 모르고, 겉으로 보기에 그렇게 표현되는 것은 거부(négation)가 아니라 사실은 부인(dénégation)이라는 것이다. 다시 말해서 어떤 사람이 무의식적인 차원에서 거부를 했다면, 그것은 거부가 아니라 두려움 때문에 부인을 한 것이라는 말이다. 돌토는 그런 예로, 예수님이 가나의 혼인 잔치에서 포도주가 떨어졌다는 마리아의 말에 "그것이 나와 무슨 상관이 있느냐?"면서 거부한 것은 사실 거부가 아니라, 아직 기적을 행할 자신이 없다는 부인의 표시라는 것이다—역자 주. 4장 참조.

죽음은 의식에서보다 무의식에서 그렇게 두려운 것이 아니라는 말씀이군요? 다시 말해서 사람들은 죽음을 통해서 도저히 얻을 수 없는 것 같은 대상에 대한 욕망을 무의식적으로 충족시킬 수도 있다는 말씀입니다.

이렇게 해서 사람들은 상상을 통해서 임신하기 이전 상태로 돌아가 실제의 죽음과도 같은 열반에서 기쁨의 환상을 가질 수 있습니다. 이 열반 상태는 아무 것도 의식하지 않는 상태인데, 여기서 사람들은 어머니의 품안에 있는 것 같은 낙원을 상상하게 됩니다.

죽음이란 이렇게 사람들에게 영원한 안식으로 비치기도 하지만, 아들을 거세시키는 아버지가 가하는 생식욕에 대한 금지의 처벌이기도 합니다.

간단히 말해서, 결혼해야 하는 나이에 도달했지만 아직 삶에 입문하지 못한 이 청년은 죽음에 이끌려서 그의 모든 욕망은 죽음 안에서 충족될 수 있을 것이라는 상상을 하게 되었습니다.

하여간에 사람들이 땅에 묻으려고 관속에 넣고 데려왔던 나인성의 이 젊은이는 겉으로 보기에 죽은 것이 분명했습니다. 그러나 그는 삶과 죽음 사이를 오가고 있었습니다. 하지만 사람들이 이제 그를 땅에 파묻으면 그는 완전히 죽게 됩니다.

그러니까 그는 죽은 것이 아니라, 나사로나 회당장 야이로의 딸처럼 "자는 것"이군요?

맞습니다. 그는 야이로의 딸이나 나사로처럼 또 다른 문제를 지니고 있었습니다. 그는 겉으로 보기에는 죽은 것과 같은 상태에 있었지만 현대적인 용어로 말하자면 혼수상태 속에 오래 있었던 것입니다. 그래서 우리는 그의 영혼은 아직 죽을 나이가 되지 않았는데도 그의 몸을 떠나있었다고 말할 수 있습니다. 그는 제 명대로 살지 못하고 일찍 죽었던 것입니다. 그에게는 죽음이 그의 환경 때문에 너무 일찍 찾아왔습니다. 그에게는 그의 욕망을 일깨우고, 그의 가슴을 설레게 해 줄 사랑하는 사람이 없었고, 그의 영을 각성시켜서 그를 살게 해 줄 선생님이 없었습니다.

선생님 말씀에 의하면 우리는 몸과 영혼으로 되어 있습니다. 그런데 그 둘 사이가 떨어지면 죽음이 오게 됩니다.

그렇습니다. 그 분리가 오래 가면 그것은 죽음입니다. 그러나 처음에 죽음은 초기 단계의 죽음으로 옵니다. 죽음은 언제나 그렇게 빨리, 완전히 오지 않는 것입니다.[9]

그렇다면 그 영혼은 어디로 가는 것입니까?

그것을 어떻게 알 수 있겠습니까? 그 문제에 관해서 우리가 알지는 못하지만, 우리는 죽음의 의미에 관해서는 잘 알고 있습니다.

---

9 오늘날 우리는 심장은 멈출 수가 있고, 전기충격을 통해서 심장근육이 다시 뛸 수 있다는 사실을 잘 알고 있습니다. 뇌파를 측정해보면 두뇌도 혼수상태 속에서 계속해서 활동하는 것을 볼 수 있습니다. 그런 경우 사람들은 두뇌를 소생시키기 위해서 여러 가지 일들을 합니다. 그렇다면 겉으로 보기에 죽은 것이 틀림없는 상태에서 인간의 영혼은 어디 있는 것입니까?
  육체는 시체로 남아있습니다. 뇌파의 흐름에 높낮이가 없는 경우, 사람들은 죽었다고 말하게 됩니다. 두뇌를 소생시키려는 과정에서 뇌파는 종종 완전히 굴곡이 없는 상태에 도달하기 전에 여러 차례에 걸쳐서 굴곡이 없는 상태를 보였다가 다시 굴곡을 보였다가 하면서 사람들에게 희망을 앗아가기도 합니다. 이렇게 사람들은 아직 죽음이라고 할 수 없는 상태와 삶이라고 할 수 없는 상태를 여러 번 거치는 것입니다.

나인성 과부 아들의 죽음은 그 사회 구성원들에게 운명을 가리키는 손가락처럼 되었습니다. 우리가 여태까지 말했던 것과 같이 그 젊은이의 욕망을 충족시키려는 교묘한 술책은 아니었습니다.

예수님은 그런 사정을 잘 알고 있었습니다. 그는 그 여인에게는 상징적인 남편이 되었고, 아들에게는 상징적인 아버지가 되면서, 욕망의 삶 안에서 그 두 가지 역할을 수행하였습니다. 그래서 어머니와 아들은 예수님의 말씀에 의해서 그들의 성적인 충동을 정화시키고 분리하게 되었습니다. 이제 이 세상을 살게 된 존재는 더 이상 어린아이가 아니라 한 사람의 성인이었습니다.

예수님이 "아버지"이기 때문에, 예수님은 "나를 본 사람은 아버지를 보는 것이다"(요한복음 14:9)라고 말씀하였습니다. 예수님은 모든 사람들의 아버지입니다. 그가 아버지라는 말은 그가 한 사람의 남자 또는 한 어머니의 남편을 의미하지 않습니다. 오히려 그의 안에는 아버지, 즉 진정한 부성(父性), 사람들을 낳는 원천이 들어있다는 사실을 의미합니다.

그는 언제나 사람들을 낳고, 또 낳으며, 부활시키고, 생명을 부여해줍니다.

그는 언제나 우리를 율법의 세계에서 욕망의 세계로 옮겨가게 합니다.

언제나 "그에게서 모든 것은 또 다시 새로와집니다."[10]

---

10 Olivier Clément, *L'Autre Soleil*, Paris : Stock.

회당장 야이로의 딸

마가복음 5:21-43

예수께서 배를 타고 맞은편으로 다시 건너가시니, 큰 무리가 예수께로 모여들었다. 예수께서는 바닷가에 계셨는데, 회당장 가운데서 야이로라고 하는 사람이 찾아와서 예수를 뵙고, 그 발 아래에 엎드려서 간곡히 청하였다. "저의 어린 딸이 죽게 되었습니다. 오셔서, 그 아이에게 손을 얹어 고쳐 주시고, 살려 주십시오." 그래서 예수께서 그와 함께 가셨다. 큰 무리가 뒤따라 오면서 예수를 밀었다. 그런데 열두 해 동안 혈루증으로 앓아 온 여자가 있었다. 여러 의사에게 보이면서, 고생도 많이 하고, 재산도 다 없앴으나, 아무 효력이 없었고, 상태는 더 악화되었다. 이 여자가 예수의 소문을 듣고서, 뒤에서 무리 가운데로 끼어 들어와서는 예수의 옷에 손을 대었다. (그 여자는 "내가 그의 옷에 손을 대기만 하여도 나을 터인데!" 하고 생각했던 것이다.) 그런 다음에 곧 출혈의 근원이 마르니, 그 여자는 몸이 나은 것을 느꼈다. 예수께서는 곧 자기에게서 능력이 나간 것을 몸으로 느끼시고, 무리 가운데서 돌아서서 "누가 내 옷에 손을 대었느냐?" 하고 물으셨다. 제자들이 예수께 "무리가 선생님을 에워싸고 있는데, 누가 손을 대었느냐고 물으십니까?" 하고 반문하였다. 그러나 예수께서는 그렇게 한 여자를 보려고 둘러보셨다. 그 여자는 자기에게 일어난 일을 앎으로 두려워하여, 떨면서, 예수께로 나아와 엎드려서 사실대로 다 말하였다. 그러자 예수께서 그 여자에게 말씀하셨다. "딸아, 네 믿음이 너를 구원하였다. 안심하고 가거라. 그리고 이 병에서 벗어나서 건강하여라." 예수께서 말씀을 계속하고 계시는데, 회당장의 집에서 사람들이 와서, 회당장에게 "따님이 죽었습니다. 이제 선생님을 더 괴롭혀서 무엇하겠습니까?" 하고 말하였다. 예수께서 이 말을 곁에서 들으시고서, 회당장에게 "두려워하지 말고 믿기만 하여라" 하고 말씀하셨다. 그리고 베드로와 야고보와 야고보의 동생 요한 밖에는, 아무도 따라오는 것을 허락하지 않으셨다. 그들이 회당장의 집에 이르렀다. 예수께서 사람들이 울며 통곡하며 떠드는 것을 보시고, 들어가셔서, 그들에게 말씀하시기를 "어찌하여 떠들며 울고 있느냐? 그 아이는 죽은 것이 아니라 자고 있다" 하셨다. 그들은 예수를 비웃었다. 그러나 예수께서는 그들을 다 내보내신 뒤에, 아이의 부모와 일행을 데리고, 아이가 있는 곳으로 들어가셨다. 그리고 아이의 손을 잡으시고 "달리다굼!" 하고 말씀하셨다. (번역하면 "소녀야, 내가 네게 말한다. 일어나거라"라는 말이다.) 그러자 소녀는 곧 일어나서 걸어다녔다. 소녀의 나이는 열두 살이었다. 사람들은 크게 놀랐다. 예수께서, 이 일을 아무에게도 알리지 말라고 그들에게 엄하게 명하시고, 소녀에게 먹을 것을 주라고 말씀하셨다.

제라르 쎄베랭: 선생님의 말씀에 의하면 복음서들은 야이로의 딸의 부

활 이야기와 혈우병을 앓던 여인의 이야기를 분리시키지 않았습니다.

프랑소와즈 돌토: 이 두 이야기가 복음서에서 서로 이어진 채로 나온다는 사실은 이 이야기들이 유기적으로는 물론 영적으로 어떤 무의식적인 연관성을 가지고 있다는 것을 의미합니다. 결국 이 두 이야기는 같은 내용을 담고 있다는 말입니다. 즉 이 두 이야기에서 말하고자 하는 것은 우리가 앞에서 살펴보았듯이 부성(父性)이 왜곡될 수밖에 없었던 운명에 처해있던 사람이 있었듯이, 여성성이 멈춰버리는 운명에 처한 여인들이 있을 수 있다는 사실입니다.

여자들은 열두 살 무렵부터 여성이 되는데, 아직 여성이 되기 전인 열두 살 된 소녀는 자신의 운명이 멈춰선 것을 느끼게 되었습니다.

그래서 이 여자는 열두 살부터 모든 여자들이 바라마지 않고, 모든 여자들에게 바람직한 여성들의 경연장(競演場)에서 제외당했습니다. 열두 살 먹은 이 소녀는 결혼 적령기가 다가왔는데도 자기의 자태를 뽐낼 수 있는 무대에 들어서지 못하고 죽은 것입니다.

이 여자가 피가 흐르는 병, 즉 혈루증이 걸렸다는 말은 이것을 말하는 것입니다. 보통 어떤 여자에게서 피가 많이 난다고 할 때, 그것은 그녀에게서 생리의 양이 많다는 것을 의미합니다. 그러나 여기서는 그것이 좀더 심해서 혈루증이 된 것입니다.[11] 그리고 그렇게 된 것은 십 이 년이 되었습니다.

---

11 여기서 나는 사전에 나오는 대로 "출혈증"으로 번역하지 않습니다. 출혈증(hémorroïsse)이라는 말은 발음이 치질(hémorroïdes)과 비슷하게 들리기 때문입니다. 이 여자에게서 문제되었던 증상은 "출혈과다" 또는 "월경과다"였습니다.

그것이 이 여자의 비극이었습니다. 이 여자는 소위 말하는 부정한 여자 였지요. 이 여자는 어느 남자와도 성관계를 가질 수 없었습니다.

자, 이 여자를 억누르고 있던 율법을 생각해 보십시오. 레위기 15:24-25절에는 이렇게 씌어 있습니다. "어떤 남자가 그 여자(월경중인 여자)와 동침하면 그 여자의 불결한 상태가 그 남자에게 옮아서 이레 동안 부정하고, 그 남자가 눕는 잠자리도 모두 부정하다. 어떤 여자가 자기 몸이 불결한 기간이 아닌데도 여러 날 동안 줄곧 피를 흘리거나 불결한 기간이 끝났는데도 줄곧 피를 흘리면 피가 흐르는 그 기간 동안 그 여자는 부정하다. 몸이 불결한 때와 같이 이 기간에도 그 여자는 부정하다." 이 여자에게 가해진 십이 년 동안의 비극을 한번 상상해 보십시오.

그와 반대로 야이로의 딸은 겉으로 보기에 행복한 삶을 살았습니다.

그녀는 아버지에게 사랑을 받았습니다. 열두 살 때부터 그녀는 그녀의 가족들이나 친척들에게 자랑거리였고, 기쁨이었습니다. 더구나 그녀의 아버지가 그 지역사회에서 명망이 있는 사람이었기 때문에(그녀의 아버지는 회당장이었습니다) 그녀의 아버지를 어느 정도 존경하는 사람들에게는 더욱 그랬습니다.

그러나 그 아버지는 "자기" 딸에게 무의식적으로, 근친상간적으로 고착되어있는 듯 했습니다. 다시 말해서 그에게 그의 딸은 무의식적으로 표상하는 그의 어머니나 할머니의 품에 안겨있는 커다란 젖먹이였던 것입니다. 그는 자기 딸이 자기 영역 안에서 떠나지 않는 "꼬마"로 있기를 바랐습니다. 자기도 모르는 사이에 자기 딸이 그의 소유욕으로 가득 찬 부성애에 의존하기를 바랐던 것입니다. 야이로는 자기 부인, 즉 그 딸의 어머니에 대해서는 아무 것도 말하지 않고 있습니다. 이것은 이상한 일이 아닙니까?

자기 부인에게 무관심한 것은 이 당시의 풍습이 아닙니까?

그렇다면 야이로는 어떻게 해서 자기 딸에게 그렇게 깊은 관심을 표명할 수 있는 것입니까? 그는 커다란 고통을 당한 것처럼 "우리 딸이 죽게 되었구나"라고 말하지 않고 "아, 내 딸아"라고 말하고 있습니다.

그러니까 선생님은 이 아버지가 자기 딸에게 사로잡혀 있다는 사실을 말씀하고 싶으신 것이군요?

그렇습니다. 그런데 우리는 "사로잡히다"라는 말의 의미에 관해서 좀더 살펴보아야 합니다.

여기서 "사로잡힌다"는 말은 어른들의 성욕에 때문에 사로잡힌다는 것도 아니고, 마귀에게 사로잡힌다는 것도 아닙니다. 오히려 그 아이의 정신신체적인 건강의 질서를 파괴시키는 욕망의 장난을 의미하는 것입니다. 즉 그 아이가 아버지의 슬하를 떠나서 자기 인생을 스스로 선택하고 젊은 처녀로서의 여성적인 능력을 해방시키는 방향으로 나아가는 길을 가로막고, 그녀의 삶을 해방시키지 못하게 하는 욕망의 장난을 의미하는 것입니다.

정신분석가들이 흔히 말하는 대로 한다면, 그 아버지는 모성애가 특별히 발달해있는 사람이라고 할 수 있습니다. 그때 이미 열두 살이 된 자기 딸에게 "꼬마야"라고 하는 것을 볼 때, 그는 소유욕으로 가득 찬 사랑을 가지고 딸을 사랑했던 것을 볼 수 있습니다. 그래서 그는 스스로 대단한 사람이라고 생각할 수 있었으며, 그 아이의 어머니에 대해서는 아무 말도 하지 않을 수 있었고, 무의식적으로 어머니의 역할까지 떠맡았던 것입니다. 그러나 그는 자기가 그렇게 한다는 사실을 전혀 알지 못했습니다.

사람들에게는 사랑과 욕망이 뒤섞여 있다는 사실을 제일 처음 발견했던 프로이트 이후의 정신분석학에서는 우리 모두에게 욕망(le désir: desire)과 욕구(le besoin: need)가 뒤섞여 있다는 사실을 알게 해주었습니다. 그러므로 우리는 정신분석학을 통해서 사람들이 어떻게 해서 다른 사람들에게 감정이 신경증적으로 고조된 상태에 고착될 수 있는지 이해할 수 있습니다. 이때 그 사람들은 우리를 성욕기에 이르기 전 단계에서처럼 어떤 "부분적인 대상"으로 취급하는 것입니다.[12] 그러므로 우리는 그 사람들이 다른 사람에게 "사로잡혀 있을 경우" 그것은 대단히 병리적인 것이라서 그 사람들이 자율적인 주체 상태에 있다고 말할 수 없게 됩니다.

이와 달리 어린아이들은 자율적일 수 없습니다. 그래서 그들은 그들의 보호자인 어른들에게 의존하게 됩니다. 그러나 어른들이 그 아이들의 의존적인 상태를 즐기면서, 그들이 나이를 먹어감에도 불구하고 자기들에게 의존적인 상태에서 벗어나지 못하게 하면서, 자기 자신이나 자기네들의 욕망이나 사랑에 종속시키는 경우가 종종 발생하고 있습니다.

---

12 프로이트에 의하면 사람들은 구순기(태어나면서부터 18개월까지)에는 입술을 중심으로, 항문기(18개월부터 3세 경까지)에는 항문의 괄약근을 중심으로, 남근기(3세부터 5세 경까지)에는 남근을 중심으로 해서 성욕을 느낀다고 주장하였다. 몸 전체로 성욕을 느끼는 것이 아니라, 우리 몸의 일부분을 중심으로 해서 성욕을 느낀다는 것이다. 이런 프로이트의 이론을 바탕으로 해서 돌토가 여기서 말하고자 하는 것은 사람들이 5세까지의 시기에 정상적인 발달을 이루지 못했을 경우 부분적인 성욕이 남아있어서 성인이 되어서도 정상적인 사랑을 하지 못한다는 것이다. 사람들이 몸 전체로 성욕을 느끼게 되는 것은 잠재기(5세 경부터 사춘기 전까지) 이후의 성욕기(사춘기 이후) 때부터이다—역자 주.

이렇게 어린아이들을 "집어삼키려고 하는" 어머니 밑에서 자란 사람들은 마음놓고 다른 사람들을 사랑할 수도 없고, 그들의 품을 떠날 수도 없으며, 그들에게 자기 생각을 조금도 숨길 수 없습니다.

어머니와 마찬가지로 아버지도 이렇게 자기 자식을 "집어삼킬" 수가 있습니다. "구순기적인" 욕망이 작용할 수 있는 것입니다.

어린아이들은 이 세상에서 주도적으로 살아야 하는 나이에 도달하게 되어 있으며, 그것은 그들에게 별로 위험한 일이 아닙니다. 그러나 어떤 어머니와 아버지들은 그때 아이들이 주도적으로 자기 자유를 행사하려고 하는 것을 받아들이지 않는 경우도 있습니다. 그래서 아이들에게서 일어나는 모든 일들이나 그들이 하는 행동 하나 하나를 전제적으로 다스리려는 생각에서 아이들을 여러 가지 금지의 망(網) 속에 집어넣고 글자 그대로 가두고 맙니다. 그러면서 아이들이 그 망에서 벗어날 때 죄의식을 갖게 합니다.

결국 부모님들은 자기 아이들이 그 맘 때쯤의 다른 아이들이 모두 누리는 쾌락을 금지시키고, 즐거움을 누리거나 자유의 행사에 죄의식을 가지게 하는 것입니다. 왜냐하면 그들은 이 세상에서 사는 것 자체가 불안하고, 아이들이 자기도 누리지 못했던 자유를 누리는 것에 질투가 나기 때문입니다. 자연히 그들의 훈육방법은 파멸의 길로 들어설 수밖에 없습니다. 아이들은 그들의 노예가 돼서 그들의 훈육방법에 순종하여 그것을 더욱더 강화시키거나, 반항하여 이 세상을 제대로 살지 못하고 결혼 적령기가 되어서도 그것을 감당하지 못하게 되기 때문입니다.

야이로의 딸은 열두 살 때부터 이런 상황에서 살았습니다. 그녀 아버지의 부분적인 사랑의 대상이 되고, 유아적인 사랑에 삼키워진 채 이 세상을 살았던 것입니다.
 그녀의 가정 바깥으로부터 아무 도움도 받지 못하고, 하루하루 여위어 갔던 것입니다. 그녀의 아버지는 자기 딸에게 근친상간적이라고 말할 수밖에 없는 사랑을 품었습니다. 그래서 그의 구순기적이고 항문기적인 방식의 사랑은 그녀를 황금으로 된 새장에 가두어 버리고 말았습니다.

그러므로 선생님이 생각하시기에 그녀의 죽음은 그녀의 아버지 때문에 생긴 것이라는 말씀이군요.

그렇습니다. 그러나 여기서 그녀는 겉으로만 죽은 것처럼 보였다는 사실을 주목해야 합니다. 그래서 예수님은 그 소녀가 어린아이 상태 속에서 잠자고 있다는 말씀으로 핵심을 찌르셨습니다.
 이때 아버지 역시 한 사람의 남자로서 앞에서 말했던 혈루증에 걸린 여인처럼 병든 상태에 있었고, 예수님은 그를 긍휼히 여겼습니다. 그리고 그의 내면에서 아버지로서의 사랑이 왜곡되고 잘못된 상태에 빠진 것을 발견하였습니다. 이때 이 아버지는 자기 딸이 죽자 혈루증에 걸린 여인처럼 자기 피는 아니었지만, 피의 열매를 모두 잃은 것처럼 보였습니다. 그래서 그는 그의 아내에 대해서 말하는 것도 잊어버렸습니다. 그 어머니에게도 딸은 그녀의 피로부터 나온 열매인데도 말입니다. 이 이야기 속에서 그의 아내가 어땠는지 하는 것에 대해서는 전혀 나오지 않습니다.
 하여간 이 이야기는 복음서에서 한 남자가 자기 딸 때문에 정신 나간 것처럼 기록된 유일한 기록입니다. 복음서에는 다른 어머니들이나 다른 여인들이 자기 자식에 대해서 예수님께 말하는 것이 종종 나옵니다. 그러나 야이로처럼 남자가 말하는 것은 유일하며, 그것이 예수님의 제자들의 눈에 띄어서 복음서에 기록된 것입니다.

그러면 이 아이는 어떻게 아픈 것입니까?

당신이 알고자 하는 것은 이 아이의 증상입니까?
이 본문은 그것에 대해서 아무 것도 말해주지 않고 있습니다. 그러나 우리는 이 아이의 여성성이 십이 년 동안 억압되어왔고 인위적으로 유아적인 의존성 속에서 살았다는 사실을 짐작할 수 있습니다. 그녀는 작고 사랑스러웠으며, 자기 딸을 고쳐달라고 애원했던 남자, 그리고 자기밖에 생각할 줄 모르는 남자에게 아양떠는 고양이였습니다.

부유하지만 지금 아무 것도 할 수 없게 된 이 남자의 절망은 예수님을 움직였습니다. 왜냐하면 예수님은 언제나 우리 인간들이 연약한 상태에 빠져있을 때 동정을 베푸시는 분이기 때문입니다. 사실이 그렇기 때문에 야이로는 자기 딸이 자라고, 결혼할 나이가 되어, 한 사람의 여성이 되고, 어머니[13]가 되어 자기 곁을 떠나는 것을 참을 수 없었습니다.

혈루증에 걸린 여인의 경우도 마찬가지입니까?

그 여자는 신체적인 측면에서는 충분히 성장하였습니다. 그러나 그녀의 피와 여성으로서의 성 본능은 다른 사람들과 사랑을

---

[13] 매우 암시적인 돌토의 해석은 마가복음 본문을 명백히 드러낸다. 우리는 이 구절에서 복음서 기자가 사용한 말들(기표들)은 다른 사람들에 의해서 언제나 매우 수동적인 존재로 불리던 이 아이를 예수님이 얼마나 욕망의 주체로 지칭하면서 접근해갔는가 하는 사실을 주목해야 한다.

나누거나 욕망을 나누지 못하고 쓸데없이 흘러서 죽게 되었습니다. 그녀는 자기가 다른 남자들 앞에서 한 사람의 여성이라고 생각할 수 없게 된 것입니다.

생식(生殖)의 순환이 이루어지지 못했기 때문에 그녀는 마치 중성적인 사람처럼 다른 사람들이 안 보는 곳에서 옹색하게 살았던 것입니다. 아직 한 사람의 여성으로 활짝 피어나지 못했기 때문에 그 여인은 다른 사람들에게 생명을 주지도 못하고 피만 쏟았던 것입니다.

그녀는 자기가 보거나 다른 사람들이 보기에 불결했습니다. 야이로를 절망에 빠뜨렸던 딸처럼 그녀는 다른 사람들이 가까이 할 수 없었고, 좌절감에 빠져서 십이년 동안 절망 속에서 살았습니다.

그녀의 생식 능력이 십이 년 동안이나 제대로 돌아가지 않았기 때문에 그녀는 사회적으로도 어려움을 겪을 수밖에 없었으며, 가난하고 초라한 삶을 살았습니다. 그녀가 지난 십이 년 동안 콧대를 세울 수 있었으려면 생식 능력이 발휘되어 어머니로서의 일을 많이 했어야 했습니다. 마찬가지로 야이로는 남자로서 이제 가장 비참한 사람이 되었고, 자기 삶의 의미를 모두 잃어버리게 되었습니다. 이 세상 남자들 중에서 가장 초라한 남자처럼 가련하게 된 것입니다. 그래서 그는 예수님께 염치불구하고 애원을 했습니다.

그렇다면 예수님은 그 장면에서 왜 기적을 행하신 것입니까?

"내가 그의 옷자락만 만져도 내 병이 낳을 것이다"라고 생각했던 그녀가 예수님의 옷자락을 만지자 그녀에게 혈루의 원천이 말랐고, 그녀는 자기의 몸에서 병이 나았다는 것을 느낄 수 있었습니다. 그러자 예수님은 자기에게서 힘이 빠져나간 것을 의식하고 군중에게로 몸을 돌리면서 "누가 내 옷을 만졌느냐?"고 물으셨습니다. 제자들은 의아하게 생각하면서 "선생님은 이렇게 많은 사람들이 밀치면서 선생님을 에워싸고 있는데 '누가 나를 만졌느냐?'고 묻고 계십니까?" 하고 말했습니다.

이 말이 하고자 하는 의미는 사람들은 가까이 가고, 만지고, 접촉하고, 다가갈 수 있지만 우리의 욕망은 언제나 개인적인 요청이고 살아있는 의사소통으로 부르는 부름이라는 사실입니다. 그러므로 그 안에 아무 욕망도 개재되어 있지 않으면 그것은 하나의 계획으로 자랄 수 없으며, 그렇기 때문에 그런 욕망들로부터는 우리가 아무 것도 얻을 수 없다는 사실입니다. 예수님 자신도 그를 에워싸고 미는 수많은 사람들에게 아무 것도 줄 수 없었습니다. 왜냐하면 그들은 모든 진정한 욕망 속에 담겨있기 마련인 힘을 가지고 예수님께 청원하거나 무엇을 해 주기를 바라지 않았기 때문입니다. 진정한 욕망에는 언제나 자기를 망각하고 다른 사람을 전적으로 신뢰하는 것이 들어있습니다. 다른 사람을 전적으로 신뢰하는 가운데서 자기를 아주 망각하게 되는 것입니다.

이것이 모든 욕망하는 사람들의 내면에 들어있는 의도이고, 이런 절절한 마음은 상대방에게 응답을 불러일으킵니다. 예수님의 옷자락을 만진 것은 하나의 기도이자 행위였습니다. 그래서 살아있는 역동성의 원천인 예수님은 무의식적으로 거기에 응답하였습니다. 그리고 곧 자기에게서 어떤 힘이 방출됐다는 사실을 알아차렸습니다.

"여자여, 그대의 믿음이 그대를 구원하였다. 평안히 가라, 너의 병이 다 나았다." 그녀는 병이 다 낳게 되자, 모든 것을 다 할 수 있는 이의 어떤 힘을 도둑처럼 빼낸 것에 대해서 부끄러움을 느꼈습니다. 그래서 예수님은 이렇게 말했습니다. "아니다. 그대에게 여성으로서의 질서를 되찾도록 해준 것은 내가 아니라 너의 믿음이며, 너 자신이다."

이때 이 여인의 상처가 다 아물자, 야이로에게 소식이 전해졌습니다. "당신의 딸이 죽었습니다. 이제 랍비를 괴롭힐 필요가 없게 되었습니다."

여자 어른인 이 여자가 낫자마자 이 소녀가 죽은 것입니다. 이 사이에는 어떤 연관성이 있음에 틀림없습니다. 이 소녀는 모든 욕망을 상실한 채 모든 것을 부정하면서 살았습니다. 자기 아버지의 사랑 때문에 피를 "뽑히면서" 살았던 것입니다. 그녀의 아버지는 지난 십이 년 동안 자기 딸에게 생겨나는 모든 요구와 존재 이유들을 숨막히게 하였습니다. 그는 자기 딸을 잃어서는 안 되었습니다. 왜냐하면 그녀야말로 그의 피이며, 삶 자체였기 때문입니다. 더구나 딸이 죽자 그는 그의 딸이 정말 그의 삶의 의미였고, 그의 삶은 온통 그 딸에게 의존되어 있었다는 사실을 알 수 있었습니다.

당신은 작은 소년들이 종종 자기 소화기관을 통해서 아이를 낳음으로써 자기 엄마와 같아지려고 상상하는 것에 대해서 잘 알 것입니다. 그렇게 될 때 그 아이야말로 단성생식을 통해서 난 자기 아이이며, 자기 욕망의 대상이고, 그에게만 자기 사랑을 퍼부을 수 있는 소중한 존재인 것입니다.

야이로의 딸은 이런 존재였습니다. 자기 아버지만 기쁘게 해주려는 욕망에 갇혀서 구순기적이고 항문기적인 리비도에 사로잡혀 수동적으로 머물러 있었던 이 작은 소년처럼 되었던 것입니다. 그녀는 아직까지도 모든 욕망이 전혀 거세되어본 적이 없는 익애(溺愛) 속에 빠져있었습니다. 어느 누구도 여태까지 그녀에게 거절한 적이 없으며, 어느 누구도 그녀에게 무엇을 하라고 요구한 적도 없었습니다. 따라서 그녀는 여태까지 어떤 것도 해본 적이 없었습니다. 그녀의 아버지에게서 주물(呪物)처럼 느껴지는 남근(男根)으로 애지중지 키워지면서 망쳐졌던 것입니다. 그렇게 되면서 그녀의 내면은 비어갔습니다. 우리 내면에서 일어나는 요구들을 충족시키려고 우리들로 하여금 무엇인가를 추구하게 하는 욕망의 원천인 내면적인 힘이 고갈되어갔던 것입니다.

어린아이들은 그들을 유난스럽게 보살펴주는 어른들의 도움에서 벗어나야만 자기 내면에서 일어나는 욕망과 그 욕망이 자아낼 수 있는 위험을 혼자 겪을 수 있고, 그에 따라서 자율성을 발달시켜나갈 수 있습니다.

선생님은 어떤 근거로 이 소녀가 그렇게 애지중지하게 키워졌으며, 모든 것이 채워졌다고 판단하십니까?

내가 앞에서도 말했듯이 첫째로 이 두 이야기가 복음서에 연이어 나온 것은 어떤 연관성을 암시합니다. 둘째로 이 기적이 일어난 것과 십이 년이라는 똑같은 숫자 사이에서도 어떤 연관성을 찾아볼 수 있습니다. 혈루증을 앓던 여자는 십이 년 동안 그랬고, 그 소녀 역시 열두 살에 죽었습니다.

더구나 야이로는 유복한 사람으로서 회당장이었습니다.

또한 그는 "자기" 딸 때문에 정신을 잃을 지경이 되었는데 이런 일은 복음서에서 볼 때 매우 예외적이며 독특한 경우에 속하는 일입니다. 그 당시 딸이 죽는다는 것은 아버지에게 별로 심각한 문제가 되지 않는 일이었습니다. 그러므로 우리는 이 아버지와 "귀여운 딸" 사이에서 어머니가 배제된 매우 소중하고 특별한 관계가 있음을 알 수 있는 것입니다. 이때 예수님은 이 아버지와 딸 사이에 끼어 들어서 다시 생명을 찾은 소녀에게 먹을

것을 가져다 주라고 명령하셨습니다.[14]

그래서 나는 야이로의 딸이 마치 황금으로 된 새장에 갇혀서 자기 아버지의 수인(囚人)이 되었고, 어느 누구도 그 관계를 깰 수 없는 상태에서 살도록 교육받아 완전히 무기력해져 있었구나 하는 생각을 하는 것입니다.

그렇다면 복음서는 왜 혈루증을 앓던 여인이 치유된 것과 이 소녀가 부활한 것이 같은 순간에 이루어졌다고 말하는 것일까요?

여자아이들은 자기들이 아버지를 죽이지나 않을까 하는 두려움 때문에 죽게 됩니다. 정말이지 어린이들이나 청소년, 아들이나 딸들은 어느 정도 나이가 되면 자기 부모님들의 의지와 다른 자기 자신의 욕망에 대해서 알게 됩니다. 그렇게 되면 거기서는 으레 분노와 눈물과 비명이 난무하는 한편의 드라마가 연출됩니다. 우리 삶에서 매우 흔히 찾아볼 수 있는 일이지요.

그것은 청소년들이 자기 가정을 떠나서 살려는 투쟁입니다.[12] 사람들은 그때를 흔히 배은망덕한 시기라고 부르는데 … 사실 부모님들의 입장에서 보면 배은망덕한 것이기도 합니다. 부모님들은 그들을 그렇게 비난할 수 있습니다. 청소년들에게서 성욕이

---

14 여기서 돌토는 정신분석학적으로 매우 중요한 사실을 언급하고 있다. 즉 예수님이 야이로와 딸 사이에 끼어 들어서 새로운 명령을 내린다고 말하는데, 그 이유는 보통 어머니와 아들(여기서는 아버지와 딸) 사이에서는 상상적인 동일시가 일어나서 근친상간적인 욕망이 형성된 후, 이 틀을 깨는 것이 제3자인 아버지인 것처럼, 여기서 예수님은 야이로와 딸 사이에 끼어 들어와 그들 사이에 형성되었던 근친상간적인 관계를 깨뜨렸다는 사실을 언급하는 것이다. 그리하여 예수님은 야이로의 딸에게 새로운 생명을 줄 수 있었다. 라깡은 아이들에게서 언어가 가능해지는 것은 그들이 상징적인 관계에 돌입할 때부터라고 주장하였다. 이때 아이들은 어머니 품에서 나와서 법, 질서, 미래, 약속, 희망을 향해서 나갈 수 있게 된다.—역자 주.

생겨나 이제는 부모님과의 관계에서 벗어나려고 할 때 그들은 고통을 느끼며 때때로 부모님들에 대해서 죄의식을 가지며, 부모님들은 부모님들대로 자녀들과 멀어지는 것 같아서 고통을 느끼는 것입니다.

그러나 신경증적인 가정에서 병리적인 위치를 차지하고 있던 어린이가—여기에서 이 딸은 아버지의 특별한 사랑을 받는 인형 같은 위치에 있었습니다—매우 드문 경우이기는 하지만 자기 내면에 에너지가 있다는 사실을 깨닫고 그 위치에서 벗어나 자기의 개인적인 욕망을 따라서 살려고 할 때 부모님들 중에는 신경쇠약에 걸리거나 심한 경우 자살까지 하게 되는 경우도 있습니다. 절망에 빠지게 되는 것입니다. 여기서 야이로의 딸은 너무 오랫동안 의존적인 삶을 살았기 때문에 자기 자신의 삶을 살려는 투쟁을 포기해버렸습니다. 그러나 아버지는 자기 딸이 그렇게 된 것에 대해서 자기에게 상당한 책임이 있다는 사실을 알지 못했습니다. 그는 고통스럽고 두려워서 예수님께 도움을 청하러 왔습니다.

그때 야이로는 혈루증을 앓던 여인이 들었던 것과 똑같은 대답을 듣게 됩니다(여기에서도 이 두 이야기 사이에는 일치점이 있습니다). "두려워하지 말아라. 믿음만 가지면 된다. 네 믿음이 너를 구원하였다."

중요한 것은 언제나 믿음입니다. 예수님은 그 여인에게 이렇게 말씀하셨습니다. "너에게는 월경에 문제가 있었는데, 너는 그것을 몰랐다. 너에 대한 믿음을 가져라. 한 남자가 너에게 그 믿음을 줄 것이다." 그런데 그 남자는 예수님이었습니다. 여자들은 한 남자가 자기를 믿어주기 전까지 자기가 여자라는 사실을 알지 못하고, 자기의 여성성을 느끼지 못합니다. 여자들이 자기의 여성성을 알고, 느끼는 것은 한 남자의 눈 속에서이며, 그의 태도를 통해서입니다.

　예수님은 야이로에게도 똑같이 말했습니다. "너 자신에 대해서 믿어라. 또한 한 사람의 남자이며, 한 여자의 남편으로서의 네 능력에 대해서도 믿어라. 그러면 네 딸이 살아날 것이다." 이 말의 의미는 "네가 한 여자의 남편으로서의 네 능력에 대해서 믿는다면, 너는 네 딸에게 이렇게 말할 수 있을 것이다. '내 사랑하는 딸아, 너는 이제 여자가 되었다. 그러나 너는 내 것이 아니다'라는 것입니다. 그래서 이 소녀는 이제 다른 남자에 의해서, 다른 남자를 위해서 살 수 있을 것입니다."

　그러면 예수님은 왜 슬퍼하면서 눈물 흘리는 사람들을 모두 물리치셨습니까?

　그들은 그 아이 때문에 슬퍼한 것이 아니라, 그 아이가 나타내는 어떤 것, 즉 회당장의 소중한 딸 때문에 슬퍼했던 것입니다. 이 사람들은 다른 집의 평범한 딸이 죽었다면 그렇게 슬피 울지 않았을 것입니다. 그런데 이 경우는 유력한 사람의 딸의 죽음이었습니다. 그래서 이 사람들은 모두 깊은 슬픔에 잠겼습니다. 이것은 매우 드문 경우입니다. 그토록 권세가 있는 아버지가 끔찍이 사랑하는 딸의 죽음이었던 것입니다.

　그래서 예수님은 이 아이를 둘러싸고 진행되는 모든 사람들의 감정을 없애버리고, 비탄에 빠진 채 진행되는 통속극을 멈추게 하며, 그 아이에게 드리워진 보호막을 모두 없애버려야 했습니다. 그 아이는 지난 십이 년 동안이나 주체(le sujet)가 아닌 대상(l'objet)으로 살면서 잠 속에 빠져있었던 것입니다. 그래서 그 아이는 자기에게 어른이 되어야 한다는 욕망이 있다는 사실도 알지 못했고, 깊은 잠 속에서 그에 대한 꿈만 꿀 뿐이었습니다.

"예수님이 '그 아이는 죽은 것이 아니라, 자는 것이다'라고 말씀하시자 군중들이 예수님을 비웃었다"고 되어 있는데, 그들의 비웃음은 어디서 온 것입니까? 그들은 예수님을 사기꾼 정도로 생각했던 것입니까?

맞습니다. 그래요. 그러나 그 웃음, 비웃음은 그들의 불안 때문에 생긴 일종의 저항이라고 생각해야 합니다. 옛날에 토마스 에디슨이 과학학회에서 그가 만든 전축을 처음 공개했을 때, 학회원들은 "아니, 우리를 그렇게 형편없는 마술 따위나 믿는 멍청이로 아나보지?"라고 비웃으면서 학회장을 빠져나간 적이 있습니다.
언제나 그때까지 익숙해있던 법칙을 뒤집어엎는 사건이 벌어지면 그런 것은 있을 수 없는 일이라고 부정하면서 그것을 조롱하는 사람들이 있는 법입니다. 그것은 파스퇴르나 프랭클린의 경우에서도 마찬가지였습니다.
모든 새로운 것은 사람들에게 저항과 반발을 불러일으킵니다. 우리가 사는 시대에서도 프로이트는 처음에 반대와 거부에 부딪혔습니다. 그리스도는 오늘날에도 많은 사람들에게서 마찬가지입니다 …

그래서 예수님은 "소녀야, 일어나라"고 말씀하셨으며, 그녀를 마비시켰던 최면에서 깨어나게 했습니다.

당신이 지금 최면이라고 한 것은 정확한 표현입니다. 왜냐하면 그녀는 그녀를 둘러싸고 있는 사람들이 보기에 완전히 죽은 것은 아니기 때문입니다. 내가 다시 말하거니와, 저 세상에서의 삶이나 죽음에 있어서 중요한 것은 죽음 자체가 아니라 죽음이 무엇을 의미하는가 하는 것입니다.

여기서 이 아이는 아직 거세되지 못했고, 양성적(兩性的)으로 되려는 욕망을 떨쳐버리지 못한 남자 때문에 얼어붙었고 마비된 상태에 빠져 있었습니다. 그는 자기 부인을 밀쳐내고 그 아이에 대한 사랑 속에서 살았습니다. 이때 아버지와 딸은 하나였던 것입니다. 이제 그 아이가 월경을 시작하고, 결혼해야 하는 나이가 되자 아버지는 자기 피를 흘리게 되었습니다. 혈루증에 걸리게 된 것입니다.

그 소녀가 깨어났을 때 예수님의 머리에 제일 처음 떠올랐던 말로써 그 부모들에게 하신 말씀은 "이 아이에게 먹을 것을 가져다주시오"라는 것이었습니다.

부모님들은 자기 아이들의 욕망(le désir)을 충족시켜주지 않고, 욕구(le besoin)만 충족시켜줘서는 안 됩니다. 이 아이에게도 부모님들이 욕구만 충족시켜주자 이 아이는 삶에 대한 맛을 잃어버리고 죽었습니다. 여태까지 이 소녀는 다른 사람들이 그녀에게 필요한 모든 것을 다 해주었기 때문에 자기 스스로 아무 것도 욕망하지 못할 정도로 퇴화되었습니다.

그러나 지금 예수님은 그 소녀를 그녀의 부모에게 속하지 않고 자기 자신에게 속한 한 사람의 정상적인 아이로 살려냈습니다. 그러면서 "그녀에게 먹을 것을 주고, 그녀를 집어삼키려고 하지 말라"라고 명령하셨습니다. 그녀는 이제 곧 자기 집을 떠나야 하는 나이에 도달하였고, 자기 욕망을 실현시킬 수 있는 자유와 동시에 위험을 감당해야 하게 되었습니다.

거기 모여있던 사람들은 놀랐고 충격을 받았습니다.

그들은 이제 갑자기 다시 깨어난 소녀는 그들이 전에 사랑했던 소녀와 다른 아이라는 사실을 알게 되었습니다. 부활이란 이렇게 그 전의 상태와의 결별이자 변환(變換)인 것입니다. 여기에 부활한 소녀가 있습니다. 그래서 예수님은 그 부모가 그 아이를 품에 껴안고 볼에 입을 부비도록 돌려주지 않고, "그녀에게 먹을 것을 주시오. 그것이 지금 당신이 당신 딸에게 해야 하는 유일한 임무입니다"라고 말씀하셨습니다.

"그것에 대해서 말을 하지 말고, 입을 다무시오."

병을 치유 받은 이 소녀의 삶은 그녀 자신에게 무엇을 의미하겠습니까? 그 문제에 대해서 복음서는 아무 것도 말하지 않고 있습니다. 그녀가 다시 놀라운 사건의 주인공이 되었는지 어쨌는지 하는 것에 대해서는 아무 것도 말하지 않는 것입니다. 더구나 그 부모들은 그녀에 대해서 다시 자랑할 수도 있을 것입니다. 부모들이란 별 것도 아닌 것을 가지고 자랑하는 법이니까요. 그러나 여기서 그녀가 무엇인가를 먹고, 가지고 있다는 것은 그녀가 살아있다는 충분한 표시입니다. 이제부터 그녀는 자기 행동에 책임을 지고, 자기 이름을 말해야 하는 것입니다.

그 아이가 부모님들이 보는 앞에서 깨어날 때 그녀 앞에는 예수님과 예수님의 제자들이 있었습니다.

예수님은 그녀가 깨어났을 때 그녀의 어머니를 자기 남편 곁에 있게 하면서 이 소녀가 한 사람의 여자로 되는 입문식을 거행하였습니다. 그녀의 팔을 잡고, 일으켰으며, 걷게 하였습니다. 그리고 그녀를 자기 부인 곁에 가까이 있는 그녀의 아버지로부터 분리시켰습니다. 그것은 그녀의 어머니가 결혼하기 위해서 그녀의 외할아버지로부터 분리된 것과 똑같은 것이었습니다.

야이로의 딸은 자기 아버지와의 의존 관계에서 벗어나자 깨어났습니다. 인간으로서의 예수님은 그녀의 팔을 잡았으며, 그녀에게 소녀로서의 정체성을 일깨워주었습니다. 그때 그녀의 어머니는 자기 남편의 아내로서의 자리를 되찾았습니다. 그녀는 이제 여자이고, 아내이며, 어머니가 되는 준비를 하면서 다른 사람을 사랑하여 그 삶이 사랑 안에서 활짝 피게 될 그녀의 딸에게 삶의 모범을 보여줄 수 있게 된 것입니다.

그리고 그녀는 깨어나서 또 무엇을 볼 수 있었습니까? 그녀는 예수님의 제자들로 이루어진 사회를 볼 수 있었습니다. 그들은 순수한 눈빛으로 그녀를 맞아주었고, 그녀에게서 여성성이 되살아난 것을 확증해주었습니다. 이제 그녀에게서 유아시절은 완전히 끝난 것입니다.

그녀가 죽을 때 그녀에게는 아버지밖에 없었습니다. 그러나 이제 깨어나서 그녀의 어머니와 아버지의 행복한 부부의 모습을 볼 수 있었으며, 그녀에게 다시 삶의 기쁨을 알게 해준 사람 곁에서 그녀에게 인사하는 네 사람의 정숙한 남성들을 볼 수 있었습니다. 이 장면은 아마 그녀가 사회로 발걸음을 내딛는 의식이라고 할 수도 있을 것입니다.

여자는 남자로부터 그녀가 여성이라는 사실을 인정받습니다. 그러면 누가 소녀들에게 그 자신을 여성으로 인식하도록 도와줍니까?

소녀들은 자기네들을 소유하려고 하지 않는 순수한 남자로부터 자기들은 여성이라는 인식을 얻게 됩니다. 따라서 자기 아버지의 소유욕으로 가득 찬 사랑 밖에 받지 못했던 소녀들은 젊은 처녀들의 사회라는 경연장에 들어가지 못합니다. 나는 이 심리극에서 예수님의 제자들의 역할 역시 그 부모님들의 역할에 못지 않게 중요한 것이었다고 생각합니다.

그러므로 부모님으로부터 애지중지하게 키워지거나 사랑을 받지 못하면서 키워질 때 여자들은 삶에 대한 욕망을 가질 수 없게 되는 것입니다.

그러니까 여기 남성들과 서로 다른 관계를 맺었던 두 여자가 있는 것이군요?

그렇습니다. 야이로의 딸은 사랑의 대상으로만 어루만져졌고, 주체성은 인정받지 못했습니다. 그리고 군중 속에 파묻혀서 아무에게도 인정받지 못하고 외롭게 서 있던 혈루증을 앓던 여자는 남자로부터 버림받은 옹색한 여자의 전형적인 이미지를 보여주고 있었습니다. 이 두 여자는 모두 여성들의 사회로부터 제외된 사람들이었습니다. 야이로의 딸은 그 사회에 아직 들어가지 못했고, 혈루증을 앓던 여자는 그 사회로부터 거부된 여자였습니다.

남자들에게 너무 사랑을 받든지, 너무 사랑 받지 못하면 여자들은 자기가 여자인지 모르게 됩니다. 그런 여자들은 자기가 여자라는 사실을 다른 사람들로부터 인정받으려는 욕망에 관심을 기울이지 못하고, 자기의 여성성에 생기를 불어넣지도 못하는 것입니다.

우리는 위에서 말한 두 가지 종류의 여자들이 나이에 있어서는 물론 경제적으로나 사회적인 측면에서도 정반대 되는 입장에 있었지만 여자로서는 전혀 무력했으며, 결국 정신신체적인 질병[13]*에 걸려서 죽은 여자들이라고 말할 수 있을 것입니다.

그 여자들에게서 여성적인 삶은 고갈되어있었던 것입니다.

앞에서도 말씀 드렸지만 그 소녀는 자기 아버지의 명성에 가려져 있던 대상이었으며, 그녀의 아버지가 소유했던 지위와 돈을 숭배하는 그 지역사회 사람들이 가지고 있던 권력의 환상을 지탱시켜주었던 눈에 보이는 표상이었습니다. 그 반면에 혈루증에 걸린 여인은 상상 속에서 거세당한 여인이었습니다.

대부분의 여자아이들은 해부학적으로 볼 때 자기에게는 사내녀석들과 다른 성기가 달려있다는 사실을 발견하고, 또 사내녀석들이 자기 성기를 가지고 뽐내는 것을 볼 때 자기네들에게는 "무엇인가" 결핍된 것이 있다고 생각하게 됩니다. 또한 많은 여자아이들은 자기의 보잘것없는 성기를 보고 처음 느꼈던 실망을 망각한 채 내면에 간직하고 있다가, 결혼할 나이가 되어 월경을 하게 되면 그 내밀한 수치심이 매달 주기적으로 치욕스러운 감정으로 되살아나기까지 합니다. 많은 여자들은 자기 성기가 남자들의 성기와 다르다는 사실 때문에 열등감을 가지고 있다가 한 남자로부터 여성으로서의 자기 가치를 인정받을 때 비로소 그 열등감을 씻게 되기도 합니다. 그녀가 상처라고 생각했던 것이 이제 사랑을 위한 입구로 드러나게 되는 것입니다.

이 복음서 구절에서 우리는 너무 일찌기 자기의 운명이 막히게 된 사람들을 다시 발견하게 됩니다.

그렇습니다. 그들에게 욕망의 원천은 파괴적인 정서적 관계 때문에 말라버렸습니다. 그들에게는 어린 시절에 그들의 몸을 중심으로 해서 그들의 보호자들과 사랑의 관계를 맺는 세 가지 중요한 시기가 있는데, 그것들은 그들이 아무 것도 생산하지 못하

고 지체되게 하였습니다.[15]

　예수님은 그 관계를 끊으셨습니다. 그리고 그들을 자율적인 인간이 되게 하셨습니다. 그러자 그녀들은 알에서 깨어났고 자유롭게 되었습니다. 너무 많은 사랑을 받았던 소녀는 물론 천대받았던 여인도 활짝 피어난 것입니다. 이제 지난 십이 년 동안 혼자서 걷지 못했던 소녀는 혼자 걸을 수 있게 되었고, 또 다른 여자는 한 사람의 여성으로 살게 되었습니다.

베다니의 나사로

요한복음 11:1-44

　어떤 병자가 있었는데, 그는 마리아와 그의 자매 마르다의 동네 베다니에 사는 나사로였다. 마리아는 주께 향유를 붓고, 자기의 머리털로 주의 발을 씻은 여자요, 병든 나사

---

15 여기서 돌토가 말하는 세 가지 시기, 또는 세 가지 원천이라는 것은 앞에서 말한 구순기, 항문기, 남근기를 말한다—역자 주.

로는 그의 오빠이다. 그 누이들이 사람을 예수께로 보내서 "주님, 보십시오, 주께서 사랑하시는 사람이 앓고 있습니다" 하고 말하였다. 예수께서 들으시고 말씀하셨다. "그 병은 죽은 병이 아니다. 그것은 오히려 하나님의 영광을 드러낼 병이다. 이 일로 말미암아 하나님의 아들이 영광을 받게 될 것이다." 예수께서는 마르다와 그의 자매와 나사로를 사랑하셨다. 그런데 예수께서는 나사로가 앓는다는 말을 들으시고도, 계신 그 곳에 이틀이나 더 머무르셨다. 그런 다음에, 제자들에게 "다시 유대로 가자" 하고 말씀하셨다. 제자들이 예수께 말씀드리기를 "선생님, 방금도 유대 사람들이 선생님을 돌로 치려고 했는데, 다시 그리고 가시려고 합니까?" 하였다. 예수께서 대답하셨다. "낮은 열 두 시간이나 되지 않느냐? 사람이 낮에 걸어다니면, 이 세상의 빛을 보므로, 걸려서 넘어지지 않는다. 그러나 밤에 걸어다니면, 빛이 그 사람 안에 없으므로, 걸려서 넘어진다." 이 말씀을 하신 뒤에 그들에게 "우리 친구 나사로가 잠들었다. 내가 가서, 그를 깨우겠다" 하고 덧붙여서 말씀하셨다. 제자들이 말하였다. "주님, 그가 잠들었으며, 일어날 것입니다." 예수께서는 나사로가 죽었다는 뜻으로 말씀하셨는데, 제자들은 그가 잠이 들어 쉰다고 말씀하시는 것으로 생각하였다. 이 때에 예수께서 그들에게 밝히 말씀하셨다. "나사로는 죽었다. 내가 거기에 있지 않은 것은 너희에게 도리어 잘된 일이므로, 기쁘게 생각한다. 이 일로 말미암아, 너희가 믿게될 것이다. 그에게로 가자." 그러자 '쌍둥이'라고 불리는 도마가 동료 제자들에게 "우리도 그와 함께 죽으러 가자" 하고 말하였다. 예수께서 가서 보시니, 나사로가 무덤 안에 있은 지가 벌써 나흘이나 되었다. 베다니는 예루살렘에서 오리가 조금 넘는 가까운 곳인데, 많은 유대 사람이 마르다와 마리아에게 그 오라버니의 일로 위로하러 와 있었다. 마르다는 예수께서 오신다는 말을 듣고서 맞으러 나가고, 마리아는 집에 앉아 있었다. 마르다가 예수께 말하였다. "주님, 주님이 여기에 계셨더라면, 내 오라버니가 죽지 않았을 것입니다. 그러나 나는 지금이라도 주께서 하나님께 구하시면, 하나님께서 무엇이나 다 이루어 주실 줄 압니다." 예수께서 마르다에게 말씀하셨다. "네 오라버니가 살아날 것이다." 마르다가 말하였다. "마지막 날 부활 때에 그가 다시 살아나리라는 것은, 내가 압니다." 예수께서 마르다에게 말씀하셨다. "나는 부활이요 생명이니, 나를 믿는 사람은 죽어도 살고, 살아서 나를 믿는 사람은 영원히 죽지 않을 것이다. 네가 이것을 믿느냐?" 마르다가 예수께 말하였다. "예, 주님! 주님은 세상에 오실 그리스도이시며 하나님의 아들이신 줄을 내가 믿습니다." 이렇게 말한 뒤에, 마르다는 가서, 자매 마리아를 불러서 "선생님께서 와 계시는데, 너를 부르신다" 하고 가만히 말하였다. 이 말을 듣고, 마리아는 급히 일어나서 예수께로 갔다. 예수께서는 아직 동네에 들어가지 않으시고, 마르다가 예수를 맞이하던 곳에 그냥 계셨다. 집에서 마리아와 함께 있으면서 그를 위로해 주던 유대 사람들은, 마리아가 급히 일어나서 나가는 것을 보고, 무덤으로 가서 울려고 하는 것으로 생각하고, 그를 따라갔다. 마리아는 예수께서 계신 곳으로 와서, 예수를 뵙고, 그 발 아래에 엎드려서 "주님, 주님이 여기에 계셨더라면, 내 오라버니가 죽지 않았을 것입니다" 하고 말하였다. 예수께서는, 마리아가 우는 것과 함께 따라온 유대 사람들이 우는 것을 보시고,

마음이 비통하여 괴로워하셨다. 예수께서 "그를 어디에 두었느냐?" 하고 물으시니, 그들은 "주님, 와 보십시오" 하고 대답하였다. 예수께서 눈물을 흘리셨다. 그러자 유대 사람들은 "보시오, 그가 얼마나 나사로를 사랑하였는가!" 하고 말하였다. 그 가운데서 몇몇 사람은 "눈이 먼 사람의 눈을 뜨게 하신 분이, 이 사람을 죽지 않게 하실 수 없었단 말이오?" 하고 말하였다. 예수께서 다시 속으로 비통하게 여기시면서 무덤으로 가셨다. 무덤은 동굴인데, 그 문은 돌로 막혀 있었다. 예수께서 "돌을 옮겨 놓아라" 하시니, 죽은 사람의 누이 마르다가 말하였다. "주님, 죽은 지가 나흘이나 되어서, 벌써 냄새가 납니다." 예수께서 마르다에게 말씀하셨다. "네가 믿으면 하나님의 영광을 보게 될 것이라고, 내가 말하지 않았으냐?" 사람들이 그 돌을 옮겨 놓았다. 예수께서 하늘을 우러러보시고 말씀하셨다. "아버지, 내 말을 들어주신 것을 감사드립니다. 나는 아버지께서 언제나 내 말을 들어주시는 줄 압니다. 그런데도 이렇게 말씀을 드리는 것은, 둘러선 무리에게, 아버지께서 나를 보내신 것을 믿게 하려는 것입니다." 이렇게 말씀하신 뒤에, 큰 소리로 "나사로야, 나오너라" 하고 외치시니, 죽었던 사람이 나왔다. 손발은 천으로 감겨 있고, 얼굴은 수건으로 싸매여 있었다. 예수께서 그들에게 "그를 풀어 주어서, 가게 하여라" 하고 말씀하셨다.

쩨라르 쎄베랭: 이제 우리는 세 번째 부활 이야기, 즉 나사로의 이야기에 이르렀습니다. 이 이야기를 읽으면서 제가 그동안 좀 의아하게 생각했

던 것은 예수님이 다른 사람들을 기다리게 했다는 사실입니다. 예수님은 좀 … 변덕스러웠던 것이 아닙니까?

프랑소와즈 돌토: 예수님은 자기 사역이 실패할 수도 있다는 사실을 알고 있었습니다. 다른 사람들이 이제는 예수님과 더불어 모임을 만들려고 하지 않거나 몸과 몸을 서로 부딪히면서 대화를 나누려고 하지 않을 수도 있으며, 어쩌면 그렇게 하지 않으려고 생각할 때도 올 것이라는 사실을 알았던 것입니다. 그래서 그는 그 자신이나 그를 둘러싸고 있는 사람들에게 어떤 새로운 것이 나와야한다고 생각했을지도 모릅니다. 그의 주위에 형성되었던 모임이 무엇인가 부족하게 생각되었던 것입니다. 그는 좀더 멀리 나아가고 싶었습니다.

나사로의 부활과 앞에서 이야기했던 두 가지 종류의 부활 사이에는 어떤 차이가 있습니다. 그것은 예수님과 나사로는 서로가 개인적으로 알고 지내던 친구라는 사실입니다. 베다니에 살던 이 가정은 예수님에게 때때로 안식을 제공하는, 마치 항구와도 같은 매우 소중한 가정이었습니다. 긴급대피소라고나 할까요? 그런데 그의 친구가 병이 났습니다. 그렇다고 해서 예수님이 그의 계획을 바꾸고 그의 일정을 중단해야 했겠습니까? 유대 지방의 풍습에 의하면 사람들이 아직 그럴 만한 시간이 되지도 않았는데 어디에 머무르거나, 어떤 일을 함으로써 자기 자신은 물론 자기 제자들의 삶까지 위험에 빠뜨려서는 안 된다는 사실을 예수님은 잘 알고 있었습니다. 그렇기 때문에 예수님이 나사로가 병들었다는 말을 듣고도 당장 달려가지 않은 것은 결코 변덕이 아닙니다. 그 소식을 듣자 예수님은 매우 난처했고 그가 어떻게 해야 좋을지 잘 알지 못했던 것입니다. 예수님이 나중에 베다니에 가려는 결심을 했을 때 예수님은 나사로가 죽었다는 사실과 이제 그가 하나님께 영광을 돌려야 하는 시간이 다가왔다는 사실을 알았기 때문에 그런 결심을 할 수 있었다고 나는 생각합니다. 그 사건에 즈음하여 예수님에게는 무엇인가 전파해야 할 메시지가 있었던 것입니다.

그때 정신분석학에서 소위 실패의 매커니즘이라고 부르는 것에서 촉발된 하나의 시련이 일어났는데, 그것은 어떤 입문식을 위해서 불가피한 시련이기도 했습니다. 나사로와 그의 누이들에게 비극적이었던 주간(週刊)이 그네들에게 필요하기도 했던 것입니다. 마찬가지로 그 시련은 예수님이 그 자신의 인간적인 정서나 개인적인 친분을 떠나서 그에게 주어진 임무를 명확하게 볼 수 있게 했다는 측면에서 예수님에게도 필요한 것이었습니다. 그래서 예수님은 그 전에 말씀하시는 가운데 밝을 때는 어떻게 하고, 어두울 때는 또 어떻게 해야 한다고 암시하지 않았나 하는 생각이 듭니다.

사람들은 성숙하면서 반드시 여러 차례의 고통과 애도의 순간을 거치고 있습니다. 그들에게 고통스러운 경험은 불가피한 것입니다. 사람들은 그 경험들을 믿음을 가지고 이겨냅니다. 믿음 안에서 인생의 밤을 지나가는 것입니다.

하지만 그들은 왜 그렇게 오래 기다려야 했습니까? 예수님이 베다니에 도착했을 때 나사로는 이미 사흘 동안이나 무덤 속에 있었습니다. 그래서 "이미 냄새가 났다"고 기록되어 있습니다. 예수님은 왜 그렇게 늦게 오신 것입니까?

그 문제에 대해서 예수님은 이렇게 말씀하셨습니다. "나사로는 죽었다. 내가 거기에 있지 않은 것은 너희에게 도리어 잘 된 일이므로 기쁘게 생각한다. 이 일로 말미암아 너희가 믿게 될 것이다."

나사로의 부활은 그리스도의 삶에서 결정적인 전환점이 됩니다.

예수님에게는 그 당시 두 가지 문제가 중첩되어 있었습니다. "내 임무는 내가 내 몸과 더불어 그들과 함께 있기 때문에 그들을 살게 하거나, 내 몸과 더불어 그들과 함께 있지 않기 때문에 그들을 죽게 하는데 있지 않다. 오히려 하나님에 대한 믿음과 서로 서로에 대한 사랑으로 그들을 살게 하는데 있다."

그러므로 그 자신이나 그의 말씀과 선교에 대해서 믿지 않고 그를 사랑기만 한다면 그것은 잘못 된 것일 수가 있습니다. 내가 보기에 이것이 예수님이 직면한 첫 번째 문제점인 듯합니다.

두 번째 문제점은 그 자신과 관계된 문제점입니다. 그는 길이며, 생명이었습니다. 그래서 그는 그 자신의 인간성에만 사로잡혀 있을 수 없었습니다. 그러나 그것은 사실 그에게 매력적인 유혹이기도 했습니다. 그 자신도 사람이었고, 그에게는 장점도 많았고, 다른 사람들에게 그의 인간적인 사랑을 베풀 수도 있었습니다. 그러나 그는 다른 사람들과 인간 관계를 맺으면서 자기애적인 동기에서 나와서 다른 사람에게 고착되는 방식으로 사랑하지 않고, 그 사람들 안에 있는 가능성을 보고 사랑했습니다.

그의 사랑은 발달적인 것이었습니다. 그는 모든 사람들이 하나님 안에서 형제와 자매로 이어지는 사랑의 사슬을 만들기를 바랐습니다. 육체로서의 예수님의 모습이 예수님을 사랑하는 사람들에게 자기네들의 모습만 비춰볼 수 있는 거울에 불과했다면, 유대교를 개혁하려던 예수님의 발전적인 임무는 실패할 수밖에 없었을 것입니다.

그리하여 이제 막 사람들에게 계시(啓示)된 새로운 연합은 그들의 가슴속에 굳건히 자리잡지 못했을 터이고, 그의 메시지는 그의 행위와 말과 생명의 말씀을 전해주는 매체(médiateur)가 되었던 그의 몸 때문에 커다란 의미를 지니지 못했을 것입니다.

예수님의 말씀은 그가 매일 매일 다른 사람들과 함께 삶을 나눌 때는 물론 그렇지 않을 때에도 그 말씀을 받아들이는 사람들의 마음속에 똑같이 생생하게 머물러 있어야만 했습니다.

나사로의 누이들은 예수님이 그들을 버렸다고 예수님을 비난하였습니다. 그래서 그들의 동생이 죽었다는 것입니다. 이 비난은 사랑에 으레 있기 마련인 "오해"의 시금석이 됩니다. 왜냐하면 이 말은 나사로가 예수님의 말씀보다는 인간으로서의 예수님 자신에게 속해있었다는 사실을 의미하기 때문입니다.

그 말은 나사로가 예수님의 물리적인 부재를 견디지 못하고 죽었다는 사실을 의미하는 것입니까?

그렇습니다. 나사로는 더 견디거나, 지탱하지 못하고 죽었습니다. 게다가 마르다는 이렇게 말하지 않았습니까? "선생님이 여기 계셨더라면 우리 오빠는 죽지 않았을 것입니다." 조금 후에 마리아 역시 예수님에게 이렇게 말했습니다. "선생님, 선생님이 여기 계셨더라면, 우리 오빠는 죽지 않았을 것입니다."

그리스도는 그를 부르는 소리를 듣지 않았고, 나사로는 버림 받았다고 생각하였습니다. 그는 그를 향한 그리스도의 사랑을 확신하지 못했으며, 그를 다시 볼 수 없을 것이라는 생각에서 절망하였습니다. 예수님은 이때 그들의 우정—예수님이 정말로 나사로를 사랑했다면—을 위해서 모든 위험을 무릅쓸 수가 없었을까요? (왜냐하면 그 당시 유대에서 어떤 사람들은 예수님을 돌로 쳐죽이려고 한다는 사실을 나사로는 잘 알고 있었기 때문입니다).

이 우정은 동성애적인 것이었습니까?

나사로 편에서 보자면 그럴 수도 있을 것입니다. 그의 우정은 상당히 자기애적이고 열렬한 것이었으니까요. 나사로는 어머니의 품으로부터 버림받은 갓난아기처럼 예수님으로부터 분리되자 절망해서 죽어버리고 말았습니다. 나사로에게는 예수님이 필요했으며, 예수님을 향한 그의 사랑은 예수님의 몸에 의존하는 사랑이었습니다. 만약에 예수님이 그를 잊어버렸다고 생각하거나, 예수님이 그의 임무를 더 생각한다면(또는 자기의 안전을 더 생각한다면) 나사로는 예수님이나 예수님의 말씀을 믿지 못했을 것입니다.

그렇다면 나사로를 향한 예수님의 사랑은 어떤 것이었습니까?

예수님의 삶은 참으로 의미심장한 것으로서, 보통 사람들이라면 견디기 힘든 삶이었습니다. 예수님 역시 어떤 때는 다른 사람들처럼 살기를 바랐을 것입니다. 그 역시 정치 지도자가 되거나, 부자가 되거나, 힘이 있는 사람이 되고 싶기도 했을 것입니다.[16] … 예수님이라고 해서 왜 다른 사람들에게 사랑 받으려는 마음이 없었겠습니까? 예수님에게는 악마만이 유일한 유혹자가 아니었으며, 모든 인간적인 사랑들 역시 그를 유혹했을 것입니다.

나사렛 예수로서의 그의 내면에 있는 인간적인 것들은 우리 안에 있는 것들과 마찬가지로 어린 시절부터 우리를 형성시킨 그런 거울 같은 사랑을 하게 하였을 것입니다.

---

16 마태복음 4:1-11이나 누가복음 4:1-13절에서 예수님이 광야에서 사탄의 유혹을 받은 모습은 이 사실을 잘 보여준다.

그러나 예수님이 요한을 사랑한 방식은 아주 정결한 것이 아니었습니까? 요한은 "예수님이 사랑했던 제자"[17]라고 불리지 않았습니까?

물론 그렇지요. 그러나 요한은 자기애에서 벗어나지 못하고 예수님께 남아있었습니다. 다시 말해서 그는 자기 자신에게 감정적으로 고착되어서 마치 우리가 거울 속에서 우리 모습을 발견하는 것처럼 자기를 사랑하는 눈길로 바라보는 어머니의 눈이라는 거울 속에서 자기 모습을 바라보고, 자기 얼굴을 사랑하거나 그렇지 않다면 적어도 자기 자신에게 무관심하지 않게 되는 어머니의 아들이었던 것입니다.

예수님에게 있어서 요한은 자신의 모습을 들여다 볼 수 있는 거울이었습니다. 가나에서 공생애의 첫 걸음을 내딛기 전 앞날을 준비하고 있던 그의 내면에 감추어진 삶의 또 다른 모습을 비춰주는 거울이었던 것입니다.

예수님은 나중에 요한을 그의 어머니 마리아에게 주었습니다. 왜냐하면 그가 예수님의 사회적이며 인간적인 아들로서 예수님이 죽은 다음에 그를 대체할 수 있는 그 자신의 또 다른 자아였기 때문입니다. 그리하여 마리아는 그를 사랑하고, 그로부터 자기 아들 예수가 죽은 다음에 위로 받을 수 있었기 때문입니다.

요한이 마리아를 붙들어 주었기 때문에 마리아는 예수님의 죽음을 견뎌낼 수 있었을 것이라고 나는 생각합니다. 마리아에게 있어서 요한은 동료가 아니라 또 다른 아들이었습니다. 요한에게 그런 임무가 주어졌기 때문에 그 역시 예수님을 잃은 고통을 참

---

[17] 제4복음서에서 많이 나오는 "예수님이 사랑했던 제자"의 모습에 대한 암시이다(요한복음 13:23-25; 19:26-27; 20:2-10; 21:1-8; 21:20-24). 복음서들이 이 대목에 대해서 별 다른 언급을 하지 않고 있지만, 기독교 전승은 그 제자가 사도 요한이라고 말한다.

을 수 있었을 것입니다. 예수님에게 있어서 요한은 그의 몸을 대표하는 존재, 즉 그가 죽은 다음에 사랑을 베풀 대상을 잃은 어머니에게 대신 아들 노릇을 해야 하는 존재였습니다.

다른 한편, 나사로 역시 그의 빛이었던 예수님에게 사로잡혀 있었습니다. 그러나 예수님이 돌아가시자 나사로는 어둠 속으로 들어가게 되었습니다. 이 경우는 아마 예수님이 말씀하였던 것의 또 다른 측면을 가리키는 것일 것입니다. 사람이 낮에 걸어다니면 이 세상의 빛을 보므로 걸려서 넘어지지 않는다. 그러나 밤에 걸어다니면 빛이 그 사람 안에 없으므로 걸려서 넘어진다. 그런데 예수님은 그에게 태양이었고, 예수님이 그의 곁에 계시지 않자, 그에게는 그리스도가 사라졌던 것입니다.

그러므로 나사로는 예수님과의 분리라는 시련을 견디지 못한 것입니다. 그는 예수님을 정기적으로 다시 보아야 했던 것입니다. 그래서 그가 죽은 것입니까? 그는 우울증 때문에 죽은 것입니까?

내 생각으로는 그가 죽은 것은 매우 지독한 우울증 때문이었습니다. 그의 욕망을 충족시키지 못해서 죽었던 것입니다. 그는 어떤 결핍, 좌절 때문에 죽었습니다. 즉 그가 예수님에게 가졌던 욕망, 다시 말해서 예수님에게 심리적으로나 영적으로 기대했던 양식이 떨어지자 죽었던 것입니다.

그는 자율적인 사람이 아니었기 때문에 여전히 그것을 필요로 했습니다. 예수님은 그에게 아버지이자 어머니이며 형인 양육자였습니다. 그러나 내가 반복해서 말씀드리는 것이지만 예수님은 나사로에게 그런 역할을 하면서 그의 진정한 임무를 그르칠 위험에 처해있었습니다. 왜냐하면 예수님이 그를 사랑하면서 그 자리에 머무를 수도 있었기 때문입니다.

예수님은 그에게 남아있는 마지막 자기애 때문에 그의 임무를 그르칠 수도 있는 순간에 처해있었습니다. 왜냐하면 그의 몸으로서의 현존이 나사로에게는 너무 감동적인 것이었고, 그것은 나사로를 일깨웠기 때문입니다. 나사로의 그런 모습이 나사렛 예수님의 마음을 흡족하게 하기에 충분하였습니다. 그러나 그리스도는 그런 종류의 만족감, 즉 우리 모두에게 있는 자기애를 부추기는 유혹에 머물러 있을 수 없었습니다.

예수님은 나사로에게 어떤 자리를 차지하고 있었던 것입니까? 예수님은 나사로에게 하나의 거울 역할을 했던 것입니까? 아니면 그의 자아에 대한 보조물이었습니까?

그렇기도 하고, 그렇지 않기도 하며, 좀더 깊은 측면이 있습니다. 예수님은 그에게 태반이면서 동시에 탯줄이었기 때문입니다.

예수님이 없는 상태에서 나사로는 예수님으로부터 생명을 퍼낼 수 없었기 때문에 병이 들었고, 식물(植物)처럼 되어갔습니다. 예수님 없이 그는 이 세상에 남아있을 이유가 전혀 없었기 때문입니다. 그래서 그는 뿌리 잘린 나무나 살아있는 태반에 이어진 탯줄로부터 영양 공급을 전혀 받지 못하는 태아처럼 된 것입니다.

나사로는 예수님 안에서 그것 없이는 자기에게 생명도 있을 수 없는 어떤 것이 깃들어 있다는 사실을 발견했습니다. 그래서 예수님은 나사로 없이도 살 수 있었지만, 그는 예수님 없이 살 수 없었습니다.

갓난아이가 태어날 때, 태반은 죽고 아무 필요도 없어집니다. 태반이 떨어지면 태아는 죽고 신생아로 태어납니다. 그러나 나사로는 태아처럼 그의 태반인 예수님 없이 살 수 없었습니다. 그가 예수님을 알기 전 그는 누이들만 있어도 충분했습니다. 그러나 예수님을 안 다음에는 사정이 전혀 달라졌습니다.

나사로는 무덤 속에서 자궁에 있는 죽은 태아 같이 되었습니다. 그는 다시 대지인 어머니에게 돌아온 사람처럼 붕대에 감겨서 살아있는 사람들과 아무런 정신적인 교류도 나누지 못하면서 거기 누워 있었던 것입니다.

그는 그리스도로부터 아무런 진액도 빨아들이지 못했기 때문에, 그의 안에 있는 식물은 더 이상 영양 공급을 받지 못하여 살 수 없게 되었습니다. 모든 피조물들의 유기체를 파괴하는 죽음의 과정은 나사로의 몸을 흙의 요소들로 분해하는 중에 있었습니다. 그래서 무덤에서는 살이 썩는 악취가 풍겨왔습니다.

그의 몸은 썩는 중에 있었습니다. 예수님으로부터 버림받은 나사로에게 자기 보존의 본능이 상실되었던 것입니다. 그에게는 그가 사랑의 능력을 알게 된 다음부터 그의 삶 전체를 온통 내맡겼던 이 세상에서 유일한 존재가 없었던 것입니다.

그가 예수님에게 고착되어 있었던 방식은 예수님에 대한 욕구였고, 자기애적인 사랑이었으며, 동시에 형체를 알 수 없는 욕망이기도 했습니다. 이렇게 원형적인 수준에 있는 감정을 없애버리는 것은 육체와 정신 사이에 존재하는 무의식적인 연계를 없애버리는 셈이 됩니다. 그리고 이 관계의 파괴는 몸의 죽음을 불러왔습니다.

그래서 나사로는 매우 심한 우울증[14]* 때문에 죽었다고 말할 수 있습니다.

예수님이 처음 그들을 알고 그들의 친구가 되었을 때, 나사로는 아직 그의 두 누이에게 붙어있었습니다. 그는 아직 독신인 남자로 아직 결혼하지 않은 두 여자에게 들러붙어 있었던 것입니다. 그 세 사람은 아직까지 젖이 떨어지지 않은 채 그들의 아버지가 물려준 집에서 서로 떨어질 수 없는 아이들처럼 지내고 있었습니다. 게다가 그 세 사람이 사회생활에 발을 내딛지 못하였기 때문에, 그 가운데 어느 누구도 다른 사람으로부터 떨어져 나와서 자기 자신의 리비도를 감당할 수 없었습니다.

우리는 그의 두 누이들 역시 그리스도에게 고착되어 있었다는 사실을 언급해야 합니다. 그 가운데서 마르다는 항문기적인 특성으로서 무엇인가를 승화시키려는 듯 일에 집착하면서 예수님에게 고착되어 있었습니다. 그래서 그녀는 자기 손을 놀리면서 무엇인가를 하고, 조직을 했으며, 끊임없이 일을 했습니다. 다른 한편 마리아는 구강기적인 특성으로서 예수님을 찬양하며 예수님에게 고착되어 있었습니다. 그녀는 예수님 곁에 앉아 있었으며, 움직이지도 않고 그를 바라보면서 그의 말씀의 젖을 마셨습니다. 감정적인 상태에서 예수님에게 구강기적인 전이를 보이고 있었던 것입니다.

그 두 "소녀" 가운데 하나인 마르다는 일을 하고, 예수님을 위해서 수고하였으며, 다른 하나인 마리아는 그녀의 눈과 귀로 예수님을 마셔댔습니다.[18] "소년"인 나사로는 예수님이 거기 계시지 않을 때 죽었습니다. 이렇게 이 세 사람은 모두 신경증 상태에 있었던 것입니다.

예수님이 초월을 이루지 못한 그들의 퇴행이나 고착의 대상이 되었다는 사실은 놀라운 일입니다.

거기에는 별로 이상한 것이 없습니다. 예수님은 사람들의 모

---

18 여기에서 돌토는 누가복음 10:38-42절에 나오는 구절을 참조하면서 언급하고 있다.

든 욕망을 부추기고 다시 완전하게 할 수 있기 때문입니다. 예수님은 사람들 하나하나가 다 그 욕망을 자기 몸으로 살고, 거세를 통하여 그 욕망을 변환시키도록 합니다. 다시 말해서 모든 사람들이 그들에게 진정한 욕망을 제일 처음 불러일으키게 했던 존재와 헤어지고 분리됨으로써, 즉 그들에게서 그 첫 번째 대상을 죽이면서 그들에게 그와 똑같은 욕망을 다른 사람들에게 붓게 함으로써 그 욕망이 그들의 삶을 통하여 이루어지게 하는 것입니다.

또 한 가지 지적할 것이 있습니다. 예수님은 나사로의 부활 안에서 자기 스스로도 거세하셨습니다. 그는 그를 찬양하고 그에게 아주 따뜻한 안식처가 되었던 집의 주인들인 마리아, 마르다, 나사로에게 느꼈던 사랑 속에 남아있던 육체적인 것들을 모두 멀리 하였던 것입니다.

우리가 앞에서도 살펴보았듯이 예수님은 나인 성 과부의 아들을 거세시킨 적이 있습니다. 그에게서 어머니의 자궁 속에 있으려고 하며, 어머니와 근친상간적인 관계에 남아 있으려고 하는 항문기적인 욕망을 거세시켰던 것입니다.

그는 또한 야이로의 딸이 아버지에게 집착하고 있는 것도 떼어놓았습니다. 그녀의 구순기적인 욕망을 거세시킨 것입니다. 그녀가 아버지, 어머니로부터 제대로 떨어졌다고 생각될 때 예수님은 그녀가 자기 아버지와 근친상간 관계에 있으려고 하는 욕망을 거세시킨 것입니다. 아니, 그녀의 아버지가 그녀에게 근친상간적인 욕망을 가지고 있던 것을 거세시킨 것인지도 모릅니다.

나사로의 경우, 예수님은 태아 상태에 머무르려고 하는 그의 욕망을 거세시켰습니다. 나사로는 그가 양수막을 뚫고 태어날 때 죽었어야 하는 태아의 모습을 버리지 못했기 때문입니다.

나사로가 예수님에게 전이(轉移)를 일으켰다면, 즉 나사로의 무의식

속에서 예수님이 그에게 어머니이며 아버지처럼 느껴졌다면, 정신분석가로서 선생님의 생각에는 예수님이 그 전이에 대하여 역전이(逆轉移)로 응답하셨다는 셈이 되겠습니다.[19] 그것은 리비도의 운행에 있어서 불가피한 일인지도 모릅니다.

그것은 틀림없는 사실입니다. 예수님은 그를 많이 도와준 나사로의 우정을 받아들였을 뿐만 아니라 베풀기도 했습니다. 그래서 복음서에 "당신이 사랑하던 사람이 병들었습니다"라고 기록되어 있지 않습니까?

그런데 예수님과 나사로 사이에는 그것보다 한걸음 더 나아간 것이 있었습니다. 그것은 두 사람 사이에 역전이가 일어났는데, 그 역전이는 나사로의 무의식에 대한 예수님의 무의식의 응답이었습니다.

나사로의 죽음 앞에서 예수님은 마치 죽음의 냉기를 쏘인 것처럼 몸을 떨고, 슬피 울었습니다. 감정이 격해지고, 혼돈 상태에 빠졌으며, 몸을 덜덜 떨었던 것입니다. 마치 태풍의 한가운데 있는 나무와 같았다고 할까요?

---

19 전이(transfert)란 정신분석 과정에서 피분석자가 분석가에게서 어머니, 아버지의 모습을 발견하고 자기가 유아시절에 어머니, 아버지에 대해 느꼈던 감정을 분석가에게 무의식적으로 옮겨놓는(transférer) 것을 말한다. 프로이트에 의하면 피분석자는 무의식적으로 분석가를 자신의 부모로 생각해서 유아시절 자기가 부모와의 관계에서 여러 가지 이유 때문에 억압하였던 감정들을 정신적으로 건강한 분석가에게 전이시키곤 한다는 것이다. 피분석가들은 이런 전이를 통하여 자신의 유아시절을 다시 몸으로 살고, 그 다음 분석가로부터 자신의 전이에 관하여 설명을 듣고 분석가를 다시 분석가로 인식하면서 자신의 내면에 관해서 깨달을 때 부모와의 관계에서 억압했던 모든 것들을 풀게 되고 정신의 건강을 되찾게 된다. 그러므로 전이는 정신분석에서 매우 중요한 과정이다. 역전이(counter-transfert)란 거꾸로 분석가가 피분석가에게 영향을 받아서 전이를 일으키는 것이다—역자 주.

예수님의 무의식은 나사로의 죽음에서 무엇인가를 같이 나누고 있었습니다. 그는 나사로가 그에게 어린이처럼 고착되어 있는 것을 떼어내기 위해서, 다시 말해서 나사로에게 태반이었던 그 자신으로부터 나사로를 분리시키기 위해서 자기에게 있는 인간적인 고착을 다시 살려내고 경험해야 했던 것입니다. 다른 말로 하자면 나사로에게 역전이를 일으켜야 했습니다. 그래서 예수님은 그 자신의 삶의 이야기 속으로 들어가서 나사로가 있는 곳으로 돌아가야 했으며, 그를 그 자신의 태반으로부터 떼어내야 했습니다. 그는 인간이라는 자궁에 깊이 뿌리박고 있는 유아성으로부터 스스로가 분리되어야 했던 것입니다. 예수님이 몸을 떨고, 슬피 울었던 것에는 이런 여러 가지 이유 때문입니다.

당신은 여기에 나타난 나사로와 예수님의 변환이 서로 평행되는 것을 알 수 있을 것입니다. 예수님은 자기 내면에 아직도 남아있는 자기애의 본질과 매일 매일의 삶 속에서 자기를 다른 친구들과 이어주는 것이 무엇인가를 알기 위해서 나사로가 겪었던 고통을 그 역시 겪어야 했습니다. 그는 그가 아직도 그 친구들을 필요로 하고 있다는 사실을 알 수 있었으며, 그 사랑으로부터 떠나서 그렇게 슬프게 부르짖고 있다는 것을 발견하였습니다.

예수님은 거기에서 다른 사람들이 자기에게 무엇인가를 투사시키고, 그 역시 그를 둘러싸고 있는 다른 사람들에게 무엇인가를 투사시킬 수 있다는 사실을 느꼈습니다.

그렇습니다. 그리스도는 그의 내면에 남아있던 인간으로서의 정열적인 사랑으로부터 그 자신을 분리시켰고, 자기 자신을 부정하였습니다. 다시 말하자면, 예수님은 그의 분신인 나사로에게서 분리되면서 나사로를 부활시켰고, 그를 일깨웠으며, 그를 실존하게 하였습니다. 어떤 의미에서 보자면, 그리스도는 태아가 죽고 신생아가 태어날 때 버리는 태반이 된 것입니다. 그때 나사로는 기저귀처럼 붕대를 칭칭 동여매고 있었습니다.

예수님은 나사로를 부활시키는 과정에서 하나님을 다른 사람을 통해서 밖에 만나지 못하고, 자기의 영적인 욕망을 일반적인 욕망과 혼동하거나, 영적인 인간에 대한 사랑과 혼동하는 인간의 숙명적인 혼돈으로부터 분리되었습니다. 하나님에 대한 나사로의 욕망 안에 이러한 혼돈이 있었으며, 그것은 나사로에게 그런 길로 나아가게 유혹하였습니다.

사람들은 일반적으로 복음서를 이런 방식으로 혼동하고 있으며, 복음서에 관해서 그렇게 말하고 있습니다.

그때 인간의 아들, 예수님은 우리가 영적인 욕망과 자기 보존의 본능 사이에서 혼동하고 있었던 것으로부터 분리되었습니다.

살아있는 우리 모든 사람들에게 있어서 삶은 거룩하게 보입니다. 그런데 우리 육체에 속한 삶을 살려는 욕망은 종종 우리들로 하여금 진정한 삶이란 이 세상에 속한 것이 아니라는 사실을 망각하게 하고 있습니다. 죽을 때까지 우리의 생각들과 우리 자신을 변환시켜서 우리 삶을 살아있게 하는 우리 영(靈)은 육체(肉體)와 정동(情動)으로 점철된 삶으로 이루어지는 이 세상의 시공(時空)에 속한 모든 조건들을 초월하여 우리가 알지 못하는 피안에서 우리 삶을 완성시키도록 부름받았습니다.

광야에서 예수님께 나타났던 악마는 결코 사랑할 만한 대상이 되지 못했습니다. 그러나 그가 제안했던 것들은 모든 사람들에게 유혹적인 것입니다. 이 유혹들 앞에서 예수님은 승리자가 되어서 광야를 떠났습니다.

그 반면에 나사로와 그의 누이들은 예수님에게 사랑스러운 존재들이었습니다. 그들의 집에서 예수님은 인간적으로 아주 편안하게 휴식을 취하곤 하였습니다. 그러나 예수님의 사역은 앞으로 나아갔습니다. 그래서 예수님은 열심히 활동하는 모든 사람들에게 유혹이 될 수도 있는 이 마지막 쉼터를 떠나야 했습니다.

나사로에게 새로운 생명을 주고 예수님에게는 이런 내면적인 변환을 일으켰던 이 분리는 매우 영웅적으로 행해졌으며, 그것은 예수님이 앞으로 그를 사로잡고 있던 더 큰 열정으로부터 분리되는 것을 예시하고 있었습니다.

나사로의 부활 때문에 예수님은 유대인들에게 결정적으로 걸림돌이 되었습니다. 그 후 유대인들은 예수님을 언제, 어떻게 죽일 것인가를 궁리하였습니다.

나사로는 무덤에서 나왔습니다. 복음서는 나사로가 부활한 다음에 그와 그 누이들이 예수님에게 감사했다는 말을 전하지 않고 있으며, 또 나사로가 그 다음에 어떻게 되었는가 하는 것을 전하지 않고 있습니다.

인간, 예수님은 이제 죽음에 있어서도 문제없게 되었습니다.

7
향유를 부은 여인

요한복음 11:45-53

마리아에게 왔다가 예수께서 하신 일을 본 유대 사람 가운데서, 많은 사람이 예수를 믿었다. 그러나 그 가운데 몇몇 사람은 바리새파 사람들에게 가서, 예수께서 하신 일을 알렸다. 그래서 대제사장들과 바리새파 사람들은 의회를 소집하여 말하였다. "이 사람이 표적을 많이 나타내고 있으니, 어떻게 하면 좋겠습니까? 이 사람을 그대로 두면, 모두 그를 믿을 것이요, 그렇게 되면 로마 사람들이 와서, 우리의 땅과 민족을 빼앗아 갈 것입니다." 그 가운데 한 사람으로서, 그 해의 대제사장인 가야바가 그들에게 말하였다. "당신들은 아무것도 모르오. 한 사람이 백성을 대신하여 죽어서, 민족 전체가 망하지 않는 것이 당신들에게 유익하다는 것을 생각하지 못하고 있소." 이 말은 가야바가 자기 생각으로 한 것이 아니라, 그 해의 대제사장으로서, 예수가 민족을 위하여 죽으실 것을 예언한 것이니, 민족을 위할 뿐 만 아니라 흩어져 있는 하나님의 자녀를 한데 모아서 하나가 되게 하기 위하여 죽으실 것을 예언한 것이다. 그들은 그날부터 예수를 죽이려고 모의하였다.

요한복음 12:1-8

유월절 엿새 전에 예수께서 베다니로 가셨다. 그 곳은 예수께서 죽은 사람들 가운데서 살리신 나사로가 사는 곳이다. 거기에서 예수를 위하여 잔치를 베풀었는데, 마르다는 시중을 들고 있었고, 나사로는 예수와 함께 음식을 먹고 있는 사람 가운데 끼어 있었다. 그 때에 마리아가 매우 값진 순 나드 향유 한 근을 가져다가 예수의 발에 붓고, 자기 머리털로 그 발을 닦았다. 온 집 안에 향유 냄새가 가득 찼다. 제자 가운데 하나로서, 장차 예수를 넘겨줄 가룟 사람 유다가 말하였다. "이 향유를 삼백 데나리온에 팔아서 가난한 사람들에게 주지 않고, 왜 이렇게 낭비하는가?" (그는 가난한 사람을 생각해서 이렇게 말한 것이 아니다. 그가 도둑이어서, 돈자루를 맡아 가지고 있으면서, 거기에 든 것을 훔쳐내곤 하였기 때문이다.) 예수께서 말씀하셨다. "그대로 두어라. 그는 나의 장례 날에 쓰려고 간직한 것을 쓴 것이다. 가난한 사람들은 언제나 너희와 함께 있지만, 나는 언제나 너희와 함께 있는 것이 아니다."

쩨라르 쉐베랭: 선생님은 조금 전에 나사로가 무덤에서 나와서 예수님께 다가가지도 않았고, 감사하다는 말도 하지 않았다고 말씀하셨습니다.

이제 나사로는 자율적인 인간이 되었고, 예수님은 나사로에게 무관심하게 된 것입니다 …

그런데 그 다음 이야기들은 그와 반대되는 것들을 말하고 있는 것 같은데, 어떻습니까? 위에 있는 복음서 구절에서 우리는 예수님이 그의 친구들 곁에 앉아서 같이 음식을 나누는 모습을 볼 수 있습니다. 여기서 나사로는 그의 누이들 곁에 있지 않은 것처럼 보입니다.

프랑소와즈 돌토: 나사로가 무덤에서 나왔을 때, 예수님은 이렇게 말씀하셨습니다. "그가 가도록 하시오." 그때 나사로는 변화되었고, 다른 사람이 되었습니다. 내가 다시 말하지만, 나사로는 다시 예수님을 만나러 오지 않았습니다. 그는 붕대를 몸에 걸친 채 떠나갔습니다. 그것을 가리켜서 예수님은 이렇게 말했습니다. "그를 풀어주시오. 그리고 그가 가도록 하시오." 나사로에게는 자율적인 사람이 될 권리가 있습니다. 또한 욕망을 갖고, 힘을 가질 권리가 있다는 것입니다.

그때까지 나사로는 그에게 그가 사람이라고 말해주고, 그가 사람이 될 수 있도록 지켜준 인간 예수가 곁에 있어야만 사람일 수 있었습니다. 하지만 그가 무덤이라는 태아 상태의 삶으로부터 빠져 나온 이래 그는 그의 존재를 위해서 인간 예수를 필요로 하지 않았습니다. 그래서 예수님은 강력한 목소리로 이렇게 외쳤던 것입니다. "나사로야, 나오너라!" 이 말은 나사로를 한 사람의 인간이 되게 하였고, 예수님께 의존적이었던 상태로부터 풀려나게 했습니다. 그래서 나사로는 이제 예수님을 한 사람의 성인이 되어 사랑할 수 있게 되었습니다.

우리는 어린아기들이 그를 기다리는 어머니의 가슴에 안기듯이 나사로가 그를 기다리는 예수님에게 다시 돌아갈 수도 있지 않았을까 하고 생각할 수 있습니다. 그러나 예수님은 나사로를 태아 상태에서 나오게 하였고, 나사로는 이제 어느 누구에게도 의존하려고 하지 않았습니다. 아니 그럴 필요를 느끼지 않았습니다.

그에게는 이제 부족한 것이 아무 것도 없었습니다. 그에게는 그가 한 사회에서 자유인이 되기 위해서 필요한 모든 것이 갖추어져 있었습니다. 예수님이 "그를 둘러싸고 있는 것들로부터 그를 자유롭게 하고, 그가 가도록 하시오"라고 말한 것은 이것을 가리키는 말입니다.

선생님은 앞에서 "예수님은 이제 죽음에 있어서도 문제없게 되었다"고 말했습니다. 그 말의 의미는 예수님은 이제 완전히 자기애적인 상태에서 벗어났고, 우울 상태에 빠지게 되었다는 말씀입니까? 다시 말해서 그는 이제 혼자되었다고 느꼈으며 아무에게도 소용없게 되어 죽어도 괜찮다고 느끼게 되었다는 말입니까?

사람들이 자기애를 전혀 느끼지 않고 살 수는 없습니다. 내가 여기에서 말하려고 하는 것은 예수님은 그런 영웅적인 부활을 통해서 그에게 남아있던 인간의 원초적인 자기애에서 벗어나게 되었다는 사실입니다. 예수님은 이제 그의 자기애를 인간의 육체를 가진 그의 존재에 두지 않고 하나님의 말씀 안에 두었습니다. 그가 완수해야 하는 임무 속에서 승화되었던 것입니다. 이제 그를 과거에 묶어두는 것은 아무 것도 없습니다.

예수님이 이 날 베다니에서의 식사 자리에서 나사로를 만났을 때 두 사람은 모두 변해 있었습니다. 나사로는 한 사람의 남자가 되었고, 예수님은 성부께서 위탁한 일에 모든 관심을 기울이고 있었습니다.

그런데 유대 사람들은 왜 나사로의 부활 이후 예수님을 그렇게 죽이려고 했던 것입니까?

예수님이 다른 사람과 같지 않았기 때문입니다.

하지만 나사로의 부활 이전에도 예수님은 다른 사람들을 부활시키지 않았습니까? 그런데 왜 유독 예수님이 나사로를 부활시킨 다음에 사람들은 예수님을 죽이려고 한 것입니까?

그것은 나사로의 부활에 더 깊은 "의미"가 담겨 있었기 때문이고, 그의 부활 소식이 더 멀리 퍼져나가서 그들의 "고객"이 떨어져 나가는 것을 보고 두려웠기 때문입니다. 그래서 그들은 이렇게 말했습니다. "우리가 그 사람을 그대로 놔두면 모든 사람들이 그를 믿게 될 터이고 로마 사람들은 우리 성전과 우리 나라를 없애려고 할 것이다."

예수님은 그들의 간담을 서늘하게 했으며, 그들은 예수님을 하나의 위협으로 생각했습니다. 예수님은 밀폐된 유대 사회에서 그 동안 허용되었던 것들을 뒤집어엎었습니다. 그동안 행해져 오던 제의나 성전이나 제사장들에 대한 모든 것들을 뒤집어엎었고, 제의와 관계된 죄의식이나 인두세에 대한 기존의 생각들을 바로잡았습니다.

어떤 이가 그 점에 관해서 욕망을 찬양한다면, 죄의식을 느낄 필요가 전혀 없게 되었습니다. 완전한 자유만 있을 뿐입니다. 그렇다면 이렇게 모든 사람들이 완전히 자유롭게 되어 대제사장들의 말에 복종하지 않는다면 어떻게 한 사회의 통합을 이룰 수 있을까요?

그래서 기독교는 그 다음에 제도적으로 조직되면서 또 다시

"유대인들"[1]을 만들기 시작하였습니다. 그리하여 사람들을 신도라는 사슬에 묶어놓고, 상징적으로 말해서 그 자신들이 모두 남근처럼 강력한 존재인데도 불구하고 살아있는 사람들을 소외시키고, 어떤 것은 불가능하다고 금지하거나, 절대 타자니 저승이니 하는 등의 개념을 만들어낸 것입니다.

그러나 이 세상에는 욕망으로부터 소외되지 않을 수 있는 사회는 전혀 있을 수 없는 것이 아닙니까?

계급 제도로 이루어진 사회에서 욕망의 실현은 불가능합니다. 그러나 동료들과의 의사소통이 이루어지는 사회에서 그것은 가능합니다.

하지만 이 세상에 계급이 없는 사회가 있을 수 있습니까?

지금까지 그런 사회는 사람들이 "서로가 서로에게 전이시키려고" 하고, 모든 사람들이 더 강력한 것을 찾으려고 하며, 나보다 좀더 "사회화된" 사람들에게 권위가 있다고 생각하는 바람에 이 세상에 존재할 수 없었습니다. 그것은 마치 우리가 어렸을 때 부모님들은 우리보다 더 강력하고, 모든 것을 알고 있다고 생각하

---

[1] 제4복음서에서 이 말은 예수님을 하나님이 보내셨다고 인정하지 않는 유대 종교지도자들을 지칭하는 단어로 쓰인다. 따라서 그 단어는 불신앙의 동의어이고, 예수님을 믿지 않는 모든 사람들을 가리킨다. 그러므로 이 단어를 오해하지 말아야 한다. 왜냐하면 예수님이나 제자들이나 복음서 기자들도 모두 유대인이었기 때문이다. 요한복음에 반유태주의가 있는 것이 아니라, 1세기 말경 예수님의 제자들과 유대교 회당 사이에서 반대 입장에 있었던 해석의 갈등이 드러나 있는 것이다. 신약성서는 단지 그때 막 생겨나던 기독교와 유대교 사이의 첨예했던 갈등을 드러낼 뿐이다.

면서 우리들 역시 부모님처럼 되려고 하며, 그들에게 복종하고 의존하면서 안전감을 찾았던 것처럼, 그런 상태에서 자유와 욕망의 실현은 불가능한 것입니다.

사실, 나는 한 종교가 사회 안에서 계급 제도 없이 심어질 수 있는가 하는 것과 힘에 대한 추구와 충동의 조화 없이 정착될 수 있는지 궁금합니다. 다시 말해서 어떤 규율을 제정하거나 제의를 집행할 때 제관-훈련생, 판결-복종 사이에서 아무런 질서도 이루어지지 않는데도 가능할 것인가 하는 생각입니다. 여기에는 계율에 대한 준수나 불복종시 죄의식이 생기기 때문입니다.

복음서는 … 아무리 해도 … 사람들이 군서생활을 하는데서 생기는 여러 가지 잡다한 문제들과 정치적인 안정을 찾으려고 하는 문제들에는 별로 관심이 없는 듯합니다.

베다니에서의 식사시간으로 되돌아가 봅시다. 그때 나사로는 여러 "회식자 중 한 사람"이었는데, 그는 이제 막 사회인으로서의 삶을 다시 시작했다고 할 수 있습니다. 그때 이 이야기에서 놀라운 것은 나사로의 누이인 마리아와 예수님 사이에서 일어난 일입니다.

마리아는 그때 그 당시 노동자들의 일 년 임금이라고 할 수 있는 300 데나리온이나 되는 향유를 "아낌없이" 쏟아 부었습니다. 말할 수 없이 낭비를 한 것입니다. 얼마 전 예수님은 부자 청년에게 그의 부로부터 떠나야 한다고 조언하셨는데, 이때 그는 이 놀라운 사치, 향유를 쏟아 붓는 일에 동의하셨습니다.

이때 예수님이 그렇게 하신 것은 모든 사람들에게 그들 자신의 삶을 위해서 정말 필요한 것이 무엇이고 좀 넘치게 써야 할 것이 무엇이며, "지니고 있어야 할 것"이 무엇이고, "놓아버려야 할 것"이 무엇인지를 가르치려는 생각에서였습니다.

그러나 이때 마리아는 나사로가 부활한 다음부터 그녀의 마음 속에서 생긴 어떤 변화를 드러내려고 했습니다. 그래서 그 전에 예수님의 무릎 근처에 수동적인 태도로 앉아만 있던 모습에서 벗어나 여기서는 적극적으로 되었습니다. 예수님은 마리아의 속에서 욕망이 역동적으로 부활하도록 했던 것입니다. 그렇게 되면 이 욕망은 그녀가 수동적으로 있을 때보다 더 멀리 나아갈 수 있게 됩니다. 그녀는 이제 수동적이기만 한 여자가 아니었습니다. 그녀는 이제 남자를 위해서 무엇인가를 할 수 있게 되었으며, 자기가 줄 수 있는 것을 모두 줄 수 있게 되었습니다. 그래서 그녀는 이제 향기를 통해서 예수님에게 즐거움을 주었습니다. 그 전에 그녀는 그녀의 눈과 귀를 통해서 예수님을 "마셨지만" 이제는 그의 발에 값비싼 향유를 뿌린 것입니다.

그러면 이 식사시간 중에 예수님과 마리아 사이에서는 어떤 일이 벌어진 것입니까?

마리아는 그리스도를 향해서 열광적이며 적극적인 사랑을 표현했습니다. 그리고 그 자리에 있던 다른 모든 사람들도 그 향유의 냄새를 맡고 즐거워 할 수 있었습니다.

그리스도에게 부어진 향유에 대한 이야기를 우리는 복음서의 다른 두 곳[2]에서 찾아볼 수 있습니다. 우리가 지금 살펴보고 있는 요한복음서와 또한 누가복음 7:36~50에서 찾아볼 수 있습니다.

이 사실은 흥미 있는 사실입니다. 왜냐하면 우리는 복음서에

---

2 마가복음 14:3-9; 마태복음 26:6-13.

서 두 여인을 볼 수 있기 때문입니다. 요한에 의하면 마리아는 나사로의 누이입니다. 그러나 누가에 의하면 마리아가 나사로의 누이가 아니라 품행이 좀 좋지 않은 여자입니다.

그 전에 그 여자들은 다른 사람들과 사랑을 나누면서 "취하기만" 했습니다. 그러나 지금 그녀들은 무엇인가를 주고 있으며, 모든 사람들이 보고 아는 가운데서 그녀들의 행동을 통해서 공공연하게 그네들의 사랑을 선포하고 있습니다.

요한복음과 누가복음은 이렇게 예수님을 사랑했고, 같은 방식으로 예수님에게 자기 사랑을 표현했던 두 여인의 이야기를 보여주고 있습니다. 한 여인이 남자를 사랑하면, 그녀가 정숙한 여자이든지 창녀이든지 할 것 없이 자기를 잊어버리고 그에게 무엇인가를 주며 자기 자신을 바칩니다. 한 남자의 전부를 사랑하면서 여자들은 자기에게 속해있는 모든 범주를 깨버리는 것이나 아닌지 모르겠습니다.

이 두 여인은 어쨌든 자기들의 사랑을 나타냈고, 예수님은 그녀들로부터 진정 어린 존경을 받았습니다. 그러나 그녀들은 자기의 사랑을 나타냈는데 다른 사람들은 그녀들을 비난했습니다.

예수님이 나사로의 누이가 한 일이 "내 죽음을 위해서 한 것이다"라고 말한 것은 무엇 때문입니까?

그것은 말하자면 예수님이 그와 마리아 사이의 분리를 행하기 위한 것이었습니다. 왜냐하면 그녀는 그때 자기의 존경심을 사랑으로 변화시키려고 했지만, 예수님은 그녀의 사랑이 잘못된 것은 아니지만, 자기는 이 세상에 속하지 않고 저 세상에 속해있다고 응답하신 것입니다.

어쩌면 마리아는 자기도 모르게 예수님에게 다가오는 죽음을 나타냈을 수도 있습니다. 그런데 모든 사람들에게 죽음은 자기 몸이 구역질 나게 썩을 것이라는 두려움을 불러일으키고 있습니다. 그래서 마르다는 나사로가 죽었을 때 마리아에게 "벌써 냄새가 나지 않느냐?"고 물어본 적이 있습니다. 이때 예수님과 마리아 사이에서는 예수님의 죽음을 같이 직감했던 것이 아닌가 하는 생각을 해볼 수도 있습니다. 그들에게는 나사로와 그가 죽었던 것이 아직도 생생하게 남아있었던 것입니다. 나사로의 부활은 마리아나 예수님에게 있어서 모두 그 전과 전혀 다른 존재로 변화되는 순간이기도 했습니다.

예수님의 어머니 마리아가 가나에서 그에게 공생애를 시작해야 할 시간이 다가온 것을 계시해 주었던 것처럼, 베다니의 마리아는 그에게 향유를 쏟아 부음으로써 그녀의 사랑과 직관을 통해서 예수님이 죽어야 할 때가 가까이 왔다는 사실을 계시해 주었을 수도 있습니다.

그 자리에서 예수님은 그 여인과 그를 사랑하는 모든 사람들이 불쌍해서 어쩔 줄 몰랐습니다. 그래서 그들을 떠나야 했습니다.[3] 그리하여 예수님은 마지막 순간 인간의 품위를 잃지 않고 온화한 가운데서 자기 스스로 받아들인 육신의 죽음을 통해서 모든 사람에 대한 그의 사랑을 온 세상에 알렸습니다.

---

3 여기서 돌토가 말하고자 하는 것은 마리아와 그의 제자들은 예수님을 그렇게도 사랑하는데, 그들은 여전히 인간의 한계라는 굴레 속에서 자기의 진정한 욕망도 깨닫지 못한 채 자기 욕구가 이끄는 대로 사느라고 고통 당하는 것을 그렇게 불쌍하게 생각했다는 것이다. 그래서 예수님은 자기가 죽음으로써 모든 사람들이 인간의 한계를 극복할 수 있음을 보여주려고 한 것이다—역자 주.

8
선한 사마리아 사람의 비유

누가복음 10:25-37

어떤 율법교사가 일어나서, 예수를 시험하여 말하였다. "선생님, 내가 무엇을 해야 영생을 얻겠습니까?" 예수께서 그에게 말씀하셨다. "율법에 무엇이라고 기록하였으며, 너는 그것을 어떻게 이해하고 있느냐?" 그가 대답하였다. "'네 마음을 다하고 네 목숨을 다하고 네 힘을 다하고 네 뜻을 다하여, 주 너의 하나님을 사랑하여라' 하였고, 또 '네 이웃을 네 몸 같이 사랑하여라' 하였습니다." 예수께서 그에게 말씀하셨다. "네 대답이 옳다. 그대로 행하여라. 그러면 살 것이다." 그런데 그 율법교사는 자기를 옳게 보이고 싶어서 예수께 말하였다. "그러면 내 이웃이 누구입니까?" 예수께서 응답하여 말씀하셨다. "어떤 사람이 예루살렘에서 여리고로 내려가다가 강도들을 만났다. 강도들이 그 옷을 벗기고 때려서 거의 죽게 된 채로 내버려 두고 갔다. 마침 어떤 제사장이 그 길로 내려가다가, 그 사람을 보고 피하여

지나갔다. 이와 같이 레위 사람도 그 곳에 이르러서, 그 사람을 보고 피하여 지나갔다. 그러나 어떤 사마리아 사람이 길을 가다가, 그 사람이 있는 곳에 이르러, 그를 보고 측은한 마음이 들어서, 가까이 가서, 그 상처에 올리브 기름과 포도주를 붓고 싸맨 다음에, 자기 짐승에 태워서, 여관으로 데리고 가서 돌보아 주었다. 다음날 그는 두 데나리온을 꺼내어서, 여관 주인에게 주고, 말하기를 '이 사람을 돌보아 주십시오. 비용이 더 들면, 내가 돌아오는 길에 갚겠습니다' 하였다. 너는 이 세사람 가운데서, 누가 강도 만난 사람에게 이웃이 되어 주었다고 생각하느냐?" 그가 대답하였다. "그에게 자비를 베푼 사람입니다." 예수께서 그에게 말씀하셨다. "가서, 너도 그와 같이 하여라."

프랑소와즈 돌토: 이 비유는 나에게 가장 인상적인 비유입니다. 어릴 적에 방학이 되면, 나는 이 이야기를 종종 들었는데 … 그때마다 나는 황홀한 느낌에 사로잡히곤 했습니다. 그 다음에 본당 신부님은 강론 시간에 이 이야기를 주제로 말씀한 적이 있습니다. 그 강론 내용은 아마 이런 내용이었을 것입니다. "나의 사랑하는 형제 여러분, 예수님은 우리가 우리 이웃을 사랑하고, 그들의 어려움에 관심을 가지고, 우리 시간과 생명을 바쳐서 그들의 불행을 도와주라고 하십니다. 우리는 어려움을 당한 사람을 보기는 했지만, 다른 길로 간 제사장이나 레위인 같이 이기주의 자가 되어서는 안 됩니다."

쩨라르 쎄베랭: 선생님이 말씀하시는 것을 들으니까 선생님은 그 설명

에 동의하지 못하겠다는 것처럼 들립니다.

  그 신부님은 내가 그 복음서 본문에서 들었던 것과 정반대되는 이야기를 했던 것 같습니다. 그 비유를 죽인 것이지요!
  우선 그리스도는 그 제사장이나 레위인을 비난하지 않았습니다. 그저 사실만 이야기했을 뿐입니다. 그리스도는 아무도 판단하지 않습니다. 우리들도 그래야 합니다.

  예수님은 두 가지 질문에 답변을 했습니다. 첫 번째 질문은 어떻게 해야 그 "이름이 하늘 나라에 기록될 수" 있겠습니까? 하는 것이었고, 두 번째 질문은 "누가 내 이웃입니까?" 하는 것이었습니다.

  예수님은 그 질문들에 대해서 비유로 대답하신 것입니다. 그 이야기는 대략 다음과 같은 것입니다. 예루살렘으로 가는 길의 여리고 근처에서 한 사람이 강도를 만났습니다. 그는 옷이 모두 벗겨진 채 반쯤 죽어 있었습니다. 그때 그의 곁에 제사장이 나타났고, 그 다음에 레위인이 나타났습니다. 그 사람들은 유대인들에게 있어서 하나님의 사람으로 여겨지는 사람들이었습니다. 그들은 그를 보자마자 조심스럽게 피해갔습니다.
  그때 여행 중에 있던 사마리아 사람도 그 곁을 지나갔습니다. 그는 나귀 위에 앉아서 혼자 가는 길이었는데, 그때 그는 아마 휘파람을 불고 있었는지도 모릅니다.
  그때 갑자기 그가 다 죽어 가는 사람을 자기 대신 "자기 자리"에 앉혔기 때문에 다른 사람들이 그 광경을 보았다면 그 사마리아 사람이 어떤 도매 상인을 만나서 그를 먼저 나귀 위에 (또는 노새 위에) 앉히고 자기는 나중에 앉으려고 하나보구나 하고 생각했을 수도 있습니다. 물론 이 상상은 순전히 저 혼자만의 상상이지만, 저는 복음서를 읽을 때 이런 식으로 상상을 하곤 합니다.

그 사람은 사마리아 사람이었습니다 … 사마리아 사람이라면 그 당시에는 좌파 쪽에 속하는 사람이었습니다. "시나고그의 옹호자"들은 아니었던 것입니다. 그들에게는 자랑할 것이라고는 아무 것도 없었습니다. 교회도 없었으며, 내세울 만한 덕도 없었습니다. "영적인" 사람들이 아니라, 본성에 가까운 사람들이었습니다. 그저 자연 그대로 사는 사람이었다고나 할까요?

"물질적이고" 실제적인 사람들이었습니다 … 아마 장사꾼들이었지요?

사마리아 사람은 그 길가에 어떤 사람이 쓰러져 있는 것을 보았습니다. 그래서 그에게 다가갔습니다. 그에게는 경계심이 많았기 때문에 그 주위를 살펴보았습니다. 그 당시 모든 여행자들이 그랬듯이 그 근처에 있을지도 모르는 떼강도들에게 습격을 당할지도 모른다는 두려움이 그에게 들었습니다. 왜냐하면 그는 길가에 상처를 입고 쓰러진 사람에게서 자기 자신의 모습을 발견했기 때문입니다. 어쩌면 그 사람은 자기 대신 거기 쓰러져있는지도 모르고, 그가 다음에 그 길을 지나갈 때 그 사람처럼 습격 당할지도 모른다는 생각이 들었습니다.

선생님 말씀은 제사장이나 레위인은 강도 만난 사람에게서 자기 모습을 발견하지 못했다는 것이군요?

그렇습니다. 그 성직자들은 강탈당하지 않았습니다.

그리고 그 사마리아 사람에게는 그때 어느 정도 시간이 있었고, 본래 불행을 당한 사람을 보면 도와주려는 성향이 강한 사람이었는지도 모릅니다. 그래서 그는 포도주로 살균을 하고, 기름을 바르면서 마사지를 하는 등 최선을 다해서 그 사람을 돌보아 주었습니다. 그 다음에 그가 그 날 밤에 묵을 여관에 데리고 가려고 그 사람을 나귀등에 태웠습니다. 그 다음 날 아침, 사마리아 사람은 여관 주인에게 돈을 지불하고, 비용이 더 들면 그가 돌아오는 길에 다시 들러서 추가 비용을 부담할 것이라고 말했습니다.

그는 치명적인 상처를 입은 사람을 보았고, 구원하였고, 자기 손으로 돌봐주고, 자기 길을 떠났습니다. 그는 떠나갔습니다. 그런데 예수님은 그가 자기가 구해준 사람에게 인사를 했다고 말하지 않고 있습니다.

사마리아 사람은 그 사람을 돌봐주고, 나귀에 태우고 하느라고 그의 시간을 "잃어버렸거나" "주었을" 수도 있습니다. 말하자면 그는 그를 여관까지 데리고 갔으며, 어머니처럼 그 사람을 자기 몸을 다해서 돌봐주었다는 상징적인 표현인 것입니다. 그는 그 사람에게 아버지의 역할도 했습니다. 왜냐하면 그가 다시 건강을 회복할 수 있도록 그를 위해서 비용을 지불했기 때문입니다.

예수님은 누가 이렇게 비참한 지경에 처한 사람의 이웃이었는가 하고 물어보았습니다. 육체적으로나 사회적으로 완전히 파괴되어서 그렇게 어려운 지경에 빠졌고 거의 죽게 된 사람에게 누가 이웃인가 하는 말입니다.

율법학자가 이렇게 대답했지요. "그것은 그에게 자비를 베푼 사마리아 사람입니다." 그러자 예수님은 "가서 그렇게 하시오"라고 대답했습니다.

다시 말해서 사마리아 사람이 그랬던 것처럼 다른 사람들에게 관심을 기울이고, 돌봐주며, 자비를 베풀라고 하는 것입니다. 그것은 선생님의 신부님이 말했던 것이기도 합니다.

여기서 그리스도는 전혀 그렇게 말한 것이 아닙니다.

진정한 이웃은 누구인가? 옷을 벗기우고, 도둑질 당하고, 매맞은, 이 가여운 사람에게 이웃은 사마리아 사람이었습니다. 그때 그 사람의 이웃이 되어서 그를 돌봐주었던 것은 사마리아 사람이었던 것입니다. 여기에서 그리스도는 길거리에서 부상당한 사람에게 그의 구원자인 사마리아 사람을 그 사람이 자기를 사랑했던 것처럼 사랑하라고 요구하는 것입니다.

다시 말해서 예수님은 그때 구원을 받은 사람에게 사랑이란 어떤 것인지를 가르치고 계시는 것입니다. 그 사람은 그에게 관심을 기울여주었고, 도와주었고, 물질적인 도움까지 아끼지 않았던 사마리아 사람을 평생동안 사랑할 것입니다. 왜냐하면 그 사람이 아니었다면 그는 벌써 죽었을 것이기 때문입니다. 그는 결코 그를 나귀에 태워서 여관에 데리고 가서 목숨을 살려준 그 사람을 잊어버려서는 안 됩니다.

결국 그리스도는 우리가 다른 사람, 즉 우리 삶에서 만났던 "사마리아 사람"들에 대한 빚을 깨달으라고 당부하는 것이군요?

그리스도에 의하면 우리는 우리 혼자만의 힘으로는 우리가 가야 하는 길을 걸어갈 수 없었을 때 우리 곁에 다가와 우리와 함께 그 길을 걸어갔던 사람들에게 진 빚을 평생동안 간직하고 깨달아야 한다는 것입니다. 우리가 그것을 인정하든지 인정하지 않든지 간에 우리는 우리가 곤경에 처해있었을 때 우리를 구원해 준 사람들에게 빚을 지고 있는 것입니다.

우리는 이처럼 우리가 어떤 도움을 받았던 사람들에게 영원히 빚을 지고 있으며, 의존되어 있으며, 노예라는 말씀입니까?

그렇지는 않습니다. 우리는 노예도 아니고, 의존되어 있는 것도 아닙니다. 그 사람에게 감사하는 마음을 간직한 채 자유로운 상태에서 그 사람을 사랑하는 것입니다. 복음서에 나오는 "사마리아 사람"의 이 모델은 우리에게 또 다른 자유를 주고 있습니다. 왜냐하면 그는 우리가 갔던 길에서 물러나 다시 그의 길을 가기 때문입니다. 우리가 우리를 도와주었던 아는 사람이나 모르는 사람에게 가지고 있는 감사한 마음과 사랑의 빚을 우리는 다시 다른 사람들을 도우면서 우리가 받았던 대로 보답하지 않고서는 결코 갚을 수 없습니다.

이렇게 우리가 다른 사람들에게 좋은 일을 하고, 그 사람의 잘못을 고쳐주는 것을 통해서 우리 빚을 갚을 수 있고, 우리의 내면도 평안하게 할 수 있다는 말씀입니다.

거기에 덧붙여서 그리스도는 이렇게 말씀하십니다. 그대가 "사마리아 사람"이 된 경우에, 그대는 그대가 베푼 것을 생각하지 말고, 감사받으려고 하지도 말아야 한다.
우리는 어떤 너그러운 행위를 했을 때, 그것을 기억하지 말고, 그 사실에 무관심해야 합니다. 그렇다고 해서 그 기억을 지우려고 할 필요도 없습니다. 그것을 다만 지나간 일로만 생각하면 됩니다.
그렇게 하는 것이야말로 생식욕의 승화(昇華) 행위[15*]이며, 어머니들은 아기를 낳을 때 실제로 그렇게 합니다. 진정한 사랑을 베푸는 것입니다. 사랑이란 본래 주는 것입니다. 우리는 사랑할 때 모든 것을 줍니다.
하지만 이 세상에는 잊어버리지 못하는 사람들도 있습니다. 어린아이들이 그렇습니다. 그런 사람들은 빚을 짊어지고 이 세상을 살아갑니다. 그래서 그의 아이들이나 가까운 사람들에게 언제나 옛날에 그들이 받은 빚을 똑같은 모습으로 갚으면서 삽니다. 그러나 우리는 어떤 일을 할 때 "의무"나 "정의"로 해서는 안 됩니다. 사랑이 저절로 흘러나오는 대로해야 합니다. 사랑의 흐름이 그칠 때, 죽음이 옵니다.

우리는 얼마나 자주 어떤 사람들이 다른 사람에게 자비를 베풀고, 자기가 가지고 있던 것을 다른 사람에게 주었는데, 그 사람들이 자기에게 감사하지 않는다고 비난하는 소리를 듣습니까? "내가 너를 위해서 얼마나 많은 희생을 했는데 … 이제 너는 나를 저버리는구나 … 너는 이제 외국으로 가려고 하는구나 … 너는 내가 바라지 않는 여자와 결혼하려고 하는구나 … " 또는 이런 말을 하기도 합니다. "내가 그 사람을 위해서 얼마나 많은 것을 베풀었는지 모르는데, 이제 그가 나를 버렸습니다."

감사의 표시가 언제나 "사마리아 사람"에게 직접적으로 표시되는 것은 아닙니다. 어떤 사람이 우리에게 선행을 했으면, 우리 역시 다른 사람에게 똑같이 선행을 하면 된다고 생각해야 합니다.

어떤 사람이 그 전에 자기가 도와준 사람에게 한 일을 기억하고 그 사람 역시 자기에게 도움을 베풀어야 한다고 기다리고 있다면, 그는 다른 사람을 자기의 선행을 가지고 사려고 하는 것밖에 안 되고, 그렇게 함으로써 그는 결코 "사마리아 사람"이 될 수 없는 것입니다.

그렇다면 오늘날 우리의 이웃은 어떤 사람입니까?

오늘날 우리의 이웃은 우리가 다른 사람의 도움을 필요로 하는 경우에 봉착했을 때, 마침 자기 운명 때문에 우리 곁에 있게 되었고 우리가 도움을 청하지 않았는데도 불구하고 우리에게 도움을 베풀어 우리를 구해주었지만, 그 사실을 기억하지 않는 사람입니다. 그런 사람들은 우리에게 자기가 가진 매우 값진 것들을 줄 것입니다. 우리를 위해서 그들의 시간이나 장소를 제공할 것입니다. 그런데 그들이 그렇게 하는 것은 그들의 운명이 마침 우리의 운명과 서로 만나게 되었기 때문입니다.

우리의 이웃[16*]은 우리가 우리 자신을 이끌어가지 못하고, 지탱하지 못하며, 감당하지 못하고, 더 이상 돕지 못하게 되었을 때, 다시 말해서 우리가 우리 자신의 아버지와 어머니가 되지 못했을 때 그 사람이 없었으면 우리가 "나"를 찾을 수 없었던 "너"인 것입니다. 즉 우리에게 신체적이며 정신적인 모든 자원이 고갈되었을 때 우리 곁에 다가와서 나에게 "너"라고 불러주면서 "나"를 찾게 해준 사람입니다.[1]

그러므로 우리 곁에 다가와서 사심 없이 우리를 형제로 대하면서 우리가 우리의 기력을 되찾을 때까지 자기가 할 수 있는 모든 것을 행하고, 그 다음에 우리가 우리 길을 마음대로 갈 수 있도록 해 주는 이가 우리의 "이웃"인 것입니다.

그렇다면 우리 이웃이란 우리가 곤경에 빠졌을 때, 말만 하는 사람이 아니라 실제로 어떤 행동을 하는 사람이라는 말입니까? 매우 단순하고, "실질적인" 사람이며, 우리가 재난 가운데 있을 때 구해준 이름도 알 수 없는 인정 많은 사람이라는 말입니까?

---

[1] 여기에서 돌토는 마틴 부버가 말한 "나와 너"의 개념을 말하고 있는 듯하다. 부버에게 있어서 "너"란 "나"를 하나의 수단이나 도구로 대하지 않고 인격적인 존재로 대하여 내가 나의 진정한 가치를 발견하게 해주는 인격적 존재를 말한다. Marrtin Buber, 『나와 너』, 남정길 역(서울: 전망사, 1981) 참조—역자 주.

그렇습니다. 우리의 진정한 이웃이 누구인지 가르치기 위해서 우리에게 이 비유를 말씀하신 그리스도는 우리에게 진정한 이웃이란 우리가 우리도 모르게 헐벗게 되고, 곤경에 빠져서 외로워할 때 우리를 돕는 사람이 되어서 그 사람 없이는 우리가 전혀 살 수 없는 그런 존재라고 가르쳐 주십니다.

선생님이 지금 말씀하신 그 "사마리아 사람"인 우리 이웃은 사람입니다. 그러나 우리는 오늘날 그런 이웃을 노동조합이나 정당이나 "기독교의 구호단체"나 소비자 모임이나 학부모 모임이나 결혼상담기구나 국제사면기구 같은 조직이 될 수도 있지 않겠습니까?

전적으로 동감입니다. 그런 익명의 구원자도 될 수 있습니다.

오늘날 우리는 옛날과 같은 성격의 사마리아 사람 노릇을 하기가 그 전처럼 쉽지 않게 되었습니다. 왜냐하면 강도가 있으면 경찰이 막을 터이고, 부상자가 있으면 구급대가 있기 때문입니다. 의사, 심리학자, 변호사, 정치가 등 여러 가지 조직들이 서로 연계되어서 자기에게 해당되지 않는 사람들이 찾아오면 다른 사람에게 보내기 때문입니다. 우리는 이제 더 이상 우리 사회라는 길가에 누워있는 사람들에게 관심을 기울이지 않아도 됩니다. 우리 사회에는 그런 일들을 하기 위해서 월급을 받으면서 일하는 사람들이 있습니다.

맞습니다. 오늘날 만약에 어떤 사람이 길가에 쓰러져 있다면 구급차가 달려올 것입니다. 그러나 우리 자비의 손길을 기다리는 곳은 언제나 있으며, 그것은 그 만큼 더 위험에 노출되어 있습니다.

사실, 다른 사람을 돕는 것은 언제나 자기에게 심각한 위험을 초래할 수도 있습니다. 왜냐하면 그가 어떤 사고 현장에서 다른 사람을 도우려고 할 때, 그는 자기가 그 사고를 초래한 것이 아니라는 사실을 입증해야 하기 때문입니다. 또한 그에게 시간과 힘과 그 이상의 여러 가지 것들이 있어야 합니다. 부상당한 사람은 자기를 도우려는 사람이 그가 의식을 차린 다음 제일 처음 보는 사람이기 때문에 자기를 구조해 준 사람이 자기에게 위해(危害)를 가한 사람이라고 확신 있게 주장할 수도 있습니다.

인간의 법은 항상 책임 있는 사람을 찾기 마련입니다. 그러므로 어떤 사람이 부상당하였고, 다른 사람이 그 사람을 돌봐준다면 거기에 어떤 수상한 점이 있을 수 있다고 생각하는 것입니다.

그것은 길거리에서 차를 세워서 타고 가는 사람의 경우에서도 마찬가지인데, 어떤 사람이 그런 사람들을 도와주려고 차에 태웠다가 사고라도 나면 그 사람은 그가 차에 태웠던 사람까지 책임져야 하는 것입니다.

사람들은 이 세상을 살면서 여러 가지 법을 만드는데, 그 법들은 인간의 자비심과 반대되는 것들이 많습니다. 또한 자비를 베푼 것에 대해서 죄의식을 가지게 하기도 합니다.[17]

그렇다면 선생님 생각에는 이 사회에 여러 가지 제도나 봉급 받고 일하는 기관이 적어야 좋다는 것이군요?

그렇지는 않습니다. 내가 생각하기에 기독교는 기독교의 윤리 사상 때문에 우리 사회에 여러 가지 법을 만들어 인간의 삶을 도왔습니다. 따라서 그런 사회 기관들이 처음에는 다른 사람들을 도우려는 자비심 때문에 생겨났지만, 지금 그 기관의 담당자들은 봉급을 받게 되었고 그들이 하는 일은 익명성을 띠게 되었습니다. 따라서 사마리아 사람과 강도 만난 사람 사이에서 찾아볼 수 있었던 온정(la cordialité)은 사회 기관의 담당자와 수혜자라는 이름 속에서 사라지게 되었습니다.

그러니까 사마리아 사람이 가졌던 "불쌍히 여기는 마음"이 무엇보다도 중요하다는 말씀이군요?

사람들 사이에서 마음이 오고가는 대화를 할 수 있게 하는 것은 다른 사람을 동정하는 마음에서 나오는 가슴이 뭉클해지는 느낌 밖에 없습니다. 우리가 다른 사람들을 우리 몸을 가지고 도와주려면 거기에 알맞는 능력이 필요하며, 그런 도움들에는 으레 보수가 주어집니다. 또한 그런 도움들을 인간적인 도움으로 만드는 것은 우리 마음이 움직일 때입니다. 현대 사회에 들어와서 우리의 마음이 별로 움직이지 않는 것은 그 도움들이 제도화되었기 때문이거나, 그런 만남들이 선한 사마리아 사람의 비유에서 나오는 것처럼 독특하거나 우연한 것이 아니라 습관적이거나, "밥벌이를 위한 것"이거나, 하나의 직업이 되었기 때문입니다. 따라서 그런 만남에서는 곁에 있어주는 것이 목적이 될 수 없고, 인간적인 관계가 형성될 수도 없습니다.

다시 이 비유를 말하는 본문으로 돌아가 봅시다. 사마리아 사람은 길에서 부상당한 사람을 여관 주인에게 맡겨놓고 그를 위해서 비용을 지불하였습니다. 그리고 비용이 더 필요하다면 그가 그 곁을 지나갈 때 추가로 지불하겠다고 약속했습니다. 이때 그 두 사람 사이에서는 우정이 생긴 것입니까?

전혀 그런 것 같지는 않습니다. 내가 생각하기로는 그 사마리아 사람은, 내가 앞에서도 말한 적이 있듯이, 매우 적극적인 정신을 가지고 있으며, 행동가인 듯합니다. 그는 부상당한 사람을 보았고, 자기 돈을 들여서 그 사람을 구해주었습니다. 그러나 그는 그 사람을 자기가 구해주었다고 해서 다른 사람들보다 더 사랑하지는 않았을 것입니다. 그는 그 여관을 떠나 일 킬로미터도 못 가서 그 사람을 잊어버렸을 것입니다. 그가 그 사람에 대해서 다시 생각하는 것은 다시 돌아오는 길에 추가 비용을 지불할 때 즈음일 것입니다. 그때 그는 그 사람에 대한 그 다음 소식을 물어볼 것이고, 또 다시 다 잊어버릴 것입니다.

그러나 구조 받은 사람은 그의 구조자를 결코 잊지 못할 것입니다. 그가 아는 사람이건, 알지 못하는 사람이건 간에 그 사람을 잊지 못할 것입니다. 그러므로 우리가 우리 마음과 존재를 다해서 하나님을 사랑해야 한다는 것은 매우 중요한 계명입니다.

이 비유는 우리가 다른 사람들과 관계를 맺는 것에 있어서 다른 관점을 보여주고 있습니다. 즉 우리는 우리가 알지 못하는 사람들에게 고마워하고, 감사해야 할 것이 많다는 사실을 보여주는 것입니다.

바로 그 점입니다. 내가 생각하기에 이 비유는 우리가 이 세상을 사는 방식에서 두 가지 빛을 던져 주는 것 같습니다.

첫 번째로 이 비유는 우리 삶에는 우리가 모든 것을 빼앗겼고, 곤경에 처해 있으며, 모든 사람들은 물론 우리 자신으로부터도 버림받은 상태에서도 우리를 구원해주는 구원자가 있기 때문에 우리 삶을 사랑해야 한다는 사실을 말해주고 있습니다. 이 점이 이 비유가 말하는 새로운 점입니다.

두 번째로 이 비유는 우리가 우리 삶에서 어떻게 행동을 해야 할 것인가 하는 것을 가르쳐 주고 있습니다. 즉 이 사마리아 사람처럼 우리에게 시간적인 여유와 물질적인 여유가 조금 있을 때 우리는 어려움에 처해 있는 사람들에게 결코 등을 돌려서는 안 된다는 사실을 보여 주고 있습니다.

우리가 지금 당장 긴급히 해야 하는 일이 없으며, 우리에게 남는 여력이 있다면 우리는 가능한 한 우리가 가는 길에서 만나는 사람들 가운데서 우리를 필요로 하는 사람들에게 우리가 가진 것들을 나누어주어야 합니다. 그것은 어디까지나 그 범위 안에서만 그렇습니다. 다시 말해서 우리가 해야 하는 일도 하지 않고 다른 사람들을 도와준다거나, 우리가 가는 길에서 벗어나 다른 사람들을 도와주는 것은 아닙니다.

그러나 당신이 구해준 사람을 붙잡지는 마십시오.

또한 당신을 구해준 사람이 당신에게 한 것처럼 당신도 그 사람에게 똑같이 해주려고 하지는 마십시오.

마찬가지로 당신이 구할 수 있었던 사람을 기억하기만 하고 앞으로 더 나아가지 못하면서 머물러 있지만은 마십시오. 당신 자신은 물론, 당신이 지금 이 세상을 살 수 있는 것은 다른 사람이 당신에게 무엇인가를 해 주었기 때문이라는 사실을 잊지 마십시오. 당신의 가슴 속 깊이 그 다른 사람을 사랑하십시오. 그리고 당신의 고마움을 표현하려면 그 사람이 당신에게 해 주었듯이 다른 사람에게 무엇인가를 해 주십시오.

사마리아 사람이었던 이 이방인은 부상당한 사람이 어디에서 왔으며, 인종이 무엇이고, 종교나 신분이 무엇인지 하는 것들을 가리지 않고, 자기 이름도 밝히지 않으면서 그의 인간성에서 우러나온 형제애를 가지고 행동하였습니다. 자기의 내면에서부터 무엇인가가 흘러나와서 이 세상을 살고, 여유 있고 너그러운 행동을 가지고 사회 생활을 하는 사람들은 모두 이렇게 살고 있습니다.

내가 생각하기에 예수님이 우리와 새로운 계약 관계를 맺은 것은 바로 이런 자비를 기초로 한 것이 아닌가 합니다.

그리스도는 그 모범으로서 이 사마리아 사람을 제시하고 있습니다. 따라서 선생님이 어린 시절 설교했던 그 사제의 말처럼 우리들 역시 다른 사람들에게 관심을 기울여야 하고, "불행에 빠진 사람들에게" 우리 삶과 시간을 바쳐야 하는 것입니다.

이 비유의 초점은 우리가 이 세상을 사는 동안 우리 곁에 있는 사람들에게 사랑을 베풀라는 것입니다. 그것도 우리의 생명이나 시간을 바치면서 그렇게 하는 것도 아니고, 우리의 삶에 방해받거나 우리가 할 것을 못해 가면서 하는 것도 아니면서 다른 사람을 구원하는 것입니다. 우리가 그렇게 할 때 우리는 아무것도 잃지 않았기 때문에 그 어느 것도 취할 것이 없습니다. 그러다가 어느 날 우리가 슬픔과 우울에 빠져있을 때 우리를 그 어려움들로부터 구해 주는 사람이 있다면, 우리는 그 사람을 일생동안 기억해야 합니다.

조금 전에 선생님은 우리가 다른 사람들을 도와줄 때 "사심(私心) 없이" 도와주어야 한다고 말씀하셨습니다. 그렇다면 선생님은 한 사람의 정신분석가로서 우리가 우리 자신을 전적으로 잊으면서, 아무 대가도 없이, 완전히 초연하게 무엇인가를 다른 사람들에게 줄 수 있다고 생각하십니까?

물론 사람들이 전적으로 사심을 가지지 않을 수는 없습니다. 자식에 대한 부모님의 사랑이라고 할지라도 완전히 거저 주는 것은 있을 수 없습니다. 부모님들이 자기 자식을 돌볼 때, 거기에는 부모님들이 죽지 않으려는 의도가 들어 있습니다. 왜냐하면 자식은 그들이 죽을지라도 이 세상에 남아있을 것이기 때문입니다. 따라서 부모님들이 자식을 사랑하는 행위는 부모님 자신이 죽음에 대항하여 싸우는 행위라고 할 수 있습니다.

자식들은 더 이상 부모님들을 사랑하지 않고, 부모님 곁을 떠나갈 수 있습니다 … 다시 말해서 자식들은 그들에게 베풀어 준 부모님의 사랑만 실컷 받고, 자기들도 부모가 돼서 자기 자식들만 사랑하는 것입니다. 하지만 그 자식들을 나중에 배은망덕 하다고 생각하게 될 것입니다.

성서에는 부모님을 사랑하라는 말이 없습니다. 단지 부모님들이 늙어서 아무 것도 없게 되었을 때 그들이 이 세상에서 살 수 있도록 부모님들을 공경하라고 주장할 뿐입니다.[2]

부모와 자식 사이에는 서로 가까운 관계에 있는 사람들 사이에서 일어나는 것과 같은 인간 관계가 형성됩니다. 그러나 성서에는 부모를 사랑하라고 되어 있는 곳이 한 군데도 없는 것입니다.

사람들은 가까운 사람들을 사랑하는 법입니다. 그러나 부모님들은 그의 자녀들에게 있어서 가까운 사람이 아닌 것입니다.

선생님은 아주 예민한 부분을 건드리고 있습니다. 사실 그동안 사람들은 부모님의 사랑은 너그럽고, 대가를 바라지 않는 것이라고 너무 쉽게 생각해왔습니다 …

이 세상에는 아주 경건한 극소수의 사람들이나 무엇인가 잘못 생각한 열성분자들 이외에 공짜란 전혀 없는 법입니다.

우리가 어떤 것을 먹거나 마시면 반드시 소변이나 대변을 보기 마련입니다. 이것이 자연의 법칙입니다. 또한 우리가 무엇인가를 취하면, 반드시 갚아야 합니다.

---

2 출애굽기 20:12; 마가복음 7:10-12.

이 세상에서 모든 것은 교환에 의해서 이루어지고, 모든 것은 그것과 바뀌는 대상 때문에 취할 수 있습니다.

사실, 우리는 사마리아 사람이 나타냈던 사리 사욕이 없는 태도 역시 의심해볼 수 있습니다. 그는 부상당하고, 옷을 모두 벗기웠던 사람과 자기 자신을 동일시했습니다. 그런데 어느 누구도 자기 자신이 누더기를 걸치고 있다면, 사리 사욕이 없어질 수가 없을 것입니다.

우리가 다른 사람들과 관계를 맺는 것은 언제나 이런 방식을 통해서입니다. 즉 우리는 우리 자신의 모습을 비추어주는 다른 사람 속에서 우리 모습을 볼 수 있는 것입니다. 그때 다른 사람은 우리의 거울이 됩니다. 그러므로 우리가 구원하는 것은 다른 사람에게 투사된 우리 자신이며, 그렇기 때문에 그 행위는 자기애적인 행위인 것입니다. 사람들은 이런 것을 보고 사리 사욕이 없는 것이라고 말합니다.

그러나 이 세상에는 자기 목숨을 바쳐서 자기 자식을 구하는 부모님들도 있지 않습니까?

물론입니다. 정신적으로 건강한 부모님들은 새끼를 먹일 때 동물들이 그렇듯이 자기 자식을 구하기 위해서 불구덩이 속으로 뛰어들기도 합니다. 그것이 포유류에게 내재된 생명의 법칙인데, 우리 역시 포유류에 속해 있습니다. 그리고 모든 사람들 역시 그들이 잘못되지 않았다면 그들의 자식이 위험에 봉착했을 경우 그렇게 할 것입니다. 그들은 그 자식들에게 더 큰 위험이 있지 않을까 하는 생각에서 그들을 위험에서 구해내고, 가능한 한 빨리 의사에게 진찰 받게 하거나 그들보다 더 나은 교육가에게 상담을 청하기도 할 것입니다.

여기에서도 우리는 투사를 발견할 수 있습니다. 다시 말해서, 자기 자식을 위해서 생명을 바치는 것에서도 어머니의 이상상(理想像)을 실현하려는 모습을 찾아볼 수 있는 것입니다. 나는 내 자식을 구함으로써 바람직한 어머니로서의 내 모습을 구해낼 수가 있다!

우리는 우리 자신의 모습을 다른 사람 속에 투사시키기 위해서, 그 사람이 어느 정도 우리 자신과 어떤 점에서든지 비슷하다고 느끼거나 상상해야 합니다. 그러나 우리는 우리 자신과 그 사람을 혼동해서는 안됩니다. 그 사람은 그 사람입니다. 따라서 동일시란 언제나 사람들이 다른 사람 속에 자기를 투사하는 것이고, 다른 사람 속에 비친 자기에게 잘해 주는 것이기 때문에, 나를 전적으로 배제하는 것만은 아닙니다. 사마리아 사람이 다른 사람을 보고 "불쌍해서 마음에 충격을 받았다면" … 그는 그 사람에게서 자기 모습을 떠올리고 충격을 받은 것입니다 …

그러나 그리스도는 우리가 우리 자신을 사랑하기 위해서 다른 사람을 이용하거나, 다른 사람에게 선한 일을 해야 한다고 말하지 않았습니다. 오히려 우리는 다른 사람 속에서 그를 만나볼 수 있다고 주장하였습니다. "너희가 가장 작은 자에게 한 것이 나를 위해서 한 것이다."[3] 그러므로 우리가 우리 자신을 찾을 수 있는 것은 우리 자신을 통해서가 아닌지 모르겠습니다.

동일시에 관해서 말씀하신 것은 그리스도입니다. 그는 결코 우리가 다른 사람과 동일시하는 것을 금지하지 않았습니다. 왜냐하면 그는 "네 이웃을 네 몸과 같이 사랑하라"고 먼저 말했기

---

3 마태복음 25:40.

때문입니다. 그런데 우리가 우리 자신을 싫어하고, 우리가 싫어하는 것을 다른 사람들에게 투사하기만 하면 어떻게 우리를 사랑할 수 있겠습니까? 그렇게 한 것은 아마 이 비유에 나오는 제사장이나 레위인들일 것입니다.

우리가 우리 자신을 사랑할 수 있는 것은 아마 우리를 사랑하시는 그리스도 때문일 것입니다. 그는 가르침을 통해서 우리 속에 남아있는 나쁜 기억, 즉 우리 부모님들이 우리에게 있는 어떤 점에 대해서 사랑하지 않은 것들을 고쳐주셨습니다.

우리가 만일 우리 부모님들의 모범을 통해서 충분히 교육받지 못하여 다른 사람들에게 너그러운 행동을 하지 못하거나, 다른 사람들에게 사랑을 쏟아 붓도록 인도 받지 못했을지라도 예수님은 우리에게 우리보다 형편이 못한 사람들에게 너그럽게 행동하고 사랑을 붓게 하는 것은 바로 예수님이라는 사실을 알게 하셨습니다. 예수님은 이렇게 사랑이 메마르고, 생활 태도도 엉망인 사람들, 그래서 자기 자녀들을 어떻게 길러야 할지도 모르고, 실제로 잘 기르지도 못하는 부모님 밑에서 자란 사람들을 고쳐주십니다. 왜냐하면 그들 역시 자기 내면에 자유인(自由人)이 있다는 사실을 알지 못한 채, 자기 부모님 속에 그 모습을 투사하기 때문입니다.

그렇다면 선생님 생각에는, 그 레위인이나 제사장이 길에서 강도 만난 사람이 다른 레위인 가운데 한 사람이거나 시나고그에 있는 다른 제사장의 아들 중 하나라고 생각했다면 그 자리를 피해가지 않았을 수도 있다는 것입니까?

그는 그 사람을 구하기 위해서 급히 데리고 갔을 수도 있습니다. 그런데 누구에게 데리고 갔을까요? 아마 그들 가운데 한 사람, 지위나 문벌로 봐서 그들과 비슷한 사람 가운데 한 사람에게 데리고 갔을 것입니다. 그들은 그들의 반열에 있는 사람, 고귀한 신분을 가진 그 피해자를 돌봐주었을 것입니다. 그때 동일시나 투사가 일어났을 것입니다.

사마리아 사람은 아무 지위도 없는 이방인이고 이교도였기 때문에 그리스도는 그를 특별히 골라서 이 비유의 대상으로 삼았습니다. 그는 어떤 사람하고 같이 가든지 그의 명예가 손상될 염려가 전혀 없었습니다. 그에게는 부상을 당해서 길가에 쓰러진 사람이 어떤 사람이든지 간에 전혀 관계없었던 것입니다. 단지 그가 알지도 못하고, 이름이 무엇인지는 더욱더 알지 못하지만 우리와 같은 사람이기만 하면 되었던 것입니다.

이 세상에서 모든 일들을 아주 자연스러운 태도로 할 수 있는 사람들은 아마 이런 사람들밖에 없을 것입니다. 왜냐하면 그들에게는 자만심도 없고, 어떤 원리도 필요 없이 다만 자기들의 코로 무슨 냄새만 맡는다면 그들은 그곳으로 달려갈 것이기 때문입니다.

지금 내가 지나가는 말로 하는 것 같지만 이것은 매우 중요한 사실입니다. 사람들이 자기 명예가 손상될까봐 두려워하지 않고 무엇인가를 할 수 있다는 것, 그것이 이 사마리아 사람에게는 자연스러운 것이었지만, 모든 사람들이 쉽사리 할 수 있는 것은 아닙니다.

결국, 그리스도는 우리들은 보통 그것이 우리 삶을 불편하게 하지 않고, 우리가 사는 곳이나 우리 직장을 떠나게 하지 않는 범위 안에서 다른 사람들을 돕고, 그들을 위해서 걱정한다고 말씀하시는 것이군요? 그리고 우리가 애써서 무엇을 한다면, 우리는 그것 때문에 어려움에 빠질 수도 있고, 그것을 가지고 뽐낼 수도 있다는 것이구요.

"그런 한도 내에서만" 말하는 것은 아닙니다 … 그 사마리아 사람은 자기가 가던 길에서 전혀 벗어나지 않았습니다. 여기에서 중요한 것은 그가 아무 생각 없이, 처음에는 아무 의도도 없이 그 자리에 있었다는 것입니다. 그때 사실이 그랬습니다. 그래서 그는 아무 것도 꾸미지 않고, 자발적으로 부상당한 사람에게 다가갔습니다.

그리스도는 우리에게 사마리아 사람이 그렇게 했던 것처럼 우리도 그렇게 "자연스럽고", 진지하며, 우리의 선행을 자랑하지도 않고, 의식하지도 말라고 가르치고 있습니다. 이렇게 우리가 한 일들에서 한 발 물러설 수 있을 때, 그것은 우리가 오랫동안 지닐 수 있는 덕성이 됩니다. 이 세상에서 용감하지도 않고, 영광스럽지도 않은 것은 언제나 우리에게 눈물을 자아내는 법입니다. 그는 전혀 인색한 태도를 보이지 않았습니다. 그는 그가 해야 하는 것만 정확하게 했습니다. 그래서 그가 한 행동들은 효과적이었습니다.

똑같은 대목에서 그리스도는 부상당한 사람을 피해서 멀리 돌아갔던 레위인이나 제사장을 비난하지도 않았습니다.

그들이 길가에 쓰러져 있는 사람에게 가까이 가지 않기 위해서 그 사람을 피해서 멀리 돌아갔다면, 그것은 그들에게 시간이 없거나, 그에게 관심을 쏟을 만큼 여유가 없었기 때문일 수도 있습니다. 그리고 그것은 아마 그들의 인격에 내재해 있는 치명적인 약점인지도 모릅니다. 어쨌든 그들은 부상당한 사람을 도울 수 없었습니다. 그들은 자신들이 그때 해야 하는 일을 했고, 자기들의 자리를 지키기에 바빴습니다. 그러나 예수님은 그들을 비난하지도 않았고, 헐뜯지도 않았습니다.

우리는 어려움에 처할 줄도 알아야 합니다. 우리가 다른 사람들을 도울 수 없다면, 또한 우리가 다른 사람들을 도울 수 없을 정도로 실제적이라면, 우리는 다른 사람을 잘 도울 수 없습니다.
우리가 충분히 자유롭고 강하다면, 우리는 우리가 가야 하는 길에서 벗어나지 않고도 다른 사람들을 도울 수 있습니다.
여기에서 중요한 것은 사마리아 사람은 그 사람을 도와준 다음에 더 얻은 것도 없고 아무 것도 잃지 않고 그 자리를 떠나갔다는 것입니다.

이 이야기에는 아무런 이해 관계나 너그러움도 없다는 말씀이군요. 그렇다면 사마리아 사람은 사물의 본성을 있는 그대로 표현한 것밖에 없다는 말입니까?

그런 의미에서 우리는 이 이야기를 다음과 같이 좀더 재미있게 엮을 수 있습니다. "그 사마리아 사람은 역시 상인이었다. 그래서 그는 앞으로 그의 고객이 될지도 모르는 사람을 살려낸 것이다. 그 반면에 레위인과 제사장이 그 사람의 옷을 모두 벗긴다면 그것은 아마 율법에 저촉되는 일인지도 모를 것이다. 그들은 그 사람에게 의복을 파는 사람은 아니었다 … 그리고 그 사람은 그들이 경전을 해석하는데 전혀 도움을 줄 수 있는 사람이 못 되었다."
그러므로 우리는 이 이야기 속에서 사심이 전혀 개입되지 않은 태도를 찾아볼 수 없고, 아무 "대가도 바라지 않는 덕성" 역시 찾아볼 수 없습니다.
그래서 우리는 인간의 행동들은 모두 그런 것이라고 생각할 수 있습니다. 이제 사마리아의 시장에서 그 상인과 그에게 구조 받은 사람은 만나게 되어있습니다. "아 … 당신은 그때 길가에 쓰러져 있던 사람이군요? 그래, 오늘은 무엇을 사시겠습니까?" 다시 말해서, 사마리아 사람은 모든 것을 교환하면서 살아야 하는 인간의 삶에서 가장 확실한 고객을 하나 확보한 것입니다. 왜냐하면 그는 사람의 목숨을 살려주었으니까요.

그리스도는 우리에게 이 예를 보여주셨습니다. 왜냐하면 사마리아 사람은 여태까지 수많은 물질들을 교환하면서 살던 사람이었기 때문에 그런 교환 행위들을 통해서 인간의 몸은 우리가 보통 알고 있는 것 같이 도덕적이며 사회적인 가치나 인종에 상관없이 그 자체로서 가치 있는 것이라는 사실을 잘 아는 사람이었기 때문입니다.

이런 관점 역시 인간의 삶을 바라보는 또 하나의 관점을 제시하고 있습니다. 즉 인간의 삶이란 관계 속에서 이루어지는 것이고, 그 관계들은 그것들이 아무리 물질적인 것처럼 보일지라도 예수님이 선포하신 또 다른 관계, 또 다른 연합의 이미지를 내포하고 있다는 것입니다. 예수님이 선포하신 연합의 관계는 우리 눈에 보이지 않지만 모든 의인들이 만날 때마다 형성되는 사랑(la charité)의 관계입니다. 즉 그런 만남들은 언제나 사랑 속에서 이루어지고, 사랑이 드러나는 것입니다. 그런 관계 속에서 모든 사람들은 자유인이 되어서 다른 사람들을 만날 때 더욱더 자유로운 방식으로 자기 자신을 내어줍니다.

진정한 사랑(l'amour)은 아무런 의존성도, 충성심도 요구하지 않습니다.

그것은 서로가 주고-주고(donnant-donnant, giving-giving) 하는 하나의 거래인가요?

그렇습니다. 그것은 육체를 가진 사람들 사이에서 이루어지는 거래라고 할 수 있을 것입니다. 하지만 거기에서 물질적인 혜택이란 전혀 있을 수 없습니다. 아마 선물 같은 것이라고나 할까요? 하지만 어디까지나 거래이기는 합니다.

그러니까, 그것은 거래이기는 하되, 공평한 물물교환이라는 말입니다. 나는 너에게 준다. 너도 나에게 준다. 그런데 그런 교환 관계에서 어떤 새로운 것이 나올까요?

나는 너에게 무엇인가를 주었고, 너는 나에게 아무것도 준 것이 없다. 따라서 나는 아무 혜택도 받은 것이 없다. 그러나 너, 너는 네가 사랑 받았다는 사실을 알 수 있었기 때문에 무엇인가 혜택을 받았고, 실제로 사랑 받았으며 지금 사랑하고 있다. 자, 여기에서 새로운 연합의 관계가 생겨납니다. 상업적인 거래가 아닌 사랑의 "연합"이 생기는 것입니다.

사마리아 사람은 강도 만난 사람에게 아무 것도 받지 못한 채 그에게 주었습니다. 그리고 그 사람 역시 다른 사람에게 그렇게 할 것입니다.

예수님은 "가서, 그렇게 하라"고 말씀하셨습니다. "네 이웃을 네 몸과 같이 사랑하라"라는 말씀은 "네 이웃이 너에게 선물로 준 것은 어떤 대가를 바라고 준 것보다 더 역동적이고 가치 있는 것이니, 네 자신을 강퍅하게 하지 말고 그것을 잊지 말아라. 그 사람은 너에게 너도 그렇게 하라고 했다. 이제 일어서서 너의 길을 가라"고 하는 의미입니다.

헐벗은 처지에 있는 사람을 도와주고, 이웃에게까지 관심을 넓힘으로써 자기-실현하는 것은 그 사람이 헐벗은 사람에게 투사를 일으켰을지라도 인간의 모든 거래 가운데서 가장 순수하게 관계 맺은 것이라고 말할 수 있습니다. 거기에서 우리 정신은 다른 사람을 다르게 만나지 않고 순수하게 만나게 됩니다.

내가 가난해지지 않으면서도 다른 사람들에게 무엇인가를 베풀 수 있는 것은 마음이 자유롭고 열린 사람들만이 할 수 있는 올바른 기부 행위에서만 있을 수 있습니다.

그런데 그것이 여기에서는 순수하고, 구원을 가져올 수 있는 사랑의 비유로 쓰였습니다. 즉 부모님들이 보통 자기 자식들이 육체적으로 완전히 무력할 때 베푸는 그런 사랑이 어른들의 삶에서도 발견될 수 있다고 한 것입니다.

선생님은 부모님들이 자기 자식을 위해서 수많은 희생을 하며, 그렇게 하느라고 그들의 삶은 어려워지는 것을 잘 알 것입니다. 그런데 얼마나 많은 부모님들이 다른 사람들의 삶이 더 개선되게 하기 위해서 노력을 하고 있습니까?

그들이 진정한 부모라면 그들은 과시하려고 하지 않을 것이고, 자기가 희생한다고 생각하지도 않을 것입니다. 그들은 그런 방식 이외에 다른 어떤 방식으로도 할 수 없을 것이기 때문입니다.

또한 자기네들의 내면에 있는 부모가 되려는 욕망을 완수해 놓고서도 자기 자식들에게 고마운 마음을 가지라고 요구한다면 그런 태도는 잘못된 것입니다. 부모님들은 하나의 예를 보이는 것입니다. 자기 자식들이 나중에 부모가 되면 또 그 자식들에게 똑같이 하라는 모범을 보이는 것입니다.

여태까지 말한 것들을 요약하자면, 우리가 갖는 모든 만남들 속에서 우리 중심은 다른 사람 속에 있다는 말씀입니까? 다시 말해서 우리 마음이 다른 사람의 마음과 하나가 되면 하나가 될수록, 우리가 다른 사람들과 무엇인가를 교환하면서 사는 것은 더욱더 올바르게 된다는 말씀입니까?

아마 우리는 이렇게도 말할 수 있을 것입니다. "우리 영혼은 다른 사람의 영혼과 같다." 한 사람 한 사람은 자기 영혼에 대해서 잘 알지 못합니다. 더구나 우리는 우리에게 영혼이 있는지도 모릅니다. 우리가 어렴풋하게 이것이 영혼이다 하고 느끼는 것, 또한 우리가 우리 자신이라고 생각하며, 우리의 내면에서 진동하는 궁극적인 초점, 간단하게 말해서 우리가 "가진" 영혼은 다른 사람 속에 들어있습니다. 그렇지 않다면 이 세상에는 말이 존재할 수 없으며, 의사소통도 할 수 없을 것입니다.

"내가" 무엇인가를 주장하고 있는 다른 사람과 신비적으로 하나가 되는 것(참여하는 것)이 다른 사람—우선 시작하자면, 아버지나 어머니—으로부터 오지 않는다면, 그리고 그 관계가 그와의 만남 속에서 계속 유지되고 재생되지 않는다면, 나는 다른 사람과 더 이상 하나가 되지(참여하지) 못할 것입니다.

선생님이 지금 말하고자 하는 것은 이런 것입니까? 즉 "내가" 내 안에만 갇혀 있고, "내가" 나하고만 일치하기를 원한다면, "나는" 나 자신을 잃어버리고, "나는" 자존감 속에서 메말라버리고 말 것이라는 말씀입니까?

우리가 가진 것은 다른 것인데, 모든 사람들은 자기의 좁은 영혼이나 작은 소유만을 구하려고 합니다. 그러나 그리스도는 "자기 영혼을 구하려는 사람은 그것을 잃어버리고, 자기 영혼을 잃는 사람은 구할 것이다"(마가복음 8:35)라고 했습니다.

그러면 왜 영혼을 구해야 한다는 것입니까? 이 말은 이상한 말처럼 들립니다. 그리스도가 말한 새로운 연합이라는 메시지에 비추어 보거나 가장 초보적인 심리학에 비추어 볼지라도 이상한 말처럼 들립니다.

자기 영혼을 구하려는 광증은 교회사적으로 볼 때 교회가 그 당시에 지배적이던 철학에 의해서 정죄 받았을 때 있었습니다. 즉 어떤 철학자가 "나는 생각한다. 그러므로 나는 존재한다"라고 주장했을 때 있었던 것입니다. 그때 다른 말은 모두 다 잘못 된 것이었고 죽은 말이 되었습니다.

그러나 사실 나는 다른 사람이 이미 했던 말을 가지고 생각할 수밖에 없는 것입니다. 우리가 사는 이 세상의 시간과 공간 안에서 우리는 살아있는 사람들을 만나고, 다른 사람들의 말을 받아들이며, 그것들을 우리 안에서 반복하면서 동화시킵니다. 그런데 우리는 누구로부터 우리 존재를 취하고, 누구로부터 이 세상에서 사는 방법을 배웁니까? "나"라고 하는 존재로부터입니까? 그렇다면 "나"라고 생각하는 존재는 어디에 있습니까?

우리는 이렇게 말할 수도 있을 것입니다. "그것이 생각하고, 나는 그것을 나타낼 뿐이다." 내가 말하는 것을 네가 듣는다고 내가 생각한다면, 나는 내가 말하고 있는 것을 알고 있는 것이다. 그러므로 네가 없다면 나는 실존하는 것이 아니다. 그러나 실존은 존재와 전혀 다릅니다. 실존이란 하나의 지각적인 현상이기 때문입니다.

그렇다면 한 사람의 실존이란 어떤 존재자의 그림자가 아닐까요? 그리고 우리가 우리 영혼이라고 부르는 것은 그와 비슷한 우리 눈에 보이지 않는 어떤 밝은 페티쉬(護符)가 아닐까요?

이 모든 사실들을 다른 말로 하자면, 우리를 같은 인간 형제로 인정해주는 그 타자는 우리처럼 인간적인 어떤 거울이라고 할 수 있는 것이 아닐까요…

맞아요. 바로 그것입니다. 모든 것은 언제나 그렇습니다. 사람들 사이에서 이루어지는 모든 거래는 당신이 지금 거울이라고 부른 그 관계 과정 위에 기초를 두고 있습니다.[4] 그리고 인간의 정신 구조에서 거울의 작용이 본질적이라는 것을 발견했던 프로이트와 함께 정신분석은 인간의 무의식에서 이루어지는 거울 작용의 결과들에 대해서 밝혀냈습니다. 또한 자끄 라깡은 우리가 우리의 정체성을 찾는 인간의 발달단계에서 이 중요한 과정으로부터 얻을 수 있는 것들에 대해서 새롭게 연구하였습니다. 그 결과 다른 사람들은 언제나 우리 인식의 원천이 되고, 우리가 받아들였거나 거부했거나 간에 우리에게 죄의식을 불러일으키고 있으며, 우리는 언제나 다른 사람들에게 빚을 지고 있다는 것이 밝혀졌습니다. 왜냐하면 우리가 앞으로 가지게 되는 이미지들은 우

---

[4] 여기에서 돌토는 라깡이 사람들에게 주체가 형성되는데 필수적인 단계라고 언급한, 6개월에서부터 18개월 사이에 아이들이 거치게 되는 "거울의 단계"에 관해서 말하고 있다. 라깡에 의하면 거울의 단계에 이르기 전에 아이들은 자기 몸이 조각조각 분열되어 있다는 환상을 가지고 있다가(정신분열병 환자들의 자기 이미지는 그런 것이다) 거울의 단계를 거치면서 온전한 자기 상을 가지게 된다. 거울의 단계는 세 단계로 구성되는데, 첫 번째 단계에서 아이들은 거울에 비친 이미지가 실제의 이미지가 아니라는 것을 알지 못한다. 그래서 그것을 잡으려고 거울을 만지려고 한다. 두 번째 단계에서 아이들은 그것이 하나의 이미지일 뿐이라는 것을 알아차리고 실제의 이미지는 거울 뒤에 있을 것이라고 생각해서 거울 뒤에 가게 된다. 세 번째 단계에서 아이들은 그것이 비로소 자기의 이미지라는 것을 알게 되는데, 이때 그것을 깨달을 수 있는 것은 거울에 비친 타자(즉 어머니)의 이미지 덕분이다. 왜냐하면 거울에 비친 또 다른 이미지가 어머니라면, 그 옆에 있는 것은 자기임에 틀림없기 때문이다. 이런 과정을 거치면서 아이들은 자기 이미지, 주체를 형성하게 되는데, 이것은 거울뿐만 아니라 다른 아이와의 관계에서도 똑같이 일어난다. 아이들은 처음에는 다른 아이를 보면서 그 아이와 자기를 구별하지 못하다가 점차로 구별하면서 자기 주체의 동일성을 형성하게 되는 것이다. 돌토는 이러한 거울의 단계를 말하면서, 인간의 삶에서 타인과의 관계가 얼마나 중요한 것인가를 주장하고 있다-역자 주.

리의 거울이 되는 타자가 비쳐주는 대로 우리가 받아들일 수 없을 정도로 변화되거나 왜곡되기 때문입니다. 그러다가 우리가 바람직한 이미지라도 발견한다면, 그것은 나르시스가 그랬던 것처럼 우리를 파멸시키는 절망이나 자기 도취적인 것이 될 수도 있습니다. 왜냐하면 그것들은 우리를 기쁨에 벅차서 끌어안으면서 아무 것도 생산해내지 못하게 하면서 동시에 우리를 죽이기 때문입니다.

더구나 우리가 우리 실존의 의미를 발견할 수 있는 것은 다른 사람이 비춰주는 거울을 통해서 입니다. 사마리아 사람 역시 다른 사람들처럼 거기에서 예외일 수 없었습니다. 그는 그때 고난에 처한 여행자 속에서 자신의 모습을 찾아냈고, 그 사람을 회복시켜 주었습니다.

아마도, 그는 그때 아무것도 기대하지 않았을 수도 있습니다. 그에게는 아무런 사회적, 도덕적, 지적 편견이 없었습니다 … 그 때 다른 사람이 거기에 있었을 수도 있습니다 … 그리고 그가 그렇게 하지 않았더라면 그 사람이 죽었을 수도 있는 동정에 가득 찬 도움을 준 다음에 다시 자유스럽게 있었을 수도 있습니다. 이런 이야기들은 전혀 진부한 것이 아닙니다. 언제나 일어날 수 있는 것입니다.

자, 당신이 원한다면, 이것들을 다시 한번 생각해 봅시다. 우리가 다른 사람들을 거울로 삼아서 본다는 것은 언제나 우리 자신의 발달 정도, 우리가 다른 사람들과 교환을 하며, 의사소통을 하는 과정에 전적으로 의존해 있는 것을 볼 수 있습니다.

자기보다 나이가 많은 형들 틈에서 자라는 아이는 형들의 이미지 때문에 더 자극을 받아서 빨리 자랍니다. 그는 자기 정체성을 계속해서 이어지는 형들의 이미지와 동일시하면서 발달시키는 것입니다. 가인과 아벨의 이야기에서도 벌써 이 거울의 이야기가 나옵니다. 그러나 그것이 우리의 관심사는 아니므로 여기서는 그 정도로만 이야기하고 맙시다.

자기 성(性)을 인식한 다음에 어린아이들은 자기 부모님들에게 자기 모습을 거울처럼 비춰가면서 자기에게 좋은 이성 부모가 아니라 자기가 좋아하는 동성 부모의 역할을 모방하려고 애씁니다.[5] 이렇게 하면서 어린아이와 부모님들 사이에는 프로이트 이래 정신분석학에서 오이디푸스 콤플렉스와 그에 따르는 위기에서 생기는 갈등이 시작됩니다. 그 위기는 어린아이들이 가진 근친상간적인 욕망 때문에 위협받고 있다고 생각해서 동성의 부모로부터 느끼는 경쟁 의식 때문에 생긴 불안에서 생기는 것입니다. 어린아이들은 이 근친상간적인 욕망을 떨쳐버림으로써 부모님들과 사랑에 가득 찬 순수한 관계를 되찾을 수 있고, 다른 가족들로부터도 지원을 받을 수 있습니다. 우리의 정체성이란 우리 삶에 아무 것도 줄 수 없는 마술의 거울이 일으키는 동일시에서 벗어나고, 쓸데없이 다른 사람을 욕망하는 것에서 벗어날 때 강화될 수 있습니다. 그때 비로소 우리는 진정한 교환 관계 속으로 들어가는 것입니다.

근친상간적인 욕망 때문에 불안해하던 아이들은 (심리적으로) 다른 사람들로부터 멀리떨어져서 오랫동안 혼자 지내다가, 이제 상상 속에서 자기 동성 부모에게 있다고 여겨지는 전능성이 자기에게도 있다는 마술적인 생각에서 벗어나, 모든 사람들에게 해당되는 근친상간 금지의 율법이 그에게 구원으로 작용하지 않을까 하고 생각하게 됩니다. 아이들은 그렇게 하기 위해서 자기네

---

5 여기에서 돌토가 말하려는 것은 오이디푸스기 때 아이들은 이성 부모에게 더 끌리지만, 자기 의지를 세워서 동성 부모를 더 동일시한다는 것이다—역자 주.

들을 사랑하지만 욕망의 대상으로 삼을 수밖에 없었던 이성 부모들과 가까이 하려는 특권을 포기하기만 하면 됩니다. 그런 생각을 가지면서 그들은 어머니와 아버지는 물론 모든 사람들이— 다른 동물들과 달리—자기와 똑같이 근친상간 금지라는 같은 율법의 굴레 아래 있다는 사실을 알게 됩니다. 그리하여 그들은 유아시절에 꾸었던 꿈에서 떠나고, 그들이 사는 사회의 여러 가지 율법들을 익히며, 그 사회에 받아들여지면서 그들에게 주어진 권리와 의무가 무엇인지 알게 됩니다. 그 과정에서 그들은 그와 같은 성, 나이, 계층에 속한 다른 사람들에게 자기 모습을 거울처럼 비춰가면서 그것들에 대해서 배우게 됩니다. 그러다가 그들은 이제 그들이 이 세상에서 사는데 필요한 생업(生業)에 대해서 배우고, 결혼할 나이가 되면, 그들에게서 일어나는 육체적인 욕망들을 충족시키고, 다른 사람(들)과 더불어 그들에게 주어진 육체적인 임무, 즉 아이를 낳고 교육시켜야 하는 임무를 완수하게 해주는 삶의 동반자를 찾게 됩니다. 후손을 낳게 되는 것입니다. 그런데 그들이 다른 사람들과 만나고, 그들의 후손들과 만나면서 비추는 거울[18*]은 다시 그에게 하나의 함정이 될 수 있습니다. 왜냐하면 그들의 욕망은 언제나 완수되면서 쾌락을 요구하기 때문입니다. 정말이지 우리 육체와 마음은 언제나 많은 것들을 요청하고 있으며, 우리들은 언제나 우리 몸 속에 짜넣은 주물(呪物)[19*] 같은 정체성을 부러워하고 있습니다. 그 예로써 그들은 그 자신이 가진 욕망의 함정에 빠질 수 있는데, 그 욕망이란 그가 죽거나 잘못될지라도 그의 존재를 담보해 줄 수 있는 다른 사람을 욕망하는 것입니다. 즉 그들은 자기네들이 사랑하는 다른 사람들로부터 인정받고, 그들에게 집착하려는 함정에 빠지는 것입니다. 그래서 그들은 자기네들을 별로 칭찬하지 않는 사람들을 멀리하고, 자기네들이 비록 동일시하는 사람들이라고 할지라도 그들이 자기 것으로 간직하려고 하는 이미지를 망쳐버리거나 다른 사람 속에서 보려는 사람들을 멀리합니다.

내가 지금 급하게 묘사한 이 도식(圖式)은 인간의 모든 행동들 속에서 찾아볼 수 있는 모습입니다. 그러나 우리가 다른 사람 속에서 우리를 거울처럼 비춰보는 이 심리학적인 과정은 예수님이 우리에게 계시한 하나님과 인간 사이의 새로운 연합—새로운 연합에 대한 이미지는 성경에 나타난 과거의 연합 위에 세워졌고, 이 비유 속에서 특별히 시도되고 있습니다—이 어떤 것인가 하는 것을 알게 하기에는 충분하지 않습니다. 예수님은 언제나 새로운 가르침을 주실 때 과거의 방법들을 전혀 무시하지 않았으며, 과거의 방법들이 전하지 못했던 것을 초월해서 가르치려고 했습니다. 그래서 예수님은 거울의 이미지도 버리려고 하지 않았고, 다만 거울의 이미지를 사용해서 그것보다 더 깊은 진리를 가르치려고 했습니다. 거울의 이미지는 언제나 이 세상에 있는 모든 행동거지들을 비추고, 의미를 비추는 수단으로 남을 것입니다. 그러나 예수님은 우리에게 이 세상의 왕국(겉으로 드러난 것들만 중요시하거나 신기루 같은 것을 꿈꾸는 왕국)을 뛰어넘는 왕국, 즉 진리의 왕국을 계시하고 있습니다.[6]

하나님과 인간 사이에 설정된 새로운 연합에서 촉발된 인간 사이의 새로운 연합은 성, 나이, 인종, 율법에 의해서 규정된 모든 행동 윤리들을 벗어나는 것입니다. 물론 어떤 특정한 정치 지도자가 선포한 법률이 한시적으로 사회 질서를 위해서 필요하기는 합니다. 그러나 이 새로운 연합은 그들의 정신적인 발달 정도나 언어나 민족에 관계없이 모든 사람들에게 해당되고 있습니다.

---

6 여기에서 돌토가 거울의 이미지에 관해서 길게 이야기하는 것은 앞에서 설명한 라깡의 거울 단계를 의식해서 인듯하다—역자 주.

왜냐하면 그것은 진리 안에서 이루어지는 사랑의 연합이며, 모든 사람들이 하나님 앞에서 평등한 영적인 연합이기 때문입니다.

지금 선생님이 말하려고 하는 것은 무엇입니까? 예수님이 우리의 진정한 이웃이 누구냐 하는 것을 알게 하기 위해서 예를 드신 것과 우리가 우리 자신을 사랑하듯이 우리 삶 전체를 바쳐서 사랑해야 하는 대상은 이 비유 속에서 사마리아 사람이 자기가 구한 사람을 다시 살리는 모습을 통해서 마치 거울에 비추듯이 잘 나와있다는 사실을 말하려는 것입니까? 그렇지 않습니까?

맞습니다. 바로 그 점입니다. 또 한 가지는 부상당했던 그 사람은 사마리아 사람 덕분에 그의 영혼과 육체를 다시 통합시키고서 자기 길을 다시 걸어갔다는 것입니다. 그 사람의 운명은 사마리아 사람이 없었다면 강도들이 죽이려고 집어넣었던 구덩이 속에 파묻혀서 끝나버렸을 것입니다.

그러나 이 비유에서 새로운 점, 또한 놀랍고, 혁명적인 점은 예수님이 함께 대화를 나누었던 유대인들에게 있어서 사마리아 사람들은 결코 칭찬할만한 모범이 되지 못하는 사람이었다는 사실입니다. 또한 상인이었던 그 사마리아 사람이 그가 구해주었던 사람에게 아무 것도 되돌려 받으려고 기대하지 않았다는 사실입니다. 그는 그가 구해주었던 사람이 누구인지 조차 몰랐습니다. 그는 다만 그와 같은 여행자였고, 그것 이외에 그에 대해서 아는 것이 아무 것도 없었습니다. 그가 했던 행동들 역시, 그것들이 아무리 그 상황에서 효과적인 것이었다고 할지라도, 별로 내세울 만한 것은 없었습니다. 하지만 그는 그렇게 너그러운 사람은 아니었던 것 같습니다. 왜냐하면 그가 강도 만난 사람을 여관 주인에게 맡기면서 두 데나리온 밖에 지불하지 않았는데 그것은 결코 많은 돈은 아니었기 때문입니다. 그것이 그렇게 많은 돈이 아니라는 사실은 그가 떠나면서 만약에 비용이 더 든다면 돌아오는 길에 들러서 더 지불하겠노라고 한 말에서도 드러납니다.

하지만 그의 구조 받은 사람은 사마리아 사람이 그렇게 너그러운 사람이 아닌데도 불구하고 평생 동안 그를 자기처럼 사랑할 것입니다. 그는 그가 그렇게 비용을 아끼려고 했다는 사실은 모를 것입니다. 그러다가 그가 어느 날 여관 주인으로부터 그가 그렇게 했다는 사실을 전해 듣는다면, 얼마나 실망하겠습니까? 그 곁을 지나갔던 그 사마리아 사람이야말로 "보잘 것 없고", "쩨쩨하며", 경건하지도 않은 사람으로서 유대인들에게 미움 받는 전형적인 사람이라고 생각했을 것입니다. 그럼에도 불구하고 평생 동안 그를 사랑한다는 것은 얼마나 걸림돌이 되는 노릇이겠습니까?

그렇기 때문에 선생님 생각에는 이 비유가 하나님과 사람들 사이의 새로운 연합을 설명하는데 매우 중요하다는 말씀이군요.

그렇습니다. 이 비유는 하나님과 사람들 사이에서 이루어지는 새로운 연합인 복음을 이해하는데 매우 중요한 것입니다. 사람들은 보통 창조의 신비를 눈앞에 보고, 또한 그들의 실존이 그들의 유년 시절의 허약성과 마찬가지로 너무 약한 것이나 아닌가 하는 우려와 그들이 언젠가 죽을 수밖에 없는 존재라서 그들의 실존 역시 임시적인 것이나 아닌가 하는 우려 때문에 자기의 무력함을 얼버무리려고 인간의 운명을 지배하고 있는 마술적인 힘을 상상하면서 희망을 가지려고 합니다. 그래서 그들은 그들의 생업을 통해서 획득한 재화를 희생과 봉헌을 통해서 자연(自然)에서 찾아볼 수 있고, 그들이 신이라고 부르는 신비한 힘에게 바치고 있습니다. 즉 그들의 안전에 필요한 부(富)와 시간의 일부를 바쳐서 감사와 청원 기도를 하는 것입니다. 그 신들은 그들이 어린 시절에 매우 강력한 존재라고 생각했던 어른들과 비슷합니다. 그러나 그 신들은 인간의 조건 아래 있지 않습니다. 그들은 그 신들의 비위를 맞추려고 애쓰고, 그들이 좋아하는 것을 바치려고 하는데, 그것은 그들이 부모님께 전적으로 의존해 있을 때 그 부모님들 앞에서 했던 것과 똑같은 유아적인 행위입니다. 그들이 병들고, 고난당하며, 무엇인가를 잃어버리면, 그것은 그 신들이 그들에게 화를 내는 것이며, 그들이 무엇인가를 위반해서 그 대가로 그들을 처벌하고, 위험에 처하게 하는 것이라고 생각하는 것입니다. 그렇지 않으면 그들이 그 신들의 화를 누그러뜨리고, 그들을 기쁘게 하며, 그들의 환심을 사기 위해서 아직 충분히 애쓰거나 지불하지 않았기 때문이라고 생각하기도 합니다.

모세 시대이래 그들에게 개인적인 행동 규범은 물론 사회적인 행동의 율법—이 율법들은 그들과 하나님 사이의 권리와 의무, 어른과 어린이 사이, 부부 사이, 어른들 사이의 권리와 의무에 관한 것들이며, 내 것과 다른 사람의 것 사이의 구분, 토지의 소유 및 어떤 쾌락은 즐겨도 되고, 어떤 쾌락은 즐겨서 안 되는가 하는 것들에 대한 율법입니다—을 내려주었다고 하는 유일신을 믿던 사람들은 예수님 시대에 예수님에게 이 유일신을 투사시켰습니다. 즉 예수님이 한 모든 행동들에서 이 강력하고, 사람들을 사로잡으며, 창조주이고, (마치 가축들이 그 주인의 소유라는 것을 표시하는 낙인을 가지고 있듯이) 그들이 모두 그 신에게 속해 있다는 징표를 그들의 몸에 지니고 있는 이 민족의 주인인 유일신의 모습을 발견한 것입니다. 모든 유대인들을 두려움에 떨게 하는 이 신은 때때로 좋은 신으로 나타납니다. 그러나 그것은 아주 까다로운 아버지라도 때때로 좋은 아버지가 될 수 있는 것과 마찬가지입니다. 그러나 이 신은, 사실은 질투심이 많고 복수하는 신입니다.

　이 신의 이름으로 예언을 하는 예언자들은 그 백성들이 연약해서 종교적이고 사회적인 율법을 어길 경우 이 신이 처벌을 한다고 외쳤습니다. 유대인들은 이 신에게 그들에게 아무리 해도 만족하지 않는 어떤 사람의 모습이나, 그들이 어린 시절 가지고 있지 않다고 생각하는 절대적인 권위를 가진 아버지의 모습을 투사시킨 것입니다. 그런데 이때 아버지가 가지고 있다고 생각하는 절대적인 권위란 사실은 하나님에게 속한 것이 아닙니까? 그리고 아버지가 하는 말은 언제나 진리는 아니지 않습니까? 그러나 그때는 그렇게 생각했습니다. 보잘것없고, 약한 사람들은 언제나 그들보다 강하고, 하나님께 잘 보인 사람들, 또는 자기네들의 권력과 권위가 하나님으로부터 나왔다고 주장하면서 힘없고 가련한 사람들에게 가혹한 율법을 강요하는 사람들에게 복종해왔습니다. 그런데 하나님의 이름으로 가해지는 이 율법들은 언제나 그들은 강자이고 이 사람들은 약자이기 때문에 정당화되었습니다. 별 볼일 없는 사람들을 때리는 사람은 언제나 그럴만한 가치가 있는 사람이기 때문입니다. 또한 그렇게 비천한 사람들과 상종해서는 안 됩니다. 그들이 사는 공동체에서 배척 당한 사람들은 언제나 무엇인가를 위반한 사람들이었습니다. 그런 사람들, 즉 공동체에서 쫓겨난 사람들은 자기는 물론 다른 사람들도 왜 그런지 모르지만 그들의 율법을 부정했거나 어긴 것에 틀림없습니다. 그들이 약하거나, 병이 들었거나, 아이를 낳지 못하거나, 가난하거나, 고난을 당한다면, 그것은 그들이 죄를 지었기 때문입니다. 그러므로 자기네들의 언어 체계에 동의하지 않고, 자기들의 신을 알지 못하며, 다른 신을 섬기는 다른 사람들, 즉 이방인들은 그들의 적입니다. 때때로 그들을 받아들이고, 그들과 교역을 해야 할 때도 있습니다. 그러나 그때에도 "형제애"는 있을 수 없으며, 그들과는 같이 살아서도 안 됩니다. 결혼은 물론 성 관계를 맺어서도 안 됩니다. 그들과의 사이에서 갈등이라도 생기면 피도 눈물도 있을 수 없습니다. 이스라엘의 하나님을 모르는 그 "개자식들", "이방인들", "불경건한 사람들"은 인정받을 수 없으며, 부정한 사람들로서 사랑해서 안 되는 사람들인 것입니다.

이 비유가 완전히 폐지하지는 않지만 매우 과격한 방법으로 초월하고자 하는 것은 자연법과 유대법 사이의 관계입니다. 그것은 이 비유에서 제사장과 레위인이 부상당한 사람을 멀리 피해서 돌아간 것에 대해서 비난받지 않는 것을 유심히 읽어보면 압니다.

이 짧은 비유는 겉으로 보기에는 그것을 말하는 것 같지 않지만 사실은 우리들에게 사랑이 가진 미묘한 사슬을 보여주고 있습니다. 그런데 그 사슬은 모든 사람들을 하나님과 그의 백성들 사이에서 형성되는 새로운 연합이라는 무조건적이며 제어할 수 없는 살아있는 사랑에 이끌어들이면서 다시 묶는 사슬입니다. 따라서 이 비유가 말하려고 하는 것은 하나님과 사람들 사이에 형성된 새로운 연합을 바탕으로 해서 모든 사람들이 새롭게 연합되어야 한다는 것입니다.

이 이야기는 우리를 우리 마음속에서 매우 멀리 나아가게 하고 있습니다.

우리가 우리와 같은 모습을 한 사람을 볼 때, 그 사람을 사랑하고 그 사람 안에서 우리 영혼을 발견할 수 있다는 심리학적인 사실은 우리가 언젠가 한번 인식했던 사실이고, 예수님이 살던 이전 시대에도 진리였으며, 사람들이 이 지구상에 남아있는 한 언제까지나 진리로 남아 있을 것입니다. 또한 우리가 작고, 가난하고, 외로운 사람을 만나서 그 사람 안에서 우리와 비슷한 것을 인식하면서 그를 사랑하게 되고 그에게 우리 영혼을 모두 내주게 된다는 것 역시 진리입니다. 사마리아 사람의 이 비유는 그 사실을 결코 부정하지 않습니다. 그러나 이 비유는 그것보다 더 멀리 나아가고 있습니다.

거울의 이미지를 넘어서, 우리의 정체성과 연결된 영혼을 뛰어넘는 데까지 나아간다는 것입니까?

그렇습니다. 그것을 훨씬 더 뛰어넘고 있습니다. 왜냐하면 이 비유는 우리에게 하나님의 나라를 계시해주기 때문입니다. 하나님 나라에서 우리 욕망은 우리가 구원할 수도 있고 구원하지 못할 수도 있는 우리 영혼에 매달려 있지도 않고, 시간과 공간의 제약 속에서 사는 우리 육신의 운명에 매어 있지도 않으며, 종종 헷갈려 하면서 우리 자신을 비춰보는 다른 사람의 눈초리에 매어 있지도 않습니다. 또한 이 비유는 우리에게 겉으로 보기와는 다른 사랑의 역동적인 진리를 말해줍니다. 즉 우리가 사는 이 세상에서 욕망이 나타내는 가치에서 살펴볼 수 있듯이 사랑에는 우리를 매혹하는 심미적인 것이 있다는 것을 가르쳐 주며, 사랑은 우리에게 쾌락이라는 보상을 주거나, 우리 욕망이 이루어지지 않았을 때를 살펴볼 수 있듯이 잘못되었을 경우 우리에게 불안-처벌을 준다는 것을 가르쳐 줍니다.

이 비유는 우리에게 또 다른 것을 말해주고 있습니다. 그것은 우리가 생존경쟁에서 패배하고 모든 것을 박탈당하고 아주 비참할 때, 또한 우리가 잘못했든지 아니면 다른 사람이 잘못했든지 간에 우리가 고통 때문에 쓰러지고, 체면을 깎이며, 우리 존재를 모두 해체시키는 본성적인 힘 때문에 좌절 속에서 소외감에 휩싸일 때, 우리가 모르는 어떤 사람이 우리 안에서 자기와 닮은 우리의 모습을 보고 우리에게 다가와 여러 가지 적절한 행동들을 함으로써 우리 곁에 있어주며 인간의 존엄성을 보여주었다는 사실입니다. 그가 누구이든지 간에 그는 우리 이웃이며, 우리는 그 사람을 우리 자신처럼 사랑해야 합니다.

이 비유는 또한 우리가 그 사람에게 집착하거나 그 사람이 우리에게 집착하고, 우리가 그 사람 안에서 우리 모습을 찾아야 한다고 말하지는 않습니다.

예수님이 말씀하신 것은 이것입니다. "가서, 그와 같이 하시오." 다시 말해서 그 사람을 기억하면서, 그 사람이 우리에게 한 것처럼 우리도 그에 대한 사랑 안에서 다른 사람에게 다가가서 그를 사랑하라는 것입니다. 다른 사람들 역시 우리에게 빚진 것은 아무 것도 없습니다. 왜냐하면 우리가 그 사람들 덕분에 우리 사랑을 실현시킬 수 있었기 때문입니다.

그 사람들은 자유로운 상태에서 우리가 그들에게 했듯이 또 다른 사람들에게 그렇게 할 것입니다. 이것이 그들의 삶에서 죄나 허물을 전혀 알지 못하는 하나님의 자녀들이 가지는 자유입니다. 그들은 죄 대신에 사랑, 모든 분리(그것이 육신의 죽음에서 오는 것이라고 할지라도)를 초월하고, 욕망과 그 욕망들에 내재해 있기 마련인 여러 가지 함정들 및 거기에서 오는 기쁨이나 고난을 모두 초월하는 살아있는 사랑만 아는 하나님의 자녀들이 가지는 자유입니다. 이 사랑은 겉치레나 거울은 물론 이 세상에 있기 마련인 모든 거짓이나 확실성을 초월하고 있습니다. 그리하여 우리들에게 여러 가지 경험을 하게 하고, 사랑의 행위들을 하게 함으로써 근원을 알 수 없는 원천으로 이끌고 갑니다.

　선한 사마리아 사람의 비유가 우리에게 말하려는 메시지는 우리를 이렇게 혁명적이고 새로운 삶으로 이끌어 가는 것입니다.

9
이방여인

마가복음 7:24-30

예수께서 거기에서 일어나셔서, 두로 지역으로 가셨다. 그리고 어떤 집에 들어가셨는데, 아무도 그것을 모르기를 바라셨으나, 숨어 계실 수가 없었다. 악한 귀신 들린 딸을 둔 여자가 곧바로 예수의 소문을 듣고 와서, 그의 발 앞에 엎드렸다. 그 여자는 그리스 사람으로서, 수로보니게 출생인데, 자기 딸에게서 귀신을 내쫓아 주시기를 예수께 간청하였다. 예수께서 그 여자에게 말씀하셨다. "아이들을 먼저 배불리 먹여야 한다. 아이들이 먹을 빵을 집어서 개들에게 던져 주는 것은 옳지 않다." 그러나 그 여자가 예수께 말하기를 "주님, 그러나 상 아래에 있는 개들도 아이들이 흘리는 부스러기는 얻어먹습니다" 하였다. 그래서 예수께서 그 여자에게 말씀하셨다. "네가 그렇게 말하니, 돌아가거라, 귀신이 네 딸에게서 나갔다." 그 여자가 집에 돌아가서 보니, 아이는 침대에 누워 있고, 귀신은 이미 나가고 없었다.

마태복음 15:21-28

예수께서 거기에서 떠나서, 두로와 시돈 지방으로 가셨다. 마침, 가나안 여자 한 사람이 그 지방에서 나와서 외쳐 말하였다. "다윗의 자손이신 주님, 나를 불쌍히 여겨 주십시오. 내 딸이, 귀신이 들려 괴로워하고 있습니다." 그러나 예수께서는 한 마디도 대답하지 않으셨다. 그 때에 제자들 다가와서 "저 여자가 우리 뒤에서 외치고 있습니다. 그를 돌려 보내 주십시오" 하고 청하였다. 그러나 예수께서 대답하여 말씀하시기를 "나는 오직 이스라엘 집의 길을 잃은 양들에게 보내심을 받았을 따름이다" 하셨다. 그러나 그 여자는 와서, 예수께 무릎을 꿇고 "주님, 나를 도와 주십시오" 하고 간청하였다. 예수께서 대답하시기를 "아이들이 먹을 빵을 집어서, 개들에게 던져 주는 것은 옳지 않다" 하시니, 그 여자가 말하였다. "주님, 그렇습니다. 그러나 개들도 주인의 상에서 떨어지는 부스러기는 얻어먹습니다." 그제서야 예수께서 그 여자에게 말씀하셨다. "여자야, 참으로 네 믿음이 크다. 네 소원대로 될 것이다." 바로 그 때에 그 여자의 딸이 나았다.

쩨라르 쎄베랭: 예수님은 지금 바리새인들에게 그들의 전통을 어겼다고 고소 당했습니다. 그리고 그들과 잠시 토론하신 다음 그 지역을 떠났습니다.

프랑소와즈 돌토: 그렇습니다. 우리는 이 구절에서 예수님이 영을 찾기 위해서 모세의 율법에 쓰인 문자들을 뛰어넘는 모습

을 볼 수 있습니다. 예수님은 율법을 없애지 않았습니다. 오히려 율법에 생명을 불어넣음으로써 그것을 풍부하게 했습니다.

사람들은 예수님이 율법을 어겼다고 말할 수 있을 것입니다. 그러나 사실은 그가 율법을 율법답게 하는 효소를 찾게 하셨고, 모든 규칙의 원천을 되찾을 수 있게 하신 것입니다. 다시 말해서 예수님은 인간의 행동 안에 있는 보편적인 정신을 찾기 위해서 유대 율법의 문자들에서 떠난 것입니다.

"그대가 음식을 먹기 전에 손을 씻거나, 그대가 무엇을 먹는가 하는 것은 별로 중요한 것이 아니다. 중요한 것은 그대의 마음이다. 왜냐하면 악이 깃들 수 있는 곳은 그곳이기 때문이다." 그런데 예수님의 이러한 태도는 그를 둘러싸고 있는 이 백성들의 사고방식에는 혁명적인 것이었습니다.

말하자면, 예수님은 그런 금지들을 제거하면서 신학적으로 ⋯ 일종의 "경계선"을 넘어가신 것입니다. 그리고 복음서의 이 구절에서 예수님은 지금 국경선까지 넘어가셨습니다. 이스라엘 땅을 넘어서 이방인의 땅으로 들어온 것입니다.

그 사실이 나에게는 결정적인 것으로 보입니다. 그가 걸었던 "긴 여정"이 그로 하여금 구원의 땅을 떠나서 두로와 시돈 가까이 있는 이방인의 땅에 오게 한 것입니다. 그것은 엄청난 일이었습니다.

예수님은 그때까지 그의 제자들을 선교 여행에 보내면서 이렇게 말했습니다. "이방 사람의 길로도 가지 말고, 또 사마리아 사람의 도시에도 들어가지 말고 이스라엘 집의 잃은 양 떼에게로 가거라"(마태복음 10:5-6). 그런데 그는 이제 이스라엘 밖으로 나가는 모험을 한 것입니다.

하지만 그는 반쯤밖에 나가지 않았습니다. 그는 자기가 누구인지 감추려고 했기 때문입니다.

맞습니다. 그는 그때 아직 불확실했고, 어떻게 해야 할지 완전히 정한 것 같지 않습니다. 그는 다만 반쯤밖에 하지 않았습니다. 그는 이방인들의 나라에 들어갔지만, 기적을 행하려고 하지는 않았습니다 … 가나안 여자가 와서 자기 딸을 살려달라고 애원했을 때도, 그는 그 청을 받아들이지 않았습니다 … 또한 그의 제자들이 그에게 무엇인가를 해야 하지 않겠느냐고 요청할 때도 자기는 "이스라엘 집의 잃은 양떼를 위해서" 보냄 받은 것이라고 말했습니다. 이런 것들을 볼 때 우리는 그에게서 어떤 어렴풋한 인상밖에 느낄 수가 없습니다.

선생님은 예수님에게 명확한 것이 정말 없었다고 생각합니까?

예수님의 유보적이고 신중한 태도는 사람의 아들로서의 그가 유대인으로서의 의식을 가지고 있었다는 사실을 보여주지 않습니까? 그가 이스라엘 사람으로서의 의식을 가지고 있었는지, 아니면 세계인으로서의 의식을 가지고 있었는지는 확실하지 않습니다.

예수님에게 변환을 가져온 것은 그리스 계통의 이 이방 여인의 말이었습니다. 그 여인은 이렇게 말했습니다. "상 아래에 있는 개들도 아이들이 흘리는 부스러기는 얻어먹습니다." 거기에 대해서 예수님은 이렇게 답변하셨습니다 : "네가 그렇게 말하니, 돌아가거라, 귀신이 네 딸에게서 나갔다."

그러면 여기서 "네가 그렇게 말하니 … "라는 말의 의미는 무엇입니까?

예수님은 아직 그가 모든 사람들을 위해서 보내졌는지 아닌지 하는 것을 명확하게 알지 못했습니다.

여기에서 예수님은 모험을 한 것입니다 … 그러나 그가 이렇게 여기에서 이스라엘 국경을 넘어서 모험을 하고 있다면, 그는 앞으로도 유대인들만을 "먹일 것"입니다. 아마 예수님은 아직 그에게 주어진 사명에 대해서 잘 알지 못하는 것 같습니다.

그는 아마 그의 제자들을 흔들어 놓고, 유대인으로서의 그들의 정체성을 파괴할지도 모르는 누룩을 집어넣는 것이나 아닌가 하는 두려움을 가졌을 수도 있습니다 … 그는 아직 위대한 기적을 행하지 않았습니다. 그가 가르치기에는 너무 이르다고 생각했는지도 모릅니다 …

그가 여태까지 행했던 수많은 기적들과 비교해 볼 때 그리 커 보이지 않는 이 사건 속에서 우리는 예수님 안에서 어떤 욕망이 싹트고 있는 것을 볼 수 있습니다. 아니면 그가 그의 욕망을 찾는 모습을 볼 수 있습니다.

그렇습니다. 그는 지금 그의 욕망의 표출 앞에 서 있습니다. "내 아버지의 일"(누가복음 2:49)이 표출되는 순간에 서있는 것입니다. 하지만 그 아버지는 유대인들의 아버지만이 아니라 모든 사람들의 아버지입니다.

그 모습을 다 드러내지 않았지만, 우리 내면에 있는 이 본래적이고, 독특한 욕망을 발견한 다음에 예수님은 우리 모두가 그렇듯이 불안을 … 느꼈습니다. 왜냐하면 그 역시 사람이었기 때문입니다.

이때가 예수 그리스도의 운명에서 변환의 순간이었습니다. 그런데 모든 사람들은 변환의 시기에 불안해하고, 하나님께 어떤 징표를 보여달라고 요청합니다. 우리를 조이고 있지만 우리가 그것을 완수할 수 있을지 아직 확실하지 않은 그 욕망을 실현할 수 있는 힘을 얻기 위해서 어떤 징표가 나타나기를 기다리는 것입니다. 우리가 율법들을 어긴다면 그 욕망 실현은 더욱더 불확실할 것입니다.

그렇다면, 그리스계의 이 가나안 여인은 예수님이 의식하고 있는 그의 운명에서 어떤 변환의 징표 역할을 했다는 말입니까?

이 이방 여인, 이 이교도 여인, 태어나면서부터 진짜 이교도였던 이 여인이 예수님에게 처음으로 메시아의 길, 그리스도의 길, 예언자의 길에 들어서도록 했습니다. 이방 지역에서 이방인을 고치도록 했던 것입니다.

예수님은 이때 처음으로 이교도도 그를 믿을 수 있고, 신앙이나 구원이 국경선을 넘을 수 있으며, 이교도들과도 의사소통이 가능하다는 사실을 알 수 있었습니다.

예수님은 처음에 당황한 듯했습니다. 우리가 혼자서 무엇인가 새로운 것을 하려고 하거나, 아직 확실하지 않은 것을 혼자 책임져야 하는 순간에 그렇듯이 모든 것이 분명하지 않은 상태에 있었던 것입니다. 그래서 그는 우선 아무 말도 하지 않았습니다. 그 다음에 언젠가 가나에서 그랬듯이 "안된다"고 했습니다.

그러므로 우리는 여기에서 우리 욕망은 처음부터 모두 알려지는 것이 아니라는 사실을 알 수 있습니다. 우리 욕망이란 매일 매일 조금씩 조금씩 자라나는 것이며, 그렇기 때문에 그것은 종종 우리를 불안하게 합니다.

그렇습니다. 여기에서 우리는 예수님이 정말 인간이었다는 사실을 알 수 있습니다. 그는 그에게 다가오는 여러 가지 사건들과 만남들과 그의 삶 속에서 무의식이 분출되는 것들을 통해서 그

의 길과 소명과 욕망을 발견했던 것입니다.[20*]

  이 그리스 여인, 다시 말해서 이 이교도 여인은 예수님에게 그의 임무가 어떤 것이라고 계시해 주었습니다. "선생님은 이방의 개[1]들에게 기적의 부스러기, 징표의 부스러기를 해줄 수 없습니까?"

  그녀는 예수님께 그렇게 많은 것을 요구하지 않았고, 그것은 예수님을 안심시켰습니다.

  내가 생각하기에 그 여인이 한 말은 예수님을 감동시켰고, 움직였으며, 자극하였습니다. 그래서 그에게 계시를 보여주었습니다. 그녀의 말은 아마 예수님의 내면에 있던 어떤 관심에 메아리를 울려 퍼지게 했을 것입니다.

  그때 예수님은 그가 "다른 사람들"에게도 관심을 기울일 수 있으며, 그의 임무는 보편적인 것이라는 사실을 알게 되었습니다.

  그 여인의 그 말 때문에 예수님은 해방되었습니다. 그래서 그는 그가 해야 하는 일이 무엇인지 구별하게 되었습니다. "아버지의 일과 아버지의 집"이 넓어지게 된 것입니다.

  그는 그의 제자들 사이에서 혼자 있었으며, 이스라엘 경계 밖에서 혼자 있었고, 그 범위가 정해지지 않아서 매일 매일 그 경계를 찾고 있는 그의 미래 앞에서 혼자 있었습니다.

  가나에서 한 여인은 그를 공적인 생애에 들어가게 했습니다. 그리고 여기, 이방 땅에서 또 다른 여인은 그를 보편적인 삶 속으로 들어가게 합니다.

---

[1] 유대인들에게 있어서 개는 부정한 동물이기 때문에 경멸받는 동물이었다. (마태복음 7:6.)

10
잃어버린 양과 드라크마

누가복음 15:1-10

세리들과 죄인들이 모두 예수의 말씀을 들으려고 그에게 가까이 몰려들고 있었다. 바리새파 사람들과 율법학자들은 서로 수군거리며 말하기를 "이 사람이 죄인들을 맞아들이고, 그들과 함께 음식을 먹는구나" 하였다. 그래서 예수께서는 그들에게 이 비유를 말씀하셨다. "너희 가운데서 어떤 사람이 양 백 마리를 가지고 있는데, 그 가운데서 한 마리를 잃으면, 아흔 아홉 마리를 들에 두고, 그 잃은 양을 찾을 때까지 찾아다니지 않겠느냐? 찾으면, 기뻐하면서 어깨에 메고 집으로 돌아와서, 친구들과 이웃 사람을 불러모으고 '나와 함께 기뻐해 주십시오. 잃었던 내 양을 찾았습니다' 하고 말할 것이다. 내가 너희에게 말한다. 이와 같이 하늘에서는, 회개할 필요가 없는 의인 아흔 아홉보다, 회개하는 죄인 한 사람을 두고 기뻐할 것이다." "어떤 여자에게 드라크마 열닙[1]이 있는데, 그가 그 가운데서 하나를 잃으면, 등불을 켜고, 온 집안을 쓸며, 그것을 찾아낼 때까지 샅샅이 뒤지지 않겠느냐? 그래서 찾으면, 벗과 이웃 사람을 불러모으고 '나와 함께 기뻐해 주십시오. 잃었던 드라크마를 찾았습니다' 하고 말할 것이다. 내가 너희에게 말한다. 이와 같이, 회개하는 죄인 한 사람을 두고, 하나님의 천사들이 기뻐할 것이다."

께라르 쎄베랭: 다른 한편에 양 아흔 아홉 마리를 두고, 광야에서 길 잃은 양 한 마리를 찾아 나서는 이 목자는 좀 이상한 것 같습니다.

프랑소와즈 돌토: 당신은 예수님이 별로 바람직하지 못한 사람들과 함께 음식을 드신다고 못마땅해 하는 바리새인들에게 예수님의 기본적인 태도에 대해서 설명하기 위해서 이 이야기를 하신다는 것을 알지 못하십니까?

당신은 바리새인들이 그들의 율법인 토라(la Thora)[2]에서 중요하다고 주장하는 것들과 그 원리들을 설명하고, 보충하기 위해서 그 율법을 주석한 것들을 지키며 사는 것을 잘 알 것입니다. 바리새인들은 그들이 완전하다고 생각했습니다. 그래서 그들은 "다른 사람들"을 엄격하게 판단했습니다. 바리새인들은 유대 사회에서 중요한 종교 집단을 만들었는데, 예수님은 종종 그

---

1 그리스 화폐의 단위인 드라크마는 로마 화폐 단위인 데나리온과 같은 것인데, 당시 농업 노동자 하루 품삯에 해당하는 가치를 가지고 있었다.
2 토라는 모세가 기록했다고 여겨지는 창세기, 출애굽기, 레위기, 민수기, 신명기 등 오경에 유대인들이 붙인 이름이다. 그러므로 토라는 법률서이고 역사서이며 유대 민족의 해방에 대한 계시서이기도 하다.

들과 논쟁을 벌이고 있었습니다.

여기에서 예수님은 양 한 마리를 잃은 목자의 이야기를 하고 계십니다. 그에게는 지금 잃어버린 한 마리의 양에 대한 생각밖에 없었습니다. 그는 다른 것을 생각할 겨를이 없었습니다. 다른 사람과 말을 할 수도 없었습니다. 이 양을 잃어버렸다는 생각에서 다른 일을 하지 못하고 그 양을 찾으러 나갈 수밖에 없었습니다.

그러면 그에게 그 양은 그렇게 중요했던 것입니까? 그는 아마 그 자신, 그의 마음, 그의 이미지에 사로잡혀 있었던 것은 아닙니까?

그렇습니다. 그 자신의 이미지에 사로잡혀 있었을 것입니다. 도망간 이 양은 조심성 많은 이 목자가 가지고 있던 자기 이미지 가운데서 어떤 약점을 자극했는지도 모릅니다.

그가 어떻게 다른 생각을 할 수 있었겠습니까? 그는 자기가 치던 양떼가 어떻게 그 전처럼 다시 살 수 있으리라고 생각할 수 있겠습니까? 양 한 마리가 없어졌습니다. 그런데 그 사실은 그에게 어려운 문제를 야기시켰습니다. 그는 그 사실을 따져보고, 또 따져보았습니다 … 한 가지 확실한 사실이 있었는데, 그에게 양 한 마리가 없어졌다는 사실입니다.

그래서 그 목자는 정신분석학 용어로 말해서 "잃어버린 대상"을 찾으려고 길을 떠난 것입니다.

어떤 이들에게 그 목자의 시도는 아주 물질주의적이고, 유아적인 것처럼 보일 수도 있습니다. 예수님은 우리에게 우리가 보통 상상할 수 없는 목자의 모습을 제시하고 있는지도 모릅니다.

하지만 그런 생각들은 우리가 그 사건을 우리가 가진 20세기적인 사고와 소비주의로 중독된 우리의 태도를 바탕으로 보기 때문인지도 모릅니다. 우리가 보기에 그것은 별로 심각한 문제가 될 수 없습니다. 다른 수많은 양떼가 있는데, 양 한 마리를 잃어버리는 것은 별로 커다란 문제가 되지 않는 것입니다.

그 목자는 그의 부를 확실하게 보여주는 그의 양들을 사랑했을 뿐만 아니라 그가 가진 양떼도 사랑했습니다. 그 양떼가 그의 것이었기 때문입니다.

그는 그런 선택을 하기가 매우 어려웠을 것입니다. 더구나 그런 선택은 정신나간 것이나 아닐까요?

그렇습니다. 그는 번민에 휩싸여서 이런 생각, 저런 생각을 많이 했을 것입니다. 그러다가 길을 잃은 그 동물이 커다란 위험에 빠지고, 곧 죽게 될 것이라는 생각도 들었을 것입니다. 뜯어먹을 풀이나 마실 물도 필요했을 것입니다. 그는 그가 기르는 가축들을 모두 사랑했습니다. 특히 어린것들이나, 새끼 밴 동물들이나, 병든 동물들은 더 주의해서 보살폈습니다. 그런데 지금 길 잃은 양 하나가 위험에 빠져 있습니다.

광야에서 양떼는 그들의 후각이 이끄는 대로, 또는 개의 인도를 따라서, 그렇지 않으면 딸랑 딸랑 울리는 방울 소리를 따르거나, 다른 양들이 우는 소리를 따라서 그들을 오아시스로 이끄는 길을 가고 있습니다. 행렬은 천천히 지나갑니다. 그 중에서 좀 처지는 놈도 있을 테지만, 결국 그 날 밤 그들이 쉴 곳으로 가는 것입니다. 목자는 양떼의 주력을 훑어보았는데 조용한 것처럼 느껴졌습니다. 그런데 이 조심성 없고, 자기밖에 모르는 놈, 그러나 결코 포기할 수 없는 이 놈은 길을 잃고 죽게 되었습니다. 그래서 그는 잃어버린 이 양, 죽음을 목전에 둔 이 양을 찾으려고 결심했습니다.
  이 목자는 여태까지 군서(群棲) 본능을 가진 이 양떼의 안전을 우선적인 것으로 생각하던 것에서 벗어나, 어떻게 무리에서 빠져나온 이 양을 잡아먹으려고 노리는 육식 동물들로부터 이 양을 되찾을 수 있겠습니까?
  그는 이 양을 되찾아야 했습니다. 그래야 했습니다. 그것만이 중요했습니다.
  이 비유 속에서 이 양들은 털을 깎는다거나, 파는 대상만이 아니었습니다. 그들은 그 양을 돌보는 목자의 생명이었습니다. 그는 그 양떼로 표상 되는 그의 부만 사랑하고, 그 양떼로부터 얻을 수 있는 이익만 생각한 것이 아니라 그 양떼 속에 있는 모든 양들을 사랑했습니다.

  그는 그 양들을 어머니나 아버지처럼 사랑했던 것입니다. 아이를 하나 잃었다고 생각해 보십시오. 그러면 그들에게는 모든 것을 잃었다는 생각이 들 것입니다.

  틀림없는 사실입니다. 어린아이 하나 하나는 모두 유일한 아이들입니다. 그래서 그 목자는 그런 결단을 내렸습니다. 그가 기다리면 기다릴수록 길 잃은 양은 더 헤맬 것입니다. 그는 그에게 무엇보다도 값지고, 유일한 이 참을 수 없는 결핍, 잃어버린 대상, 이 부재 상태를 극복하기 위해서 떠났습니다.
  그는 이 양이 죽으려고 떠났다고는 생각할 수 없었습니다. 왜냐하면 죽으려는 동물들은 어디에서 떨어지지 앞으로 나아가지 않기 때문입니다. 그러므로 이 비유에서 문제시되는 것은 죽음에 대한 욕망[21]이 아니라, 잘못된 욕망입니다.

복음서에서 자기의 충동이나 본능을 따랐던 이 양이 죄인을 나타낸다면, 죄를 범한다는 것은 자기 충동이나 본능을 따르는 것이라고 생각할 수 있겠습니까? 그렇지 않다면, 죄인들은 정신적으로 재난을 당한 사람들인 것입니까?

이 세상에는 그들의 본성 때문에 우연히, 어떤 잘못으로 "죄인"이 된 사람들이 있습니다. 그런데 그들에게 선한 의지가 있는 경우가 많이 있습니다. 그런 사람들은 율법이 전혀 문제시되지 않고, 율법을 지키는 것이 별로 어렵지 않은 사람들에게는 잘못된 사람들로 비칠 것입니다.

"덕이 높은 사람들"은 맹세하기를 잘하고, 간음하며, 도둑질하는 사람들을 죄인이라고 생각할 것입니다. 바리새인들은 그런 사람들을 토라에 의거해서 판정했습니다 … 그러나 예수님은 그 죄인들 가운데 길 잃은 이들이 있다는 것을 알았습니다. 그런 사람들은 모세의 율법을 교묘하게 어기거나, 심하게 어기지 않습니다. 그들은 길을 잃어버렸으며, 길 잃은 그곳에서 하나님께 다시 가려고 하지도 않고, 그들이 가진 욕망의 질서로 돌아가려고 하지도 않는 것입니다.

바리새인들과 "덕이 높은 사람들"은 길 잃은 사람들을 두려워합니다. 그리고 그들과 어깨를 맞대고 같이 살려고 하지도 않습니다. 왜냐하면 그들에게 감염되거나 그들이 사는 생활 태도가 그들을 유혹할지도 모르기 때문입니다.

길 잃은 사람들 가운데는 그들 자신의 욕망을 율법에 비추어 보지도 않고, 그들 자신의 욕구나 본능을 욕망인 줄 알고 마치 동물처럼 사는 이들이 있습니다. 바리새인들은 그들이 율법을 따르지 않고, 그런 사람들에게 이끌려가기라도 할 것처럼 두려워했습니다. 바리새인들은 그런 사람들을 피했고, 그런 사람들을 경멸함으로써 그들을 흔들어 놓았습니다.

바리새인들이 생각하기에 율법이란 정말 올바른 것이 아니지 않았습니까? 하지만 그들은 하나님을 사랑하는 마음에서 율법을 지키는 것이 아니라, 다른 사람들이 무엇이라고 할까봐 율법을 지키거나, 복수하시는 하나님이 무서워서 지키는 것이 아니었습니까?

그들이 만일 하나님에 대한 사랑에서 율법을 지켰다면, 그들 역시 예수님처럼 그렇게 하지 않았을까요? 다시 말해서 그들을 사랑하고, 그들과 음식을 같이 나누며, 그들에게 좋은 모범을 보여줌으로써, 죄인인 그들의 형제들에게 하나님의 사랑을 전염시키면서 그들과 같이 가지 않았을까요?

그렇습니다. 이렇게 하는 것에는 전염성이 강합니다. 그때 죄인들은 이렇게 말할 것입니다. "이 사람들은 대단한 사람들이구나! 이들은 하나님을 사랑하고, 율법을 따라서 행동하는구나. 우리라고 해서 이 사람들처럼 못할 것이 무엇이냐?"

예수님이 바리새인들이 그렇게 하지 않는다고 비난하신 것은 바로 이 점 때문입니다.

하지만 선생님이 죄인들이라고 불렀던 사람들은 아마 정신적으로 상처를 입은 사람들이 아니었나 합니다. 그들이 율법에 대해서 부정적인 태도를 보였다면, 그것은 아마 그들이 무엇인가 잘못된 유년 시절을 보냈기 때문일 것입니다. 그런데 왜 그들에게 도덕적인 판단의 의미가 깃들어 있는 죄인이라는 표현을 쓰는 것입니까? 그들에게는 그런 유형의 정신구조가 형성되었던 것입니다 … 그것이 그들에게 불가피한 인간의 조건이었습니다.

나는 당신이 하는 말에 동의합니다.

그런 의미에서 나는 바리새인들은 좀 약하지 않았나, 정신적인 측면에서 좀 약하지 않았나 하는 생각이 듭니다. 바리새인들은 그들 주위에 변태라고 할 수 있는 사람[22]들이 많이 있었지만, 그들이 그런 상태에서 빠져 나오게 할 능력은 전혀 없었습니다. 다른 사람들은 전혀 변화되지 않은 상태에서 살아가는데도 그들은 그들에게 주어진 책임을 완수하지 못하고, 세월만 보냈던 것입니다. 그러자 다른 사람들은 그들에게 아무 것도 요구하지 않게 되었습니다.

어떤 사람이 죄를 졌다면, 그것은 그가 정신적으로 불구가 되었기 때문입니다. 어떤 사람이 선천적으로 눈이 멀었고, 팔다리가 하나가 없다면, 그것은 그의 도덕성과 전혀 관계 없는 것으로서 그에게는 아무 책임도 없습니다. 그러나 사람들은 그에게 죄인이라는 딱지를 붙입니다. 마치 강박증이나 히스테리 환자 등 정신질환자처럼 말입니다.

당신이 말한 것에 나 역시 동감입니다. 그런데 …
나는 아마 내가 사물을 보거나, 존재하는 방식에서 어떤 것에 포로가 되어있는지도 모릅니다. 그러나 나는 모든 사람들이 어느 정도는 기계적이고, 전적으로 결정주의적인 방식으로 생각하고 있지 않은가 하는 생각을 떨쳐버릴 수 없습니다. 정신분석가로서 내가 그동안 경험한 것들은 나에게 우리 삶의 모든 정신 현상들이 우리가 아무리 우리에게 영향을 끼치는 자유의 일정 부분에 대해서 알지 못하고 있을지라도 그에 따르는 정신적이고 물리적인 운동들의 조합으로 이루어진 것이라는 사실을 보여주고 있습니다.
우리에게는 가끔 결단을 내릴 수 있는 잠재 능력, 즉 결단을 내릴 수 있는 싹이 있습니다. 그러나 우리는 어떻게 그것이 존재

한다는 사실을 알 수 있겠습니까? 그 잠재 능력의 어렴풋한 것이 우리 의식에 어느 정도 스며들기는 합니다.

나는 복음서를 읽을 때, 우리에게 끊임없이 그런 결단과 책임을 느끼도록 촉구하고, 우리의 본능에 대해서 예민하게 인식할 것을 촉구하는 예수님을 만납니다.

우리에게서 어떤 부분적인 충동이 떨어져나가면 우리 존재 전체에 대한 우리의 책임은 문제시됩니다. 사실, 우리는 우리의 충동은 모두 하나가 되어 우리 지성과 밀접하게 이어져 있고, 우리 삶 전체에 도움이 될 수 있는 방향으로 나아가야 한다는 사실을 알고 있습니다.

그러나 우리 충동 가운데 일부는 때때로 잘못된 길에 접어들어서 우리 자신과 분리될 때가 있습니다. 그때 우리는 인간으로서의 우리 욕망이 가진 의미를 깨닫고, 우리 존재의 전일성(全一性)을 이루어야 한다는 책임감에 입각하여, 우리보다 강한 사람의 도움을 받아들여서, 그 부분적인 욕망들의 흐름을 지켜보고, 그것들이 다른 욕망들과 하나가 되게 하여야 합니다.

그러므로 우리는 길 잃은 양 한 마리를 한 개인만으로 보아서는 안 된다고 생각합니다. 오히려 양떼 전체가 한 사람이고, 목자는 그 사람의 머리나 가슴으로서, 그 사람에게서 생각하거나 사랑하는 주체가 되는 부분입니다. 그리고 예수님은 그 사람에게 내재해 있는 신적인 의식으로서, 그 사람이 부분적인 충동에 빠져서 길을 잃게 만들 수 없는 부분입니다. 예수님은 그 충동들이 모두 제대로 나아가게 해야 합니다. 그렇다고 해서 집단주의적인 방식으로 나아가게 하는 것이 아니라, 그의 존재 전체에 평안을 가져다주는 오아시스를 향해서 통합되어 나가게 하는 것입니다.

선생님은 잘못된 길로 나아가서 통합된 인격체를 위험에 빠지게 하고,

한 사람의 삶 전체를 망치게 하는 부분적인 충동의 예를 들어 줄 수 있습니까?

네, 알콜 중독이 바로 그런 예입니다. 사람들 가운데는 우울증에 빠져있거나 실제적인 삶에서 더 이상 희망을 찾지 못할 때, 정신적인 퇴행을 통하여 상상 속에서 꿈을 성취한 것 같은 기쁨을 누리거나 위안을 찾으려는 이들이 종종 있습니다. 그 위안은 그들이 아주 어렸을 때 그들의 어머니가 주었던 위안과 비슷한 것입니다. 그들은 그런 거짓된 위안에 홀려서 삶을 향해서 앞으로 나아가거나 책임을 지려고 하지 않고 그 자리에 멈춰 서고 맙니다. 알콜 중독의 과정에 들어서면, 그들은 불안하고, 우울한 마음을 술을 마시면서 꿈 속 같은 상태에서 외로움을 잊게 되어, 그들에게 닥친 고난을 해결할 수 있으리라고 믿게 됩니다. 그러나 술은 그들을 취하게 하고, 의지를 없애며, 그들의 몸을 파괴하게 됩니다.

우리는 이렇게 우리 자신을 술이나 약물에 내맡겨서 우리 존재 전체를 죽음에 이르게 할 수 있습니다. 그렇게 될 때, 우리에게 있는 또 다른 바람직한 충동들은 문제에 봉착하게 됩니다. 왜냐하면 우리 충동 가운데 하나가 우리의 몸과 감정과 지성을 모두 퇴행시키고 죽음에로 몰고 가기 때문입니다.

이 비유를 읽으면서 우리가 자기 혼자서 제 갈 길로 간 양에게 우리 자신을 동일시한다면, 우리는 선생님 앞에서 말했듯이[3] 이렇게 말할 수 있겠습니다. "나는 자유로운 사람이다. 우리 선생님은 왜 나를 찾고 있는가? 나는 내가 가고 싶은 데로 갈 권리가 있다."

---

3 앞에 나온 "나인 성 과부의 아들의 부활" 부분을 참조하라.

그 부분을 그렇게 해석하고 싶다면 … 그럴 수도 있습니다.

우리가 가고 싶은 데로 간다 … 물론입니다 … 우리 삶이 그렇다면 그럴 수도 있습니다. 그러나 여기에서 목자는 그의 양이 살기를 바라면서 실제로는 죽음을 향해서 나아간다는 사실을 잘 알고 있었습니다.

물론 그 욕망이 다른 모든 사람들의 욕망과 마찬가지로 의사 소통을 하려는 욕망이고, 또 우리 자신을 삶으로 이끌어 가는 욕망이라면, 그것을 다른 사람들과 다르게 실현시키는 것도 나쁜 것만은 아닐 것입니다.

우리는 우리를 이 양과 동일시하면서, 이 양이 그랬던 것처럼 우리가 지금 무작정 아무 데로나 가는 것이 아니라고 생각하며, 우리 욕망의 진정한 의미를 추구하다가 길을 잃어버릴 수도 있다고 생각합니다. 다시 말해서 우리는 우리 욕망의 진정한 의미인 다른 풀, 여기 저기 돋아나는 풀이 아니라 매우 희귀한 다른 풀을 뜯으려는 욕망을 실현시키지 못할지도 모른다고 생각할 수 있는 것입니다.

우리는 때때로 우리가 지금 어디에 있는지 알지 못할 때가 있습니다. 우리의 주위에 있는 모든 것들이 낯설어지고, 우리가 지금 사는 것이 제대로 사는 것인지 어렴풋해지는 순간이 있는 것입니다. 그렇습니다. 우리에게도 역시 … 우리가 지금 잘못된 길로 들어선 것이나 아닌가 하는 생각이 … 때때로 들 때가 있습니다. 어떤 때 우리들은 실제로 길을 잃어버리기도 합니다. 또 어떤 때 우리는 길을 찾기도 합니다 … 왜 그렇습니까? 그 이유는 우리 욕망이란 언제나 아직 드러나지 않은 것이고, 독특한 것이기 때문입니다. 그 욕망들은 때때로 우리에게 문제를 제기하는데, 그것들은 불안한 것일 수도 있고, 우리를 함정에 빠뜨리는 것일 수도 있습니다.

그런데 그것이 우리를 성가시게 하거나, 함정에 빠뜨린다면, 우리를 성가시게 하거나 함정에 빠뜨리기 위해서 그러는 것이 아니라, 우리가 그것을 우리의 진정한 욕망이자 "소명"이라고 믿으면서 살기 때문입니다. 그때 그것은 우리를 못 살게 굽니다. 그것은 브라쌍(Brassens)[4]이 이렇게 말한 것과 똑같은 것입니다. "용감한 이들은 다른 이들이 그들이 개척한 길 이외에 다른 길로 가는 것을 좋아하지 않네."

함정에 빠지기 위해서 함정에 빠지는 것은 다른 사람들에게 어떤 인상을 주기 위해서 자기만 바라보기 때문입니다. 다시 말해서 자기 이미지에 고정되어 있기 때문입니다.

그러나 여기에서 우리는 길 잃은 이 양은 자기 "욕망"을 실현시킬 수 있는 삶의 조건을 뛰쳐나간 것이라고 말할 수 있을 것입니다 … 자, 여기에 양떼를 떠난 양 한 마리가 있습니다. 그 양은 "보편적인 양"이 되기를 원하지 않았습니다. 그러나 목자는 그 양이 그렇게 하기를 바라지 않았습니다. 그래서 그는 그 양이 길을 잃지 않도록 하기 위해서 그 양을 찾아 나섰고, 그 양을 자기 어깨에 메고 옵니다라고 우리는 말할 수도 있을 것입니다.

여기에서 당신은 신인동형동성론적인[5] 견해를 보여주었습니다

---

[4] Georges Brassens(1921-1981). 프랑스의 가수로서 무정부주의적인 노래말을 지어서 주로 기타 반주에 맞춰서 노래 불렀다--역자 주.

[5] 신인동형동성론(神人同型同性論, anthropomorphisme): 신이 인간과 같은 모습과 같은 성질을 가졌다고 생각하는 견해로서, 사람들이 흔히 범하기 쉬운 생각이다. 특히 어린아이들은 신과 인간의 차이를 구별하지 못하고 신에게 자기 모습을 투사하여 신을 자기처럼 생각하는 경우가 많다. 신 역시 자기처럼 화를 내거나 질투한다고 생각하는 것이다. 그리스-로마 신화

… 다시 말해서 당신은 이 양에게 인간의 감정을 그대로 대입시킨 것입니다.

그러나 당신이 말한 것 가운데는 올바른 것도 있습니다. 이 세상에는 얼마나 많은 사람들이 다른 사람들과 똑같은 방식으로 살지 않으려 하고, 다른 사람들이 이미 걸어갔던 길을 밟지 않으려고 하며, 새로운 길은 만들고, 다른 사람들과 다른 가치관을 가지고 살려고 합니까?

이 양이 정말로 양떼를 떠나서 자기 삶을 살려고 했다면, 그 양은 또 다시 도망쳤으며, 그 양은 매우 고집스럽고, 과격하며, 죽을 구멍만 찾으려 한다고 생각하는 목자에게 자기 생각을 이해시켰을 것입니다. 그런 경우도 종종 있습니다 … 그러나 사실이 그렇지 않았기 때문에 그 양으로서는 다행스러웠습니다. 그렇지 않았다면 이야기가 다른 방식으로 전개되었겠지요.

그런데 예수님은 왜 그 목자가 자기 친구들을 불러다가 즐겁게 잔치를 했다고 강조하는 것입니까? 그 목자가 다른 사람들과 사귀기를 좋아하고, 자기 감정을 밖으로 드러내기를 좋아하는 사람이라서 그랬던 것입니까?

예수님이 그렇게 한 것은 그런 일이 보통 있을 수 있는 일이기 때문입니다. 그 목자는 그가 찾고자 했던 것을 다시 찾았기 때문에 다른 사람과 함께 이야기를 나눌 수가 있습니다. 그래서 그는 그의 이웃이나 친구들과 함께 기쁨을 나누었고, 모든 사람들 역시 그와 함께 기쁨을 나누었습니다. 한 바탕 축제가 벌어진 것입니다.

에 나오는 모든 신들의 모습은 신인동형동성론적인 사고가 그대로 반영된 것이다. 그러나 초월적인 신은 인간과 똑같지는 않을 것이다―역자 주.

왜냐구요? 우리의 욕망이라는 핵 주위에 우리 존재 전체가—비록 임시적인 것이라고 할지라도—하나의 통일을 이룰 수 있었기 때문에 말할 수 없이 기뻤던 것입니다. 이런 종류의 욕망은 부분적인 쾌락(le plaisir)의 충족에서 오는 것이 아니라, 존재 전체의 평안 속에서 기쁨(la joie)을 찾으려는 우리 인격 전체에 발달을 가져다주는 욕망입니다.

이 기쁨은 양 한 마리를 되찾은 것에서 오는 쾌락을 뛰어넘는 기쁨입니다 … 그래서 그 목자는 그의 불안과 걱정 다음에 찾아온 이 기쁨을 흘러 넘치게 했습니다.

그는 왜 그의 기쁨을 다른 사람들과 함께 나누었습니까? 그 기쁨을 혼자 간직하면서 누릴 수는 없었던 것입니까?

사람이란 본질적으로 언어를 사용하는 존재입니다. 그래서 그에게는 본래 의사소통을 하려는 욕망이 있습니다. 그에게 있는 어떤 하나의 충동이나 그의 존재의 일부가 그의 욕망이나 그의 삶의 방향에서 분리될 경우, 그는 외톨이가 되고, 다른 사람들과 의사소통을 할 수 없게 됩니다. 그리하여 그는 외로움 속에서 그에게 끈질기게 달라붙는 어떤 생각을 실현시키려고 하거나, 그 자신만을 위해서 부분적인 쾌락을 추구하려고 합니다.

우리가 우리 존재 전체의 통합성을 되찾자마자 우리의 생명력은 완전해집니다. 그래서 우리 존재는 흘러 넘치게 되고, 다른 사람들에게 우리 존재의 빛을 던져줄 수 있습니다. 우리는 우리가 어떤 상황에 있을지라도 다른 사람들에게 어떤 빛을 던질 수 있다고 생각합니다. 왜냐하면 우리 전체가 의사소통을 하는 존재이고, 다른 사람들에게 열려있는 존재이며, 의사소통적이기 때문입니다.

우리의 병이 나을 때, 우리는 다른 사람들과 온전히 나눌 수 있습니다. 이 목자는 그를 다른 곳으로 잡아당겼던 집요한 생각으로부터 낫게 되었습니다. 길 잃은 이 양은 그의 개인적인 통일을 위협하는 외재적이며 부분적인 욕망을 상징하는 것이었습니다. 그러다가 이 목자가 우리의 충동이라고 하는 양 떼를 다시 통합하였을 때, 우리 존재 전체는 다시 모아졌습니다. 이때 그는 그의 미래를 향해서 나아갈 수 있었습니다.

선생님은 혼자서 즐기는 것은 거짓된 것이라고 하는 것 같습니다.

그렇습니다. 혼자서 즐기는 기쁨은 한 사람으로부터 나와서 다른 사람에게 흘러가는 흐름이 되지 못하고 혼자만 사용하고, 혼자만 즐기는 쾌락으로 변질되고 맙니다. 물이 흘러나오는 샘물로부터 물이 고여있는 연못으로 변질되는 것입니다. 하나의 모임으로부터 소모로 변질되는 것입니다. 살아있는 모든 것들은 하나의 순환 고리를 이루지만, 정체되어 있는 것들은 더 이상 살지 못하게 됩니다.

드라크마의 비유 역시 같은 주제입니까?

잃어버린 것을 되찾는다는 점에 있어서는 같은 주제이지만, 그 비유는 길 잃은 양이 말하려는 것과 똑같은 것을 말하지는 않습니다. 여기에서 말하는 대상이 하나의 물질, 동전 한 닢이기 때문입니다.

그 동전은 별로 부유하지 않았던 부인에게 있었던 소유이며, 구매력이었습니다. 부자에게서 드라크마 하나를 잃어버린다는 것은 별 일이 아닙니다. 예수님은 이 비유에서 동전 하나를 잃어버리는 것이 아주 중요한 일이 되는 여인 하나를 예로 들었습니다.
  그러면서 그 여인이 동전을 찾으려고 애썼던 모든 고통스러운 일들에 대해서 말씀했습니다. 등잔을 켜고, 집안 구석구석을 비로 쓸고 … 누가 도둑질해 간 것이나 아닌가 하고 자문하기도 하고 … 그녀에게 있는 그 귀중한 것을 말입니다. 어쨌든 그녀는 동전을 찾으려 했고, 그녀가 할 수 있는 모든 일들을 했습니다.
  드라크마 하나를 잃어버렸다는 사실을 안 다음부터, 그녀는 양을 잃어버린 목자처럼 "드라크마 하나를 잃어버렸구나!" 하는 생각을 떨쳐버리지 못하고 불안에 휩싸여서 그의 이웃들로부터 떨어져 나오고, 그가 사는 공동체로부터 떨어져 나왔습니다.
  그러다가 그의 돈을 되찾자 그녀는 낫게 되고, 다른 사람들과 같이 의사소통을 하게 되었습니다. 그녀는 행복하였고, 그의 이웃들인 다른 가난한 사람들 역시 그녀와 함께 행복해 하였습니다. 왜냐하면 그들은 그녀와 동일시하였고,[6] 그녀가 돈을 잃어버리고 얼마나 힘들어 했는지 알았기 때문입니다. 지금 그녀는 동전을 찾은 다음에 기쁨을 누리고 있습니다. 다시금 그녀의 기쁨과 통합성을 내비치는 것입니다.

  예수님은 이 비유 속에서 우리는 고통 속에 있을 때 그 고통으로부터 나오기 위해서 모든 것을 해야 하고, 기쁨 속에 있을 때 그 기쁨을 내비친다는 사실을 말하고 있습니다.

  예수님이 이 짧은 비유를 통해서 말씀하시려는 것은 이 점입니다. 우리가 어디에 있든지, 또한 우리가 누구이든지, 우리를 누르고 있는 결핍이 무엇이든지 간에 우리는 우리 자신의 통합성

---

[6] 동일시에 관해서는 앞에 나오는 "선한 사마리아 사람"의 비유를 참조하라.

을 되찾아야 한다는 것입니다. 그리고 우리가 그것을 되찾고, 잃어버렸던 대상이 다시 통합되면 우리의 기쁨은 내비쳐진다는 것입니다.

그러나 우리의 고통도 역시 다른 사람들에게 전해지지 않습니까?

그렇지 않습니다. 자기 스스로 그 고통으로부터 나올 수 있다는 희망이 있을 때, 그 고통은 다른 사람들에게 거의 전해지지 않습니다. 또한 대부분의 경우 그들이 겪는 고통은 매우 심하지만, 아주 예민하거나, 사랑이 깊지 않으면 다른 사람들은 거의 눈치채지 못하고 맙니다.

자기 양을 잃어버린 목자는 고통 속에 있었습니다. 그래서 그는 자기 양을 찾으려고 모든 것을 했습니다. 그 여인 역시 고통 속에 있었고, 드라크마를 찾으려고 모든 일을 했습니다. 예수님은 여기에서 우리에게 어떤 심각한 결핍이 있을 때, 우리는 그 상태로부터 빠져 나오기 위해서 모든 에너지를 사용한다는 것을 보여주고 있습니다.

우리가 그 고통으로부터 빠져 나오기 위해서 모든 것을 행하기 전에 우리가 당하는 고통을 다른 사람들에게 알리면, 우리는 다른 사람들처럼 되지도 않고, 우리에게 모든 책임을 돌리지도 않게 될 것입니다.

이 비유들이 책임감이란 과연 무엇인가 하는 것을 말하고 있는 것입니까?

그렇습니다. 사람들은 예수님이 죄인들이나 창녀들과 음식을 먹으러 간다고 비난하였습니다. 거기에서 예수님이 하신 것은 무엇입니까? 예수님은 거기에서 그의 말씀을 듣는 죄인들과 바리새인들을 초대하였습니다. 그리고 그들은 물론 인간의 유대를 위해서 손을 내밀었습니다.

이 여인의 집은 열 개의 동전 가운데 하나를 잃어버리고도 찾지 못할 정도로 엉망진창이었을 것입니다. 예수님은 자기 집을 청소하고, 모든 것을 잘 정돈해서, 자기가 잃어버린 것을 되찾은 여인을 예로 들고 있습니다. 이렇게 애쓰고, 노력해서 잘 정돈된 이 집은 바로 우리들입니다. 예수님이 그 청중들에게 말하고자 하는 것은 이것입니다.

그 여자는 이웃들을 불러서 그녀를 도와 같이 빗자루 질을 하고, 돈을 찾는데 도와달라고 할 수도 있지 않았습니까? 또한 비명을 지르고, 울면서 … 말할 수도 있지 않았습니까? 그것도 역시 의사소통을 하는 하나의 방법이 아니었겠습니까?

그렇게 되면 그것은 또 다른 비유가 될 것입니다. 예수님은 이 비유를 가지고 그가 죄인들을 만나러 다닌다고 그를 비난하는 사람들에게 답변하였습니다. 당신들은 왜 그렇게 하지 않는 것입니까? 그들이 여태까지 살아왔던 삶의 방식을 바꾸고, 새로운 삶을 찾은 사람들과 함께 기쁨을 나눈다면 당신의 기쁨이 얼마나 커지겠습니까?

동감입니다. 그러나 이렇게 나눌 수 있는 것은 기쁨뿐 아니라, 고통도 있지 않습니까?

고통이나 불안도 우리가 나눌 수는 있을 것입니다. 그러나 사람들은 대개 그렇게 하지 못합니다. 물론 우리가 곤경에 처해있거나, 근심 때문에 파괴될 지경이라면 우리에게 어떤 도움이 필요할 것입니다. 그러나 고통이나 불안이나 두려움 … 등을 다른 사람들과 같이 나눌 때, 다른 사람들을 감염시킵니다. 그래서 거기에는 무질서만 생겨나게 됩니다. 우리에게 건설적인 결과를 가져올 수 있는 것은 기쁨이나 사랑밖에 없습니다.

당신은 말이 얼마나 두려움이 많고 불안해하는 동물인지 알 것입니다. 말 떼 가운데서 한 마리가 두려움에 휩싸이면 다른 말들도 두려움에 휩싸이게 됩니다. 두려움에는 동물적이고 지남철과 같은 의사소통 방식이 있는 것입니다. 그러므로 우리가 우리에게 우리의 역동성을 끄집어내고, 되찾도록 해주는 구원자 같은 사마리아 사람을 만나지 않는다면 그런 종류의 의사소통은 우리를 감정적으로 감염시키는 불안이나 고통들처럼 전혀 건설적인 의사소통이 될 수 없습니다.

11
사마리아 여인

요한복음 4:1-42

    요한보다 예수께서 제자로 삼고 세례를 주시는 사람이 더 많다는 소문을 바리새파 사람들이 들었다.—사실은 예수께서 직접 세례를 주신 것이 아니라, 그 제자들이 준 것이다.—예수께서 이것을 아시고, 유대를 떠나, 다시 갈릴리로 가기로 하셨다. 그렇게 하려면, 사마리아를 거쳐서 가실 수밖에 없었다. 예수께서 사마리아에 있는 수가[1]라는 동네에 이르셨다. 이 동네는 야곱이 아들 요셉에게 준 땅에서 가까운 곳이며, 야곱의 우물이 거기에 있었다. 예수께서 길을 가시다가, 피로하여 우물가에 앉으셨다. 정오쯤이었다. 사마리아 여자 하나가 물을 길으러 나왔다. 예수께서 그 여자에게 물을 좀 달라고 말씀하셨다. 제자들은 먹을

---

1 사마리아에 있는 수가. 이스라엘과 분열된 후 그리심 산에 그들 나름대로 성전을 건설한 다음, 사마리아 사람들은 유대인들로부터 "시킴의 어리석은 백성"이라고 불신받게 되었다.

것을 사러 동네에 들어가서, 그 자리에 없었다. 사마리아 여자가 예수께 말하기를 "선생님은 유대 사람인데, 어떻게 사마리아 여자인 나에게 물을 달라고 하십니까?" 하였다. (유대 사람은 사마리아 사람과 상종하지 않기 때문이다.) 예수께서 그 여자에게 대답하셨다. "네가 하나님의 은사를 알고, 또 너에게 물을 달라는 사람이 누구인지를 알았더라면, 도리어 네가 그에게 청하였을 것이며, 그는 너에게 생수를 주었을 것이다." 여자가 말하였다. "선생님, 선생님에게는 두레박도 없고, 이 우물은 깊은데, 어떻게 나에게 생수를 구해 주시겠습니까? 선생님이 우리 조상 야곱보다 더 위대한 분이라는 말입니까? 그는 우리에게 이 우물을 주었고, 그와 그 자녀들과 그 가축까지, 다 이 우물의 물을 마셨습니다." 예수께서 말씀하셨다. "이 물을 마시는 사람은 다시 목마를 것이다. 그러나 내가 주는 물을 마시는 사람은, 영원히 목마르지 않을 것이다. 내가 주는 물은 그 사람 속에서 영생에 이르게 하는 샘물이 될 것이다." 여자가 말하였다. "선생님, 그 물을 나에게 주셔서, 내가 목마르지도 않고, 또 물을 길으러 여기까지 나오지도 않게 해주십시오." 예수께서 그 여자 더러 "가서, 네 남편을 불러오너라" 하시니, 여자가 대답하기를 "나에게는 남편이 없습니다." 하였다. 예수께서 여자에게 말씀하셨다. "남편이 없다고 한 말이 옳다. 너에게는 남편이 다섯이나 있었고, 지금 같이 살고 있는 남자도 네 남편이 아니니, 제대로 말하였다." 여자가 말하기를 "선생님, 내가 보니, 선생님은 예언자이십니다. 우리 조상은 이 산 위에서 예배를 드렸는데, 선생님네 사람들은 예배드려야 할 곳이 예루살렘에 있다고 합니다" 하였다. 예수께서 말씀하셨다. "여자여, 나의 말을 믿어

라. 너희가 이 산 위에서도 아니고 예루살렘에서도 아닌 데서 너희가 아버지께 예배를 드릴 때가 올 것이다. 너희는 너희가 알지 못하는 것을 예배하고, 우리는 우리가 아는 분을 예배한다. 구원은 유대 사람에게서 나기 때문이다. 참되게 예배를 드리는 사람들이, 영과 진리로 아버지께 예배를 드릴 때가 온다. 지금이 바로 그 때다. 아버지께서는 이렇게 예배를 드리는 사람들을 찾으신다. 하나님은 영이시다. 그러므로 하나님께 예배를 드리는 사람은 영과 진리로 예배를 드려야 한다." 여자가 말하기를 "나는, 그리스도라고 하는 메시아가 오실 것을 압니다. 그가 오시면, 우리에게 모든 것을 알려 주실 것입니다" 하니 예수께서 "너에게 말하고 있는 내가 그다" 하고 말씀하셨다. 이 때에 제자들이 돌아와서, 예수가 그 여자와 더불어 말씀을 나누시는 것을 보고 놀랐다. 그러나 예수께 "웬일이십니까?" 하거나, "어찌하여 그 여자와 말씀을 나누고 계십니까?" 하고 묻는 사람이 하나도 없었다. 그 여인은 물동이를 버려 두고 동네로 들어가서, 사람들에게 말하였다. "내가 한 일을 모두 알아맞히신 분이 계십니다. 와서 보십시오. 그분이 그리스도가 아닐까요?" 사람들이 동네에서 나와서, 예수께로 모여들었다. 그러는 동안에, 제자들이 예수께 "랍비님, 잡수십시오" 하고 권하였다. 그러나 예수께서는 그들에게 말씀하시기를 "나에게는 너희가 알지 못하는 먹을 양식이 있다" 하셨다. 제자들은 "누가 잡수실 것을 가져다 드렸을까?" 하고 서로 말하였다. 예수께서 그들에게 말씀하셨다. "나의 양식은, 나를 보내신 분의 뜻을 행하고, 그분의 일을 이루는 것이다. 너희는 넉 달이 지나야 추수 때가 된다고 하지 않느냐? 그러나 나는 너희에게 말한

다. 눈을 들어서 밭을 보아라. 이미 곡식이 익어서, 거둘 때가 되었다. 거두는 이는 삯을 받고 영원한 생명에 이르는 알곡을 거두어들인다. 그러면 씨 뿌리는 이와 거두는 이가 함께 기뻐할 것이다. 그러므로 '한 사람은 뿌리고, 한 사람은 거둔다' 한 말이 옳다. 나는 너희가 수고하지 않은 것을 거두게 하려고 너희를 보냈다. 수고는 남들이 하였는데, 너희가 수고의 결실에 참여하게 된 것이다." 그 동네에서 사마리아 사람들이 많이 예수를 믿었다. 그것은 그 여자가, 자기가 한 일을 예수께서 다 알아맞히셨다고 증언하였기 때문이다. 사마리아 사람들이 예수께 와서 자기들과 함께 머무르시기를 청하므로, 예수께서 이틀 동안 거기에 머무르셨다. 그래서 더 많은 사람들이 예수의 말씀을 듣고서, 믿었다. 그들은 그 여자에게 말하였다. "우리가 믿는 것은 이제 그대의 말 때문만은 아니오. 우리가 그 말씀을 직접 들어보고, 이분이 참으로 세상의 구주이심을 알았기 때문이오."

께라르 쎄베랭: 이 본문 말씀을 번역하면서 저는 놀라운 것들을 발견할 수 있었는데, 그것은 이 본문 말씀에 두 쌍의 대조적인 것들이 있다는 사실입니다.

－먼저 여기에서는 두 가지 종류의 세례가 나옵니다. 하나는 세례 요한과 예수님의 제자들의 세례이고 … 다른 하나는 예수님의 세례입니다.

－물을 긷는 곳을 나타내는 말도 어떤 때는 샘(la source)이고, 어떤 때는 우물(le puits)입니다.[2]

---

2 6절에서는 샘(source)으로 나오고, 12절에서는 우물(puits)로 나온다.

--물에도 두 가지 종류가 있습니다. 하나는 물질적이고 흐르지 않는³ 사마리아 여인의 물이고, 다른 하나는 살아있는 물인 예수님의 물입니다.

--예배에도 두 가지 종류의 예배가 있는데, 하나는 사마리아나 예루살렘에서 드리는 예배이고, 다른 하나는 "신령과 진정으로" 드리는 그리스도의 예배입니다.

--음식에도 두 가지 종류의 음식이 있는데, 하나는 제자들의 음식이고, 다른 하나는 하나님의 뜻을 행하는 그리스도의 음식입니다.

프랑소와즈 돌토: 물론입니다. 사람들은 언제나 다른 사람을 만나기 위해서 하나의 차원을 떠나야 합니다. 그리고 예수님은 그가 만나는 사람들을 언제나 또 다른 차원으로 이끌어 갑니다. 여기에서도 예수님은 사마리아 여인의 우물을 모든 생명체들을 살릴 수 있는 … 영원히 끓어오르는 물의 원천으로 변환시키고 있습니다.

이 구절에서 예수님이 그 여인을 만났던 장소와 시간에는 중요한 의미가 담겨져 있습니다.

그곳은 야곱의 땅이었고, 그 족장이 샘물을 발견해서 그와 그의 가족은 물론 그가 기르던 모든 가축들을 먹였던 곳입니다. 그 다음에 그 샘을 거기 살던 사람들에게 주어서 그들은 그곳을 "야곱의 우물"이라고 불렀습니다. 하지만 요한은 그곳을 "야곱의 샘"이라고 불렀습니다. 왜냐하면 유대인들이 그곳을 통하여 야곱으로부터 생명을 얻었기 때문입니다.

그곳은 거기에 있던 모든 인물들을 유대인의 역사에 연결시키는 "역사적인" 장소입니다.

또한 요한은 그때가 정오(正午)라고 기록하고 있습니다. 태양

---

3 7절에 보면 분출되지 않아서 고여 있고, 썩는 물을 긷는 것이 나온다.

이 하늘 꼭대기에 있는 시간, 그림자 하나 없는 시간인 것입니다.

그러니까 예수님은 지금 거대한 축 위에 서있습니다. 두 발은 그의 조상들의 역사가 서려있는 땅을 딛고 있으며, 머리는 중천에 떠있는 태양을 이고 있는 것입니다. 이 이미지에서 우리는 육신적인 삶은 물론 영적인 삶의 이미지까지 동시에 찾아볼 수 있습니다.

하나님의 해가 야곱의 샘 위에 내리 꽂히고 있습니다. 그림자 하나 없는 가운데서 하늘과 땅이 만나는 것입니다. 그곳은 유대 백성이 탄생하는 배꼽과 같은 장소입니다. 이때는 야곱으로부터 탄생하는 것이 아니라 예수님으로부터 탄생하는 것입니다. 야곱이나 다른 족장들로부터는 탄생(naissance)했겠지만, 예수님으로부터는 재생(renaissance)할 수 있습니다.

그런데 이 일이 사마리아 땅에서 이루어진다는 사실을 잊지는 않으셨겠지요? 선생님은 사마리아 사람들은 유대인들이 너무 엄격하고, 비타협적이라서 유대인들과 분리되었다는 사실을 잘 알 것입니다. 사마리아 사람들은 유대인과 분리된 이래 유대인들로부터 가혹한 대우를 받으면서 유대인들과 다른 쪽에서 생활해야 했습니다. 유대인들과 상종하지 못하고, 결혼은 감히 생각할 수조차 없었습니다 …

예수님이 이런 역사적이고 지형적인 배경을 가진 곳에 찾아온 이유는 구원(le salut)이 우주적인 관점에서 살펴볼 때 이런 태생적인 문제를 안고 있는 사람들에게도 가능한 것이라면, 이제 더 이상 지리적인 경계 안에 갇혀 있어서는 안 된다는 사실을 보여주기 위해서였습니다.

하나님은 예루살렘이나 사마리아 할 것 없이, 또 조상의 땅과 상관없이 우리를 찾고 계십니다. 하늘 아버지가 바라는 것은 우리가 그를 어떤 나라나 어떤 땅에서 우리 몸만 가지고 만나는 것이 아니라, "신령과 진정으로" 만나는 것입니다 … 그래서 사람들은 늘상 그를 만나기 위해서 하나의 차원을 떠나서 다른 차원으로 가는 것입니다.

선생님은 지금 이곳, 이 샘 주위에서 시간과 공간적인 차원이 서로 교차하고 있다는 사실을 말하시려는 것입니까? 다시 말해서 우리는 지금 사마리아에 있는데, 그것은 우리를 다른 곳으로 이끌어 가려고 한다. 지금, 해는 중천에 떠있는데, 중요한 것은 그 해가 아니라 "또 다른 해다"라는 것을 말하려는 것입니까?

그렇습니다. 이 이야기를 다시 한번 더 들여다보십시오. 요한은 우리에게 물을 마시는 것에도 두 가지 종류가 있다고 말하고 있습니다.
예수님은 사마리아 여인에게 이렇게 말합니다. "나에게 마실 것 … 물질적인 물을 좀 주시오." 그러나 그 여자가 물은 주지 않고 다른 이야기만 하니까, 예수님은 다시 그 여인에게 이렇게 말하고 있습니다. "내가 너에게 마실 것을 가져다 줄 수 있다는 사실을 네가 알았더라면, 너는 나에게 마실 것을 주었을 것이다."
예수님은 이때 아무것도 주지 않았습니다. 그 여자에게 물질적인 음료를 아무것도 주지 않은 것입니다. 오히려 그는 그와 똑같이 그가 그 여자에게 진리와 영의 물을 가져다 줄 수 있도록 자기에게 물질적인 물을 달라고 하셨습니다.
당신이 말했듯이, 예수님은 우리에게 두 가지 다른 차원에 관해서 잘 들어보라고 말합니다. 그것은 우리가 우리의 감각과 생물학과 과학을 통해서 아는 이 세상의 시간과 공간의 차원이 그 하나이고, 이 세상의 "공간을 벗어나고, 시간을 벗어나는" 차원이 다른 하나입니다. 그렇습니다. 이 세상에는 우리의 욕구(le besoin, the need)에 매어있는 삶이 알지 못하는 욕망(le désir, the desire)과 관계되는 또 다른 삶이 있습니다.[4]

그것은 선생님이 이 복음서 본문을 해석하신 것입니다. 이 복음서 어느 곳에도 "네가 나에게 물을 주면, 나도 똑같이 너에게 다른 물을 주겠다"라고 되어있지 않습니다.

아닙니다. 그렇지 않습니다. 요한은 이 구절 속에서 우리를 이 세상과 저 세상 사이를 끊임없이 오가는 흐름 속에 집어넣고 있습니다. 더 나아가서 그는 우리에게 이 세상과 저 세상을 동시에 보여주고 있습니다.

그래서 그의 제자들이 그에게 먹을 것을 가져다주었을 때, 그는 그들에게 거의 이런 내용의 말을 하고 있습니다. "이것들을 기르고, 음식으로 만들기 위해서 고통을 당하는 것은 다른 사람들이고, 너희는 다만 이것을 먹을 뿐이다. 너희는 다른 사람들이 허리가 끊어질 정도로 고생한 것들을 소비하고, 그들이 당한 피로의 대가를 누리는 것이다. 그러나 내 양식은 나를 보내신 분의 뜻을 수행하는 것이다 … 나는 이제 내 양식을 먹으려고 하는데, 내 양식은 미래에 있는 또 다른 시간이다. 나는 지금도 이미 또 다른 시간에 속해있다."

---

4 여기에서 돌토는 욕구와 욕망은 서로 다른 것이라고 구분하고 있다. 욕구(欲求)는 배가 고플 때 무엇인가를 먹으려고 하거나, 목이 마를 때 무엇을 마시려고 하는 등으로 우리 몸에 생긴 긴장을 풀려는 신체적인 필요에 부응하는 것이라면, 욕망(慾望)은 의사소통을 한다든지, 다른 사람들과 관계를 맺는다든지, 사랑을 한다든지 하는 등 우리 존재의 전체적인 차원에서 나오는 추동을 말한다—역자 주.

선생님은 지금 예수님이 이렇게 말씀하신다고 설명하는 듯합니다. "이제 넉 달 있으면 추수할 때가 온다 … 나는 너희에게 이렇게 말한다. 눈을 들어 보라. 들판에는 온통 황금빛이 덮여있다. 추수할 때가 온 것이다 …"

그렇습니다. 넉 달이 남아있으면, 아직 추수할 때가 되지 않은 것입니다. 그러나 예수님은 이 땅에서의 시간과 당신의 시간을 미리 내다보고 있습니다. 그는 이 두 가지 종류의 시간이 동시에 존재하고 있음을 보여주고 있습니다. "나는 아직까지도 땅 속에 파묻혀 있거나, 풀의 상태로 남아있어서 사람들이 아직 거두어들일 때가 되지 않았다고 생각하는 보리와 같다. 그러나 나는 이미 추수한 것들을 통해서 많이 먹었다."

예수님은 또 다른 세상 때문에 황홀감에 사로잡혀 있는 듯했습니다. 그는 그의 제자들이 마을로 들어갔을 때, 피로가 몰려오는 것을 느꼈고, 배가 고팠고, 목이 말랐습니다. 그런데 자기가 해야 하는 일에 대해서 잘 알고 있었던 이 여인은 예수님이 온전히 드러내고 있는 하늘 아버지의 모습에 관해서 가르치려는 예수님의 욕망을 잘 충족시켜 주어서, 예수님에게 커다란 기쁨을 안겨다 주었습니다.

예수님은 그가 가져다주었고, 이 사마리아 여인에 의해서 퍼지는 이 "새로운 소식"에 담긴 "신령과 진정"이 확산되는 것을 보고 기뻤습니다. 그 소식은 사람들에게 유대교 정신에 이미 담겨져 있었지만 사람들이 아직 모르고 있는 이 진리를 깨우쳐줄 것입니다. 예배를 진정으로 드려야 한다는 것이 아직 그들에게는 알려지지 않았기 때문입니다.

예수님은 이렇게 그의 인격 안에 하늘과 땅, 샘과 중천에 뜬 태양을 동시에 지니고 있었던 것입니다. 그는 야곱이 다시 나타난 것이고, 앞으로 오실 메시아였던 것입니다. 그의 내면에서 씨 뿌리는 이와 거두는 이가 같이 기쁨을 누렸던 것입니다. 또한 그의 존재 안에서 이 시간과 "저 시간"이 동시에 녹아있었던 것입니다.

그런데 내가 한가지 놀랐던 것은 예수님이 말하는 그 차원들 사이에는 연속성이 있으면서, 동시에 예수님은 그 사이에 분열과 분리와 간격을 설정하고 있다는 사실입니다.

예를 들자면, 여기에서도 요한은 예수님이 한 지역을 떠나고, 이 세상을 떠나면서, 세례를 분리시키고 있지만, 이것들과는 전혀 다른 차원의 것을 가져온다고 말하고 있습니다. 즉 사람들에게 갈증을 가시게 하고, 모든 사람들 안에서 흘러 넘치는 샘이 되는 살아있는 물을 가져온다는 것입니다. 이 "물"은 앞으로 우물에 고여있는 물을 대체하게 되고, 사마리아와 예루살렘에서 드리는 예배를 계승하게 됩니다.

예수님은 사람들을 "이 물, 저 물에 담그면서" 세례를 주는 대신에 그와는 전혀 다른 태도를 취해야 한다고 권합니다. 사람들을 무기력하게 만드는 예배에 참석하게 하거나 원초적인 물로 되돌아가게 하지 않고, 그와 전혀 다른 태도를 보여주는 것입니다.

세례 요한이나 그의 제자들이 베풀었던 세례가 나타내는 양수(羊水)의 이미지 대신에("어머니인 교회"가 베푸는 세례 때 쓰이는 "물"은 사람들을 그리스도인으로 다시 "낳게 하는" 물입니다), 예수님이 제시하는 물은 우리 안에서 흘러 넘치는 야곱의 "샘"에 있는 물이 됩니다. 그것은 마치 우리 내면에서 활기 없이 고여있기만 했던 물이 정자(精子)가 약동하는 바람에 수태된 것과 같은 현상입니다. 우리 몸 깊은 곳에서 난자가 정자를 기다리고 있다가 수태되는 것입니다.

유대인들은 여러 세기 동안 기다리고 있다가 이제 드디어 수태하게 되었습니다.

예수님의 세례와 더불어서 이제는 우리가 상징적으로 자궁에 들어가고 양수에 잠기는 등 안으로 들어가는 것이 아니라, 밖으로 나와 시냇물에 들어가게 되었습니다. 정말이지, 어떤 사람에게 세례를 준다는 것은 그 사람을 좀더 역동적인 삶으로 안내하는 것이 아닙니까?

"가서, 아버지와 아들과 성령의 이름으로 세례를 주라"(마태복음 28:19)는 말은 그 사람이 어느 한 "가족"에 속할 수 있도록 물[5] 속에 "담가야 한다"는 것을 의미하지 않습니까? 그런데 그것은 사마리아나 예루살렘에서 드리는 예배, 또는 세례 요한이 베푸는 세례처럼 고대적인 제의입니다. "세례를 준다"는 말은 우리가 "신령과 진정으로" 살고, 생기 있고, 활기 있게 살며, 삼위일체 하나님 안에서 움직이는 세 분처럼 사랑의 흐름 안에서 서로 의사소통 하는 약동(躍動)의 삶을 살아야 한다는 것이 아닙니까?

사마리아 여인은 그녀가 예수님에게 요청하자, 예수님이 그의 남편에 대해서 언급하면서 말했던 그 "물"이 무엇을 의미하는지 잘 알고 있었습니다. 그래서 그녀는 "저에게는 남편이 없습니다. 저는 자유로운 몸입니다"라고 대답하였습니다.

---

5 요한복음 3:4~6절까지에서 니고데모는 예수님에게 이렇게 말하고 있다. "한 사람이 이미 늙었는데 어떻게 다시 태어날 수가 있겠습니까? 그가 다시 어머니 뱃속으로 다시 들어갈 수 있다는 말입니까?" 그 말에 대해서 예수님은 이렇게 답변하였다. "내가 진실로 너에게 말한다. 어느 누구도 물과 성령으로 나지 않으면 하나님 나라에 들어가지 못한다. 육으로 난 것은 육이요, 영으로 난 것은 영이다."
　여기에서 예수님은 "육"에 속해 있고, 인간적인 니고데모의 말을 반박한다. 그의 말은 "영"에 속해 있었기 때문이다. 이 대목에서 "물"이라는 말은 너무 많이 쓰이고 있다. 다른 사본에는 없는데, 여기에서는 덧붙여진 것이 아닌가 하는 생각이 든다.

그때 정결하셨던 예수님은 그녀에게 지금 내가 말한 이 은유, 즉 예수님이 그녀에게 그녀의 성적인 삶을 빗대면서 말하는 이 은유의 의미가 무엇인지를 찾아보게 하였습니다.

선생님은 여기에서 왜 갑자기 예수님을 정결하다고 하시는 것입니까?

그 이유는 사마리아 여인이 여기에서 예수님에게 "전이"(轉移)[23*]를 일으키고 있기 때문입니다 … 그 여인은 지금 한 남성에게 이끌리고 있기 때문입니다. 그래서 예수님은 그녀에게 "아니다. 나에게 그러면 안 된다. 네 남편이나 찾아라 …" 하고 말하는 것입니다. 왜냐하면 예수님은 그녀가 성적인 삶과 영적인 삶을 계속해서 혼동하면 그녀를 영적인 삶으로 이끌어 주려고 하지 않았기 때문입니다.

사실, 아이를 낳으려는 욕망밖에 모르던 그 여인은 그녀가 느끼는 사랑 속에 생식욕이 담겨 있는지, 아니면 영적인 욕망이 담겨 있는지 잘 알지 못하고 있었습니다. 사실이 그렇습니다. 그래서 예수님은 그녀에게 이렇게 말한 것입니다. "육신을 위하고, 일상적인 삶에서의 애정을 위해서는 내가 아니라, 네 남편이 있지 않느냐? 네가 지금 갑자기 나에게서 사랑의 감정을 느꼈을지라도 나는 네게 그런 사랑을 충족시켜줄 수가 없다. 하지만 네 남편이라면 그것을 충족시켜줄 수 있을 것이다. 나, 내가 가져다주는 것은 영적인 삶이다."

정결하였던 예수님은 그에게 사랑을 느꼈던 이 여인의 육체적이고 성적인 욕망에 응답할 수가 없었습니다. 그 대신 예수님은 그녀를 또 다른 차원의 삶으로 이끌고 갔습니다.

그녀는 이제 성적인 삶은 그녀를 결코 채워주지 못할 것이라는 사실을 알게 됩니다. 왜냐하면 성적인 삶에서 찾아볼 수 있는 움푹 패인 구멍에는 어떤 결핍(le manque)[6]이 있으며, 그녀는 여태까지 그 결핍에 관해서 알아보려고 하지 않았기 때문입니다.

더구나 그녀에게 여러 종류의 남자들을 찾아다니게 했던 것은 바로 이 결핍이었습니다. 그래서 그녀는 그 결핍으로부터 샘솟아 오르는 욕망을 따라서 이 남자 저 남자 사이를 옮겨 다니며 쾌락과 삶의 안전을 도모하려고 했습니다. 그러나 예수님은 그녀에게 쾌락을 뛰어넘는 것에 관해서 보여주고, 그녀의 욕망은 언제나 욕구와 혼동되면서 충족되지 않고 있음을 보여주고 있습니다. 왜냐하면 그녀에게는 사랑이 없었기 때문입니다.

제가 놀란 것은 사마리아 여인이 말하는 음조에 관한 것입니다. 여기에서 그 여인은 "뭐라고요? 당신은 유대인으로서 나에게 물을 달라고 하시는군요. 나는 여자이고, 더구나 사마리아 사람인데 말입니다"라고 말하면서 유대와 사마리아 사이의 전통에 빗대어 빈정거리면서 교태를 부리고 예수님을 유혹하는 것처럼 보이니까 말입니다.

---

6 여기에서 돌토는 라깡의 정신분석학에서 매우 중요한 개념인 결핍(缺乏)에 관해서 말하고 있다. 라깡에 의하면 사람들은 출생시 어머니의 태로부터 분리될 때 그의 태반과 탯줄을 잃어버리면서 근본적인 결핍 상태에 처하게 되며, 그 결핍은 사람들에게 욕망을 불러일으키게 된다고 주장한다. 자궁 안에서 우리 생명의 근원이 되었던 살 중의 살을 잃어버렸기 때문에 사람들은 이 세상을 살아가면서 그것을 되찾으려는 무의식적인 욕망에 사로잡혀 이 세상에 있는 또 다른 대상들인 물질, 권력, 명예 등을 추구하지만 그것들을 얻는 순간 사람들은 그것이 자기가 본래 찾으려고 했던 것이 아님을 발견하고 또 다시 허기(虛飢)에 빠진다는 것이다. 그래서 라깡은 인간의 실존이란 또 다른 이미지로 입을 벌리고 있는 상태에서 두 입술이 벌어져 있는 것(le béant)과 같다고 묘사하였다. 두 입술 사이의 공간처럼 인간의 삶에는 근본적인 결핍이 있다는 것이다. 이런 간격은 현실과 이상 사이, 실재계와 상상계 사이, 자아 이상과 자아 사이 등 인간의 삶 어디에서나 문제를 일으키는 것이다—역자 주.

그녀의 태도가 도발적으로 보였다면, 그것은 그녀가 여태까지 남자들을 끌어들이거나 유혹하는 자리에서밖에 만나지 못했기 때문일 것입니다. 여태까지 그녀를 만났던 남자들은 모두 그녀에게 무엇인가 매혹적인 것들을 주어왔고, 그녀에게 또 다른 것을 바라면서 무엇인가 해줄 것을 요구해왔습니다. 예수님도 이때 그녀에게 마실 것을 요구했습니다. 그래서 그녀는 예수님의 이 말 속에는 또 다른 요청이 있다고 믿었습니다 … 그녀는 자기가 파놓은 함정에 빠져서 즉시 예수님에게 또 다른 것을 제의한 것입니다. 그녀는 자기 전체를 예수님에게 줄 수 있다고 한 것입니다.

그러나 예수님은 그녀를 비난하지 않았습니다. 그 다음에 계속되는 장면을 보면, 예수님은 그녀가 가진 욕망의 진실이 무엇인지 찾아보는데 도움을 주고 있습니다. 그리고 그녀가 그 곤경에서 빠져나갈 수 있도록 그녀를 따라가고 있습니다. "너에게는 물이 없다 — 제가 여기에 더 이상 물을 길러 오지 않을 수 있도록 그 물을 저에게 주십시오 — 어디에서 하나님께 예배를 드려야 합니까?"

선생님이 여기에서 곤경이라고 하신 말의 의미는 무엇입니까?

그 이유는 우리 모든 사람들이 그렇듯이 그녀는 자신의 욕망이 얼마 만큼이나 왜곡되고 경직되어 있는지도 모르면서 그 욕망을 추구했기 때문입니다.

우리에게 결핍되어 있는 것을 추구하면서 우리 모두는 동시에 안전한 것을 추구하고 있습니다. 다시 말해서 우리가 이미 아는 것을 반복하는 것입니다.

쾌락을 반복하는 … 것입니까?

우리가 이미 아는 쾌락을 반복하는 것입니다. 즉 사마리아 여인이 이 남자, 저 남자를 만나고 다녔듯이 이것, 저것을 통해서 쾌락을 추구하는 것입니다.

그러나 우리는 우리의 욕망을 철저하게 충족시키기 위해서 모험을 할 줄 모릅니다. 그래서 예수님은 우리에게 더 이상 두려워하지 말 것을 가르치려고 하셨습니다. "네 욕망을 두려워하지 말아라. 모든 것을 걸고 모험하기를 두려워하지 말아라. 죽음까지도 두려워하지 말아라." 예수님은 정말 죽음까지도 두려워하지 않았습니다.

선생님이 생각하기에는, 하나님을 향하지 않는 욕망도 있습니까?

내가 생각하기에는 우리가 멈추어 서지 않는다면, 모든 욕망은 하나님을 향하고 있습니다. 그러나 우리가 "욕망"이라고 말할 때, 우리는 종종 "부분적인 욕망"을 생각하고 있습니다.[7]

이 이야기는 전체적으로 말해서 부분적인 욕망 또는 더 정확하게 말해서 욕구에 대한 표현으로 시작하고 있습니다. 예수님은 마실 것을 찾고 있는 것입니다.

갈증을 풀기 위해서 이 우물에 종종 들르는 이 여인에게 예수님은 무엇인가를 청하였습니다. 예수님은 그녀에게 자기 욕구를

---

7 앞에 있는 "나인 성 과부의 아들의 부활"에서 "부분적인 욕망"에 관해서 설명한 주를 참고하시오.

말한 것입니다. 그러나 예수님은 정결하였기 때문에 그녀를 그녀의 육체로부터 멀리, 그녀의 육체적인 흥분으로부터 멀리 이끌어 갈 수 있었습니다. 예수님은 하나의 샘물, 영원한 삶을 위해서 분출되는 물의 원천이었습니다. 그래서 그녀는 그녀의 육체가 요구하는 생리적인 욕구에 머무르려고 했지만, 예수님은 그녀를 더 멀리 이끌어가려고 했습니다.

그러나 사람들의 욕구는 보통 단순하게 그 욕구만으로 그치는 것 같지 않습니다. 그 욕구가 다른 것으로 넘어가기 때문입니다. 예를 들어서 말하자면 우리에게 무엇인가 먹고, 영양 보충할 욕구가 일어나면, 우리는 또 다른 것도 기대하곤 합니다. 즉 맛있는 음식을 먹으면서 다른 사람들과 만나서 웃으며 대화하기를 욕망하는 것입니다. 우리 욕구를 단순하게 충족시키는 것 그 이상의 것을 욕망하는 것입니다.

선생님이 말했듯이 자기의 생리적인 욕구를 느꼈던 이 여인도 아마 또 다른 것을 기대했던 듯합니다.

예수님은 우리가 우리의 몸과 우리 몸의 쾌락에만 머무르려고 한다면, 우리 존재가 그것을 향해 나가도록 부름 받은 또 다른 차원이 주는 황홀감을 맛볼 수 없다는 사실을 보여주었습니다.

예수님은 그녀의 요구를 들어주지 않고, 그녀가 알지 못하는 곳에 대해서 질문했습니다. 예수님이 만일 그녀의 요구를 들어주었다면, 그녀는 그곳에 수동적으로 머물러 있었을 것입니다. 그러나 그녀에게 질문을 하자, 그녀는 또 다른 곳으로 옮겨갔습니다.

우리에게 욕구뿐만이 아니라 우리 육체가 도달할 수 있는 것들을 뛰어 넘어서 우리를 이끌어 가는 욕망이 있다는 사실을 알게 되는 것은 우리가 우리 육체를 추구하고 그 육체와 관계되는 다른 것들을 추구함을 통해서입니다. 그런데 우리 욕망은 감각을 뛰어 넘어서 우리에게 또 다른 의사소통을 하게 합니다.

그리하여 이 여인은 이제 욕망이 솟아오르고 또 솟아올라서 끊임없이 용솟음친다는 사실을 알게 될 것입니다. 정말이지 우리에게서 피어오르는 욕망에는 종종 놀라운 점이 있습니다.

예수님은 이 여인을 이끌고 가서 그녀가 사실은 그녀의 갈증을 누그러뜨리기 위해서 만났던 모든 남자들을 초월하고, 안전에 대한 욕구를 초월하며, 육체적인 욕망을 초월해서 또 다른 것을 추구하고 있었다는 사실을 발견하게 합니다. 그래서 그녀는 그녀의 애인들에게서보다 더 예수님에게서 그녀를 채워줄 수 있는 존재를 찾게 됩니다.

그녀의 애인들은 그동안 그녀를 육체적인 측면에서만 채워주었습니다. 말하자면 그녀는 그들을 "소비하였던" 것입니다. 그런데 예수님은 또 다른 의사소통을 함으로써 그녀를 매혹시키고 있습니다. 정신과 정신을 나누면서 매혹시키는 것입니다. 예수님은 그녀를 데리고 가서 그녀의 삶 속에 비어있는 곳이 있다는 사실을 발견하게 하였습니다. 그녀의 삶은 결코 남자들을 소비하거나, 일을 하거나, 여러 가지 사건들을 만드는 것을 통해서 채워질 수 있는 것이 아니었습니다 … 한 마디로 말해서, 그녀의 삶은 그녀의 욕구들만 충족시키거나 쾌락을 누리는 것을 통해서는 채워지지 않았던 것입니다.

우리의 모든 욕구가 충족되었을 때도 우리의 욕망은 남아 있습니다. 또한 우리의 욕망들이 모두 채워졌는데도 남아있는 것은 기쁨(la joie)입니다. 사랑이란 그 본성이 자유이기 때문에 부족함이 없는 기쁨을 가져다줍니다.

그러나 예수님이 만든 새로운 관계는 사람들 사이에서 정신적인 것들만 나누게 하는 관계에 그치는 것이 아니라, 영적인 성질의 것이었습니다. "너희가 하나님의 선물이 무엇인지 알았다면 … 하나님은 신령과 진정으로 예배하는 이들을 찾을 것이다."

정신적인 것이 영적인 것을 덮을 수 없다는 것은 틀림없는 사실입니다. 그러나 예수님이 어떻게 하셨는지 살펴보십시오. 그는 사마리아 여인의 일상적인 삶, 즉 그녀의 육체적이고, 물질적이며, 상상적인 삶에서 출발하였습니다. 그리고 그녀와 비밀 이야기를 나누었습니다. 그는 그녀에게 그가 누구이고, 무엇을 줄 수 있는지를 말해 주었고, 그가 그녀를 사랑한다고 말했습니다. 예수님은 그의 제자들이 그녀와 함께 이야기를 나눈다고 다른 사람들이 예수님을 비난할 것이라고 하는 말도 두려워하지 않았습니다. 그렇게 하면서 예수님은 그녀에게 그녀가 여태까지 만났던 그 어떤 사람과도 다른 사람이라는 사실을 보여 주었습니다. 하지만 그녀는 아직까지도 예수님이 어떤 사람인지 잘 알 수 없었습니다. 다만 그런 의미에서의 그리스도가 아닌가 하고 짐작할 뿐이었습니다.

이렇게 하면서 그 여인은 예수님의 말씀 속에서 그녀가 그때까지 그렇게 찾아다녔지만 발견하지 못하고, 이 사람 저 사람 몸을 옮겨가면서 찾았던 희망을 발견하였습니다.

예수님은 그의 말씀을 통하여 그녀에게 즐거움을 초월하는 기쁨을 발견하게 하였으며, 그녀에게는 그녀의 미모와 관계없이 가치가 있다는 사실을 알게 하였고, 그녀의 매력과 관계없이 존엄성이 있다는 사실을 알게 하였습니다.

요한은 그녀가 "단지"를 거기에 내려놓고 마을로 달려갔다고 기록하

있습니다. 그는 왜 그 전까지는 물동이라고 했다가 여기서는 단지라고 하는 것입니까?[8] 왜 이렇게 자세하게 말하는 것입니까? 무엇인가 진리를 말하려는 의도가 있는 것입니까?

그것은 아마 그가 단지에서 상징되는 그녀의 여성적인 측면에 우리의 관심을 모으고자 했던 것이 아닌가 생각됩니다.
그녀는 마을로 달려가서 이렇게 말하려고 단지를 거기에 놓았습니다. "자, 이리 와서 내가 그동안 했던 모든 일에 대해서 말한 이 사람을 보시오." 그러나 예수님은 사실 그녀가 여태까지 했던 모든 일에 관해서 말한 것이 아니라, 그녀가 여태까지 이 세상을 살면서 가까이 사랑했던 것, 즉 그녀의 바람끼에 대해서 말했던 것입니다.
그녀는 그녀의 실존을 보여주는 제한된 한 형태의 모습을 거기에 놓고 갔습니다. 여자로서의 그녀의 욕망은 이제 그녀 자신과 하나가 되어 거기에 놓여진 것입니다. 사마리아 여인은 자기를 이제 더 이상 다른 남자들의 성적인 대상으로 느끼지 않았습니다. 오히려 무엇인가를 모아 담을 수 있는 단지, 사람들이 그것에 관해서 말하고, 즐기며, 자기 기쁨을 다른 사람들과 함께 나눌 수 있는 단지로 느꼈습니다.
그녀가 "그 사람은 내가 '했던' 모든 것에 대해서 이야기했습니다"라고 말한 것은 다시 한번 생각해 보아야 할 정도로 흥미 있는 사실입니다. 그녀는 여기에서 "하다"(faire)라는 동사를 썼는데, "하다"라는 동사는 우리가 무엇인가를 우리 손으로 할 때 쓰는 동사입니다. 그녀에게는 남편 다섯이 있었는데, 그것은

---

8 11장에서는 단순한 물동이(cruche)로 나오는데, 28절에서는 단지(vase)로 되어있다.

우리 손가락이 다섯 개인 것과 같은 것입니다. 그녀는 손으로 무엇을 집듯이 남자들을 "취했던" 것입니다.

그래서 그녀는 달려가서 "그 사람은 내가 했던 모든 것에 대해서 이야기했습니다"라고 외쳤던 것입니다. 이 구절은 예수님이 그녀에게 그녀가 남자들을 "소비했던 행적"을 드러내면서 얼마나 그녀를 숨막히게 했는가를 보여줍니다. 그녀는 이제 그녀가 찾아낸 것을 드러내고, 모든 마을 사람들을 예수님께 이끌어 오고 있습니다.

복음서에서 물건을 다시 찾는 것이나 삶의 방향이 계시되는 것들은 사람들에게 승리하는 희망의 기쁨을 가져다주고, 환희를 전염시키면서 영적인 의미를 나타내고 있습니다.

여기에서 사마리아 여인이 누렸던 기쁨을 우리는 드라크마를 다시 찾은 여자나 잃어버렸던 양을 찾아서 다시 데리고 오는 목자, 탕자를 다시 만난 아버지의 기쁨에서도 찾아볼 수 있습니다. 그들이 느꼈던 기쁨은 그들로 하여금 모든 사람들에게 그 행복감을 전파하게 했습니다. 그들 존재의 행복을 말입니다.

이 여자는 이때도 감각적인 욕구와 욕망을 혼동하지는 않았을까요?

이 여자가 한 남자와 함께 행복하게 이불에 있으면서 느끼는 쾌락과 그 기쁨을 아마 혼동할 수도 있었을 것이라는 말입니까? 그러나 예수님은 또 다시 그 여자를 비난하지 않았습니다. 왜냐하면 그 여자는 그 단계에 머물러 있었기 때문입니다. 그녀는 사랑을 찾는 것보다는 그녀가 남자들을 정복할 수 있는 능력을 가졌다는 것이 더 좋았고, 무엇인가를 다른 사람에게 "주기"보다는 자기가 무엇인가를 "하는 것"이 더 좋았으며, 자기의 미래를 향해서 나아가면서 책임적인 존재가 되기보다는 자녀들을 낳지도 않고, 가정을 꾸리지도 않으면서, 이 남자 저 남자 사이를 적당히 옮겨가는 것을 더 좋아했습니다.

그러므로 우리가 무엇인가를 "할 때" 우리에게 어떤 쾌락이 따라오지만, 그 자체에 목적이 있는 것이 아니라, 그것은 우리의 욕망이나 존재를 나타내는 방편에 불과합니다.

그러면 그녀가 그런 상태에 머물러 있었을 때, 그녀의 삶에서 어떤 일이 있었습니까?

나는 그에 대해서 알지 못합니다. 그러나 이 이야기를 우리에게 전해준 요한은 우리에게 자기 삶이 산산히 부서진 이 여인과 생명의 원천인 예수님과의 만남을 그려내고 있습니다.

이 이야기를 보고서, 정신분석가인 우리들이 말할 수 있는 것은, 우리는 우리의 내면에서나 우리 주위에서 이 여인을 만나고 있으며, 이 여인이 우리의 삶 속에서 매일 매일 상징적으로 나타내는 것들을 만나고 있다는 사실입니다. 그녀는 그녀가 느끼고 있는 외로움[24]으로부터 도망치려고 했습니다. 모든 사람들이 잉태되는 순간부터 체험하고, 이 세상에 태어난 다음에는 물론 죽을 때까지 체험하게 되는 고독이라는 극적인 현실로부터 도망치려고 했습니다.

그러나 우리에게 실낙원(失樂園)에 대한 환상, 언젠가 한번 있었지만 영원히 파괴돼버리고 말았으며 … 또 언제나 기대하고 있는 그 환상은 어디에서 온 것입니까?

우리는 그것을 먼저 잃어버렸습니다. 그것은 우리가 어머니의 뱃속에 있을 때 환상 속에서 느꼈던 관능적 쾌락입니다.

우리가 태어날 때, 우리는 우리가 남자인지 여자인지, 즉 우리 성(性)이 무엇인지 알지 못합니다. 그런데 사람들은 우리 성에 따라서 이름을 짓습니다. 그러나 사람들이 우리를 가리켜서 남자아이라고 하거나 여자아이라고 하지만, 우리가 남자아이나 여자아이라는 말의 의미가 무엇인지 알고, 우리 이름이 가지고 있는 의미를 알게 되는 것은 세 살 무렵이 되어서입니다.[25*] 그때가 되어서야 비로소 우리는 우리의 성이 무엇인지 알게 되고, 우리가 그 성에 속해 있음으로써 우리에게 어떤 미래가 가능하고, 어떤 미래가 불가능한지에 대해서 알게 되는 것입니다. 우리는 우리 몸을 통해서 우리가 사랑하고, 우리를 사랑하는 부모님을 동시에 동일시 할 수 없습니다. 또한 우리의 생명과 안전을 동시에 책임지고 있으며, 우리에게 바람직하다고 생각되는 힘의 이미지를 표상하는 부모님을 동시에 동일시할 수 없습니다.

어린아이들은 세 살이 되기 전까지 "아버지-어머니" 또는 "어머니-아버지"를 한 몸에 가진 어른을 동일시하고 있습니다.[26*] 그러다가 세 살 무렵부터 정신분석학에서 "초기의 거세"라고 부르는 것으로서, 아이들은 그들이 동시에 남자와 여자, 또는 어머니와 아버지가 될 수 없다는 사실을 발견하게 됩니다. 생리적으로 어떤 성으로 결정되었다는 사실은 그들에게 상상 속에서나마 양성구유(l'androgyne)가 될 수 없다고 하는 것입니다.

이렇게 해서 이제 우리는 성적으로 완전히 구분되고, 거세됩니다. 우리는 이러한 현실로부터 벗어날 수 없는데, 그것은 참으로 고통스러운 현실에 대한 발견입니다 … "우리가 자궁 속에서 무슨 성인지도 모르고 있었을 때가 얼마나 좋은 시절이었습니까!"

그 다음에 우리는 우리 자신을 매혹하는 우리와 동성인 부모와 같아져서, 그를 모델로 삼아 다른 부모와 함께 우리를 닮은 아이를 낳으려는 헛된 희망을 품게 됩니다 …
  그러나 그 희망은 곧 방해받게 됩니다. 근친상간 금기에 의해서 사랑하는 두 사람이 분리되는 것입니다. 다시 말해서 사회는 언어, 말씀, 율법을 통해서 성적인 욕망이 자유롭게 분출되는 것을 막는 것입니다.
  그 다음에 이유기(離乳期)가 이런 결핍의 고통에 이어지고, 고독의 시련이 찾아오게 됩니다. 그렇습니다. 근친상간에 대한 희망[9]이 영원히 사라진다는 것은 우리를 매우 쓸쓸하고 외롭게 하는 것입니다.
  우리는 이런 체험, 즉 우리가 어떤 특정한 성을 가졌다는 사실을 알게 됨으로써 우리가 태어나기 전에 가졌던 낙원에 대한 꿈을 잃어버리게 됩니다. 우리의 전일성(la totalit)에 대한 환상! 우리에게 외로움이 생기기 전에 우리가 누렸던 신기루와도 같은 지극한 쾌락 …
  우리 몸과 삶의 현실은 우리에게 우리가 상상 속에서나마 전일성을 이루고 있다는 환상을 깨뜨려버립니다.
  우리는 이런 외로움으로부터 도망가기 위해서 항상 그 조각들을 다시 붙이려고 노력하지만, "그것은 결코 붙여지지 않습니다." 그것들은 어머니의 가슴과 젖이나 어머니 같은 보살핌, 부모님들의 팔, 그들의 조언, 배우자에 대한 추구, 그리고 우리 집을 아늑하게 꾸미려는 것 … 등으로 나타나고 있습니다. 결국, 우리는 항상 그와 같이 행복한 상태를 되찾고, 우리가 잃어버렸다고 생각하는 통합을 되찾으려고 합니다. 그래서 우리는 우리에게 부족한 것이 다른 사람에게 있다는 욕망의 이미지를 가지고 있으며, 다른 사람[27*]에게서 우리가 잃어버렸다고 믿는 것을 찾을 수 있다고

---

9 우리 의식(意識)은 종종 이에 대해서 모르고 있다.

생각하는 것입니다. 그러나 그런 희망은 우리가 어머니의 배에 잉태되는 순간부터 결코 이룰 수 없는 하나의 미끼에 불과한 것입니다.

그러나 그런 생각이 이 사마리아 여인과 무슨 상관이 있습니까?

당신은 우리가 이 여인과 똑같은 인간성을 가지고 있다는 사실을 잘 알 것입니다. 우리 삶의 모든 것은 미끼로 되어있으며, 그 미끼들은 우리 욕망을 고동치게 하고 있습니다. 우리는 이렇게 이 미끼로부터 저 미끼로, 이것으로부터 저것으로 옮겨다니면서 살고 있습니다. 그런데 이런 사실은 가끔 모순되는 것처럼 … 보이기도 합니다.

그 시련이 고통스럽고, 우리가 우울에 휩싸일 때, 우리는 수동적으로 된 채 지나간 세월들 속 어디에 그런 미끼, 그런 희망, 그런 목표들이 있었던가 하고 찾게 됩니다. 있지도 않았던 기회들을 샅샅이 찾아보는 것입니다. 하지만 우리가 생기발랄할 때, 우리는 그것들을 앞에, 미래에 투사시켜놓고, 그것들을 얻으려고 다시 출발합니다.

당신도 알다시피, 그 미끼는 우리 몸이 한정되어 있는 시간과 공간을 초월합니다. 우리를 무한히 멀리 이끌어 가는 것입니다. 그리스도가 이 여인에게 말한 것은 바로 이것입니다.

이 여인은 아마 그녀 안에서 다른 성(性)의 장례식, 그녀가 세 살 무렵에 치렀어야 하는 장례식을 아직까지 치르지 않았던 것 같습니다. 그래서 그녀는 이성(異性)으로부터 그녀 몸에 없는 것을 보충하려고 했던 것입니다. 그래서 그녀에게 모든 남자들은 인생의 동반자가 될 수 없었고, 거짓 부모님이 되어서 임시적인 안전만 가져다주는 "임시변통"이 되어버렸습니다. 이 남자에게서 저 남자에게로, 그것은 언제나 똑같은 미끼였고, 언제나 똑같은 것을 추구한 결과 생긴 반복이었습니다. 그것은 어쩌면 자기 운명을 다른 사람의 운명에 묶어놓기를 거부하면서 자기 것만 찾으려고 했던 이 여자의 환상인지도 모릅니다.

예수님은 그녀에게 이런 사실들을 말해 주면서 진정한 의사소통에 대해서 깨우쳐주고 있습니다. 즉 갈증처럼 우리 몸의 욕구만 풀어주려고 하지 않고, 우리 몸을 초월하는 모험을 향해서 나아가게 하는 욕망에 기초를 둔 진정한 해갈을 가져다주는 교환에 대해서 말했던 것입니다.

사실, 사랑이란 우리가 그 대상을 소유하려고 하지만 않는다면, 우리에게 모든 만남이란 우리가 스스로 계시되는 진리 안에서 마음을 터놓고 의사소통하는 것이며, 영이 살아 움직이는 말씀을 나누는 것이라는 사실을 알게 합니다.

예루살렘에서만이 아니라 어디에서나 기도드릴 수 있다는 새로운 기도와 하늘 아버지의 뜻을 따른다는 새로운 양식이란 결국 같은 것을 말하는 것으로서, 어느 누구도 하나님을 소유할 수 없다는 사실을 가리키는 것 같은 생각이 듭니다.

어느 누구도 하나님을 소유할 수 없습니다. 예루살렘에서나 사마리아에서나 마찬가지입니다.

하나님은 그 어느 회당이나 수도원에 가둘 수 있는 내용물이 아니고, 어느 순례 행렬 안에서 집중될 수 있는 내용물도 아닙니다. 이 세상에 있는 어느 도시도 성스럽지 않습니다. 예수님이 그 곳에 계시지 않아서 사람들이 거기에서 예수님의 부재(不在)밖에 만나지 못하는 곳 이외에도 이 세상에서 거룩한 땅은 존재하지 않습니다. 여기에서 말하는 부재란 사람들이 예수님을 다른 곳에서 만나야 한다는 말입니다.[10] 사람들은 하나님을 어디에도 "가두어 둘" 수 없습니다.

그 어떤 영성수련이나 신학연구나 주석비평도 우리에게 "살아 있는 물"을 가져다 줄 수 없습니다. 우리가 어떤 만남을 통해서 결핍을 체험해보아야만 우리를 하나님께 개방할 수 있고, 그것은 다시 우리에게 끊임없이 하나님을 찾게 합니다.[11]

지금 선생님이 말하는 것은 예수님이 "내가 주는 물을 마시게 될 사람은 이제 목마르지 않게 될 것이오 … 내가 주는 물은 그의 안에서 영원한 생명이 흘러 넘치게 하는 원천이 될 것이다"라고 말씀한 것과 모순되지 않습니까?

그 사이에 모순은 하나도 없습니다. 왜냐하면 예수님이 그렇게 말씀하신 취지는 이렇기 때문입니다. "그대, 사마리아 여인이여, 그대는 식량이라든지, 음료수라든지 사람들의 욕구만 충족시켜주는 것들에만 집착하였다 … 다시 말해서 그대가 그대 몸의 욕구에만 매달려 있고, 그대의 감각만 즐기려 하며, 그대가 열망하는 것들만 얻으려고 한다면, 그대는 결코 그것들을 충족시키지 못할 것이다.

그대가 어떤 것을 독점하고, 소비하려고만 하면, 그대는 그대가 사실은 다른 것을 찾고 있다는 사실도 알지 못하고 그 자리에서 멈춰버리고 말 것이다. 내가 그대에게 주는 물은 샘물이다. 영원히 다른 사람에게로 가는 물줄기이고, 다른 사람을 통해서 그대가 알지 못하는 절대 타자[28]를 추구하는 것이다."

---

10 요한일서 4:21절과 마태복음 25:31절 이하를 참조하라.
11 요한일서 4:8절을 참조하라.

살아있는 욕망은 바로 이런 것입니다.
 욕구의 대상이 아니라 욕망의 대상인 이 "물"을 통해서 우리는 이제 더 이상 우리의 자존심이나 자기애나 이익을 매일 매일 충족시키려고 하지 않고, 또 다른 것을 겨냥하고 있습니다. 욕망의 살아있는 물이 욕구의 물이 야기시키는 갈증을 잘라버리기 때문입니다. 진리를 수확할 수 있다는 희망과 확신은 우리의 허기를 달래줍니다.

12
돌아온 탕자의 비유

누가복음 15:11-32

예수께서 말씀하셨다. "어떤 사람에게 아들이 둘 있는데, 작은아들이 아버지에게 말하기를 '아버지, 재산 가운데서 내게 돌아올 몫을 내게 주십시오' 하였다. 그래서 아버지는 살림을 두 아들에게 나누어 주었다. 며칠 뒤에 작은아들은 제것을 다 챙겨서 먼 지방으로 가서, 거기에서 방탕하게 살면서, 그 재산을 낭비하였다. 그가 그것을 다 탕진했을 때에, 그 지방에 크게 흉년이 들어서, 그는 아주 궁핍하게 되었다. 그래서 그는 그 지방에 사는 어떤 사람을 찾아가서, 몸을 의탁하였다. 그 사람은 그를 들로 보내서 돼지를 치게 하였다. 그는 돼지가 먹는 쥐엄 열매로라도 배를 채우고 싶은 마음이 간절했으나, 주는 사람이 없었다. 그제서야 그는 제정신이 들어서, 이렇게 말하였다. '내 아버지의 그 많은 품꾼들에게는 먹을 것이 남아도는데, 나는 여기에서 굶어 죽는구나. 내가 일어나, 아버지에게 돌아가서, 이렇게 말씀드려야 하겠다. "아버지, 내가 하늘과 아버지 앞에 죄를 지었습니다. 나는 더 이상 아버지의 아들이라고 불릴 자격이 없으니, 나를 품꾼으로 삼아주십시오." 그는 일어나서, 아버지에게로 갔다. 그가 아직도 먼 거리에 있는데, 그의 아버지가 그를 보고 측은히 여겨서, 달려가 그의 목을 껴안고, 입을 맞추었다. 아들이 아버지에게 말하였다. '아버지, 내가 하늘과 아버지 앞에 죄를 지었습니다. 이제부터 아는 아버지의 아들이라고 불릴 자격이 없습니다.' 그러나 아버지는 종들에게 명령하였다. '어서 좋은 옷을 꺼내서 그에게 입히고, 손에 반지를 끼우고, 발에 신을 신기라. 그리고 살진 송아지를 끌어내다가 잡아라. 우리가 먹고 즐기자. 나의 이 아들은 죽었다가 살아났고, 내가 잃었다가 되찾았다.' 그래서 그들은 잔치를 벌였다. 큰아들이 밭에 있다가 돌아오는데, 집에 가까이 이르렀을 때에, 음악 소리와 춤추면서 노는 소리를 듣고, 종 하나를 불러서, 무슨 일인지를 물어 보았다. 종이 그에게 말하기를 '아우님이 집에 돌아왔습니다. 건강한 몸으로 돌아온 것을 반겨서, 주인 어른께서 살진 송아지를 잡으셨습니다' 하였다. 큰아들은 화가 나서, 집으로 들어가려고 하지 않았다. 아버지가 나와서 그를 달랬으나, 그는 아버지에게 말하였다. '나는 이렇게 여러 해를 두고 아버지를 섬기고 있고 아버지의 명령을 한번도 어긴 일이 없는데, 내게는 친구들과 함께 즐기라고, 염소 새끼 한 마리도 주신 일이 없습니다. 그런데 창녀들과 어울려서 아버지의 재산을 다 삼켜버린 이 아들이 오니까 그를 위해서는 살진 송아지를 잡으셨습니다.' 아버지가 그에게 말하기를 '애야, 너는 늘 나와 함께 있지 않느냐? 또 내가 가진 모든 것은 다 네 것이 아니냐? 너의 이 아우는 죽었다가 살아났고, 내가 잃었다가 되찾았으니, 즐거워하고 기뻐하는 것이 마땅하지 않겠느냐? 하였다.

께라르 쎄베랭: 이 비유에서 큰아들은 충분히 화를 낼 만했습니다. 단조로운 삶은 삶이 아니었기 때문입니다. 아버지는 이 모든 것을 알고서 이렇게 말했습니다. "나에게 있는 모든 것은 바로 네 것이다." 그런데 무슨 일이 벌어지고 있습니까 … 아버지는 그동안 큰아들에게 염소 새끼 한 마리라도 주어서 그가 자기 친구들을 불러다가 잔치를 베풀게 할 수도 있었을 것입니다. 그러나 아버지는 그렇게 하지 않았고, 지금 너무 하는 것입니다.

더구나 큰아들은 우리에게 하나의 전형(典型)을 보여주고 있습니다. 어느 시인도 이렇게 읊지 않았습니까? "지루하고 단조롭기만 한 일들로 가득 찬 삶이 사랑할 만하고, 우리가 선택할 수 있는 삶이 되겠는가?" 아버지에게 반항도 하지 못하고 여태까지 일만 했던 큰아들은 이제 화를 낼 만한 충분한 이유가 있었던 것입니다. 그 아들이야말로 진정한 아들이었고, "많은 사랑"을 보여주었으며, "지루하고 단조롭기만 한 일들"을 한 사람이었습니다.

프랑소와즈 돌토: 그렇습니다 … 사람들은 그를 가리켜서 충분히 그렇게 말할 수도 있을 것입니다. 그의 생업과 가족과 조국이라는 가치는 그를 인습에 따라서 또는 아버지의 기대를 저버리지 않도록 좋은 아들로 만들었습니다. 사실 모든 아버지들은 그의 자녀들이 일을 열심히 하고, 가정을 생각하며, 그 나라에서 살기를 바랍니다. 큰아들은 그렇게 했습니다.

큰아들은 아버지와 밀접하게 연계되어 있었고, 아버지는 이 아들에게 고착되어 있었습니다. 아버지는 큰아들에게 이렇게 말했습니다. "너는 항상 나와 함께 있었다. 나에게 속한 것은 모두 네 것이다." 당신은 이 두 사람의 삶이 서로 보충하고 있으며, 혼동되기까지 한다는 것을 알 것입니다. 사람들은 큰아들이 아버지의 한 부분을 이루고 있으며, 아버지의 연장이라고까지 말할 수 있을 것입니다. 그는 그렇게 온순하게, 마지막 순간까지 아버지로부터 떠나지 않으면서 살았습니다. 그는 한번도 아버지께 대든 적이 없습니다. 언제나 복종하면서 일만 했던 것입니다. 그는 자기 운명과 일치되어 행복해 보였습니다. 그러나 … 그러나 …

아마 아버지는 큰아들을 더 신뢰하고, 더 가깝게 느꼈을 것입니다. 아버지로서의 그의 희망을 모두 이 아들에게 걸고 있었을 것이 틀림없습니다. "나에게 속한 것은 모두 네 것이다. 너에게는 장남으로서의 모든 권리가 주어져 있다. 그러므로 나는 내 유산을 모두 너에게 물려주려고 한다."

그러나 큰아들은 자기 아버지가 이 모든 사실들을 잊어버리고 작은아들의 아버지가 되려고 하는 순간에 자기 삶을 살려고 했습니다 … 그것은 말도 안 되는 소리였기 때문입니다.

하지만 그 아버지는 왜 큰아들도 그 잔치 자리에 부르지 않았던 것입니까?

큰아들은 들판에 있었고, 아버지는 집에 있었기 때문에 그를 기다릴 시간이 없었습니다. 그는 "죽었다"고 생각했던 아들이 이렇게 살아있는 것을 보고서, 그가 다시 아버지가 되었다는 사실이 그렇게 기뻤던 것입니다. 그래서 잔치를 베풀었는데, 그 자리에는 기쁨이 넘쳐흘렀고, 아버지는 그에게 다시 아버지로서의 그의 "마음"을 되찾게 해준 그 아들과 기쁨을 나누었습니다. 그의 얼굴에서는 기쁨이 배어 나왔습니다. 그는 그 자리에 있는 누구에게나 그렇게 말했습니다.

그때 큰아들이 왔습니다. 그는 여태까지와 다른 모습을 보이기 시작했습니다. 그는 아버지에게 등을 돌렸습니다. 사람들은 아주 완전히 "등을 돌렸다"고 말할 수도 있을 것입니다.

당신도 알다시피, 그는 여태까지 착한 아들로서 "욕구"에 몰두하여 살았습니다. 다시 말해서 그는 여태까지 무엇인가를 생산하기 위해서 일했으며, 음식물을 먹기 위해서 식사를 했던 것입니다. 그는 완전히 순종적이었습니다.

그러나 탕자의 귀환과 함께 그는 바뀌었습니다. 그의 아버지에게 화를 내기 시작한 것입니다. 그는 "제 정신이 아니었습니다." 다시 말해서 그는 생전 처음으로 그의 아버지에게 대놓고 반발하였으며, 삶을 즐기느라고 진탕만탕 돈을 써버렸다고 욕을 한 동생에게 대놓고 반발하였던 것입니다. 그는 자기 아버지가 그에게는 너무 인색하고, 엄격했었다고 비난했습니다. 그는 여태까지 자기는 지금 상태에서 만족하고 있으며, 그렇게 보인다고 믿었던 자기 자신과도 분리되었습니다. 그는 여태까지 쓰고 있던 가면을 벗어버린 것입니다.

우리는 지금 여태까지 큰아들은 자기 아버지가 자기를 자기 동생과 똑같이 대우하지 않도록 하기 위해서 아버지에게 밀착되어 있었음을 알 수 있습니다. 그러나 그는 지금 화를 이기지 못해서 자기 아버지와 분리되면서, 자기 자신과도 분리되고 있습니다. 질투심 많은 아이로서 자기 질투를 과보상하기 위하여 아버지가 하라는 대로 함으로써 아버지의 욕구를 충족시키고 그 대가로 자기 동생보다 아버지에게 더 인정받음으로써 자기 욕구를 충족시켰던 과거로부터 분리되는 것입니다. 여태까지 그가 취했던 삶의 태도는 종으로서의, 노예로서의 그것이었습니다. 그러나 진정한 사랑이란 사랑 받는 이에게 평등과 자유를 주는 것입니다. 그러나 이렇게 옹색한 일꾼들에게 있어서 그들이 억압하고 있는 것은 무엇일까요?

큰아들은 이때 그의 아버지와 동생이 함께 있는 광경을 보고서 갑자기 질투[29]가 솟아오르는 것을 느꼈습니다. 그가 받지 못할지도 모르는 유산에 대한 기대 때문에 그동안 억누르고 있던 그의 욕망들이 이제 더 이상 우물쭈물할 수 없었던 것입니다.

그의 분노 속에서 당신은 그가 자기 아버지에게 자기를 그동안 이용만 해왔다고 하면서, 그동안 그에게 왜 염소 새끼 한 마리라도 주어서 그가 그의 친구들을 불러서 잔치라도 한번 베풀게 하지 않았느냐고 비난하는 것을 보지 못합니까? 그는 아버지에게 그것을 여태까지 조르지도 않았던 것입니까?

더구나 그는 아버지에게 허락을 받아야만 했던 것입니까? 그의 아버지에게 속한 것이 그의 것이기도 하지 않았습니까?

여기에서 중요한 것은 그의 메마르고 이기적인 마음입니다. 그에게는 "시간과 돈을 들여서" 같이 나눌 만큼 사랑하는 친구들이 많지 않았던 것입니다. 그의 삶에서 중요한 것은 유용성뿐이었던 것입니다. 기쁨이나 놀라움이나 다른 사람을 만나는 것, 모험 등은 그의 삶에 자리 잡을 수 없었던 것입니다. 모험이라 … 그래요. 어떤 것을 잃어버릴 수도 있는 모험 말입니다 … 그러나 무엇을 잃어버리는 것이지요? 그의 삶을 잃어버려요? 그때 그는 갑자기 자기 삶은 한편에 비껴져 있었다는 것을 알았습니다. 무엇인가를 잃어버렸다는 것입니까? 아버지의 사랑? 그러나 그의 동생처럼 그에게는 아버지의 사랑이 항상 함께 하고 있습니다. 사랑이란 결코 돈으로 살 수 있는 것이 아닙니다. 그런데 우리는 온전한 인간이 되고, 온전한 아버지가 되기 위해서 때때로 우리를 둘러싸고 있는 모든 의존적인 것들에서 벗어나고, 율법이 부과하는 모든 종속관계로부터 자유롭게 되면서 동시에 그 관계를 다른 방식으로 성취하는 모험을 감행해야 하지 않을까요?

큰아들이 오늘 기쁨이 아니라 분노를 폭발시킨 것은 틀림없습니다. 혁명을 일으킨 것입니다.

그는 이제 더 이상 그의 삶을 붙들어 맬 필요가 없었던 것입니다.
그 역시, 지금 아버지의 밭에서 벗어나 모험을 하고, 그가 고른 친구들과 함께 쾌락을 얻기 위해서 시간과 돈을 쓰고 싶었던 것입니다. 일만 하거나 소비만 하면서 살지 않고, 의사소통을 하고 싶었던 것입니다. 이 얼마나 혁명적인 일입니까?
그렇습니다. 그는 이제 그의 삶을 그의 몸이 필요로 하는 욕구에만 맡기지 않고, 스스럼없이 자기 욕망에 다가가고, 그 욕망이 가져올 수도 있는 위험을 감당하는 진정으로 살아있는 모든 사람들처럼 살기로 했던 것입니다.

그러나 그런 사람들은 바리새인들이 보기에 죄인이 아니었습니까?

그럴지도 모르지요. 그리고 그 점이 큰아들에게 의문이었습니다. 왜냐하면 올바르게 산다고 보여졌던 그 아들은 그렇게 하지 못했으니까요. 그래서 그는 그의 욕망들을 억누르고, 사랑에 가득 찬 삶을 살지 못했던 것입니다.
이 비유에서 탕자였던 아들은 자기가 주도해서 끝까지 나아갔습니다. 그는 그가 가지고 있던 모든 것, 즉 그의 재물이나 재산이나 증서나 품위 등 그의 삶에 필요한 모든 것들을 자기에게 있는 그 많은 욕망들을 누리고, 쾌락을 얻는 대가로 혼자 감당하려고 하면서 희생시켰습니다.

사람들은 그가 돈을 진탕만탕 써댔다고 할 것입니다. 그는 쾌락에 빠져서 지냈습니다. 그의 삶은 아마 성공적인 것이 되지 못했을 것입니다 … 드디어 파멸을 맞고, 배가 고파지자, 그는 돌이켜 생각하게 되었습니다 …

하지만 그가 그런 일에 맞지 않는 사람이고, 그에게는 실제로 다른 것들이 "필요한 것"이라 사실을 확실히 알게 된 것은 그가 그의 욕구들을 모두 살아본 다음이 아닌가 하는 생각이 듭니다. 다시 말해서 그가 또 다른 것, 즉 그의 욕망과 그 욕망의 강렬함에 다가갈 수 있었으며, 자기는 결코 아버지를 존경하지는 않았지만, 그 아버지의 아들이라고 부름 받을 만한 존재도 되지 못하고, 그저 먹여 살려 주기만 한다면 아버지 집에 있는 종의 종이라도 되어도 좋겠다고 생각하게 된 것은 그가 모든 위험을 만나서 아무 것도 가진 것이 없게 되고, 글자 그대로 무일푼 상태가 된 다음이 아닌가 하는 것입니다.

조심하지 않고 살아왔던 삶에서 완전히 패배하여 집으로 되돌아가는 이 삶을 지탱해주는 것은 어떤 강렬한 욕망이겠습니까? 몸과 마음이 모두 곤경에 빠져서 다리를 절룩이고, 피로에 지쳤으며, 배가 고프고, 후회만 나오는 이 발걸음에는 도대체 어떤 희망과 욕망이 그렇게도 있을 수 있는 것입니까? 아버지가 나를 받아들이시기만 한다면 … 아버지, 아버지께서 나에게 일을 할 수 있게 하신다면 … 일자리 하나를 주고, 먹을 빵을 조금이라도 주신다면 …

그러나 그가 그런 지경에까지 이르게 된 것에는 그가 삶을 잘못 살았기 때문입니까?

그렇습니다. 이 비유는 헛된 희망이나 제멋대로 하는 자유라는 함정에 빠질 때 생길 수 있는 현상을 그리고 있습니다.

이 동생은 자기 자유를 제멋대로 사용하였습니다. 그래서 무슨 일이 일어났습니까?

그는 자기를 어떻게 해야 할 줄 몰랐고, 자기를 소모하였으며, 잘못된 길로 나아가서, 자기를 파괴하고, 파멸에 빠지게 하였습니다. 그는 자기 아버지와 가족들과 자기의 지나간 모든 과거들을 부정하였습니다. 그는 모든 것을 부정하려는 극단에 빠졌던 것입니다. 그래서 이 아들은 그의 아버지에게 죽은 것으로 되었습니다.
그가 그의 아버지가 존중할 수 있고, 받아들일 수 있는 방식으로 그의 자유를 행사했더라면, 그는 그의 형이 사는 방식이나 아버지가 하라는 대로 하지 않으면서도 자기 삶에 책임을 질 수 있었을 것입니다. 그러나 그는 그럴 생각이 없었고, 그가 제멋대로 한 것은 반동이고, 반발이었습니다. 그래서 그는 그의 어린 시절을 떠나보내면서 그에게 익숙하고, 그에게 모범이 되었던 삶들을 모두 내버리려고 했습니다.

그러나 사람들이 자기 정체성을 찾으려면 이런 과정을 거쳐야 하지 않습니까? 다시 말해서 이런 종류의 파괴를 경험해야 하는 것이 아닙니까?

그렇습니다. "밀알 하나가 땅에 떨어져 죽지 않으면, 아무 것도 거두지 못합니다"(요한복음 12:24). 그는 아무것도 생산하지 못하고, 살 수 없으며, 열매를 맺을 수도 없습니다.

알곡은 죽어야 합니다. 그러나 썩지 말아야 합니다. 사실, 우리가 처해 있는 환경이 좋든지 나쁘든지 간에 우리가 우리의 욕구나 쾌락만 위해서 산다면, 우리는 썩고 맙니다. 우리가 그 사실을 알든지 알지 못하든지 간에 썩는 것입니다. 우리 몸은 쾌락을 탐하고 있습니다. 더구나 우리 마음이 경계를 늦추고 있거나, 인간의 존엄성에 대한 감정이 우리가 올바로 나아가려는 것에 아무 도움을 주지 못하고, 부모님[30]에 대한 존경심이 그들을 무시하려는 마음을 억누르지 못할 때—그런데 그것은 우리 자신을 위한 것이라기보다는 우리 자녀들을 위한 것입니다—우리는 우리 몸의 쾌락을 탐하려는 함정에 빠지고 맙니다.

이 젊은 탕자는 타락하여, 그 밑바닥까지 내려갔습니다.

그렇습니다. 우리에게는 쾌락이 필요하기도 합니다. 그러나 우리가 만드는 것은 쾌락이 아니라, 고통인 경우가 많습니다. 그런데 우리 한 사람 한 사람에게는 공통된 사실이 한 가지 있습니다. 그것은 우리에게 바람직한 것을 가져오기 위해서, 즉 우리의 욕구를 뛰어넘어 우리에게 사랑을 가져다 줄 수 있는 진정한 욕망을 얻기 위해서 우리는 어떤 것에 대해서 죽어야 한다는 사실입니다.

어린아이들은 이렇게 해서 어머니의 가슴을 떠나게 됩니다. 그에게 어머니의 미소와 어머니에 대한 현존감을 가져다주고 그를 포근하게 감싸는 사랑을 가져다주면서 어머니를 느끼게 해주었던 어머니 가슴을 떠나는 것입니다. 그 다음에 물론 그에게는 배고플 때도 있을 것입니다. 그러나 그것은 그가 배고프기 때문에 어머니를 부르는 것이고, 어머니가 미소지을 때 그 미소에 응답하기도 하지만, 음식을 먹는 것은 그 혼자서입니다.

이렇게 하면서 아이는 조금씩 조금씩 한 개인으로서의 그의 모습을 발견하게 됩니다. 아이는 자기가 어머니와 다르다는 사실을 인식해가면서—어머니는 그 아이를 낳아가면서—그 역시 하나의 인격체로 되는 것입니다.[1] 그래서 그는 서로의 마음이 하나가 될 때 느낄 수 있는 정서적인 따스함과 인간 정신의 미묘한 상태가 그의 욕구에 부응하고, 유한한 쾌락을 누리며, 무엇인가를 소비하는 것보다 더 낫다는 것을 알게 됩니다.

어머니와의 분리가 하나 하나 이루어지면서, 자기를 좀더 세밀하게 체험하게 되고, 다른 사람에 대해서도 점점 더 깊이 알게 되는 것입니다.

그러다가 아이는 어느 날 걷게 됩니다. 다시 말해서 부모님의 품안에서 안전하게 지내던 상태를 떠나서, 그의 주위에서 얻을 수 있는 것들을 조사하는 것입니다. 자, 이것은 그가 "이 세상을 돌아다니면서 무엇인가가 되는" 삶의 역정을 어떤 방법으로든지 시도해 보는 것이 아닐까요? 모험을 하면서 그에게 무엇인가가 도래하게 하는 것이라는 말입니다. 안전에 대한 욕구를 떨쳐버리면서 자기의 욕망을 실현시키려는 것입니다.

18개월 무렵이 되면, 어린아이들은 자기에게 "좋아"라고 말하기 위해서 어머니에게 "싫어"라고 하지 않던가요? 그것도 "혼자서" 말입니다. "내가" 누구인지 알기 위해서, "너"에게는 싫다고

---

[1] 여기서 돌토는 프랑스어의 재미있는 동사 connaitre를 파자(破字)하면서 더 깊은 의미에로 이끌어 간다. connaitre는 본래 "알다, 인식하다"라는 뜻을 가진 동사인데, 그것은 "함께, 같이"라는 의미를 가진 접두어 con과 "낳다"라는 동사 naitre가 합쳐져서 만들어졌다. 그래서 돌토는 아이가 어머니와의 차이점을 인식해가는 과정을 어머니가 아이를 다시 낳는 것으로 설명하는 것이다—역자 주.

해야 하는 것입니다. 여기에서 사람들에게는 자율성이 최초로 형성되는 창조적인 분리가 생기게 됩니다.

뒤이어 어린아이들은 그의 아버지에게도 "싫어"라고 말하게 되고, 아버지도 그것을 알게 됩니다.

이렇게 어머니, 아버지와 거리를 두고, 서로 분리되는 과정에서 아이들에게 어려움이 없을 수는 없습니다. 그러나 아이들은 책임감을 배우고, 자기 스스로를 사랑스러운 존재로 만들어 갑니다.

다시 이 비유로 돌아와 봅시다. 여기에서 둘째 아들은 그에게 닥쳐온 여러 가지 위험들 때문에 정말 "청소년기의 위기"[31*]에 봉착했다고 할 수 있습니다. 특히 그의 형이 아버지에게서 오는 편안하고 탐욕스러운 의존성에서 벗어나지 못하고 아버지의 재산을 모두 차지하려는 바람에 더욱더 그랬습니다. 어쩌면 이 형은 무의식적으로, 적어도 그 초기에는 자율적인 인간이 되려는 욕망을 억압했는지 모릅니다.[32*]

이 비유에서 볼 때 아버지는 선생님이 보는 바 그대로입니다. 참 이상한 아버지입니다.

그렇지는 않습니다. 아버지로서 이 사람은 정당했습니다. 정말입니다.

이 아버지는 항상 둘째 아들을 첫째 아들과 다른 방식으로 사랑한 것 같습니다. 사실 모든 부모님들은 그의 자녀들을 항상 서로 다른 방식으로 사랑하고 있습니다. 모든 부모님들은 그들이 원하든지, 원하지 않든지 간에, 또한 대부분의 경우 그들이 그렇게 하지 않으려고 노력할지라도 서로 다른 방식으로 사랑하는 것입니다.

여기에서 이 아버지는 둘째 아들은 첫째 아들과 달리 덜 수동적인 방식으로 사랑하지 않았나 하는 생각이 듭니다. 그래서 이 아들은 자기 형 보다 더 자유스럽고, 덜 의존적이며, 자기 혼자서 성공해보려고 가족의 둥지를 더 쉽게 떠날 수 있었는지도 모릅니다. 그는 떠나기 전에 혼자서 … 자기 아버지 품을 떠나면 어떻게 될까 하고 생각해 보았을 수도 있습니다. 왜냐하면 아버지를 중요시하는 것은 아버지의 행동들을 율법으로 삼는 것이며, 일시적인 모범밖에 되지 않기 때문입니다.

둘째 아들이 떠나려고 했을 때, 아버지는 그를 믿었습니다. 그래서 그가 사랑하는 둘째 아들의 뜻을 꺾으려고 하지 않았습니다. 그래서 따지려고 하지도 않았고, 그에게 좋은 길을 가르쳐주려고 하지도 않았으며, 자기 관점을 내세우려고 하지도 않았습니다 …이 아버지는 그를 길들이거나, 어떻게 만들려고 하지 않았습니다. 자기 권력을 사용하지도 않았고, 자기 아들을 다시 그의 품안에 넣으려고 하지도 않았습니다. 자기 자식이나 다른 사람들에게서 정말 인간으로서의 가치가 느껴지는 것은 그가 다른 사람에게 굴복하지 않고, 그에게 있는 창조적인 자유, 무엇인가를 개선할 수 있는 자유를 발견할 수 있기 때문입니다.

선생님은 작은아들이 자유롭게 집을 떠났다고 말했는데, 그 아들은 혹시 내쫓기거나 버림받은 것은 아닙니까?

그의 아버지는 율법을 존중했습니다. 그리고 그를 사랑했습니다. 그래서 그에게 그의 몫을 떼어주었습니다.

이 아들이 아버지의 집을 떠날 때, 자기 삶을 꾸려갈 것들을 충분히 갖추지 못했을 수도 있습니다. 어쩌면 그는 그동안 너무 과보호 상태에서 살았기 때문에, 쾌락에 약한 그를 부추기는 사기꾼이나 협잡꾼의 농간에 빠져 들어갔을 수도 있습니다. 우리는 그가 완전히 풀어진 상태에서 그의 돈을 흥청망청 다 써버렸다고 할 수도 있을 것입니다. 어쨌든 그는 거창한 계획을 가지고 집을 떠났지만 망하고 말았습니다. 그래서 자부심이 없어졌습니다. 설상가상으로 그에게는 불운이 떠나지 않았습니다. 왜냐하면 그가 완전히 망해서 용감하게 어느 주인 밑으로 들어가 일을 시작했는데, 그 나라에 기근이 닥쳐왔기 때문입니다. 그가 우연히 가게 되었던 이 먼 나라에 기근이 닥쳐오지만 않았더라면, 그는 그에게 다가온 삶의 벼랑을 올라타고 존엄성을 되찾을 수도 있었을 것입니다.

나는 그가 다시 아버지 집으로 오기 전에 망설인 이유가 두 가지라고 생각합니다. 하나는 그가 그 자신은 물론 아버지 앞에서 부끄러움을 느꼈기 때문이고, 다른 하나는 그가 그의 아버지에 대해서 잘 몰라서 두려움이 생겨났기 때문입니다.

이때 아버지와 작은아들 사이에는 자기와 마찬가지로 아버지를 모델로 삼았던 형이 있었는데 그 형은 그에게 언제나 경쟁자로 느껴졌던 존재입니다. 그래서 작은아들은 자기 아버지가 그에게 주었던 모든 재산을 탕진한 마당에 그의 형도 아버지처럼 자기를 가족의 일원으로 생각하지 말고, 종처럼 생각해 주면 얼마나 좋을까 하고 생각했습니다. 다른 사람 집에서 돼지를 치는 것과 자기 아버지 집에서 돼지를 치는 것이 무엇이 다른가 하고 생각하기도 했습니다. 아버지 집에서는 제일 말단에 있는 종이라도 배가 고프면 배불리 먹는데 말입니다. 지금은 기근이 심하고, 그의 아버지는 주인으로서는 좋은 사람이기 때문입니다.

그는 고난 속에서 완전히 뒤로 물러선 것입니다. 존재가 완전히 없어진 것이나 다름없었습니다. 그는 이때 아버지는 자기를 형보다 별로 중요하지 않고 그저 그런 애로 생각했다고 생각했을지도 모릅니다. 나는 그 두 사람 사이에는 형제간에서 볼 수 있는 경쟁 의식이 있었다고 생각합니다. 이런 경쟁 의식은 동생이 더 느끼는 법입니다.

동생들은 사춘기 무렵에 자기 형이나 아버지를 거의 없는 것이나 다름없이 생각하는데, 아버지에게서 형이 아주 우월한 자리를 차지하고 있어서 아버지와 거의 접촉을 하지 못하기 때문입니다.

그가 되돌아 왔을 때, 그는 아버지가 준 돈을 가지고 아무 것도 벌지 못했기 때문에 아버지에게 아들로 인정받는 것을 기대할 수 없었습니다. 그는 주인이 되지도 못했고, 아버지나 어머니가 자랑할만한 존재도 되지 못했습니다.

사춘기가 조금 지난 무렵에 있었던 이 아들은 자기가 "그럴듯한 사람"이 되었기를 아버지가 바랐을 것이라고 생각했습니다. 자기 아버지가 자기를 사랑한다고 생각하는 어린이들이 모두 자기 아버지는 다른 사람과 다르다고 생각하는 것과 같은 심리에서 말입니다.

그러나 그는 자기 아버지는 물론 결코 사랑의 사람이라고 할 수 없었던 자기 형까지도 모델로 삼고 있었는데, 형에게 사랑이 없었다는 사실은 이 동생이 다시 돌아오기 전까지 아무도 모르던 사실이었습니다.

동생이 돌아오자 형의 모든 것이 밝혀졌습니다. 그가 자기 동생에 대해서 반감에 가득 찬 경쟁심을 가지고 있었다는 사실이 밝혀진 것입니다. 그는 이 탕자가 자기와 마찬가지로 자기 아버지에게 아들로 받아들여지는 것과 잔치를 베풀면서 맞아들여지는 것을 용납할 수 없었습니다. 그가 돌아왔다고 사람들이 기뻐하는 것과 아버지가 기뻐하는 것이 그의 속을 뒤집어 놓은 것입니다.

복음서의 이 구절은 우리에게 관용(la tolérance)를 보여주는 것입니까?

왜, 안 그렇겠습니까? 이 비유는 다른 비유들과 마찬가지로 우리를 좀 당황하게 만듭니다. 이 구절은 우리에게 "덕성을 갖추고" 사는 사람들뿐만 아니라 전통적인 도덕을 따라서 살지 않는 사람들도 하나님의 사랑을 받는다는 사실을 보여주기 때문입니다.

자연히, 하나님이 그들을 사랑하는 것이 그들의 자랑스러운 "덕성" 때문이 아니라는 것은 즐길 것을 즐기지도 못하고 도덕적으로 살아왔다고 생각하는 덕스러운 사람들에게는 분개할만한 일이었던 것입니다 … 하나님은 틀림없이 그들도 사랑하고 계십니다. 왜냐하면 하나님은 "창조주"로서 피조물 안에 현존하시기 때문입니다. 인간을 먼저 사랑하신 것은 하나님입니다. 그러나 그 사람들, 자기 삶이나 기쁨에 등을 돌리고, 경건하게 근엄한 태도나 보이거나 좌절하고 슬픈 태도만 보이는 그 사람들도 이런 사람들을 사랑하겠습니까?

아버지가 아들을 다시 보았을 때 "그는 창자 속까지 미어지는 것 같았습니다." 이것은 말하자면 그 아들을 다시 낳는 것이었습니다. 그동안 서로 다르게 알았던 두 사람 사이에서 생명을 서로 주고받게 되면서 새로운 결합이 이루어지고, 새로운 관계가 형성되었던 것입니다.

그러나 이 복음서를 읽을 때, 이 탕자는 배고프고, 무엇인가가 필요해서, 더 분명하게 말하자면 무엇인가를 먹고살려고 되돌아 온 것이라고 생각되지 않습니까? 내가 생각하기에 이 탕자는 상당히 세속적이고, 이기적인 사람 같습니다.

아마, 그럴지도 모르지요. 하지만, 우리 모든 사람들은 이기적이지 않습니까? 내가 보기에는 이 형도 동생 못지 않게 이기적인 듯이 보입니다. 그는 아무 것도 모험하지 않으면서, 모든 것을 얻으려고 했습니다.

사실, 아버지가 죽게 되면, 이 형은 동생이 떠난 다음 아버지가 그와 함께 일군 모든 재산과 밭까지 가지게 되어 있지 않았습니까? 아버지가 죽으면 그는 이제 주인이 됩니다. 그렇게 되면 이제 그가 하는 일이나 그의 삶은 그에게 참다운 의미를 가지게 됩니다. 그러나 그는 어디서 그의 실제적인 욕망을 실현하고, 실제적인 기쁨을 맛보고, 사랑을 할 것입니까? 그에게 쾌락을 누릴 만한 여지라도 남아있었습니까?

그는 여태까지 아버지 곁에서 죽음을 살아왔다는 말이군요?

그렇게까지는 말하지 않겠습니다. 그는 어떤 경우에서든지 그것을 의식적으로 바란 적이 없었을 것입니다. 그러나 그가 자기 동생이 돌아오는 것을 바라지 않았던 것은 틀림없습니다. 그는 아예 그가 없는 것으로 치부해버렸습니다 … 그는 아무런 기쁨도 없이, 놀랄만한 것도 느끼지 못하면서 하루 하루를 단조롭게 살았습니다. 하지만 동생이 돌아오자 모든 것이 즐겁게 변하고, 양식을 나누어주던 자산가로서만 보이던 아버지에게서 또 다른 모습을 볼 수 있게 되었습니다. 다른 모든 아버지들이 그랬던 것처럼 따뜻한 가슴이 있고, 기쁨을 누릴 줄 아는 아버지의 모습을 볼 수 있었던 것은 그때였습니다.

그것은 이것저것 잡다한 일들을 해야 하는 욕구의 질서, 틀림없이 무엇인가를 해야 하는 질서를 벗어나는 것입니다. 오히려 사람들 사이에서 의사소통을 하고, 사랑을 나누는 욕망의 질서에 속하는 것입니다. 그들은 잔치를 베풀었습니다. 그것은 죄의식을 느끼고 있던 둘째 아들에게는 믿을 수 없는 일이었습니다.

아버지 옆에서 이 아들에게는 새로운 차원이 전개되었습니다. 패퇴감을 가지고 아버지 집에 도착했던 이 사람은 그의 아버지에게 훌륭한 친구처럼 맞아들여졌습니다. 아버지와 함께 그는 다른 사람들과 같이 대화를 나눌 수 있게 되었습니다. 이제 사람들이 말문을 트기 시작하고, 진실을 이야기하려고 한다면, 그 대화는 아마 끝나지 않을 것입니다. 사람들은 그 대화가 영원히 끝나지 않았으면 하고 바랄지도 모릅니다.

이 아들은 이때 죽었습니다. 그리고 이제 다른 방식으로 살게 되었습니다.

큰아들 역시 자기 동생이 돌아오자 그가 알지 못하던 아버지의 모습을 보게 되었습니다. 그는 재산만 가지고 있던 사람이 아니라, 따뜻한 가슴을 지니고 있으며 그가 모르던 부정(父情)까지 지니고 있는 사람이었던 것입니다. 그때, 큰아들은 그의 내면에서 분노와 함께 반감이 치솟아 오르면서 자기도 모르게 반항심이 튀어나오는 것을 느꼈습니다. 자율적인 이 욕망은 그가 한 번도 표출해보지 못했던 욕망입니다. 이 욕망은 어떻게 된 것입니까?

이 이야기 속에서 모든 사람들은 그 전과 다른 사람이 되었습니다.

그러나 선생님은 여태까지 우리에게 관심 있는 탕자의 영적인 상태에 관해서는 아무 말도 하지 않았습니다. 그는 자기 생각밖에 할 줄 모르는 사람이었습니다. 그는 그의 아버지가 얼마나 고통을 당할지, 그가 떠남으로써 그의 형이 얼마나 일을 더 많이 해야 할지, 그가 없음으로써 그의 가족이 경작해야 하는 밭에서 그 형이 얼마나 더 고생을 해야 할지라는 것들에 대해서는 전혀 생각하지 않았습니다. 그는 결코 다른 사람들이 본받아야 할 사람이 아니었던 것입니다.

이 세상에서 다른 사람들이 본받아야 할 사람은 아무도 없습니다. 우리 모두는 독특하기 때문입니다. 우리는 어떤 때 잠시동안이나마 우리 주위에 있는 어떤 사람을 우리 삶의 모범으로 삼기도 합니다. 그러나 그것은 잠깐 동안뿐입니다. 우리는 곧 그 사람을 떠나서 우리 자신의 삶을 살려고 합니다. 마치 이 탕자가 자기 자신을 되찾고, 자기가 스스로 이 세상에서 서기 위하여 아버지를 떠나고, 아버지나 형에게서 보았던 모범상(模範像)에서 떠났듯이 떠나는 것입니다.

이 아들의 그런 태도는 무모한 것처럼 보이고, 정도에서 벗어난 것처럼 보이기도 합니다. 왜냐하면 그런 태도로서는 그가 진정한 삶을 살지 못할 것이기 때문입니다. 이제 그 탕자는 그의 곁에 성큼 다가선 듯한 그의 아버지, 그가 고난에 빠졌을 때 그에게 도움을 베푼 이 선한 사마리아 사람을 마음씨 좋은 주인으로서가 아니라, 아버지로 사랑하게 되었습니다. 삶을 향해서 언제나 그를 자극하는 영원한 생식자로 사랑하게 된 것입니다 …

하지만 그 아버지는 그의 형에게 개인적인 이해 관계에서 떠나서 영웅이 되어야 한다고 요구하지 않았습니까?

그러나 그렇게 될 수는 없었습니다. 그는 자기 동생과 똑같은 재산을 가지고 있었지만, 아버지로부터 분배받지 못했고, 아버지와 함께 고향에 남아 있었습니다. 그는 다만 아버지가 돌아가신 다음에 그가 모든 것을 다 누릴 수 있을 것이라고 생각할 뿐이었습니다.

이제 형의 입장에서 동생이 돌아온 다음에 생각해보니, 그의 집에서 경작하는 밭에서 그동안 소출한 것들은 그가 분배받아야 하고, 그의 동생은 일만 해야 마땅한 일이었습니다 … 그의 몫이 되어야 하는 재산은 그에게 속해서 그가 써야 하고, 아버지 재산만 가지고 그의 동생에게 자선을 베풀든지 말든지 해야 했습니다.

이 비유 말씀은 "개미와 매미"라는 우화와 정반대입니다. 사람들은 큰아들이 작은아들에게 이렇게 말하는 것이 당연하다고 생각할 것입니다. "너는 즐기려고만 했기 때문에 지금 벌을 받는 것이다." 그러나 아버지는 그렇게 하지 않았습니다. 오히려 그는 자기를 죄인이라고 생각하면서 죄의식을 느끼고, 다른 사람들은 물론 하나님으로부터도 사랑 받을 수 없다고 생각하여 자기 자신을 사랑하지 못하는 사람들이 다시 인간적인 가치와 존엄성을 되찾게 해 주었습니다. 어떻게 생각하면 그런 것이 더 고통스러운 것인지도 모릅니다.

따라서 선생님은 큰아들이 잘못되었다고 하시는 것입니까? 하지만, 이 비유를 읽다보면 제가 처음에도 말했던 것처럼 이 아들을 이해할 수 있을 것이라는 생각이 듭니다.

아니, … 그렇지는 않습니다. 나는 누가 옳고, 누가 그르다고 하지 않겠습니다. 당신도 알다시피, 나는 나사렛 예수가 가르친 인간의 욕망에 담긴 유기적인 의미가 과연 어떤 것이었을까 하는 사실을 파헤치고 싶은 것입니다. 그리고 나는 그것이 우리에게 정신적인 건강, 무의식의 건강을 가져다 줄 수 있다고 확신합니다.

그 아버지는 큰아들이 그와 함께 고향 땅에 남아서 여태까지 살아온 것 역시 그가 좋아서, 그 자신의 선택으로 자기 욕망을 따른 것이라고 충분히 생각할 수 있을 것입니다. "나에게 속한 것은 모두 네 것이다"라는 말의 의미는 나에게 속해 있는 것들 가운데서 네 것이 있을 텐데 너는 그것들을 네 욕망이 이끄는 대로 쓸 수 있다는 것입니다. 그런데 큰아들은 왜 그렇게 하지 못했습니까? 큰아들은 그렇게 믿고 있을지 모르지만, 그에게 그렇게 하고 싶은 열망이 없었기 때문이 아닙니다. 그러나 그는 그의 아버지가 "자, 이 염소 새끼 한 마리를 가져다가 네 친구들을 불러서 같이 춤을 추고 놀아라. 이제 너도 여자 친구를 구할 때가 되지 않았니?"하고 말해 주기를 기다렸던 것입니다.

그것은 그가 아직 충분히 성숙하지 못해서, 자기 아버지를 사랑하지 못하고, 다만 무서워 하기만 하는 아이들처럼 자기-검열(auto-censure) 상태에 빠져서 살았기 때문입니다. 그런 아이들은 아버지를 존경하지도 못합니다. 왜냐하면 그런 아이들은 흔히 자기 아버지에게는 독단적으로 하려는 욕망이 가득 차있다고 생각하기 때문입니다. 그러나 사실은 그 아이들이 자기 책임을 완수하려는 것과 그 책임에 부과되어 있는 권위 사이를 혼동하면서, 자기들이 자기 삶의 주인이 되려고 해서 그것과 충돌되는 아버지를 왜곡하여 지각하기 때문입니다.

어떤 아버지가 진정한 아버지라면, 그는 그의 자녀들이 모두 성장하여 자율적인 인간들로 된 다음에 자기들의 삶은 이제부터 자기들이 책임질 것이고, 그들은 이제 자기들의 욕망을 실현시키려고 하며, 자기들의 욕구를 충족시키는데 있어서도 아버지는 관여하지 말라고 할 때, 이제 아버지가 그들에게 더 해주어야 할 것이 남아있느냐고 물을 때 이외에는 그의 권위를 사용하지 않는 법입니다.

부모님들로부터 신뢰와 확신을 받고, 율법에 규정되어 있는 대로 물질적인 재산이나 도덕적인 유산을 물려받으면서도 자기네들의 자유를 잃지 않고 부모님으로부터 분리될 수 있는 것은 아들이나 딸에게 달려있습니다. 그때 그들은 부모님들이 이해하고 있든지, 그렇지 않든지 간에 그들과 한 마음이 되어 그들의 부모님을 존경할 것입니다.

물론 실패를 맛볼 수도 있습니다. 그때 그들이 가진 역량을 미리 알고 있었든지, 아니면 역경을 만났든지, 그도 아니면 그의 경쟁자들이 그에게 오명을 씌웠든지 간에 위험에 봉착한 사람들은 잘못했다는 심정에 사로잡힐 수도 있습니다. 그러나 예수님이 이 비유를 통해서 정당하다고 복권시켜주는 사람은 바로 이런 사람, 즉 자기 욕망을 성취하려고 고군분투하는 이 탕자와 같은 사람인 것입니다.

그들이 가지고 있던 욕망은 그들에게 죄를 짓게 하였습니다.[33] 그러나 그들은 욕망의 법칙에 대해서 죄를 짓지는 않았습니다. 그의 아버지가 진정한 아버지였다면, 그는 그 사실을 잘 알고, 인간의 삶에서 많은 고난을 받은 같은 인간 형제인 이 아들을 더 사랑하지 않을 수 없었을 것입니다.

이 탕자는 그를 어린아이 상태에 머무르지 않게 하고, 그의 욕망이 이끄는 대로 살게 한 아버지를 다시 발견했기 때문에 이제 더 이상 하나의 모델에 맞춰서 자기 삶을 그대로 복제하는 따분한 일에 사로잡히는 아이가 되지 않고, 그 자신이 스스로에게 아버지가 된 것이라고 말할 수 있습니다.

조금 전에 당신은 그가 이기주의자라고 말한 적이 있습니다. 그러나 당신도 알다시피, 아이들이 "반드시" 자기 형제를 사랑하거나, "반드시" 부모님을 사랑해야 하는 것은 아닙니다. 십계명에 의하면 아이들은 부모님을 존경하라고 되어있습니다. 올바른 부모라면 그들은 그들의 자녀를 사랑합니다. 그러나 그 자녀들이 부모님을 반드시 사랑해야 하는 것은 아닙니다. 그들이 부모가 되면 그들은 또 그들의 차례가 되어서 그들의 자녀를 사랑하게 됩니다. 자녀들이 그들의 부모를 이해하게 되는 것은 아마 사랑의 이런 고통 때문일 것입니다 …

내가 생각하기에 이 세상에는 단 한 가지 종류의 죄밖에 없습니다. 그것은 욕망에 거스르는 죄입니다. 큰아들이 지은 것도 바로 이 죄였습니다.

작은아들은 아버지의 집을 떠나면서 하나님이나 자기 아버지나 그의 욕망에 대해서 아무 죄도 짓지 않았습니다. 그러나 그는 자기 자신이 죄인이라고 느꼈고, 죄인이 되었습니다. 왜냐하면 그는 자신의 욕망을 실현하려고 하면서 유혹에 빠져들었고, 실패했으며, 곤경에 빠졌기 때문입니다.

그는 유산을 가지고, 여러 가지 계획과 희망에 가득 차서 떵떵거리면서 고향을 떠났지만, 수치스럽게 귀향했습니다. 그때 그는 "난파당한 것"입니다. 그는 아버지는 물론 하늘에도 죄를 지었고, 윤리는 물론 핏줄에 죄를 지었다고 생각해서 "으스러질 지경"이 되었습니다.[34*] 그의 아버지가 모든 것을 잃고, 모든 것이 위태위태한 상태에 빠져있는 그에게 위엄을 되찾아 주면서 기쁨에 가득 차 그를 구원한 것은 바로 그런 방식으로였습니다. 그러면서 아버지는 자기 삶에서 아무런 모험도 감행하지 않았던 그 형에게 분노를 일으키게 했습니다.

나는 다시 한번 더 말합니다. 내가 생각하기에 우리 삶에서 유일한 죄는 우리가 우리 욕망을 실현시키기 위해서 아무런 모험도 하지 않는 것입니다.[2]

---

2 우리 삶에서 찾아볼 수 있는 또 다른 죄, 아니 "죄"라고 하기보다는 어리석

지난 날의 사진을 보면서 우리가 스스로에게 말하듯이, 어린 이들은 이 비유를 들으면서 그들은 아주 천천히 성숙해 가는 우주에 그들 나름대로의 어떤 독특한 진리를 덧붙일 수 있을까 하는 것과 어떤 진리를 나타낼 수 있을까 하는 사실에 대해서 생각해보아야 합니다.

음이라고 해야 더 좋을지 모르지만, 그것은 하나님이 그럴만한 자격도 없는 우리의 경쟁자들에게 당신을 주신다고 해서 우리들이 우리 자신을 사랑하지 않거나 하나님의 사랑에 반발하면서 우리들에 대한 하나님의 사랑을 의심하는 것입니다. 그러다가 우리들은 우리의 경쟁자들이 마치 이 탕자처럼 곤경에 처할 때, 얼마나 기뻐하고 있습니까? …

13
간음한 여인

요한복음 8:1-11

그들은 제각기 집으로 돌아갔다. 예수께서는 올리브 산으로 가셨다. 이른 아침에 예수께서 다시 성전으로 들어가시니, 많은 백성이 그에게로 모여들었다. 예수께서 앉아서 그들을 가르치실 때에, 율법학자들과 바리새파 사람들이 간음을 하다가 잡힌 여자를 끌고 와서, 가운데 세워 놓고, 예수께 말하였다. "선생님, 이 여자가 간음을 하다가, 현장에서 잡혔습니다. 모세는 율법에 이런 여자를 돌로 쳐서 죽이라고 우리에게 명령하였습니다. 그런데 선생님은 이 일을 놓고 뭐라고 하시겠습니까?" 그들이 이렇게 말한 것은, 예수를 시험하여 보고 고소할 구실을 찾으려는 것이다. 그러나 예수께서는 몸을 굽혀서, 손가락으로 땅에 무엇인가를 쓰셨다. 그들이 다그쳐 물으니, 예수께서 몸을 일으켜, 그들에게 말씀하셨다. "너희 가운데서 죄가 없는 사람이 먼저 이 여자에게 돌을 던져라." 그러고는 다시 몸을 굽혀서, 땅에 무엇인가를 쓰셨다. 이 말씀을 들은 사람들은, 나이가 많은 이로부터 시작하여 하나하나 돌아가고, 마침내 예수만 남았으며, 그 여자는 그대로 서 있었다. 예수께서 몸을 일으켜, 여자에게 말씀하셨다. "여자여, 사람들은 어디에 있느냐? 너를 정죄한 사람이 하나도 없느냐?" 여자가 대답하였다. "주님, 한 사람도 없습니다." 예수께서 말씀하셨다. "나도 너를 정죄하지 않는다. 가서, 이제부터 다시는 죄를 짓지 말아라."

프랑소와즈 돌토: 내 머리를 지금 스쳐 지나가는 것은 이 여인의 불행입니다. 이 여인은 정말이지 불행하기 짝이 없는 여자입니다. 나는 이 여인을 머리 속에 그려봅니다. 이 여인은 지금 어리석은 군중들이 아우성치는 가운데 수치심에 휩싸인 채 혼자 있습니다 …

당신도 한번 그들을 상상해 보십시오. 우리는 지금 그들이 냉소를 흘리며, 그녀를 경멸하는 것을 볼 수 있습니다. 그녀는 그녀를 보호해줄 친구 하나 없이, 곤경 속에서 벌벌 떨고 있습니다. 그들은 그녀를 음란한 눈빛으로 쳐다보면서 옷을 벗기고, 상처를 입히며, 때리고 있습니다.

그녀는 목숨이 간당간당했기 때문에 두려웠습니다. 이제 그녀는 돌멩이에 맞아 죽을 지경이었습니다. 모세의 율법에 의하면 간음자는 이처럼 죽여합니다.[1]

---

1 레위기 20:10 "누구든지 남의 아내와 간음하는 자, 곧 그의 이웃의 아내와 간음하는 자는 그 간부와 음부를 반드시 죽일지니라." 신명기 22: 22 "어떤

께라르 쎄베렝 : 그녀는 참으로 불행한 여자였습니다 … 그렇습니다. 아마도 그럴것입니다. 그러나 간음 사건이 일어나면, 사람들은 간음한 여자의 남편도 그녀 못지 않게 불행하고, 어떤 경우 곤경(困境)의 극에 달할 것이라고 생각하게 됩니다.

당신네들 남자들은 그녀의 남편, 오쟁이진 여자의 남편밖에 생각할 줄 모른다고 말하는 것입니까?
그렇습니다. 그녀에게는 남편이 있었을지도 모릅니다. 그는 그녀를 행복하게 해주기 위해서 모든 것을 했는데, 그녀는 그런 일을 했다고 말할지도 … 모릅니다. 아마 다른 여자가 이 여자의 남편을 취했다면, 이 여자도 그 여자 때문에 자기 남편에게 버림받았다고 느끼면서 고통을 받을 것입니다.
우리는 이렇게 우리 삶에서 피해자가 되기도 하고, 가해자가 되기도 하는 운명을 살고 있습니다. 우리 욕망과 사회의 법 차이에서 인간의 조건은 우리에게 때때로 이런 극적인 운명을 자아내는 것입니다.
어떤 욕망이 솟아올라서 우리 존재 전체를 엄습할 때, 우리는 그 욕망에 내포되어 있는 살아있는 힘을 거부하거나, 우리 자신을 부정하지 못하고 "어쩔 수 없다"고 느끼게 됩니다. 그때 우리는 그것을 해야만 하고, 결박당했으며, 굴복해야 하는 것입니다 …
그러나 율법의 이름으로 자기가 자기의 주인이 되어야 한다고 주장하는 사람은 냉담하거나 권태에 잘 빠지는 사람이 됩니다. 이것이 만약에 부부 사이에서의 일이었다면, 서로 부둥켜안는 것이 그렇게 고통스럽고, 피곤한 일은 아니지 않습니까? 그런 포옹

남자가 유부녀와 동침한 것이 드러나거든 그 동침한 남자와 여자를 둘 다 죽여 이스라엘 중에 악을 제할지니라."

이 아무런 쾌락을 가져다주지 못할지라도, 부인네들에게는 자기 남편과 정당한 일을 치렀다는 느낌을 주지 않습니까? 하지만 간음이란 언제나 문제를 일으키고 있습니다.

간음이란 서로간의 욕망이 불일치해서 일어나는 것입니다. 그래서 이런 변화, 변환은 종종 예기할 수 없는 것이지만 우리가 설명할 수 없는 욕망 때문에 생기는 것이 아닙니까?

이 여인은 간음을 통해서 쾌락을 맛보았습니다. 그러나 그녀가 성적인 욕구 때문에 그랬던 것인지, 아니면 또 다른 것을 욕망하고 있었는지 나는 알지 못하겠습니다.

그녀는 어쩌면 그녀의 집에서는 따뜻한 것을 전혀 느낄 수 없었기 때문에 그 남자에게 갔고, 그녀에게 정겨운 감정을 다소나마 주었던 그 남자는 그녀의 몸을 취하고, 이용했는지 모릅니다.

간음을 바깥에서 관찰하면서 우리는 도대체 무엇을 알 수 있겠습니까? 두 사람이 방문을 굳게 닫아걸고 만나는 일에 대해서 무엇을 알 수 있다는 말입니까?

선생님은 우리 삶에서 생겨나는 의외의 일과 그것이 극적으로 일으키는 반향에 관해서 언급하면서, 특별히 남자와 여자 사이에서 생기는 관계에 대해서 생각했습니다.

성적인 측면에서의 부조화 때문에 생기는 곤경이나 충족되지 않은 욕망 이전에도 우리 삶에는 또 다른 수많은 부조화가 있으며, 그것들은 우리를 괴롭히고 있습니다.

예수님이 성전에 있을 때, 마리아와 요셉은 얼마나 놀랐겠습니까?

또한 예수님이 십자가에 달리셨을 때, 마리아가 얼마나 낙담했을지 생각해 보십시오. 그의 아들은 자기 욕망을 끝까지 살았으며, 자기 목숨까지 바쳐가면서 자기 임무를 완수하려고 했습니다.

당신은 이때 마리아가 얼마나 커다란 어려움에 빠져있었는지 상상하지 못하겠습니까? 자기 아들의 성공을 통하여 자기 삶에서 보상받으려던 마리아의 욕망은 이때 우롱 당하고 만것이 아닙니까?

그 자녀들이 자기네들의 뜻과 다른 방식으로 사는 부모님들이 느끼는 좌절감이 얼마나 큰지 당신은 알지 못하십니까?

다른 사람에게 자기 욕망을 따라서 살도록 허용하는 것이 그 사람을 진정 사랑하는 것이 아닙니까?

그러나 여기에서는 모든 것이 다릅니다. 여기서 문제가 되는 것은 아버지도 아니고 어머니도 아닙니다. 예수님은 그녀가 저지른 법적인 하자에 대해서는 칭찬하지 않았습니다. 그렇다고 해서 그녀를 정죄하지도 않았습니다.

예수님은 아무 답변도 하지 않았습니다 … 그림만 그리면서, 무엇인가를 기다렸습니다. 그를 붙들고 놓아주지 않으면서, 그에게 질문하고, 마음 속 깊은 곳에서는 그를 고소할 빌미만 노리며, 그의 가르침이 모세의 율법에 어긋난다고 주장하면서, 그에게 "거짓 예언자"라는 멍에를 씌우려는 사람들이 하는 말만 듣고 있었습니다.

그의 침묵, 땅바닥에 무엇인가를 열심히 쓰고 있는 모습, 아무에게도 대적하지 않으면서 몸을 수그리고 있는 모습 등은 나에게 예수님이 그때 그의 내면 깊숙이 들어가셨구나 하는 생각을 불러일으킵니다. 예수님은 그때 그 상황과 그녀에게 씌워진 혐의 앞에서 정말 어떤 것이 옳고, 어떤 것이 그른지 찾고 있었을 것입니다. 어쩌면 그의 내면에 들어가서 머리를 짜면서 이 상반되는 문제를 어떻게 처리해야 할 것인지 궁리했는지도 모릅니다. 그 다음에서야 비로소 그는 말을 할 수 있었습니다.

사람들은 보통 자기가 어떤 일에 연관되어있지 않으면, 다른 사람들이 어떤 일에 연관되어있는지도 모릅니다. 또한 우리가 우리 내면 깊숙이 들어가야만 다른 사람들도 그 자신을 깊이 들여다볼 수 있습니다. 그래서 예수님은 바리새인들에게 이렇게 말했습니다. "너희 가운데 죄가 없는 사람이 먼저 그 여자를 돌로 치라!" 그리고 그는 다시 아무 말도 하지 않았습니다.

나는—내 임상 경험에서도 그렇게 하고 있지만—확신하고 있습니다. 나는 여기에서 예수님이 그 자리에 있던 성난 바리새인들도 자기처럼 자기 내면을 깊숙이 들여다보게 하려고 자기 자신을 들여다보았다고 확신합니다.

다시 한번 더 말합니다. 나는 내가 먼저 나에게 그렇게 할 수 있는지 물어본 다음에야 비로소 다른 사람에게도 그렇게 하라고 합니다. 그렇게 하지 않을 때, 나는 그 사람을 공격하는 셈이 되고, 그때 그 사람은 자기 방어를 합니다.

나와 말하고 있는 상대방이 어떤 옳은 것에 대해서 저항한다면, 그것은 내가 어떤 진리에 대해서 항거하기 때문이라는 사실을 나는 알고 있습니다. 부모님이나 선생님들이 (그대로 살지는 않으면서) 옳은 것만 가르치려고 한다면, 결국 아이들을 "망쳐버리고 만다"는 사실을 그들 역시 잘 알고 있습니다 … 하지만, 그대로 사는 것이 결코 쉬운 일이 아닙니다. 예수님이 여기서 나타낸 것은 아주 예외적인 일이었다고 확신합니다.

선생님은 금방 예수님의 모순에 관해서 말을 했는데, 그것은 좀 놀라운 사실입니다.

예수님이 정말 인간이었다면, 예수님에게도 모순이 있었을 것입니다. 이것은 틀림없는 사실입니다. 그렇지 않다면, 그는 인간이 아니었고, 육체도 없었으며, 성육신하지도 않았을 것입니다. 더구나 복음서에는 모순되는 것들로 가득 차 있지 않습니까? 나 못지않게 당신도 이 사실에 대해서 잘 알 것입니다. 우리가 아무리 그것들이 모순되지 않고, 서로 반대되는 것이 아니라고 해보아야 소용없는 일입니다. 예를 들어서 말하자면, 예수님은 성전에서 장사하는 사람들에게 채찍을 휘둘렀습니다(요한복음 2:15). 그렇게 폭력적인 행동을 하면서 그의 공생애를 시작한 것입니다. 그러나 그 다음에 그는 칼을 뺴들 것이 아니라, 다른 뺨을 대어야 한다고 말하게 됩니다(요한복음 18:11; 마태복음 26:52). 폭력과 비폭력. 이것이 인간입니다.

그가 그의 욕망을 둘러싸고 있는 것, 즉 하늘 아버지에 대한 그의 사랑을 향해서 자기를 통합해 가는 것은 이렇게 조금씩 조금씩 이루어지는 것입니다. 그가 이렇게 자기 통합을 이루고, 하늘 아버지와 하나가 될 수 있었던 것은 아마 그가 십자가에 달려있을 때였을 것입니다. 그때 그는 "다 이루었다"고 말합니다. 그리고 그의 영을 하늘 아버지의 손에 맡기게 됩니다(요한복음 19:30).

거기서라도, 우리는 알 수 있을까요? 예수님은 그가 성공했다는 것을 알 수 있었을까요? 그 어떤 성경 말씀도 예수님이 평안을 맛보았다거나 평온했다고 기록하지 않고 있습니다. 어쩌면 그는 하늘 아버지로부터 버림받고, 속지나 않을까 하고 두려워했는지도 모르지 않습니까? 그는 확신을 가질 수 없었습니다. 그는 얼마나 외로웠습니까? 그는 하나님이며 동시에 사람이었던 단 하나의 존재였습니다. 어느 누구도 그와 같지 않습니다. 어느 누구와도 얼굴을 맞대고 상의할 수 없고, 어느 누구로부터도 답변을 들을 수 없습니다. 그는 오직 혼자였습니다.

간음한 여자에게로 다시 돌아가 봅시다. 그 여자에게는 모순된 것이 있었으며, 그 여자 역시 혼자였습니다.

그 여자는 모든 남자들을 향해서 혼자였습니다. 그녀는 어느 누구로부터도 대답을 들을 수 없었습니다. 자, 내 말을 좀 들어보세요. 그 여자의 정부(情夫)는 어디 있습니까? 그는 그 자리에 같이 올 수 있었을 것입니다. 그리고 자기는 그녀를 사랑한다고 말할 수도 있었을 것입니다. 그러나 그는 그녀를 거기 혼자 내버려두고, 포기하였으며, 놓아버렸습니다. 그녀의 남편은 또 어디 있습니까? 그 역시 그녀를 혼자 내버려두었으며, 그녀를 돌보려고 하지 않았습니다.

그녀는 육체적으로 그녀의 정부와 떨어져서 혼자였습니다. 그녀는 도덕적으로도 그녀가 혼인의 법칙에 저촉되는 일을 저질렀다는 것을 알기 때문에—그렇지 않다면 그녀의 남편에게 잘못을 저질렀다고 생각하기 때문에 그때 혼자였습니다. 이런 죄의식들은 그녀를 졸라매고 있었습니다.

그녀에게는 남편도, 애인도 없었으며, 어느 누구도 그녀 앞에서 그녀의 진실과 사랑에 관해서 말해주지 않았습니다. 그녀의 미움에 관해서 외치는 사람도 없었으며, 서기관이나 바리새인들이 줄곧 떠들어대는 율법의 조항들이 잘못된 것이라고 말해주는 사람도 없었습니다. 더구나 그녀는 지금 예수님을 잡기 위한 덫, 예수님으로 하여금 모세의 율법이 잘못된 것이라고 말하게 함으로써, 예수님 스스로 거짓 예언자라는 사실을 드러내게 할 올무 역할을 하게 하는 도구였습니다.

그러나 예수님은 그녀로 하여금 아무 것도 하지 않게 했습니다. 그녀에게 자기 죄를 고백하라고 하지도 않았고, 자기를 정당화시키라고 하지도 않았습니다. 더구나 상황을 좀 완화시킬 수 있도록 빌게 하지도 않았으며, 알리바이를 대게 하지도 않았습니다. 이 모든 것은 그의 내면에서만 진행될 뿐, 밖으로 드러나는 것은 아무 것도 없었습니다. 이 자리에서 그녀를 생각해주는 것은 오직 예수님밖에 없었습니다. 그녀는 지금, 그녀의 정부와 함께 잠자리에 들었다가 다른 사람들에게 끌려와서 모든 사람들이 보는 앞에 내던져진 올무에 걸린 가련한 동물에 불과했습니다.

여기에서 예수님은 모든 사람들에게 각자 자기 길로 가게 했습니다. 그것도 무엇인가를 하게 한 것이 아니라, 자기 내면에 깊이 들어가서 반성을 하게 하면서, 그녀를 새롭게 보게했습니다. "율법을 힐끗힐끗 곁눈질하면서 그녀를 경멸하지 말고, 당신 자신을 똑똑히 들여다보시오." 그러자 가장 나이가 많은 사람들, 아마 이 세상을 제일 많이 살아왔고, 삶의 "때가 가장 많이 끼었을" 사람들부터 슬금슬금 가기 시작했습니다. 나이가 제일 많은 사람들이 아마도 제일 추레했고, 제일 먼저 진실해졌는가 봅니다. 사실 이 세상에서 비난할 것이 하나도 없는 사람은 아마 한 사람도 없을 것입니다.

간음에 대해서 마음으로나 영적으로 아무 거리낌도 없는 사람이 이런 구경거리가 되는 떠들썩한 소란법석에 끼어 들기나 하겠습니까? 더구나 간음 현장을 덮쳐서 길바닥에 내놓은 자리에 와서 큰 소리로 떠들어대겠습니까?

오직, 무엇인가를 보면서 흥분하기를 잘 하면서도 다른 사람들에게는 덕망이 있는 것처럼 보이려고 하는 사람들만이 이런 뜻밖의 호재(好材)를 만나서 그것을 즐겨가며 소리칠 것입니다. 그들은 그 날도 길거리를 샅샅이 누비고 다니면서 밑으로 내려온 덧문을 통해서 무엇인가를 발견하고 쾌재를 불렀습니다. 그리고 성적인 환상을 곧잘 그려내곤 하는 졸개들을 불러모아서 이 세상에서 도덕을 지키는 수호자로서 이불을 들춰냈을 것입니다.

하지만 예수님의 태도는 전혀 달랐습니다 … 그는 아무 것도 검열하지 않았고, 다만 깨우치기만 했습니다.

우리가 우리의 본래 생긴 모습과 정반대 방향으로 거슬러 갈 때, 우리는 죄를 짓게 됩니다. 그렇다면 우리의 본래 모습은 어떤 것입니까? 그것은 우리 자신을 다른 사람에게 주면서 우리 자신은 없어지는 것입니다. 우리는 어머니와 아버지 두 사람이 만나서, 즉 아버지의 정자와 어머니의 난자가 자신을 우리에게 생명으로 줌으로써 이 세상에 태어납니다. 우리 실존의 의미와 생물학적인 구조는 근본적으로 이렇게 형성되어 있으며, 이것이 우리 삶의 진실입니다.

그런데, 우리는 딱하게도 우리 삶의 진실을 무시하려고 하는 사람들을 부러운 눈으로 쳐다보고 있습니다. 그리고 우리가 자유로운 상태에서 혼인 서약을 한 것들은 우리가 이런 삶의 구조들을 무시하고, 다른 사람의 아내를 탐내지 말라는 중심 되는 윤리를 무시하면서 매일 매일 그 빛을 잃어가고 있습니다.[2]

예수님은 아무 것도 검열하지 않았고, 다만 깨우치기만 했습니다. 즉 이 여인으로 하여금 간음을 하지 않음으로써 오이디푸스 상태에서 벗어날 것을 촉구하였던 것입니다. 그는 그녀가 더 멀리 나아갈 것을 권했습니다. 그녀의 욕망이 무엇인지 좀더 분명하게 알도록 촉구한 것입니다.

---

2 왜냐하면 우리가 다른 사람의 아내를 탐내는 것은 우리도 모르게 오이디푸스가 되는 것이기 때문이다. 왜냐하면 오이디푸스는 다른 사람(즉 아버지)의 아내를 탐냈거나, 다른 사람(즉 어머니)의 남편을 탐냈기 때문이다. 이런 탐욕을 가지는 것은 근친 상간을 금하는 도덕이나 윤리에 어긋나는 것이다.

그러나 그녀는 "사랑하시오. 그리고 그대가 원하는 것을 하시오"라고 말한 어거스틴의 말을 그대로 실천하였습니다 … 그러나 예수님은 그녀에게 이렇게 말했습니다. "이제 더 이상 죄를 짓지 말라."

당신의 질문에는 두 가지 초점이 있습니다. 첫째는 욕망과 율법의 관계는 무엇인가 하는 것이고, 둘째는 죄란 무엇인가 하는 것입니다.

간음한 이 여인은 율법의 밖에 있었습니다. 모세이래 율법을 제정하고, 율법을 해석한 사람들의 관점에서 보자면, 이 여인은 죽어야 했고, 이 여인의 정부 역시 죽어야 했습니다. 왜냐하면 이 사건은 현장에서 적발된 것이고, 그 남자 역시 그 자리에 있었을 것이기 때문입니다 … 그러나 어찌 된 일인지 서기관들과 율법학자들은 선고를 내려야 할 또 한 사람을 "잊어버린 것" 같습니다. 간음을 한 또 한 사람의 당사자인 정부(情夫)에 대해서는 눈을 감아버린 것입니다.

이런 일은 오늘날의 법정에서도 종종 있는 일입니다. 어떤 남편이 자기 부인이 간통죄를 범했다고 고소할 때, 아이의 아버지 없이 여자 혼자서 아이를 낳는 경우가 종종 있고, 어떤 여자가 강간당했을 때, 남자 없이 여자 혼자서만 당했다는 경우가 자주 있는 것입니다. 그때도 사람들은 거기에 관련된 남자에게는 눈을 감아버리는 것입니다.

여기에서도 이 여자는 혼자서 자기 남편을 속인 것으로 되어 있습니다 … 그러나 이 세상에는 얼마나 많은 남편들이 자기 부인을 속이려고 합니까? 그들은 실제로나 상상 속에서 자기 부인을 속이고 있습니다. 그러나 그 남편들은 자기 부인이 부정을 저지른다면 과연 그것을 용납하겠습니까?

그런데 여기에서 이 여자는 서기관들과 바리새인들에게 그들은 그들의 아내를 사랑하지 않으면서, 다만 그들의 아내를 빼앗아갈지도 모르는 다른 남자들에게 질투심을 품고 있으며, 우선 당장 그들의 눈앞에 있는 이 여자를 취한 남자에게 질투심을 품고 있다는 사실을 드러내 보여주었습니다. "그것은 있을 수 없는 일이다. 왜 내가 아니라, 그 사람이었는가? 다행히 모세의 율법이 있구나!"

이 남자들은 율법의 힘을 빌어서 신실하지 못했던 이 여자 앞에서 의로울 수가 있었고, 안심할 수가 있었습니다. 이때 모세의 율법은 그들을 비춰주는 거울이 되었습니다. 그 거울에 비춰 볼 때 그들은 그녀처럼 금지된 행동을 하지 않았고, 매우 덕스러운 사람이 될 수 있었습니다. 그리고 하나님은 그들 곁에 있었습니다. 왜냐하면 하나님은 모세를 통해서 그들에게 율법을 가르쳐준 분이기 때문입니다. 이 사람들에게 있어서 모세의 율법을 준수한다는 것은 덕성의 표준이었습니다.

나는 예수님이 이때 땅 위에 무엇인가를 썼던 것, 즉 땅이라는 철판 위에 썼던 것은 돌판 위에 새겨졌던 모세의 율법에 대한 주석이 아니었던가 하고 생각해 봅니다. 그런데 돌판 위에 새겨졌던 이 율법은 이 사람들의 마음이나 영에는 새겨지지 않았던가 봅니다.

그들은 간음을 꿈꾸었고, 상상 속에서 그들의 아내가 아닌 다른 여자들을 애무하였습니다 … 그런데 그들에게 올바른 자리에 서있으라고 하는 예수님의 부르심은 그들의 양심을 온통 뒤집어 엎었습니다.

그들 가운데 어느 한 사람도 예수님이 영적인 진리를 향해서 부르실 때 편안할 수 없었습니다.

그러니까 예수님은 그들에게 겉으로 드러난 행동을 통해서가 아니라 마음으로 진실해야 한다고 부르신 것입니다.

　사실 예수님은 "어린아이"처럼 행동하는 사람들 안에 계십니다. 그러나 사람들은 하나님의 자녀처럼 행동하지도 않고, 마음이나 영을 다해서 하나님의 아들이 되려고 하지도 않으며, "다른 사람들의 눈이 없으면, 지키지 않는다"고 하면서 율법을 지키지 않습니다. 그들이 말하는 것은 "진실"이 아니고, 실제로 "진실하지도" "않습니다."
　하지만 이 세상의 부모들은 그들의 자녀에게 "진실"을 '말해야' 하고, 실제로 진실해야 '합니다.' 그들의 자녀들에게 율법을 가르치는 "교육자"로서 그들은 때때로 그들의 자녀들에게 덕스럽게 보일지라도, 사실은 덕스럽지 않다고 말해야 할 때가 있습니다. 또한 그들의 자녀에게 자기들에게도 능력의 한계가 있으며, 그들의 삶에서 이상을 실현시키지 못하고 있다는 사실을 보여 주기도 할 것입니다. 이렇게 할 때, 그들의 자녀는 부담을 상당히 덜 느끼게 되고, 신경증에도 덜 걸리게 됩니다. 이것은 유대인의 세계에서나, 기독교인의 세계에서나, 세속 사람들의 세계에서나 마찬가지입니다.

　다른 말로 해서, 아이들은 그들의 가정에서 율법을 만든 부모님들이 그 율법을 잘못 만들었다고 상상할 수 없으며, 그들의 부모님들 역시 그 율법 아래 있고, 그들과 마찬가지로 하나님을 찾고 있다고 생각할 수도 없습니다. 따라서 아이들은 부모님들이 만든 율법을 준행하는 것이 바로 덕이 있는 사람이 되는 표시라고 생각하는데, 여기에서 바리새인들이 꼭 그렇게 했습니다.
　그런데 예수님은 여기에서 그 율법을 어떻게 새로운 방식으로 해석하였습니까?

율법을 준행하는 것, 즉 특히 율법을 우리 자신에게 적용하면서 준행하는 것이야 말로 우리가 덕망이 있는 사람이 되는 길입니다.

그러나 율법은 결코 우리에게 거울이 될 수 없습니다. 다시 말해서 내가 율법에 복종한다고 해서 "내가" 덕망이 있게 되는 것이 아닌 것입니다. 그리스도에 의하면, 율법은 법전에 있는 것이 아니고 우리 마음에 있으며, 행동에 있는 것이 아니고 우리 영에 있습니다.

자, 이 문제에 관해서 좀더 자세히 들여다봅시다.

첫 번째 율법, 즉 모든 율법의 근본이 되는 것으로서 다른 모든 율법의 모범이 되는 율법은 근친상간을 금하는 율법입니다. 어머니와 아버지는 사내아이들이 그들의 어머니나 누이를 "취하는" 것을 금지하고, 계집아이들이 그들의 아버지나 오라비를 "취하는" 것을 금지하고 있습니다. 성과 관련된 이 첫 번째 율법은 어린아이가 자기 성에 관해서 명확하게 인식하게 될 무렵이 되어야 비로소 의미가 있는데, 그것은 아이들이 대개 세 살이 될 무렵입니다.

그런데 나는 성차이(性差異)에 관한 이해는 우리에게 우리 몸을 통해서 우리에게 영(靈)을 각성시켜주는 중요한 지식이라고 생각합니다. 왜냐하면 성이야말로 이 세상에 있는 다른 모든 차이에 관해서 알게 해주는 근본적인 모델이기 때문입니다.[3]

사내녀석들은 "아버지가 나에게 어머니를 금지하는 것은 어디서 오는 것인가?"하고 자문하곤 합니다. 그러면서 그들은 무의식적으로든 아니면 혼돈된 상태에서든 그의 아버지는 그의 어머니

---

3 이 첫 번째 율법에 의미가 부여되기 위해서는 아이들이 성적인 쾌락에 관해서 알게 되어야 합니다. 그의 몸이 흥분되면, 그 흥분은 생식 활동으로

를 원하고 있으며, 아버지의 그런 욕망은 그와 어머니 사이에서 장애물이 되고, 그에 따라서 그는 그의 어머니를 취할 수 없게 되며, 아버지의 욕망은 그에게 하나의 율법이 된다는 사실을 발견하게 됩니다.

이렇게 하면서 아이들은 어머니, 아버지와 분리되어 자기에게 알맞는 자리를 찾게 되는 것입니다. 그들이 결코 채울 수 없는 부모님의 성과 무관하게 되면서, 그들은 그들의 아버지가 가진 욕망 때문에 (또는 어머니가 가진 욕망 때문에) 그들의 삶에서 어느 부분 한계를 지니게 됩니다. 다시 말해서 다른 사람이 갖고 있는 욕망 때문에 자기의 삶에 제한을 받게 되는 것입니다 (어머니와 아버지는 우리 삶에서 우리가 접하는 최초의 타인입니다).

사내아이들이 자기네들의 성적인 욕망을 완수하려면, 그들은 자기 가정을 떠나서 세상으로 들어가 그들의 욕망을 완벽하게 실현시켜주지는 못하지만, 그래도 어느 정도 맞추어줄 수 있는 대상인 다른 사람을 찾아야 합니다. 왜냐하면 한 사람 한 사람의 욕망은 그와 전혀 다른 사람에게는 어느 정도 맞지 않는 부분이 있기 때문입니다.

이렇게 하면서 아이들은 그들이 자기네 둘 사이에서 성생활을 영위해 가는 어머니나 아버지와는 전혀 다른 존재라는 사실을 알게 되고, 같은 언어를 사용함을 통해서 그들처럼 자기들도 성적인 욕망을 가지고 있다는 사실을 알게 됩니다. 즉, 그들은 그들

완수되도록 이끕니다. 이때 그 대상은 누가 됩니까? 어린아이에게 있어서, 가장 자연스럽게 그를 잡아당기는 이 힘은 그에게 성적으로 가장 완벽한 모습을 보여주고, 생식의 능력을 보여주는 대상으로 이끌리기 마련입니다. 따라서 어린이의 몸과 그가 상상하고 있는 몸 사이에서 생기는 욕망은 자연히 처음에 근친상간으로 향하게 됩니다. 그것은 아이들이 그것을 의식하고 있든지, 의식하지 못하고 있든지 마찬가지입니다.

이 어머니나 아버지와 다른 측면이 있으면서 동시에 근친상간을 금지하는 율법 앞에서는 같다는 사실을 알게 되는 것입니다.[4]

그러면 이런 근친상간 금지가 없다면 어떻게 … 되겠습니까?

근친상간 금지가 존재하기는 하지만 그렇게 명확하게 규제되지 않는다면, 어린아이들은 설자리가 없어질 것입니다. 그리하여 정신병에 걸리거나, 아주 심한 신경증에 걸릴 것입니다.

만약에 어떤 아버지가 근친상간 금지를 무시하고, 자기 딸과 성 관계를 맺어서, 그 사이에서 아이를 나았다고 해보십시오. 이 아이는 어떻게 되겠습니까?

그 아버지와 딸 사이에서 촌수는 아주 복잡해지게 됩니다. 즉 그 딸은 그 아버지에게는 부인이면서 동시에 딸이 되고, 그 사이에서 딸을 난 아이의 어머니는 그 아버지의 딸이 되고, 그 어머니의 아버지는 그 아이의 할아버지가 됩니다. 또한 그 아이의 아버지는 그의 어머니의 아버지도 되고, 그 아이의 어머니는 그와 같은 아버지의 자녀이기 때문에 누이가 되기도 합니다 … 이렇게 되니까 이 아이는 가정 안에서 그의 자리를 찾을 수 있는 기준, 자기의 촌수를 따질 수 있는 푯대를 찾을 수 없게 됩니다. 이

---

[4] 우리가 아이들에게 성 관계를 맺어서는 안 되는 사람들을 명확하게 가르쳐 주려고 한다면, 우리는 그들에게 성적인 삶은 물론 가정적인 삶의 의미와 가치에 관해서도 명확하게 가르쳐 주어야 합니다. 그들에게는 그들의 성적인 욕망을 채워줄 수 있는 관계가 가능한것과 마찬가지로 그들 사이에서 몸을 부대끼면서 아이를 낳는 것이 금지되어 있는 부모-자식 관계와 양부모-자식 관계가 있을 수 있다는 사실을 명시해야 하는 것입니다. 그들에게 몸과 마음과 영에 대한 진정한 사랑의 길을 열어주는 것은 이런 결핍의 규범을 통해서 근친상간 금지를 말로 선포하고 그것이 받아들여지기 때문입니다.

것은 모든 것이 뒤죽박죽이 된 원시적인 상태이고, 분리나 분화가 이루어지지 않은 혼돈입니다.[5]

그래서 당신도 잘 알다시피 율법은 분리시키고, 분화시키는 역할을 합니다. 모든 사람들이 다른 사람의 욕망 때문에 질식당하지 않으면서, 각자 자기 욕망을 실현시킬 수 있게 하기 위해서 자기 자리를 찾아주는 것입니다.

어떤 아버지가 자기 딸을 탐내서 "취한다면", 그는 자기 욕망을 충족시키는 것입니다 … 그는 … "사랑합니다." 그래서 그가 하고 싶은 대로 합니다. 어거스틴은 우리에게 스스로 즐기라고 했습니다.

나는 어거스틴이 한 말의 의미가 정확하게 무엇인지 알지 못합니다. 그러나 나는 어떤 성적인 대상을 탐내는 것이 다른 사람들을 도외시하고 그 사람 한 사람에게만 사랑의 의미를 준다고는 생각하지 않습니다.

율법이 더 이상 사람들을 서로 분리시키거나, 서로 다르게 느끼며, 다른 방식대로 살게 하지 못하면, 율법은 이때 가장 강한 자, 즉 스스로 군림하고, 힘쓰며, 폭력을 가하고, 언제나 가장 강력하게 느껴지는 사람의 율법이 되고 맙니다. 그렇게 되면 다른 사람들은 이 강력한 존재와 다른 방식대로 살지 못하게 됩니다. 왜냐하면 그들은 이 독재자에게 흡수당해버리거나 그가 쾌락을 추구하는 것에 굴복하기 때문입니다. 이때 그는 율법 자체가 됩니다.

이런 존재와 같이 사는 삶은 막히게되고, 동물적인 삶으로 대체되고 맙니다. 그리고 그는 닫힌 사회를 만듭니다. 그때 어느 누

---

5 오누이 사이에서의 근친상간 금기는 이와 조금 다른 결과를 자아내는데, 오누이 사이에서 태어난 아이는 그들의 부모가 동시에 아저씨이며 아주머니가 되기도 한다.

구도, 아무 소리도 하지 못하고, 그 독재자의 욕망과 다른 욕망을 따라서 자기 삶을 살지 못하고, 그의 쾌락과 다른 쾌락을 누리지 못하게 됩니다 …

"가장 강한 사람이 주장하는 이유가 최고의 이유이다"라는 말이 있듯이, "큰놈이 작은놈들을 잡아먹는 것입니다."

이와같은 상태에서 벗어날 수 있는 유일한 방법은 "기존 질서를 둘러엎는 것"입니다. 왜냐하면 타인의 쾌락 때문에 막혀버린 욕망은 항상 막혀있었기 때문에 다른 사람을 향해서 폭발하기 마련인 폭력성을 유발하기 때문입니다. 전쟁이 벌어지고, 혁명이 일어나는 것은 이 때문인데, 이런 일은 자기 자신을 향해서 생길 수도 있고, 때로는 노예 상태에 빠지거나 자살로 표출되기도 합니다

선생님은 율법이 억압적이라고 말한 것 같습니다. 하지만 율법에는 해방하는 측면도 있지 않습니까?

인간의 마음이 사랑을 향하여 나아가게 되는 것은 어떤 욕망이 일어나기는 했지만 그에 대한 완수가 금지되어 있을 때입니다.

따라서 어떤 것을 금지하는 율법은 항상 그 쪽을 향해서 나아가게 하는 법입니다. 그러나 어머니와 자녀들 사이에서 서로가 서로를 잡아먹는 식인풍습[6]을 금지하게 되자, 그들 사이에서 자애(慈愛)가 가능하게 되었고, 서로에게 따뜻한 말이 오고갈 수 있게 되었습니다. 또한 경쟁자들 사이에서 서로가 서로를 죽이지 못하게 하자, 그들 사이에서는 무엇인가를 서로 바꾸면서 협상하

---

6 어린아이들은 어머니의 젖만 삼키려는 것이 아니라 어머니를 통째로 "삼키려고" 하며, 어머니들 역시 그의 자녀들을 "삼키려고" 한다. 사람들이 스스로를 "잡아 먹으려는" 것이다. 그러나 그들의 눈빛이나 손을 자세히 살펴보면 그들이 잡아 삼키려고 하는 것은 그 대상을 초월해 있다.

는 기술이 생겨났고, 그것을 뛰어넘어서 그들 사이에서의 일치점을 찾으려고 하거나 상부상조하려는 노력이 생겨났습니다.

그러므로 사람들이 음성적이고 문법적인 기호체계로 된 언어를 가지고 의미의 담지체를 만들고, 사랑하는 마음을 전할 수 있는 의미체를 만들 수 있게 된 것도 그 안에서 무엇인가를 금지하고 있는[7] 욕망이 모든 사람들에게 있기 때문입니다.

이 세상에 있는 그 어떤 법도 죽은 사람을 대상으로 만들어지지 않습니다. 모든 법은 살아있는 사람, 무엇인가를 욕망하는 사람을 대상으로 만들어집니다. 이 세상에 있는 그 어떤 법도 여태까지 사람들의 욕망을 금지하게 하지 못했습니다. 만약에 그런 법이 있었다면, 그것은 죽은 이들을 위한 법이었을 것입니다.

어떤 법이 진정한 법이라면, 그것은 인간의 욕망을 억압하는 모든 행태들을 금지시키고, 그 욕망을 억압하는 표현들을 하지 못하게 하는 법입니다. 그렇게 함으로써 그 법은 욕망을 가지고 있는 사람들이 그들의 욕망을 인간화하는 방향으로 나아가게 하며, 그들의 인간적인 발달을 강화하고, 보장하게 됩니다. 그들의 말과 행동에 책임감을 가질 수 있게 하고, 그것을 통해서 그 다음의 결과들이 나올 수 있게 하는 것입니다.

많은 문화권에서는 때때로 서로 간의 몸의 만남이 불가능한 경우 그것을 뛰어넘어, 그 욕망이 작용하여 마음과 영의 만남을 더욱더 풍성하게 하는 경우도 있습니다.[35] 하나의 창조를 이루는 것입니다. 마음과 영의 일이 "살의 일들을" 대신하는 것입니다.

근친상간 금지의 법만이 더 발전하지 않고, 언제나 그대로 있습니다. 그러나 부족들, 백성들, 민족들 안에서 공포된 다른 모든 법령들은 모든

---

[7] 금지란 어떤 것을 발달시킬 수 있는 역동적인 것이기도 하다.

사람들이 그의 욕망을 따라서 살고, 그 자신을 더 낫게 발전시키는 방향으로 살며, 자기가 속해 있는 집단을 위해서 살기를 촉구하고 있습니다.
  우리 안에서 우리의 개인적인 욕망이 변하고, 발달되듯이, 한 집단에 통합되어 있는 우리의 개인적인 태도 역시 그 법령들을 향해 나아가면서 변하고, 발달합니다. 그러다가 어떤 때, 그 법령들이 우리 욕망과 더 이상 합치되지 못할 때가 찾아오는데, 그때 그 법령들은 우리의 열망을 전혀 표현해주지 못하고, 우리 개인의 활력을 지탱해주지도 못하게 됩니다. 따라서 각 개인들은 그 집단에 바람직한 결합을 위해서 기여하지 못하게 됩니다.

  각 개인들이 그들의 욕망을 점점 더 세련되게 하고, 그들이 더 나아진 모습을 나타내고 싶어할 때, 그들은 그들이 사는 관습을 바꾸고, 법률가에게 부탁하여 사람들이 존재하는 방식과 맞지 않거나, 점점 더 많은 사람들이 생각하거나 사는 방식에 맞지 않는 법령들을 점진적으로 바꾸도록 해야 합니다.
  예를 들어서 말하자면, 루이 14세 때까지 프랑스 법은 그 오빠나 남동생으로 하여금 자기 누이를 그의 욕망 때문에 취했다고 여겨지는 사람을 죽이도록 허용했습니다. 더구나 지난 19세기에 이르기까지 아버지는 자기 아들이나 딸을 "바로 잡기 위해서" 죽일 수 있었습니다. 지금도 새 법들은 언제나 변하고 있으며, 풍습과 욕망과 책임감의 의미의 변화 등을 감안해가면서 법령을 손질하고 있습니다.
  그러므로 우리는 그 시대에 적합한 법령을 늘 발달시켜야 하고, 우리가 우리 욕망을 실현시키거나 다른 사람들이 그들의 욕망을 실현시키도록 하기 위해서 때때로 그 법령을 어겨야 합니다.

  그런데 그리스도는 왜 간음한 여인에게 선고를 내리지 않고, 가서 다시는 죄를 짓지 말라고 하신 것입니까?

내가 생각하기에 그 말씀의 의미는 "당신은 당신의 쾌락을 충족시키는 것을 그만 두지 마시오. 그러나 지금의 그 쾌락을 넘어서 당신에게는 또 다른 것이 있는데, 당신은 그것을 향해서 나아가고 있으며, 그것이 당신을 잡아끌고 있소. 그리고 당신은 그것에 가까이 다가갈 수 있을 것이오"라는 것입니다.

그러므로 선생님에게 있어서 "죄"란 ─ 그리고 그것은 내가 지금 방금 질문한 것의 두 번째 부분인데 ─ 제자리에 멈춰 서는 것이군요?

왜 그렇지 않겠습니까? 그리스도는 우리에게 절대로 멈춰 서지 말라고 촉구하였습니다. 그러나 바리새인들은 멈춰 서고 말았습니다. 그들은 어떤 특정한 율법, 손 댈 수도 없는 율법을 생각했던 것입니다. 그러나 그리스도가 즐겨 만났고, 한 번도 죄인이라고 정죄하지 않았던 그 당시의 "죄인들"은 그들 자신의 한계와 유한성을 알고 있었습니다.

그들은 어떤 대상이나 상황, 또는 어떤 남자나 여자를 찾고 있었습니다. 그리고 그들이 죄인이라는 사실을 잘 알면서도, 법률을 위반하거나, 자신의 건강이나 명예를 상실할지도 모른다는 사실을 잘 알면서도 위험에 봉착하는 것을 주저하지 않고 그 극단에까지 나아가려고 한 것으로 저는 알고 있습니다 … 그러다가 그들이 그들의 야심을 충족시킨 것처럼 생각될 때 ─ 즉 행복한 범법자가 되었을 때 ─ 그들은 즉시, 그들이 계속해서 살아있는 존재가 되려면, 그들이 그토록 애를 쓰고, 위험을 무릅쓰고 얻었던 그 "대상"이 충분하지 않다는 사실을 알게 됩니다 … 이 세상에 있는 그 어떤 것도 인간의 욕망을 충족시켜주기에는 부족하다는 사실을 알게 되는 것입니다.

그들의 환상은 이렇게 초라하고, 가련한 것입니다. 그들이 아무리 쾌락을 맛보았다고 할지라도 그것은 불충분한 것이고, 결국에 가서는 씁쓸하게 되는 것입니다. 그러므로 그들은 길을 다시 찾고, 다른 곳, 즉 더 앞이나 더 높은 곳을 살펴보아야 합니다.

그 "죄인들"은 서기관이나 바리새인 같지 않았습니다.

그렇습니다. 서기관이나 바리새인들은 율법을 가지고 있었으며, 율법을 따르고 있었습니다. 그들은 율법의 대상이었던 것입니다. 그들은 부유했으며, 어떤 이들에게서 부(富)는 그들의 삶 자체이고, 삶의 보상이기도 했습니다. 그러나 예수님이 보기에 그들은 죽은 사람들이며, "회칠한 무덤"이었습니다. 그들이 그들의 삶에서 절망하지 않으려고 했다면, 그것은 그들의 삶이 항상 절망적이기 때문일 것입니다.

그들은 생명이 없는 삶에 내던져졌고, 그런 삶을 지키려고 했습니다. 그들의 욕망에는 활기가 없었기 때문에, 그들은 그들보다 생기 있는 사람을 만나기를 두려워하고 있었습니다. 그들은 그 사람들로부터 그들이 억압해놓은 살아있는 욕망이 감염될까봐 두려워하고 있었던 것입니다. 왜냐하면 그들은 그들의 욕망을 다루는 방법을 배우지 않아서, 그 욕망으로부터 삶을 창출해내고, 사람들 사이에서 생겨나는 사랑을 만들 줄 몰랐기 때문입니다.

그러니까 간음한 여인은 삶의 한 쪽에 비켜 서있었던 것입니다. 그녀가 삶을 헤매고 있는 것처럼 보였지만, 그녀는 그녀 나름대로 자기 삶을 살았던 것입니다.

그것은 틀림없는 사실입니다. 어떤 사람이 자기 짝을 찾고 있든지, 아니면 이 세상에서 가장 물질적인 것들을 찾고 있든지 간에 그들 역시 하나님께로 가는 여러 가지 방법들 가운데 어느 한 가지를 하고 있는 셈이 됩니다. 드라크마 한 닢을 찾든지, 길 잃은 양 한 마리를 찾든지 그들은 하나님을 향해서 나아가고 있는 것입니다.

우리는 욕구를 초월하여 우리가 가지고 있는 것들을 항상 뛰어 넘게 하는 욕망을 향해서 나아가고 있습니다. 또한 우리가 언제나 우리 자신에게만 몰두하거나, 앞으로 나아가려는 우리들의 발걸음을 멈춰 서게 하면서 우리 자신에게만 집착하게 하는 태도를 버리게 하면서, 우리 욕망은 언제나 도약을 하면서 우리를 앞으로 나아가게 하고 있습니다.

간단히 말하자면, 율법은 결코 결정적인 것이 아니고, 우리를 다른 사람과 분리시키거나, 분화되지 못하게 하며, 우리가 좀더 자율적으로 살지 못하게 한다는 것입니다. 또한 죄는 사람들을 어떤 특정한 상태에 머무르게 한다고 선생님은 주장하고 있습니다.

그러므로 그리스도는 모세의 율법이 고칠 수 없는 것으로서 결정적인 것이라고 받아들인 것 같지 않고, 거기에서 한 걸음 더 나아간 것 같습니다. "나도 너를 정죄하지 않겠다." 하지만 정말 이렇습니까?

그렇지는 않습니다. 모세의 율법은 여전히 올바릅니다. 따라서 근친상간의 욕망과 그것의 또 다른 모습인 간통하려는 욕망은 여전히 금지되어 있습니다.

그런데 우리는 이 여자가 자기 마음에 드는 사람, 즉 그녀의 육체적인 욕망의 법칙에 어울리는 사람과 결혼하지 못했다고 생각해볼 수는 없을까요? 그 당시의 유대 율법에 따라서 그녀의 부모님과 그녀 남편의 부모님의 뜻을 따라서 결혼한 것이라고 말입니다. 따라서 그녀의 남편은 그녀의 몸을 소유했을지 모르지만, 자기 마음과 그녀의 마음이 하나가 되게 하지는 못했는지도 모릅니다.

이 세상에 자기 남편에게 자기 마음과 영과 몸을 다 바치면서 진정으로 결혼한 여자가 자기 남편을 속일 수 있을까요?

다른 사람들이 기록해 놓은 법령에 의해서가 아니라, 자기 몸과 마음에 기록되어있는 법령을 토대로 해서 선택한 자기 부인을 진심으로 사랑하는 사람이 자기 부인이 자기를 통해서는 별로 큰 만족을 느끼지 못하기 때문에 다른 남자들에게 마음이 끌릴 수도 있다는 이유 때문에 자기 부인을 버릴 수 있겠습니까?

그리스도가 "나도 너를 정죄하지 않겠다"라고 한 말의 의미는 아마 이런 것이 아니겠습니까?

그는 남자였고, 모세의 율법을 잘 알고 있었습니다. 그는 사람들이 보통 자기 딸들을 그녀들에게 어울리지 않는 사람들과 결혼시킴으로써 그 율법을 어긴다고 생각하지는 않았겠습니까? 이때 하나님께서는 그 여자들에게 그런 결혼을 하라고 하셨을까요? 이때의 결혼은 그들의 자의적인 율법이나 관습이나 물질적인 이익이나 교활한 술책 때문에 행해지는 것들이 아닐까요?

어쨌든 이때 이 여인을 정죄하였던 사람들은 예수님의 말씀을 듣고 자기 자신을 되돌아보며, 생각해보기 시작하였습니다. 그리고서는 자기 자신에게 질문을 던졌습니다. 그들은 그들 역시 마음속으로는 이미 상상을 통해서 간음하고 있었음을 잘 알고 있었습니다. 그렇다면 이 여인이 그들보다 더 큰 죄를 지은 것일까요?

차이가 있다면 그녀는 다만 행동으로까지 넘어간 것밖에 없습니다. 그 욕망에 있어서 그녀는 그들보다 덜 풀어져 있었지만, 그들보다 더 불행했던 것입니다. 다시 말해서 그들이 그들의 양심을 조절하면서 상상을 통해서 쾌락을 즐기며 자기 자신을 지켜갔던데 반해서 그녀는 자기 몸을 내던졌던 것입니다.

그러므로 예수님은 새로운 율법을 제안했습니다. 모세는 정죄했지만, 예수님은 정죄하지 않으면서, 다른 사람들에게 버림받고, 스스로도 부끄러워하는 죄인들에게 새로운 길을 제시해주신 것입니다.

예수님은 결코 율법을 폐하지 않았습니다. 그는 다만 율법의 의미를 밝히려고 오셨습니다.

여기에서 문제시되는 율법은 그 율법을 적용하려는 사람이 그 율법의 대상이 되는 사람보다 더 고약하다면[36*] 적용해서는 안 됩니다. 그러므로 예수님이 이때 이렇게 말씀하셨다고 해서 그것이 율법을 폐하는 것은 아닙니다.

예수님은 여기에서 율법은 적용되어야 할 뿐만 아니라 모든 사람들이 가지고 있는 욕망의 의미를 살리는 방향으로 적용되기를 바라셨습니다. 그는 사람들이 전체적인 존재가 되도록 했던 것입니다.

모세는 한 민족을 형성하기 위해서 율법을 만들지 않을 수 없었습니다.

물론입니다. 율법은 한 민족을 만들게 하고, 한 개인을 만들게 합니다. 아이들에게 금지하는 것도 없고, 나아가야 할 방향도 없을 경우 그는 성숙하지 못한 어른이 되고 맙니다. 어떤 아이가 정도를 벗어난 복종심을 가지고 자기 욕망을 권위자의 욕망에 연계시켜 놓을 경우 그 아이는 등뼈가 없는 사람처럼 되고 맙니다. 그런 아이들은 어린 시절 동안 아무도 그의 삶에서 밀어내지 못하거나, 권위에 감히 항거하지 못하면서 평생동안 불안정한 삶 속으로 들어가게 됩니다. 그러면서 불안에 가득 차거나, 사람들에게 윤리 의식을 불어넣어 줄 수 있는 내면인 질서가 부족하게 됩니다.

이와 똑같은 것은 한 민족에게도 마찬가지입니다. 율법은 하나의 공동체를 만들고, 그 공동체를 다른 공동체와 구분하며, 그들의 차이점이나 분기점을 드러냅니다. 우리가 살기 위해서는 성차이와 마찬가지로 그런 차이점이 필요합니다.

그렇다면 하나의 공동체가 탄생하는 것은 차이 속에서라는 말입니까?

그렇습니다. 어떤 공동체에 대한 흥미를 불러일으키는 것은 그 공동체가 다른 공동체와 다른 점 때문입니다.
그것은 부부 생활에서도 마찬가지입니다 … 부부가 하나되고, 일치되는 것을 시도할 수 있는 것은 남자와 여자가 다르기 때문입니다.

그러나 이 복음서를 보면, 바리새인들은 이 여자나 그 자리에 모인 다른 사람들과 다른 차이점을 보여주었습니다. 그 자리에는 바리새인들과 다른 그 여자가 있었고, 그 사람들이 있었습니다.

그렇지요. 그러나 그들은 그 여자에게 자기 욕망을 따라서 살거나, 그녀의 내면적인 여정을 따라서 살게 하지 않았습니다. 그들은 그녀가 율법의 규제를 따르기를 원했습니다. 그들에게는 그것이 안전한 길이었기 때문입니다. 그들이 만약에 그녀를 정죄하지 않으면, "그들이 잡아온" 이 여자가 그 틈을 이용하지 않겠습니까? 정말이지 간음한 여자가 현장에서 잡히지 않았더라면, 많은 여자들은 또 다시 간음을 할 테고, 그들의 삶에는 이런 어두운 그림자가 위협적으로 길게 드리울 것입니다.
그래서 그들은 이 여자 신성한 결혼의 율법 앞에서 죄인이라고 선고했습니다. 정말이지 그녀는 죄인임에 틀림없었습니다. 그러나 그것은 그들도 마찬가지였습니다. 예수님은 그들에게 그러한 사실을 깨닫게 했습니다. 그 점에 있어서 예수님은 그날 모든 것을 둘러엎었습니다. 왜냐하면 예수님은 그 율법의 주체인 그들 역시 그 여자와 마찬가지로 죄인이라는 사실을 깨닫게 했고, 그렇기 때문에 그 율법이 그대로 남아있는 한 그 여인을 비난할 수 없다는 점을 알게 했기 때문입니다.

예수님이 살던 당시에 여자들은 성적인 욕망이나 감정적인 삶에서 폐쇄된 사회에서 살아야만 했습니다. 여자들은 그녀들의 남편에게 일방적으로 주어진 것입니다(그 점에 있어서는 남자들도 마찬가지였습니다).

그 여자는 간통을 했습니다. 그래서 그녀는 어린아이들이 어른의 율법을 받아들이고, 복종할 수밖에 없는 것과 꼭 마찬가지로 그녀가 받아들인 남성들의 율법 앞에서 죄의식을 느끼지 않을 수 없었습니다. 예수님은 그녀에게 그런 죄의식[37]을 벗겨주고 이렇게 말했습니다. "이제 더 이상 죄를 짓지 말라." 그리고 그녀를 돌로 쳐죽이려는 사람들에게는 그들의 내면에서(왜냐하면 이런 소리를 듣게 한 것은 그들 자신이 아니기 때문에) 그들 역시 간통을 저지른—어떻게 해서 그렇게 되었는지는 모르지만—그 여자 못지 않게 죄인이라는 소리를 듣게 하였습니다.

그러나 나는 이 이야기 속에서 예수님이 그녀에게 죄의식을 벗겨주고, 실제로 죄지은 것을 모두 없애주었다고는 보지 않습니다. 오히려 그가 그녀에게 보여준 태도를 통해서 이제 더 이상 죄를 짓지 않도록 조언해주었고, 그녀의 욕망을 통제할 수 있는 방법과 그녀의 약함을 이길 수 있는 방법을 가르쳐주었습니다. 예수님은 그녀를 죽음에서 건져주셨고, 그의 사랑과 인간성을 알게 해주었습니다. 그녀가 그녀로부터 도망쳐버린 그녀 정부의 이기심과 그녀를 둘러싸고 있던 추잡한 사람들의 증오라는 아주 잔인한 체험을 한 다음에 말입니다.

하지만 선생님이 말하듯이 "율법은 율법입니다." 그리고 예수님은 어디에선가 남자와 여자의 결합에 관해서 이렇게 말씀하셨습니다. "하나님께서 결합하신 것을 사람들이 풀어서는 안 된다"(마가복음 10:9). 그런데 선생님은 그 여자를 변호하면서, 다른 사람들을 비난하는 것 같습니다. 하지만 예수님은 하나님께서 맺으신 것을 풀면 안 된다고 하시지 않았습니까?

나는 어떤 사람도 비난하지 않고, 어떤 사람을 위해서 변명하지도 않습니다. 나는 다만 이 모든 것의 의미만 생각할 뿐입니다.

그러나 하나님이 결합하셨다는 사람들은 누가 과연 그 사실을 알겠습니까? 그 부부는 그들이 서로 가까운 것이나, 그들의 마음에서나, 그들이 사는 집이나, 그들이 자는 방을 보고 그것을 알겠습니까?

모든 사람들은 한 사회를 보존하고 안정시키는 인간의 법률을 위반할 때 죄를 지었다는 느낌을 가지게 된다는 사실에 대해서 당신은 잘 알 것입니다. 그러므로 당신은 당신의 마음속에서 하나님이 "자, 이것은 커다란 죄야!"라고 속삭인다고 해서는 안 됩니다. 이런 것들은 아마 우리 욕망과 혼동될 것입니다.

사람들 사이에서 통용되는 혼인 법칙에 의해서 결합된 부부들이 하나님이 결합하신 부부와 항상 일치한다고 누가 말할 수 있겠습니까? 그리고 이 사람들의 마음과 영에 대해서 다른 사람들이 무엇이라고 증언할 수 있겠습니까?

모든 혼인 생활에서 으레 따르기 마련인 출산은 단지 그 혼인의 수확만 보장해 줄 뿐, 그 혼인이 하나님이 결합하신 것이라는 사실을 보장해주지는 못합니다.

하지만 인간의 법이 다만 보존만을 위한 것이라면, 우리는 우리 욕망을 따라서 더 앞으로 나아가기 위해서 끊임없이 모든 것을 바꾸고, 우리 배우자를 바꿔야 합니다. 왜냐하면 우리들과 배우자 사이에서 어느 날 갑자기 아무런 대화가 없을 수 있고, 성적으로 잘 맞지 않을 수도 있기 때문입니다. 마찬가지로 직장에서 우리 상급자가 어느 날 괴팍한 사람이 되었다고 해서 우리 직장을 옮겨야 하는 날도 올 것입니다 … 그렇게 되면, 우리 삶은 언제나 무엇을 바꾸고, 또 바꾸고 … 하는 것으로 될 것입니다.

그렇지는 않습니다. 우리는 우리 삶의 기반이 되는 우리 욕망의 깊은 본질과 우리에게 다만 한 순간의 기쁨이나 쾌락만 가져다주는 부분적인 욕망 사이를 혼동하지 말아야 합니다. 우리가 우리의 욕망을 발견하고, 그 욕망을 실현하기 위해서는 침묵과 반성과 경험, 그리고 긴 시간이 필요합니다.

그러나 우리가 어떤 것을 바꾸기 위해서 그것을 바꾸려고만 한다면, 그것은 우리가 환멸이나 절망이나 우리 존재의 채워지지 않은 본능을 피하기 위해서 나비처럼 훨훨 날아다니는 것밖에 되지 않으며, 결국에 가서는 더 멀리 나아가려는 것을 회피하는 것밖에 되지 않습니다.

우리가 우리 자신의 한계에 대해서는 물론 우리 자신이 다른 사람들과 다른 점을 알게 될 때, 우리는 우리 안에서 다른 사람이 가진 것과는 또 다른 욕망이 샘 솟아나게 할 수 있으며, 그 욕망을 소위 말하고 있듯이 승화시킬 수 있게 됩니다. 다시 말해서 그 욕망이 처음 솟아올랐었을 때와는 다른 영역에서 무엇인가를 만들어내고, 창의적일 수 있게 하는 것입니다. 그 전에는 그렇게 하지 못했지만, 이제는 그 욕망을 완성되게 할 수 있는 것입니다.

그러니까 우리 욕망은 밖으로 표출되면서 혼동될 수 있는 것입니다. 다시 말해서 사람들은 지금 자기 욕망을 따라서 살고 있다고 생각하지만, 사실 그것은 다만 그들에게 이제 막 쾌락이나 기쁨을 가져다 준 욕망의 대용물에 지나지 않는다는 사실을 알게 되는 것입니다.

그것은 우리 욕망이 본래 그렇게 혼동될 수 있기 때문에 그런 것도 아니고, 우리가 그 욕망을 따라서 살지 말아야 하기 때문에 그런 것도 아닙니다.

하나님은 모든 존재들을 끊임없이 새롭게 하시며, 우리들 역시 다른 사람들과 더불어서 끊임없이 새롭게 되도록 초청하고 있습니다. 예수님은 여기에서 우리들에게 간음, 혼인, 이혼에 관해서 기록된 율법을 우리가 "신령과 진정을 다해서" 다시 생각해보도록 부추기고 있습니다. 다시 말해서 우리에게 그 율법들을 혼인의 본질적인 정신에 비추어서 다시 생각하도록 촉구하는 것입니다. 그런데 혼인의 본질적인 정신이란 사람들의 마음과 몸이 사랑으로 부풀어올라 하나의 짝을 이루어서 같이 살고, 같이 무엇인가를 하는 욕망으로 표현되는 것입니다.

그러면 혼인이란 과연 무엇입니까?

진실을 말하자면, 우리는 사랑이 과연 무엇인지 잘 모릅니다 … 그것은 같이 살고자 하는 욕망인데, 거기에는 소유라든지, 습관이라든지 하는 것이 없습니다. 그러나 그것이 존재하기는 하지요 … 신비입니다. 우리는 하나님이 맺어주시는 것에 대해서 잘 모릅니다.

당신은 나처럼 혼인 안에서 영과 마음과 몸이 결합되어 기쁨과 활력에 젖어있고, 삶의 용기로 가득 차 있는 사람들을 잘 알 것입니다. 또한 나처럼 법률적으로 맞게 혼인하지는 않았지만 그들의 영과 마음과 몸이 결합되어 기쁨과 활력에 젖어있고, 삶의 용기로 가득 차 있는 사람들 역시 잘 알 것입니다 … 그 사람들은 모두 그들 나름대로 그들이 가진 삶의 욕망과 사랑의 욕망 및 서로에 대한 신뢰 안에서 모든 위험을 무릅쓸 것을 말하고 있습니다. 그들은 모두 무엇인가를 표현하려는 사랑의 말[38*]을 가지고 있는 것입니다.

무엇인가 할 말이 있었던 복음서에 나오는 이 간음한 여인처럼, 그들에게도 무엇인가 말할 것이 있었던 것입니까?

그렇습니다. 그러나 율법 아래 있던 또 다른 사람들은 그 여인에게 무엇인가 할 말이 있다는 사실을 인정하지 않았습니다.

그들에게는 그들 자신밖에 없었는데, 그들은 훌륭한 사람들이고, 성공한 사람들이었지만, 아직 청소년이었습니다.

14
바리새인과 세리

누가복음 18:9-14

스스로 의롭다고 확신하고 남을 멸시하는 몇몇 사람에게 예수께서는 이 비유를 말씀하셨다. "두 사람이 기도하러 성전에 올라갔다. 하나는 바리새파 사람이고, 다른 하나는 세리다. 바리새파 사람은 서서, 혼잣말로 이렇게 기도하였다. '하나님, 감사합니다. 나는 토색하는 자나 불의한 자나 간음하는 자 같은 다른 사람들과 같지 않으며, 또는 이 세리와도 같지 않습니다. 나는 이레에 두 번씩 금식하고 내 모든 소득의 십일조를 바칩니다.' 그런데 세리는 멀찍이 서서, 하늘을 우러러 볼 엄두도 못내고, 가슴을 치며 '아, 하나님, 이 죄인에게 자비를 베풀어 주십시오' 하고 말하였다. 내가 너희에게 말한다. 의롭다는 인정을 받고서, 자기 집으로 내려간 사람은 저 바리새파 사람이 아니라, 이 세리다. 누구든지 자기를 높이는 사람은 낮아지고, 자기를 낮추는 사람은 높아질 것이다."

제라르 세베랭: 여기 참 이상하게 보이는 비유가 하나 있습니다. 경건한 사람은 정죄 되고, 죄지은 사람이 변호되기 때문입니다.

바리새인들은 "분리된 사람들"이라는 이름이 의미하듯이 경건하였고, 많은 사람들 사이에서 사는 일종의 수도자들이었습니다. 이 비유에 나오는 사람은 참으로 "훌륭한" 사람이었습니다. 말하자면 영웅이라고 할만 했습니다. 그는 그의 수입의 십일조를 바쳤고, 용감하고, 정직했습니다. 더구나 한 주일에 두 차례나 금식을 하기까지 했습니다 …

프랑소와즈 돌토: 당신은 그가 "참으로 훌륭했다"고 말했는데, 그가 과연 누구에게 그렇게 참으로 훌륭했다는 것입니까? 또 무엇을 위해서 훌륭했습니까? 율법에 대해서 훌륭했습니까?

그는 율법 앞에 있었고, 율법을 준수했습니다. 그 율법은 그에게 거울이었습니다. 그는 항상 그 거울에 자기의 모습을 비춰보았습니다. 그리고 율법은 그를 "비춰주었습니다." 율법은 그를 위해서 있었던 것입니다. 따라서 그는 다른 아무 것에도 책임지지 않았지만 행복했습니다. 율법이 그의 모습을 비춰주고, 그는 그것을 바라보았으며, 그때 그에게는 아무 것도 부족한 것이 없었기 때문입니다.

더구나 다른 사람들도 모두 자기처럼 해야 했습니다. 그는 어떻게 하면 사람들이 율법에 복종할 수 있는가 하는 것에 관해서 잘 알고 있었습니다. 그래서 다른 사람들은 모두 그를 따라야 했습니다. 그의 말을 듣지 않으면, 구원이란 불가능했습니다. 오직 자기만이 구원에 관해서 올바로 설명해 줄 수 있고, 구원받은 삶의 모습을 바로 보여줄 수 있었습니다. 그가 생각하기에 다른 사람들은 모두 "욕심쟁이들"이고 "간음하는 사람들"이었습니다. 줄여서 말하자면, 그는 "모든 규칙을 따르는 사람"이고, 선포되고 기록된 율법을 따르는 사람이었지만, 그에게는 욕망의 법이 없었고, 교만했던 것입니다. 그러나 교만에는 매우 취약한 점이 있으며, 사람들을 긴장시키는 어떤 결핍을 가지고 위협합니다. 여기에서, 이 바리새인이 나타내는 것은 그에게 헛된 만족감을 가져다주는 허영이었습니다.

그는 다른 사람들처럼 사는 것이 좋다는 사실을 알았고, 다른 사람처럼 살고 싶었습니다. 다른 사람들은 모르지만, 그는 그들의 행복이 부러웠던 것입니다.

그렇습니다. 그 사람은 충만감으로 가득 차 있었습니다. 하지만 그것은 그가 자기 욕망과 욕구를 혼동했기 때문입니다.

오늘날에도 … 얼마나 많은 남자들이 자기 부인들이 "어떻게 살아야 한다"고 율법을 부과하면서, 자기 부인들이 그렇게 생각하기도 전에 그녀들 대신 그렇게 사는 것이 그녀들에게도 좋은 것이라고 생각하고 있습니까? … 그러면서 "내 마누라는 부엌에 있어야 하고", "내 마누라는 사무실에 있어야 하며", "내 마누라는 인형이 되어야 한다"고 생각하는 것입니까?

또 얼마나 많은 여자들이 자기 남편 대신에 그녀 남편은 어떻게 살아야 한다고 생각하고 있습니까? "내 남편은 정치를 해서는 안 되고", "내 남편은 승진해야 하며", "내 남편은 집안 일을 도와주어야 한다"고 생각하는 것입니까?

또 부모님들은 그들의 자녀들 대신에 그렇게 하는 것은 얼마나 많이 있습니까? 다시 말해서 얼마나 많은 부모들이 그들의 자녀가 그들이 좋아하는 것을 좋아했으면 하고 바라거나, 그들의 속에 들어가서 자기 마음에 드는 것을 대신 좋아하고, 그들이 실패하거나 그들을 실패하게 한 것들을 미워하려고 하는 것입니까?

또한 얼마나 많은 노동조합이나 정당이나 종교나 이념집단의 열성분자들은 그들이 진리를 가지고 있다고 생각하고 있으며, 그렇지 않다면 적어도 그들은 다른 사람들이 어떻게 생각해야 하고, 어떻게 살아야 하는지 알고 있다고 생각하는 것입니까?

사람들에게는 마치 회계 전문가가 예산을 보고 합리적인 이익을 산출하듯이 자기를 그렇게 관리하려고 하는 욕망이 있습니다. 지도자였던 모세도 그렇게 관리하려고 했습니다. 그러나 우리의 삶, 사랑, 욕망 등은 그렇게 할 수 있는 것이 아닙니다.

이 이야기에는 무엇엔가 사로잡혀 있는 바리새인이 등장합니다. 그가 자기 자신을 율법에 동일시했기 때문에, 그의 삶에는 아무 것도 잘못된 것이 없는 듯했습니다. 그는 규칙으로 입력된 자동인형처럼 아무 갈등도 느끼지 않으면서 살았습니다. 그런데 예수님은 왜 여기에서 또 다른 사람, 즉 용서받고, 정화된 세리를 등장시키는 것입니까?

이 본문의 윗 부분에 예수님이 말씀하시고자 하는 것을 암시하는 복음서 구절이 나옵니다. 거기에서 예수님은 이렇게 말하고 있습니다. "바리새인들아, 너희에게 화가 있을 지어다. 너희는 박하와 운향[1]과 온갖 채소의 십일조를 바치면서 정의와 하나님께 바치는 사랑은 소홀히 한다. 그런 것들도 소홀히 함이 없이 하고, 이것들도 반드시 해야 한다"(누가복음 11:42).

우리는 우리 눈을 손익계산서에 고정시키고 살거나, 우리가 마땅히 사랑과 진리를 조금이나마 다른 사람들에게 베풀어야 함에도 불구하고 다른 사람들만 그렇게 하기를 바라면서 살아서는 안 됩니다. 오히려 하나님 아버지나 예수님처럼 정의와 사랑에 감동되어서 살아야 합니다.

---

1 다년생의 풀.

다른 말로 해서, 예수님이 말씀하셨던 대로 우리가 만일 우리 수입의 십일조를 바치는 이유가 순전히 우리 자신의 만족감을 채우기 위한 것이고, 그것이 우리 욕망의 역동성을 막아버리는 것이라면, 우리에게는 정말 화가 있을 것입니다. 왜냐하면 십일조를 바치는 것보다는 다른 사람들을 만나고 그들과 더불어 잔치를 베풀며 즐기는 것이 더 낫기 때문입니다. 복음서의 다른 부분들을 보면, 예수님은 종종 다른 사람들과 함께 먹고, 마시며, 바리새인들은 그것을 보고 예수님을 비난하는 것이 나옵니다(누가복음 25:2).

바리새인들—우리가 속해 있는지도 모르는—은 덕이 있는 사람들이라고 불린 것 같습니다. 그들은 자신들의 이미지가 깨끗하게 지켜지도록 노력했으며, 그들의 명성이 높은 것을 즐겼습니다. 그들은 그들 자신을 다른 사람들과 분리하여 생각했고, 그들이 자신들과 다른 방식으로 사는 다른 사람들을 만날 때, 자기들에게는 율법이 필요 없다고까지 생각하였습니다. 아마 그들은 분리된 계급에 속한 사람들이라고 말할 수 있을 것입니다.

그러나 사람들은 다른 사람의 몸을 "만지고"(마태복음 25:31-46), 다른 사람들과 서로 의미를 나누며, 다른 사람들이 하는 것들을 보고, 들어야만 하나님께 도달할 수 있습니다. 나는 글을 쓰거나 전화를 걸면서 다른 사람의 몸과 마음을 "건드리고" 있습니다. 또 다른 사람들은 벽보를 붙이거나 신문을 팔거나 노동조합이나 정치적인 싸움 때문에 동분서주하고 다니면서 다른 사람들과 "접촉하고" 있습니다.

자신의 전존재가 관여되지 않는다면, 그것은 인간의 진정한 욕망이라고 할 수 없습니다. 그때 그들에게는 자기가 정말로 "덕이 있는 사람인지" 아니면 율법을 쫓으며 사는 사람인지 스스로 생각해 볼 시간이나 장소가 없게 됩니다.

하나님이 사람들과 "접촉하고", 사람의 몸을 취하면서, 성육신하여 사람들과 만나신 것은 그 때문입니다. 우리가 하나님과 "접촉하였던" 것은 예수님을 통해서였습니다. 우리가 하나님을 만날 수 있는 것도 다른 사람을 통해서인 것은 틀림없는 사실입니다. 그렇지 않으면, 그것은 환상이거나 꿈밖에 되지 않습니다.

우리가 다른 사람과 만나서 넘어질 때, 다른 사람에 대한 우리의 욕망과 그의 욕망이 서로 다를 때, 우리가 다른 사람을 더 이상 "필요로" 하지 않을 때, 우리는 비로소 그 사람에 대해서 민감하게 되고, 우리 자신에 대해서 질문하게 되며, 그 사람과 의견을 나눠보게 되는 것입니다.

우리 안에서 우리 자신의 욕망이나 욕구가 좀더 자세하게 알려지는 것은 우리가 다른 사람들을 만나 보아야 가능하며, 따라서 다른 사람을 통해서 얻어집니다. 인간의 욕구가 몸의 쾌락을 추구하고, 그보다 좀더 미묘한 개념인 욕망이 몸과 마음이 하나가 되고, 창조적인 의사소통을 추구하는 것이라면, 욕구와 욕망 사이를 변증법적으로 구분하면서 우리를 다른 사람들과 연계시키는 것은 우리가 인간적으로 변화됨을 통해서 얻어지는 것입니다.

사람들에게서는 욕구가 우선적인 것입니다. 왜냐하면 우리는 그 나름대로의 요청을 가지고 있는 우리 몸에 묶여있기 때문입니다. 다른 한편 욕망은 욕구가 변형된 것입니다. 다시 말해서 육체를 가진 두 존재 사이에서 마음과 영을 살아 움직이게 하는 의사소통의 흐름인 것입니다. 우리는 몸의 쾌락으로부터 서로간의 마음을 나누는 즐거움으로 이행하고 있습니다. 변화되는 것입니다.

예를 들어서 말하자면, 갓난아기들은 그들의 삶의 초창기에 살기 위해서 어머니의 젖을 필요로 하며, 그 과정은 필요 불가결합니다. 그런데 젖과 젖가슴과 어머니는 그것이 충족되었을 경우 그들에게 쾌락을 가져다주는 같은 욕구 안에서 혼동되고 있습니다. 그러다가 아이들이 어머니가 주는 젖을 필요로 하지 않게 될 때, 우리는 그들이 신체적으로 살기 위해서 더 이상 "그의 어머니"를 필요로 하지 않게 되었다고 말할 수 있습니다. 그때 그는 어머니라는 한 사람을 사랑하게 됩니다. 그래서 우리는 이렇게 말할 수 있습니다. 사람들에게 아무런 욕구가 없게 될 때, 그는 참다운 사랑을 할 수 있게 됩니다 …

욕구가 욕망으로 변환될 때 비로소 우리는 영적인 삶의 문턱에 도달하게 되며, 우리 삶은 하나님과 함께 하는 삶으로 변하게 됩니다. 나는 믿음의 삶이란 사랑 안에서 하나님을 만나려는 희망을 가지는 욕망의 길에 접어드는 것이라고 생각합니다.

선생님이 여태까지 말한 것들을 들으니까, 자기가 살 수 있으려면 다른 사람이 꼭 필요하다고 말하는 사람들이 생각납니다. 그들은 흔히 이런 말을 합니다. "당신이 없으면, 저는 살 수 없어요. 저는 당신을 마시면서 살아요." 그러다가 그들이 그렇게 소중하게 생각했던 상대방이 사라지면, 그들은 잠시 부숴지고 맙니다. 그러나 그들은 다시 살아나고, 이 세상을 살게 됩니다. 이 사실은 그들이 이 세상에서 살기 위해서 그들에게 다른 사람이 정말 "필요했던" 것이 아니라는 사실을 그들이 비로소 깨달았다는 것을 의미합니다. 그들은 그들이 다른 사람 안에서 찾았고, 그들을 살게 해주는 것이라고 믿었던 것이 사실은 다른 것이었다는 사실을 깨닫게 된 것입니다.

그들이 정말 죽을 것 같았던 것은 그들이 무엇인가를 잃어버렸다는 사실을 알고서 고통스러웠기 때문입니다. 왜냐하면 그들은 그것을 잃어버렸음에도 불구하고 계속해서 살아있으며, 그들에게서 정작 문제가 되었던 것은 그들의 욕구가 아니라, 그들에게 계속해서 상처를 내면서 살아있는 사랑이기 때문입니다.

이것이 모든 사람들을 되살려내는 부활이 … 아니겠습니까? 끊임없이 그들에게 욕망의 진실을 깨닫게 하는 것 말입니다.

그것이 남편이 되었든지 자식이 되었든지 간에 우리가 "살기 위해서 우리에게는 그 어떤 것도 정말 필요한 것은 아니다"라는 공식은 놀라운 것처럼 보일지 모르지만, 틀림없는 사실입니다.

우리가 다른 사람을 집어삼키고, 그를 소비하며, 그를 보고, 만지려는 것을 넘어설 때, 우리는 그를 사랑하려는 욕망에 더욱더 가까이 다가갈 수 있습니다. 복음서가 가치 있는 것은 그것이 항상 우리에게 다른 사람들과 만나는 것에 대한 살아있는 중요성에 대해서 말하고, 서로간의 욕망이 만나는 것의 중요성에 대해서 말하기 때문입니다. 예수님은 우리에게 우리 육체에 제한되어 있고, 육체를 벗어나지 못하는 것들의 중요성을 부정하지는 않지만, 그것들을 뛰어넘을 것을 촉구하고 있습니다. 예수님의 계시는 바로 그것입니다.

예수님은 이 비유에서도, 그것이 규칙이기 때문에 자기 시간과 돈을 바치는 것은 정말로 "화를 불러오는 것"이라고 주장하고 있습니다. "정확하게" 따져서 그 값대로만 바치게 하는 율법은 폐기해야 한다는 것입니다.

그러니까, 쎄리는 다른 사람들과 나누려고 했기 때문에 … 좋은 모범이 될 수 있다고 한 것입니다.

바리새인들은 율법을 가지고 있었으며, 경전을 먹으면서 살았고, 규범의 인도를 따라서 살았습니다. 그렇게 함으로써 그들 자신은 물론 그들의 욕구와도 직면하지 않을 수 있고, 다른 사람들과 "접촉하지" 않을 수도 있다고 생각하였습니다. 말하자면 그들은 추상적인 질서 속에서, 율법과 규칙에 의해서 살균된 생활을 하였던 것입니다. 율법을 위해서 만들어진 사람들이었던 것입니다.

그런데 예수님은 이것과 정반대 되는 말씀을 했습니다. 사람이 율법을 위해서 있는 것이 아니라, 율법이 사람을 위해서 있는 것입니다.[2]

그러므로 율법은 끊임없이 새롭게 개정되어야 합니다. 사회가 변하고 사람들이 달라짐에 따라서 율법 역시 개선되어야 하는 것입니다. 모든 율법은 사람들이 한 동안에만 사용하는 도구입니다. 그 다음에 사람들은 율법을 벗어나고, 율법은 버려지게 됩니다. 복음서에서 율법은 결코 목적이 될 수 없었습니다. 마찬가지로 수도자들의 "거룩한 규칙" 역시 그 자체가 목적이 될 수는 없습니다. 그것은 다만 어느 주어진 시간 동안 우리 욕망을 드러내기 위해서 그에 필요한 질서를 유지시켜줄 수 있는 방편일 따름입니다. 그러나 사람들은 곧 그것을 뛰어넘어야 합니다. 그렇지 않으면 율법은 금기(禁忌)로 되고, 우리들을 그 율법을 수호하게 하는 주물(呪物)로 만들어버립니다. 수단이 목적으로 되는 것입니다. 하지만 문자는 사람들을 죽이지만, 영은 사람들에게 생명을 줍니다.[3]

이처럼 바리새인들에게 무시당하고, 중상모략을 당했던 "죄인들"과 세

---

2 마가복음 2:28.
3 고린도후서 3:6.

리들 사이에서는 교류가 오갔고, 예수님은 그들과 더불어서 "음식을 먹었습니다"(누가복음 5:29). 그들은 율법에 자기들을 비춰본 것이 아니라, 서로 서로 삶을 나누었던 것입니다. 그러나 어떤 것이 그렇게 중요한 것입니까?

형제애로 가득 찬 이 식사 자리에서 인간 욕망의 역동성은 드러나고 있습니다. 그들은 먹기를 원했고, 배불리 먹도록 초대되었습니다. 또한 그들은 서로가 알기를 원했고, 즐기기를 원했으며, 사랑 받기를 원했고, 서로가 서로를 귀중하게 여기기를 원했습니다. 다른 말로 해서, 한 사람 한 사람은 모두 상대방에게 알려지기를 바랐으며, 다른 사람들이 그들을 귀하게 대접해주기를 바랐습니다.

이처럼 우리들은 모두 다른 사람에게 의존되어 있습니다. 왜냐하면 나에게 내가 그럴만한 가치가 있다는 생각을 불러 일으켜주는 사람은 내가 아닌 다른 사람이기 때문입니다. 그 사람은 내가 그에게 귀중한 사람이라고 확신시키면서 나를 안심시킵니다 … 똑같은 방식으로 나를 통해서 다른 사람들은 그런 형제애를 가지게 됩니다.

예언자였던 예수님은 종교적인 삶으로부터 축출된 사람들과 함께 음식을 나누었습니다. 그 사람들을 얼마나 귀중하게 대접한 것입니까? 그래서 그들은 예수님을 찬양했고, 예수님은 그들 가운데 서서 그들을 그에게 가까이 다가오게 했습니다. 그래서 그들은 예수님을 믿었습니다.

더구나 그들은 죄인이라고 낙인찍힌 사람들이었습니다. 그 쎄리 역시 죄인이었습니다.

사람들은 그가 가진 직업 때문에 타고나면서부터 그를 "죄인"이라고 비난했습니다. 그 당시에 세리들은 보통 정부에서 그들에게 요구하는 것보다 더 많은 세금을 징수하곤 했습니다. 그러면서 그들은 자신들의 노동의 대가까지 "징수하고", 월급을 타먹었습니다. 물론 많은 세리들이 그들이 처해있는 위치를 이용하고, 과도하게 치부하기도 했습니다. 그렇기 때문에 사람들은 그들을 그들의 직업과 결부시켜서, 마치 오늘날 많은 사람들이 경찰이나 교도관이나 군인들에게 그렇게 하듯이, "죄인"이라고 비난했던 것이라고 생각합니다.

옛날에 기독교인들에게 허용되었거나 금지되었던 직업에 관해서 논의할 것까지는 없고, 나는 이 사람이 개인적으로 다른 사람들보다 더 죄인은 아니었다고 생각합니다. 다만 그는 자기가 죄인이라고 믿고 있었으며, 그렇다고 말했습니다. 그것이 다른 사람들과 다른 점입니다.

사실, 그가 믿고 있던 종교는 그가 죄인이라는 사실을 주입시켰습니다. 그래서 그는 자기가 죄인이라고 확신하고 있었고, 그의 희망인 하나님과의 사이가 뿌옇게 흐려져 있다는 느낌 때문에 괴로워했습니다. 그는 자존심을 잃었고, 자기가 가치 없는 사람이라고 생각했습니다. 그는 면목이 없었으며, 그렇다고 하나님께 고백했습니다. 그러나 예수님은 그의 얼굴을 살려주었고, 그에게 죄가 없다고 했습니다. (죄인의 삶으로부터) 그는 다시 평안을 찾게 된 것입니다.

사람들은 얼마나 자기네들이 죄인이 아니기를 바라면서도, 또 그렇게 되지 못하는 것입니까?

선생님은 죄의식이 무엇인지 한 마디로 설명해 줄 수 있습니까?

그것은 너무 엄청난 질문입니다.

우리는 죄의식을 어떤 감정적인 상태로서, 특별히 비난받을 만한 행동이나 다른 사람들을 해치는 행동을 하지 않았으면서도, 자기는 개인적으로 아무 쓸모 없는 사람이라는 막연한 느낌을 갖게 하면서 사람들의 마음속에서 무엇인가를 파먹는 벌레라고 정의할 수 있을 것입니다.

그런데 이렇게 자괴감에 빠져있는 사람들은 자기를 비난하고, 자기에게 비난이 돌아오게 할 수 있는 일들을 찾고 있습니다. 그래서 그는 그를 불안하게 하는 쾌락을 추구하거나, 불안해하면서도 어떤 규범들에 복종하지 않고, 위반을 하곤 합니다. 그러면서 그들은 그렇기 때문에 자기는 비난받아야 마땅하다고 스스로에게 말합니다. 정말 죄인이라고 느끼는 것입니다. 그는 그 자신을 사랑하지 않습니다. 그에게서 자기 자신에 대한 절망감은 때때로 너무 커서 그는 아무 것도 욕망하지 못하거나, 욕망을 가지는 것조차 바랄 수 없게 됩니다.

그런 사람들 가운데서 어떤 이들은 그들이 실패했을 때, 그것은 그의 죄 때문이라고 생각하면서 그들이 실패한 것을 괴로워합니다. 그러면서 그들의 실패와 고통은 도덕적인 측면에서 마땅히 그랬어야 한다고 생각합니다. 다시 말해서 그들이 실패한 것은 그들이 계산을 잘못했기 때문이 아니라, 그들이 처벌받아야 했기 때문에 실패한 것이라고 생각하는 것입니다. 이렇게 하면서 그 사람들은 그들의 불안을 그들의 미래에 투사시키고 있습니다. 그들의 실패는 그들에게 전혀 긍정적인 체험이 아닌 것입니다.

또 다른 사람들 가운데는 그들에게 실상 다른 사람을 해치려는 아무런 의도도 없고, 악의도 없지만, 그들이 사는 방식이나 존재나 삶 자체 때문에 다른 사람들을 괴롭히는 이들도 있습니다.

예를 들어서 말하자면, 어떤 이들은 그들이 선택한 삶 때문에 그들의 어머니가 그들을 보고 우는 모습을 목격하게 되는 경우가 있습니다. 그때 그들은 자기는 어머니에게 나쁜 자식이며, 어머니가 괴로워하는 것에 대해서 죄의식을 가지게 됩니다. 그러면서 어머니의 고통 그 때문에 스스로도 괴로워합니다.

이런 모든 것들은 욕망의 발걸음을 멈추게 하고, 삶의 의미를 질식시키며, 바래게 합니다. 나는 예수님이 예수님과 함께 모든 "죄"는 사함을 받고, 없어졌다고 말씀하셨다는 사실을 기억합니다. 그러므로 사람들은 이런 정서적인 상태, 죄의식, 무가치감을 뛰어넘어야 한다고 생각합니다.

우리가 다른 사람들을 보고, 만나려고 하며, 자기 자신으로부터 벗어나려고 할 때, 우리들은 주저하거나, 암중모색을 하게 됩니다.

그렇다면 예수님과 함께라면 아무런 율법도 없다는 말인가요? 우리는 우리가 원하는 것들을 모두 할 수 있다는 것입니까? 그래서 우리가 "원하는 대로 쾌락"을 누릴 수 있다는 말입니까?

그 대답은 그럴 수도 있고 … 그렇지 않을 수도 있다고 할 수 있습니다. 왜 그렇지 않겠습니까? 성 어거스틴이 한 말을 상기해 보십시오. 그는 이렇게 말했습니다. "그대가 원하는 것을 사랑하고, 행하십시오."[39] 그의 이 말은 소위 "경건하다고 하는" 사람들을 두렵게 했지만 … 그는 복음적인 사람이기도 했습니다.

선생님 말씀에 의한다면 우리에게 있는 유일한 율법은 예수 그리스도이며, 예수 그리스도의 사랑이라는 말인가요?

그렇습니다. 우리에게 있는 유일한 율법은 예수 그리스도입니다. 왜냐하면 그만이 그가 가진 사랑의 "율법" 때문에 우리들을 우리의 욕망으로부터 자유롭게 하기 때문입니다. 그는 아무도 손 댈 수 없는 규칙들을 만들어 놓고 그를 그 안에 가두지 않았습니다.

그러므로 모든 위험들을 사랑하고, 받아들이십시오. 예수님의 삶의 행적 전체는 율법을 어기는 것들로 점철되어있습니다. 짧은 안목으로 볼 때, 예수님의 이런 위반 행위는 사람들에게 부도덕하게 비칠지도 모릅니다. 물론 사람들이 정해놓은 율법을 거스르는 것은 어떤 의미에서 "부도덕한" 것이기는 합니다. 그러나 그 위반 행위가 그의 욕망 때문이라면, 다시 말해서 그가 하나님의 이름으로 그에게 어떤 계율을 선포하는 사람들로부터 배신자라고 낙인찍히거나 파문 당할 위험이 있음에도 불구하고 그것을 통해서 자기 삶을 실현시켜야겠다는 의무감이 느껴져서 복종하지 않는 것이라면 … 그 사람이야말로 예수 그리스도의 복음을 제대로 사는 것입니다.

내가 조금 전에도 말했듯이, 사람들이 사회에서 살거나, 그들이 성장하면서 스스로를 도덕적으로 추스리기 위해서 법률은 필요합니다. 그러나 그것들은 결코 어떤 금기(禁忌)가 될 수 없습니다. 인간의 법률은 최종적인 응답을 주지 않는 것입니다. 우리는 끊임없이―우리 안에서―인간이 만든 법률들에 대해서 물어 보아야 하며, 그 법률들이 우리에게 좀더 잘 명령할 수 있도록 뒤흔들어 보아야 합니다. 나는 지금 법의 진실에 관해서 말하고자 하는데, 우리는 그 법률들이 우리의 욕망은 물론 더 많은 사람들의 욕망과 어떤 관계에 있는가 하는 사실에 관해서 살펴보아야 합니다.

법률이 하나의 우상으로 되지 않게 하기 위해서, 우리는 법률의 빗장을 풀어놓아야 합니다. 법률은 "덕이 있는 사람들"을 위한 은신처가 아니라, 살아있는 사람들을 위한 표지(標識)가 되어야 하는 것입니다.

선생님은 여태까지 죄의식이란 과연 무엇인가 하는 것에 관해서 설명하려고 애써주셨습니다. 그러면 이제 앞에서 말했던 간음을 한 여인, 그리고 바리새인과 쎄리에 대한 비유에 비추어서 인간이 가진 욕망과 죄 사이의 관계를 좀더 발전된 모습으로 설명해 줄 수 있겠습니까?

이것도 역시 아주 엄청난 질문이군요.
나는 인간의 욕망이란 우리 각자가 쾌락과 행복을 찾아 나서는 길을 개척하면서 겪게 되는 여러 가지 모순과 자가당착의 망(網) 속에서 생겨난다고 생각합니다. 그것은 처음에는 무의식적이었다가 나중에 의식적으로 느껴지게 됩니다.
우리가 이렇게 모순을 거치면서 암중모색을 하는 이유는 우리들이 어렸을 때 이 세상을 살기 위해서 우리에게 모범이 되고 선생님이 되는 우리 보호자들에게 의존했던 긴 시절이 있기 때문입니다. 그 사람들은 우리들에게 그들의 방식대로 말하는 방법과 사랑하는 방법을 가르쳐주었습니다. 그러나 불행하게도 그들이 사용하는 어른들의 언어는 자라나는 어린아이들의 감수성(感受性)을 가지고서는 포착할 수 없는 언어였습니다. 이런 불일치로부터, 내가 느끼기에는, 그 다음에 사람들이 보통 겪게 되는 암중모색이나 주저함이나 새로운 시도나 부정이나 모순이 생기는 것 같습니다.
예를 들어서 말하자면, 죽음은 어린아이들에게 결코 위험으로 느껴지지 않습니다. 그러나 우리 어른들에게 있어서 죽음은 우리 실존의 가장 커다란 비극이고, 욕망으로 이루어진 삶의 종국으로 느껴집니다. 그런 점에서 서로 다른 것입니다.

　이 세상을 살면서 우리는 흔히 죽음의 위협과 연결된 쾌락을 매일 매일 관찰하고 있습니다. 다시 말해서 우리가 쾌락을 추구하느라고, 다른 사람들을 죽을 지경에 몰아넣기도 하며, 더구나 그것이 우리가 가장 사랑하는 사람인 경우도 종종 있습니다. 이 얼마나 모순된 인간의 현실입니까?

　우리에게 죄를 지었다는 느낌이 스쳐지나 가는 것은 그런 때입니다. 예를 들어서 말하자면, 그들이 그 사실을 의식하든지 의식하지 않든지 간에, 아버지들은 종종 교통 규칙을 위반하거나 속도감을 즐기려는 쾌락과 타협하면서, 이런 느낌을 가지게 됩니다. 운전자들이 속도감에서 나오는 쾌락과 승객의 안전 사이에서 오락가락하기 때문에 법률을 만드는 사람들은 자기 생각만 하고 승객의 안전은 전혀 안중에도 없는 사람들을 규제하기 위해서 법률을 만들 수밖에 없습니다. 그래서 그들은 교통 규칙 앞에서 그들이 다른 사람들의 생명을 존중할 것이냐 아니냐 하는 것에 대해서 응답해야 합니다.

　자, 이 점을 좀더 깊이 파헤쳐 봅시다. 우리가 만약에 우리도 모르는 사이에 교통 규칙을 어겼다면, 그래서 어떤 사고가 발생했고, 그 결과 우리도 모르는 사이에 사람을 죽였다면, 우리는 그 사실에 대해서 즉시 책임감을 느끼게 됩니다. 그러나 우리가 의식적이고, 의지적으로 교통 규칙을 어기고, 사고를 내서 사람을 죽였다면, 우리는 책임감과 동시에 죄책감까지 느끼게 됩니다.

　그러니까 그는 거기서 자기가 저지른 일에 대해서 잘못했다는 감정을 불러일으키는 죄를 상상하게 된다는 말입니까?

　그렇습니다. 그는 거기서 다른 사람에게 당연히 알 수 없는 잘

못을 했구나 하는 느낌을 가지게 되는 것입니다. 그러나 환상[40]
은 실재가 아니며, 실재는 그 어떤 의식적인 지각도 동반할 수
없습니다.

그러면 죄의식[4]은 어디에서 오는 것입니까?

그 어떤 율법이나 말씀도 우리 욕망으로부터 쾌락을 추구하려
는 환상적인 힘을 제거하지 못합니다. 우리 욕망은 우리들로 하
여금 다른 사람들을 만나고, 그들과 더불어 하나가 되어 즐거움
과 행복감을 누리게 합니다.

그러나 우리 욕망은 너무 깊은 것이기 때문에 흔히 기대했던
쾌락을 주기보다는 쓸쓸한 실망을 가져다 줄 수도 있습니다. 그
러나 그런 만남들이 부분적으로나 전체적으로 실패했을 때, 그것
들은 우리에게 슬픔과 고통을 남기게 되고, 죄책감의 원천이 됩
니다. 그런데 어떤 일을 한 다음에 충분히 만족을 느끼지 못하는
상태에서 가지게 되는 고통은—그것이 우리가 우리 욕망을 겨냥
했다가 실패한 후에 생긴 것이든 그렇지 않은 것이든지 간에—
우리에게 잘못했다는 환상과 느낌을 가져다줍니다.

우리가 죄책감을 가지게 되는 경우는 한 가지가 더 있습니다.
그것은 우리가 (부분적인) 욕망을 완수한 다음에 그 이유야 어떻
든지 간에, 우리가 다른 사람들과 기쁨을 같이 나누지 못하고 혼
자서 나눌 수밖에 없을 때입니다.

---

4 여기서 돌토는 죄책감(le sentiment de la culpabilité)과 죄의식(le sentiment de péché)를 구분해서 사용하고 있다. 죄책감이란 사람들이 어떤 일을 저지르고, 그 일에 대해서 잘못했다고(죄책감) 느끼는 감정(coupable)이고, 죄의식이란 정말 자기가 저지른 죄(le péché) 앞에서 느끼는 감정이다—역자주.

선생님이 말하는 것은 "우리가 살 수 있게 되기 위하여 어떤 때는 용감하게 위반하라 … "는 것이군요.[5] 그러나 예수님은 또 간음한 여인에게 "다시는 죄를 짓지 말라"고 하셨습니다.

사람들은 보통 율법을 용감하게 위반했더라도 잘못되었다는 어떤 감정을 느낄 수가 있습니다. 그런데 어떤 사람들은 그가 체험하는 삶의 전체적인 모순과 부분적인 욕망이 서로 뒤섞이면서 그가 위반한 데서 나오는 죄책감을 어느 정도 해결할 수도 있습니다. 또 다른 사람은 그와 똑같은 모순을 느끼면서 그가 가진 욕망을 포기함으로써 조용히 해결책이 생기는 것을 느낄 수도 있습니다.

그러니까 선생님에게는 결국 죄란 무엇이라는 말입니까?

죄란, 내가 생각하기에, 우리 인간의 삶에 내재되어 있는 모순인 것 같습니다. 왜냐하면 우리는 우리 욕망을 실현하려고 합니다. 그러나 그것을 실현하려면 우리에게는 두려움이 생기고, 욕망을 실현하려는 길을 가로막는 사건들이 생기며, 우리 안에서는 때때로 역동적인 힘에서 폭력이 나올 수도 있고, 우리가 속해 있는 집단의 윤리나 우리 삶의 편의들은 우리들을 멈추게 하기도 하기 때문입니다. 이런 모순들은 우리가 뛰어올랐던 데서 떨어지게 하기도 하며, 우리를 궁지에 몰아넣기도 합니다 … 죄란 바로 이것입니다. 즉 우리의 의식에서 나온 의지적인 행위의 결과만이 아닌 것입니다. 그러므로 사람들은 이 세상에서 다른 어떤 것을

---

[5] 우리는 이 위반의 문제에 관해서 또 다른 책에서 좀더 다룰 수 있을 것이다.

할 수 없고, 다만 죄를 지을 수밖에 없습니다.

좀 거칠게 말하자면, 산다는 것은 죄를 짓는 것입니다. 그리고 죄 안에 머무는 것은 죽는 것입니다.

그러나 내가 앞에서도 말했듯이, 우리가 사랑의 요청을 따라서 우리를 마비시키는 이 모순들로부터 빠져 나오려고 한다면, 우리는 그때에야 비로소 우리 존재 구조의 의미 안에서 다시 출발하게 됩니다.

예수님이 간음한 여인에게 "나도 너를 정죄하지 않겠다. 다시는 죄를 짓지 말라"고 했을 때, 예수님은 그녀를 다시 통합시켰습니다.

그녀는 쾌락 안에 갇히고, 동시에 율법의 노예가 되어 있었기 때문에, 그녀의 삶이 마비 상태에 빠져 있었습니다 … 그녀의 삶이 멈춰버렸던 것입니다. 그러나 예수님은 그녀를 돌로 치는 대신에, 삶에 다시 발을 들여놓게 했고, 새롭게 다시 출발하게 했습니다. 그녀를 그녀에 대한 그의 율법 안에서 다시 통합하게 한 것입니다.

죄란 하나의 경험입니다. 그리고 죄란 어느 순간 마비되는 것입니다. 그래서 예수님은 이렇게 말씀하십니다. "앞으로 나아가라. 그리고 이제 더 이상 마비되지 말라."

15
부자와 나사로

누가복음 16:19-31

"어떤 부자가 있었는데, 그는 자색 옷과 고운 베 옷을 입고, 날마다 즐겁고 호화롭게 살았다. 그런데 그 집 대문 앞에는 나사로[1]라 하는 거지 하나가 헌데 투성이 몸으로 누워서, 그 부자의 상에서 떨어지는 부스러기로 배를 채우려고 하였다. 개들까지도 와서, 그의 헌데를 핥았다. 그러다가, 그 거지가 죽어서 천사들에게 이끌려 가서 아브라함의 품에 안겼고, 그 부자도 죽어서 땅에 묻히게 되었다. 부자가 지옥에서 고통을 당하다가 눈을 들어서 보니, 멀리 아브라함이 보이고, 그의 품에 나사로가 있었다. 그래서 그가 소리를 질러 말하기를 '아브라함 조상님, 나를 불쌍히 여겨 주십시오. 나사로를 보내서 그 손가락 끝에 물을 찍어서, 내 혀를 시원하게 하도록 해주십시오. 나는 이 불 속

---

1 나사로라는 이름의 의미는 "하나님이 돕는다"이다.

에서 몹시 고통을 당하고 있습니다' 하였다. 그러나 아브라함이 말하였다. '얘야, 되돌아 보아라. 살아 있을 때에 너는 온갖 복을 다 누렸지만, 나사로는 온갖 불행을 다 겪었다. 그래서 그는 지금 여기에서 위로를 받고, 너는 고통을 받는다. 그뿐만 아니라, 우리와 너희 사이에는 큰 구렁텅이가 가로놓여 있어서, 여기에서 너희에게로 건너가고자 해도 갈 수 없고, 거기에서 우리에게로 건너오지도 못한다.' 부자가 말하였다. '조상님, 소원입니다. 그를 내 아버지 집으로 보내 주십시오. 나는 형제가 다섯이나 있습니다. 제발 나사로가 가서 그들에게 경고하여, 그들만은 고통받는 이곳에 오지 않게 해주십시오.' 그러나 아브라함이 말하였다. '그들에게는 모세와 예언자들이 있으니, 그들의 말을 들어야 한다.' 부자가 말하였다. '아닙니다. 아브라함 조상님, 죽은 사람들 가운데서 누가 살아나서 그들에게 가면, 그들이 회개할 것입니다.' 아브라함이 그에게 말하였다. '그들이 모세와 예언자들의 말을 듣지 않으면, 죽은 사람들 가운데서 누가 살아날지라도, 그들은 그의 말에 귀를 기울이지 않을 것이다.'"

께라르 쎄베랭: 부자가 한 사람 있었습니다. 그는 다른 사람들에게 나쁜 일을 하나도 하지 않았습니다. 그는 그의 삶과 그가 가진 돈을 즐겼습니다. 그의 욕구와 욕망을 있는 대로 모두 누린 것입니다. 그에게는 사치를 누리고 향연을 베푸는 욕망 이외에 아무 것도 없었습니다. 그러나 그는 정죄 받았고, 고통을 당하게 되었습니다. 이것은 예수님이 다른 곳에서 말씀하신 것과 모순되는 일이 아닙니까?

프랑소와즈 돌토: 이 사람은 향연을 베풀고, 비싼 옷을 입었다고 해서 정죄된 것이 아닙니다. 이 사람이 정죄된 것은 그가 살아있었던 시절에 그런 것들을 가지고 있으면서도 다른 사람들, 즉 아무 것도 없는 사람들이나 나사로 같은 사람들과 아무 것도 나누지 않았기 때문입니다. 이 부자는 그의 가족들과 함께 그의 이기주의 때문에 폐쇄된 회로 속에서 살았습니다. 이렇게 사는 것이 과연 인간다운 삶입니까? 인간이란, 다시 한번 더 말하지만, 그의 피붙이뿐만 아니라 다른 많은 사람들과 함께 의사소통을 하는 존재입니다.

그러면 "가족 정신"을 갖는 것은 정죄 받아야 하는 것입니까? 그리고 자기 나라나 자기 집단만 생각하는 것으로는 충분하지 않고, 복음적인 것도 아니라는 것입니까?

예수님은 인간이란 그 자신이 어떤 존재이든지 간에, 그와 비슷한 모습으로 사는 사람들 … 그래서 그가 자기와 "비슷하다고 생각하는" 사람들 뿐만 아니라, 모든 사람들이 비슷하다고 강조하셨습니다.

사실 예수님은 이렇게 말했습니다. "너희의 원수를 사랑하고, 너희를 박해하는 사람을 위하여 기도하여라. 그래야만, 너희가 하늘에 계신 너희 아버지의 자녀가 될 것이다. 아버지께서는 악한 사람에게나 선한 사람에게나 똑같이 해를 떠오르게 하시고, 의로운 사람에게나 불의한 사람에게나 똑같이 비를 내려 주신다. 너희가 사랑하는 사람만 사랑하면, 무슨 상을 받겠느냐? … 너희가 너희 형제자매들에게만 인사를 하면서 지내면, 남보다 나을 것이 무엇이냐? 이방 사람들도 그만큼은 하지 않느냐? 그러므로 너희의 하늘 아버지께서 완전하신 것과 같이 너희도 완전하여라"(마태복음 5:44-48).

"원수를 사랑하라" … 이것은 어떻게 된 일입니까? 이런 일이 과연 가능하겠습니까? 이 비유 속에서 부자는 살아있을 때 나사로에게 원수보다도 더 못한 존재였습니다. 왜냐하면 원수 사이에서는 접촉이라도 있지만, 부자와 나사로 사이에서는 접촉도 없었기 때문입니다. 그는 나사로를 보지도 못했으며, 나사로에 대해서 듣지도 못했습니다 … 그는 나사로와 전혀 무관하게 살았던 것입니다. 나사로 따위는 관심에도 없었습니다.

"너희의 원수를 사랑하고, 너희를 박해하는 사람을 위하여 기도하여라." … 이것은 자기 의지대로 사는 것이 아니지 않습니까? 원수를 사랑한다는 것은 우리 욕망을 따라서 사는 것은 절대로 아닙니다.

그것은 틀림없는 사실입니다. 원수를 사랑한다는 것은 너무 인간의 의지만 강조하는 주장입니다. 사람들이 어떻게 자기 원수를 사랑할 수 있겠습니까? 우리가 우리 원수를 사랑한다면, 우리는 우리 자신의 인격을 형성할 수 없습니다. 사실 우리 삶의 초창기에 우리는 우리와 반대되는 사람들과 완전히 혼돈되어 있습니다. 그렇게 될 때 우리는 우리가 우리에게서 배척하여 다른 사람에게 … 투사시킨 요소들과 거의 구분되지 못할 것입니다. 우리가 우리 자신을 형성해 가는 과정에서 이런 일이 생기는 것입니다.

그러나 우리는 성숙한 다음에 "어린아이"처럼 살 수 있습니다. 왜냐하면 어린아이들은 사람들의 외모를 따지지 않고 그들을 둘러싸고 있는 모든 사람들과 의사소통을 하기 때문입니다. 예를 들어서 말하자면, 아이들은 인종차별을 하지 않습니다. 백인이나 흑인들이 모두 함께 모여서 잘 놀 줄 압니다. 그네들은 사회 계층을 나누지도 않습니다.

예수님에게 있어서 사랑한다는 것은 친절하거나, 착하거나, 사랑스러운 일이 아니었습니다. 다만 우리 사이에서, 그리고 우리 안에서 모든 사람들과 함께 의사소통이 이루어지게 하기 위해서 무엇인가를 하는 일이었습니다.

비극은 우리가 우리 자신에 대해서 어떤 인상을 가지게 될 때, 즉 우리가 우리 자신을 다른 사람들과 비춰보면서 생각할 때 생기게 됩니다. 그때 우리에게는 억압되어있는 과제, 다시 말해서 그것이 우리 것이라고 결코 인정할 수 없고, 인정하기도 싫어서 다른 사람들에게 귀속시켜버린 어떤 숨겨진 얼룩들이 있는 것을 알게 됩니다. 사실 우리는 다른 사람들이 어떻다고 우리가 규정해놓은 모습을 우리 역시 마찬가지라고 인정할 수 없습니다.

내 원수를 사랑한다는 것은 내가 제일 깊이 억압해 놓았고, 나에게도 그런 것이 있다고 인정하기 싫은 것들을 지지하는 사람을 사랑하는 것입니다. 내 안에 변화에 대한 두려움이 있다는 사실을 인정하기 싫을 때, 나는 보수주의자가 됩니다. 내 안에 보수주의자들이 가지고 있는 유약함이 들어있다는 사실을 인정하기 싫을 때, 나는 공산주의자가 됩니다. 내 안에 "창녀" 같은 기질이 있다거나, 내 안에서 이기주의가 싹트고 있다는 사실이 참을 수 없을 때 나는 아주 "좋은 사람"인 척하게 됩니다.

예수님은 그를 반대하는 사람들인 바리새인들이나 대제사장들과 원수가 아니었습니다 … 그는 그런 인격을 가지고 있지도 않으면서, 그런 척하는 사람들과 원수였습니다. 마찬가지로 그는 부자들이나 지식인들과도 원수가 아니었습니다. 그는 다만 그 사람들이 자기들의 영적인 발전을 도모할 수 있는 위치에 있음에도 불구하고, 오히려 영적으로 쇠퇴해가는 모습을 보고 슬퍼하셨습니다.

사랑한다는 것은 낳고, 자극하고, 깨우고, 각성시키는 것입니까?

그렇습니다. 바로 그것입니다. 사랑한다는 것은 어떤 사람이 부유하고, 무엇을 많이 알고, 많이 할 수 있어서 자기에게 사로잡힌 채 폐쇄된 회로 안에서 사는 것과 정반대 되는 것입니다. 그렇기 때문에 그것은 전혀 다른 것들 속에서 비슷한 것을 발견할 줄 알고, "선한 사마리아 사람"이 그랬듯이 다른 사람과 자기를 동일시하며, 내 원수에게 있는 "잘못"과 결점과 부조화가 그에게만 있는 것이 아니라 나에게도 있다는 사실을 인정하는 것입니다.

그런데 선생님은 예수님이 반-자본주의자였고, 그에게도 "계급의 적"이 있었다고 생각하지는 않습니까? 원수가 내 안에 있다는 말은 내 안에 자본주의자가 있으며, 좌익이있으며, 즉각적으로 해소시켜야 할 욕구가 들어있고, 약물중독자들이 느끼는 절망감이 도사리고 있다는 의미입니다.

틀림없는 사실입니다. 무엇보다도 먼저 다시 문제가 되는 것은 내 안에 있습니다. 그러므로 나는 이제 더 이상 다른 사람을 문제 삼을 것이 아니라, 내 삶을 문제 삼아야 하고, 무엇보다도 먼저 내 안을 다스려야 합니다.
예수님은 그들이 처해있는 경제 상태가 어떻든지 간에 모든 사람들을 위해서 오셨습니다.

선생님은 내가 질문한 것에 대해서 충분히 대답한 것 같지 않습니다 … 저는 방금 예수님은 무엇보다도 먼저 반-자본주의자가 아니었는가 하고 질문을 했습니다.
그가 부자 청년에게 자기가 가진 것들을 모두 팔아서 가난한 사람들에게 주라고 했을 때(마태복음 24:16-30), 그는 우리 삶의 진정한 원천은 돈이 아니라는 사실을 잘 보여주었습니다.

전혀 그렇지 않습니다. 돈은 우리 삶에서 원천이 될 수 있습니다 … 물질적인 측면에서 말입니다.

이때 이 청년은 어떻게 하면 "하나님의 나라"를 얻을 수 있겠습니까 하고 물어보았습니다. 그때 예수님은 이렇게 대답하였습니다. "모세가 알려준 율법을 지켜라." 그러자 젊은이는 다시 물어보았습니다. "나는 그 법을 따라서 살고 있습니다. 그밖에 또 다른 어떤 것이 있겠습니까?" 그때 예수님은 이렇게 말씀하셨습니다. "네가 완전하게 되려거든, 너는 이 세상 왕국에 속해 있는 재산을 가져서는 안 된다. 그것들을 놓아버리고, 나를 따라오너라."

이 젊은이는 하나님의 나라를 욕망하고 있었습니다. 그러나 그는 그 당시 사실상 하나님 나라를 이미 살고 있었는지도 모릅니다. 하지만 예수님은 그가 더 멀리 나아가도록 부추겼고, 이끌었습니다. 예수님이 어떻게 한 것입니까? 예수님은 그에게 이렇게 말했습니다. "네가 요구하는 것을 네가 진정으로 바란다면, 다시 말해서 네가 완전해지려는 네 욕망을 실현시키려면, 너를 어떤 결핍 상태에 놓고 … 하나님과 함께 살아야 한다. 우선 물질적인 면에서 너를 실제로 결핍 상태에 놓아라."

그런데 이 비유에 나오는 가난한 자 나사로에게서는 더러운 냄새가 나고, 고름이 질질 흘렀으며, 정말 많은 것이 부족한 상태에 있었습니다.

우리는 그가 이 세상을 사는 동안 내내 결핍 상태에 있었다고 말할 수 있을 것입니다. 정말이지 그는 이 세상에서 그의 욕구를 채워줄 수 있는 것이 아무 것도 없을 정도로 모든 것이 부족했습니다. 그러나 그는 그의 삶에서 그가 접할 수 있는 부자들에게 전혀 공격적이지도, 폭력적이지도 않았습니다. 그는 그렇게 결핍된 상태에 있었던 것입니다. 그런데 이제 더 이상 사람들에게 욕구가 존재하지 않게 되는 다른 세상에서 그는 그의 욕망을 채울 수 있게 됩니다. 왜냐하면 우리의 욕망은 죽음을 뛰어넘어서까지 지속되기 때문입니다 …

아브라함은 하늘 나라에서 어느 누구에게도 자기의 고통을 덜어달라고 부탁하지 못할 정도로 자기 욕망에 대해서 무력했던 나사로의 신음소리를 들었습니다. 그래서 아브라함은 어머니를 부르지도 못할 정도로 아주 심하게 앓고 있는 갓난아기를 가슴에 품고 있는 어머니처럼 그를 자기 가슴에 품어주었습니다.

그런데 부자는 하나님 나라에서 정죄 받았습니다. 자기 재산을 자기 혼자서만 간직하고, 쓰는 것은 올바른 일이 아니기 때문입니다. 돈을 갖고, 그 돈을 가지고 자기 혼자만 쾌락을 누리는 것은 비난받아 마땅한 일입니다. 그런데 정말로 사치를 즐기고, 물자가 남아도는 것을 탐닉하는 것은 비난받아야 하는 일입니까?

우리는 정말 하나님으로부터 버림받은 존재들입니다. 우리 가운데 어느 누구가 자기는 어떤 측면에서도 부자가 아니라고 주장할 수 있겠습니까? 또한 우리 가운데 어느 누구가 자기는 비록 자기가 가진 것들을 다른 사람들에게 주지 않겠다고 말하거나, 다른 사람들과 바꿀 것이 하나도 없다고 말할지라도 정말 가진 것이 하나도 없는 사람이 어디 있겠습니까? 예수님이 여기에서 제시하는 것은 너무 유토피아적인 것이 아닙니까?

그것은 유토피아가 아닙니다. 차라리 하나의 혁명이고, 십자가입니다.

예수님은 이렇게 말하면서 그것을 가르치지 않았던가요? "누구든지 나를 따라오려거든 자기를 부인하고 제 십자가를 지고 나를 따라오라"(마태복음 16:24).

십자가를 진다는 것은 능지처참 당하는 것이며, 이 세상에서 잡아끄는 힘과 하늘 나라에서 잡아끄는 힘 사이에서 팽팽하게 긴장되어 있는 것을 가리킵니다.

또한 십자가를 진다는 것은 우리의 두 팔, 즉 왼팔과 오른팔 사이에서 찢어지는 것입니다. 오른쪽은 이성을 따라서 "해야 하는 것"을 하려고 합니다. 그러나 왼쪽은 우리 마음이 원하는 것, 즉 적극적인 것이 아니라 좀더 수용적이고, 예민한 쪽으로 나아가려고 합니다.

그렇습니다. 우리는 이 네 가지 힘 사이에서 갈갈이 찢어지고 있습니다. 그래서 당신은 우리가 정죄 당할 수밖에 없고, 정죄 당했으며, 사형에 처해졌거나 … 그보다 조금 나은 상태에 있다고 느끼지 않을 수 없다는 사실을 잘 알 것입니다.

기독교인들은 어떻게 해서 이렇게 하늘과 땅, 이성과 마음 사이의 팽팽한 긴장 가운데 처하게 된 것입니까?

그것은 기독교인들만이 아닙니다. 다른 모든 사람들도 마찬가지입니다. 모든 사람들은 항상 의식적으로는 아닐지 몰라도 무의식적으로나마 언제나 이런 갈등과 모순을 느끼면서 삽니다.

우리는 어린 시절에 우리 부모님들을 삶의 모범으로 삼고 있습니다. 그때 우리는 우리 부모님들을 모방하려고 합니다.

그러다가 조금 후에, 우리는 발달 과정에서 부모님들의 행동에 반대하고, 어떤 경우 그들의 도덕과 반대되는 행동을 하기도 합니다.

그러나 우리가 우리 부모님들을 모방하든지, 반대하든지 그 어떤 경우에나 우리는 우리 자신의 삶을 형성하기 위하여 우리 부모님들을 염두에 두지 않을 수 없으며, 우리 부모님들 역시 마찬가지로 우리들을 지켜보고 있습니다.

우리들이 우리 부모님들을 높이 평가하든지, 그렇지 않든지 간에 우리는 언제나 우리 부모님들을 강력한 사람들로 생각하고 있습니다. 우리들이 우리 부모님들로부터 보호와 사랑을 받고 있다고 느끼는 한 우리는 그들을 신뢰하고, 우리 삶을 신뢰하며, 우리 자신을 신뢰할 수 있습니다. 우리들이 우리 부모님들로부터 사랑을 받고 있기 때문에 우리는 우리 자신을 사랑할 수 있는 것입니다.

그러다가 점점 자라면서 우리는 부모님들에게 반항하거나, 우리 삶의 모범을 다른 사람들로 바꾸게 됩니다. 그때 우리는 우리가 우리 자신의 진정한 모습을 찾고 있다고 생각하면서, 우리들을 어떤 집단의 우두머리나, 노동조합의 대의원들이나, 정치나 종교 지도자들이나, 영화배우나, 우리의 어떤 친구나, 성인(聖人)과 동일시하는 경우도 종종 있습니다. 우리는 어떤 그럴듯한 사람이 되어야 하는 것이 아닙니까? 간단히 말해서, 우리는 생각이나 행동을 통해서 우리에게 강하게 보이는 사람들과 우리 자신을 혼동하거나, 반대하는 것입니다. 그러다가 그들에게 반항하기까지 하게 됩니다.

우리들은 항상 더 성장하기 위해서 우리에게 고약한 존재로 보이거나 대단한 존재로 보이는 사람들의 이미지로부터 떠나고, 그들의 이미지를 문제시해야 합니다. 그런 과정을 거쳐야만 우리는 어른이 될 수 있습니다. 그러나 우리가 그 나이에 도달하면, 우리는 아직도 우리가 아는 것도 별로 없고, 강력하지도 않다는 사실을 발견하게 됩니다. 그때 우리는 우리가 가지고 있는 이미지^{41}를 결정적으로 버려야 합니다. 그래야 우리는 자기애에서 벗어날 수 있으며, 우리가 다른 사람들에게 보이는 모습대로 살지 않고, 우리의 존재를 가지고 살 수 있게 됩니다.

그러므로 어린아이들이나 청소년들에게는 그들이 보기에 강력하고, 그들의 분야에서―그들이 무슨 생각을 하면서 사는지는 모르지만―"성공"했으며, 그들에게 안전감을 주는 사람의 이미지를 가지고 있는 것이 중요합니다.

또한 그들에게는 그들의 부모님들이 내일 먹고 살 것에 대해서 노심초사하지 않고, 해고 당할까봐 두려워하지 않으며, 사업 걱정이나 삶에서 찾아오는 의외의 일들에 대해서 두려워하지 않고, 자녀 걱정 때문에 한시도 마음 편할 날이 없어 하지 않는 것이 매우 중요합니다.

그런 것들은 중요합니다. 사실 … 그러나 그런 것들이 "실제로" 중요한 것입니까? 내가 생각하기에 예수님은 그와 정반대되는 것을 가르친 것 같습니다.

어린아이들은 그들 가까이 있는 어른들이 그들이 기댈 수 있는 존재가 되거나, 보호자가 되고, 그들이 아이들에게 미치는 영향에 대해서 생각하며, 아이들에 대한 책임감을 명심하고, 그들이 아이들에게 베푸는 안전을 이용하려고 하지 않는 한, 그들의 삶을 지켜주는 어른들이 매우 강력한 존재라고 생각할 수밖에 없습니다. 그것은 아마 운명적인 것 같습니다.

그러다가 아이들이 청소년이 되어 그들을 거스를 때, 어른들은 이제 그들이 그렇게 덕이 있는 사람들이 아니고, 강력하지도 않으며, 진리를 가지고 있지도 않다는 사실을 알아차리고 아이들을 축하해 주어야 합니다. 그렇게 될 때, 그들은 아이들에게 균형 잡아 줄 수 있습니다. 아이들이 그렇게 말하지 않든가요? 부모님들은 어린이들을 겁나게 하는 거짓된 권위를 가지고, 또 어린아이들의 신뢰심을 이용하는 대신에 그렇게 해야 합니다.

어떤 사회 집단이나 어떤 전통이나 어떤 지역들에서 아버지는 … 하나님을 나타내고 있습니다.

그렇습니다. 아버지들 역시 그렇게 믿는 경우도 있습니다. 그들은 자기가 하나님-아버지라고 믿는 것입니다. 그래서 어떤 지도자들 가운데는 이렇게 말하는 사람도 있지 않습니까? "잘 보시오. 내가 시범을 보여주겠습니다. 내가 그대들에게 하나님이 어떤 분인지 보여주겠습니다 …" 그렇습니다. 아마 그럴지도 모르지요. 그때 그들 사이에서는 매우 심한 예속 관계가 형성됩니다. 그런 것이 어쩌면 아이들에게, 또는 발달 과정에 있는 사람들에게 유용할지 모릅니다. 그러나 어느 날 그들이 그 "왕"을 몰아내고 그에게 "너도 나랑 별로 다를 것이 없는 존재이다"라고 말하는 순간이 오게 됩니다. 틀림없습니다. 아이들은 언젠가 좀더 생생한 방식으로 말할 줄 알게 되는 것입니다.

그때 왕의 자리에서 축출된 이가 좀 솔직한 사람이라면 아마 이렇게 말할 수도 있을 것입니다. "맞습니다. 이제 당신은 그 권위에 반박을 할 수 있게 되었다고 느낄 것입니다. 이제 당신이 그 권위를 가지십시오. 그리고 당신이 나아갈 길을 찾으십시오. 이제 당신보다 더 어린 사람을 신뢰하고, 그들이 스스로 발달해 나갈 수 있도록 도와주시오."

선생님은 예수님이 안전과 반대되는 것을 말하셨다고 생각하는 것 같습니다 …

예수님은 아무 것도 가지지 않은 사람의 이미지를 하고 계시지 않았던가요? 아무 권력도 가지지 않고, "성공"도 하지 못한 사람의 모습이 아니었던가요?[2]

그리고 당신은 이렇게 아무것도 가지지 않은 사람의 이미지는 무엇인가를 가지고 있는 사람이나 출세제일주의자들의 이미지와 결코 혼동될 수 없다는 사실을 잘 알 것입니다. 왜냐하면 그들은 어른이나 된 것처럼 행동하거나, 선생님인 척하고, 구원자이거나 이 땅의 삶에서 지배자인 척하면서 살기 때문입니다.

하지만 우리가 우리의 정신과 인격을 형성하기 위해서 그것을 받아들이거나, 배척하기 위해서 한편으로는 어떤 "강력한 존재"의 이미지를 필요로 하는 반면 다른 한편으로는 복음서에서 "가난한 자"를 따르는 길을 제시한다면, 어떻게 이 두 가지 난경(難境)을 뚫고 나가야 하는 것입니까?

사실, 그 점은 나에게도 난처한 점입니다. 매우 어려운 난경(難境)이지요. 그러므로 우리는 "가이사의 것은 가이사에게 돌리고, 하나님의 것은 하나님에게 돌리는"(마태복음 22:21) 지혜를 가져야 합니다.

"가이사"는 결코 우리에게 물건을 사게 하고, 물질적인 만족을 얻을 수 있게 하는 돈을 내팽개치지 않았지만, 그 당시의 이상(理想)을 제시해주었고, 질서를 확립하고, 올바른 삶을 사는데 따르는 가치를 제시해주었습니다. 말하자면 그는 법률가였던 것입니다.

우리 부모님이 될 수도 있고, 어떤 정치적인 지도자들이나 그와 반대편 입장에 서있는 지도자들이 될 수도 있으며, "소르본느대학"이나 교회의 지도자들이 될 수도 있는 사람들이 제시해주

---

2 고린도전서 1:18-25를 참조하라.

는 행동이나 사고 방식은 어떤 시대에 알맞는 가치가 될 수 있으며, 그 시대보다 조금 앞서가는 가치가 될 수 있습니다. 그렇지 않으면 다른 것들보다 통계적으로 좀 낫거나, 보수적이며, 체제 유지적인 것들이 될 수도 있습니다 …

그러나 그 사람들이 우리 마음속에 계시는 하나님이 그렇게 하기를 바란다고 주장하면서 우리에게 부과하는 율법, 행동, 사고방식 등은 인간성이 좀더 발달하기 위해서 반박되어야 하고, 위반되어야 합니다. 왜냐하면 우리들은 모두 역동적인 존재들이기 때문입니다.

사실 예수님 역시 우리들에게 엄청난 역동성을 불러일으켰으며, 하나님과 이 세상의 왕자(王子)를 결코 혼동하지 않았습니다.

어떤 사람이 만일에 예수님과 함께 하며 그렇게 엄청난 역동성을 따라서 산다면, 그는 아주 놀라운 힘을 가지게 될 것입니다. 그때 그는 "진보주의자"나 혁명가가 될 것입니다.

그는 부모님이나 선생님이나 그 시대의 왕자를 거슬러서 생각하게 될 것입니다. 그러나 그는 그의 부모님이나 정치적 또는 종교적인 힘을 가진 사람들이 하나님이나 율법의 대표자라고 생각되는 만큼 그가 가진 열성의 대가를 치러야 합니다. 왜냐하면 기성세대들이 젊은이나 젊은 세대가 가진 용기를 억누르기 위해서 그들의 욕망이나 힘을 사용할 것이기 때문입니다. 이 두 진영 사이에서는 종종 이렇게 서로 갈라서게 되는 어려움이 생기곤 합니다.

서로의 욕망을 위해서 싸우는 이런 권력 투쟁은 때때로 놀랍기도 하고, 치명적이기까지 합니다. 예수님이 "나는 불을 주러왔다. 나는 칼을 주러왔다"[3]고 말씀하신 것은 이 때문입니다. 그러

---

3 마태복음 10:34 ; 누가복음 12:49.

면 예수님은 무엇을 위해서 그렇게 하신 것입니까? 그것은 그가 우리 한 사람 한 사람 모두가 우리와 똑같은 방식대로 진리를 추구하지 않는 다른 사람들을 사랑하면서도, 우리 나름대로는 우리 마음속 깊이 담겨 있는 진리를 찾게 하려는 의도에서였습니다.

자기 욕망을 실현하기 위해서 갖은 위험을 무릅쓰고, "뼛속 깊이에 이르기까지" 자기 욕망을 사는 … 사람들이 사는 방식은 이렇습니다. 그들은 그렇게 살면서 자기 생명이나 믿음이나 사랑이나 다른 사람들에 의한 자신의 평판 등을 잃어버리지나 않을까 하는 위험을 무릅쓰고, 실제로 그들의 삶 속에서 위협을 당하기도 하고, 감옥에 갇히기도 하며, 고문당하거나 멸시받기도 합니다. 심지어는 그들이 가장 사랑하는 사람들로부터 버림받아서 곤경에 처하기도 합니다.

그러나 그것은 어떤 사람이 다른 사람을 미워하기 때문에 생기는 일이 아닙니다. 오히려 인간의 욕망 때문에 그런 것입니다. 인간이 가진 이상 때문이라고나 할까요? 어떤 이상을 가지고 있는 사람은 그 이상을 대표하고 있습니다. 그래서 그는 그가 가진 이상 때문에 … 순교자들처럼 어떤 대가를 치러야 합니다.

그러나 어떤 때 그가 그의 이상을 성취하면, 그 역시 그의 선배들이 그랬던 것처럼 똑같아지고 맙니다. 하나의 사회를 만들어서 그 속에 들어가서 "거기에서 물러나라. 내가 그것을 하겠다"고 말하는 것입니다 …

그렇습니다. 혁명을 하고, 법률을 위반하며, 기존의 사고방식을 뒤흔드는 일을 하는 사람들은 다른 사람들보다 더 많은 권력을 차지하고, 자기가 다른 사람들보다 더 강력하다고 느끼고 싶어하는 사람들입니다.

그렇습니다. 나는 내가 존재하기 위해서 어떤 생각을 지키려고 하지 않고 단지 존재하기 위해서 "제 자리에 있으려고" 합니다. 그러나 예수님은 우리에게 우리의 욕망과 그 욕망의 문, 그리고 그 문을 여는 것은 결코 나 자신만을 위해서 사는데 있지 않고, 그 욕망이 열매를 맺으려면 더욱더 그래야 한다고 가르치고 있습니다. 우리는 언제나 다른 사람을 위해서, 다른 사람과 함께 살아야 합니다.

다른 사람과 함께, 또 다른 사람을 위해서 사는 것 … 그것은 참으로 좋은 일입니다. 그러나 내가 우리 집 계단 위에서 파리 떼가 들끓는 병든 나사로를 본다면, 나는 자연히 그에게서 반감을 가지게 될 것입니다. 내가 결코 "사마리아 사람"처럼 그를 구원하려고 하지 않을 것이 자연스러운 태도일 것입니다.

아마, 당신은 그에게 말할지도 모르지요 …

아니, 나보다 그가 더 기분 나쁘게 생각할 것입니다 … 나는 그에게 구역질을 느끼게 될 테니까요 …

예수님은 … 그 사람 안에 계십니다 … 예수님이 새로운 것을 말씀하셨다는 것은 여기에 있습니다.

사실, 그는 유대인으로서는 할 수 없는 일을 했습니다. 그 점에 있어서 하나님은 옳았습니다. 하나님이 예수님에게 그런 일을 하게 했다면, 거기에는 다 이유가 있을 것입니다. 그의 운명에는 그 나름대로 의미가 있을 테니까요. 하나님은 그가 그렇게 살기를 원하셨습니다.

예수님은 그 전과 다른 율법, 다른 연합을 가져왔습니다. 그는 이 세상에서 가장 작고, 가장 가난하고, 가장 병들어있고, 가장 갖추지 못했고, 가장 이상한 사람 안에 계십니다. 우리가 이 세상 아무 데서나 얼굴과 얼굴을 맞대고 만날 수 있는 사람 안에 계신 것입니다.

예수님은 우리가 다른 사람에게 우리 자신을 투사시킬 수 없는 가장 비참한 지경에 처해 있는 사람 속에 계십니다.

제대로 보았습니다. 우리가 그러리라고는 상상도 할 수 없는 곳, 우리가 우리 자존심 때문에 결코 투사시킬 수 없는 때, 예수님은 거기 계시는 것입니다.
예수님이 우리에게 제시한 것은 매우 새로운 성격을 가진 이기주의이며, 매우 새로운 특성을 가진 자기애입니다. 우리가 이 새로운 특성을 실현시킬 수 있을 때, 그때 우리는 성령의 세계, 사랑의 세계에서 살게 됩니다.

그것은 아마 영적인 삶이고, 영원한 삶이 될 것입니다.

우리 육신의 삶을 뛰어넘는 생명의 삶은 바로 여기 있습니다. 그가 우리를 부른 것은 새로운 방식으로 생각하라는 것이 아니라, 우리가 어떻게 살아야 할 것인가 하는 점이었습니다.

하지만 예수님이 우리에게 요구하는 것은 우리가 이 세상에 태어나면서부터 형성되었던 사고 방식, 아니 어쩌면 우리가 이 세상에 태어나기 전부터 그것을 가지고 살았던 사고 방식을 떠나서 다른 사고 방식을 가지라는 것입니다.

우리가 내일을 대비하고, 조금 더 훗날을 대비하여 무슨 준비를 하거나, 좀더 안락하고, 안전한 삶을 위해서 돈을 가지고 있거나, 정년퇴직을 위해서 돈을 적립하는 일들은 모두 좋은 일입니다. 그러나 예수님은 거기에 대해서 "아니"라고 말합니다.

그렇지는 않습니다. 그는 "아니"라고 하지 않고, "아마"라고 말할 것입니다. 그것은 이 비유에서 그에게 아무런 진정한 삶도 없었기 때문에 정죄 당했던 부자가 살았던 삶의 방식입니다. 그는 외톨이였습니다. 그는 한 발자욱도 앞으로 나아가지 못했으며, 살만 뒤룩뒤룩 쪘습니다. 그에게는 아무런 결핍(또는 부족, le manque)도 없었습니다.

이와 반대로 나사로에게는 부족한 것 투성이였습니다. 그는 무엇인가를 열망하고 있었으며, 바라고 있었습니다. 그에게는 삶이 있었던 것입니다.

예수님이 보시기에 죽어 가는 것은 부자였고, 진정으로 살아 있는 것은 가난한 사람들이었습니다.

누구가 되었든지 간에 이 세상에 있는 그 어떤 부모님이나 선생님이나 종교 지도자들도 그들의 어린이들에게 부자를 고약한 사람으로, 고름이 질질 흐르는 가난한 사람을 이상적인 사람으로 생각하라고 가르치지는 않을 것입니다.

이 부자의 비극은 그가 다른 사람들만 일을 시키고, 자기는 아무 것도 하지 않았다는 데 있습니다. 그는 자신의 부와 몸을 즐기는데 모든 것을 다 써버렸던 것입니다.

예수님이 그 부자가 죽은 것이나 다름없다고 말한 것은 이 점 때문이었습니다. 사실, 이 부자에게 부족한 것은 아무 것도 없었습니다. 그의 몸은 산해진미로 가득 찬 음식들과 사치스러운 옷들로 부족한 것이 없었습니다. 그런데 관 속에 누워 있는 시체에도 부족한 것은 아무 것도 없습니다.

하지만, 이 둘 사이에는 매우 다른 점이 있는데, 부자는 향연을 베풀면서 산해진미를 맛보지만, 가난한 사람은 그렇게 살지 못했다는 것입니다.

이 두 사람은 겉으로 보는 것과 달리 너무나도 비슷했습니다. 사실, 자기 욕구를 따라서 사는 이 부자는 자기 몸을 중심으로 해서만 살고 있습니다. 다시 말해서 그의 욕망을 아주 쉽게 충족시키고, 그의 욕망이 가는 데로 가게하고, 풀어놓으며, 결국 모든 것을 잃어버리고 맙니다.

하지만 아무런 율법도 없이 자기 욕구나 욕망을 따라서 사는 것은 결국 죽음으로 나아가는 것입니다. 왜냐하면 율법이 없으면, 규칙도 없어지고, 그에 따라서 죽음의 충동이 승리하기 때문입니다.

자, 더 멀리 나아가기 전에 선생님이 방금 말한 죽음에의 충동에 대해서 좀더 설명해주시겠습니까?

내가 지금 말한 죽음에의 충동이란 다른 사람을 죽이려고 하거나, 자기를 죽이려고 하는 성향과는 거리가 멉니다. 전혀 그런 의미가 아닙니다.

우리 한 사람 한 사람은 삶에 대한 충동과 죽음에 대한 충동이 싸우는 전장(戰場)이고, 우리 모두는 그 긴장 속에서 살고 있습니다.[4]

---

4 그 끝에서 평화가 찾아오고, 그때 사람들의 건강 상태는 "좋아" 집니다.

죽음에의 충동은 우리가 "모든 것을 그만두려는" 성향에서 드러날 수 있습니다. 즉 우리가 휴식을 취하고, 다른 사람들이나 우리 자신이나 우리 삶에 대해서 이제 아무 것도 더 알려고 하지 않는 성향, 그리하여 우리를 분열시키는 긴장을 더 이상 느끼지 않기 위해서 우리 자신에 대해서도 망각한 채 잠을 자려는 성향에서 드러나고 있습니다.

우리는 매일 매일 죽음에의 충동이 우세하게 되는 것을 체험하고 있습니다. 예를 들어서 말하자면, 우리가 잠이 깊이 들어있을 때, 우리는 우리 의식의 주체가 되지 못하고, 우리는 우리 의식에 무엇이 들어있는지 알지 못합니다. 우리 정신은 꿈을 만들면서 우리 자신을 하나의 대상으로 삼는 것입니다. 그때 우리 몸은 그 본질적인 욕망이 다른 사람들과 함께 의사소통을 하려는 주체를 잃게 됩니다.

그래서 나는 살찌고 외로운 부자와 무덤 속에 있는 시체가 아주 비슷하다는 것입니다.

하늘 나라에서 우리에게 다가온 율법은—우리 욕망과 반대되지 않으며, 우리 욕구의 이미지를 가지고 있기 마련인데—우리 욕망이 단순히 충족되는 것을 넘어서 더 높이 올라가게 합니다. 율법은 보통 우리 욕망이 금방 충족되는 것을 막으면서 우리에게 장애물을 만들어놓지만, 그 욕망을 강화시키고 있습니다. 이때 우리 욕망은 올라가고, 더 깊어지며, 더 살아있게 되고, 더 고동치게 됩니다. 율법의 장애가 없다면, 우리 욕망은 모래 속으로 일실(逸失)되며, 죽어버리게 됩니다.

부자에게 닥친 것은 바로 이것이었습니다. 그가 모세의 율법을 따르지 않았기 때문에 그에게서는 욕망이 모두 죽어버렸던 것입니다. 부자가 죽은 이유는 그 때문입니다. 그는 나사로와 함께 마음을 나누고, 대화를 나누려는 욕망이 전혀 없었습니다 …

더욱더 고약했던 것은 그에게는 매일 먹을 양식이 지천으로 남아있었음에도 불구하고, 모세가 규정했던 대로 그는 나사로에게 음식을 조금도 주지 않았던 것입니다.

그러므로 율법은 욕망의 삶을 규정하고 있습니다. 율법을 따르지 않으면서 자기 욕망을 따라서 사는 것은 죽음입니다.

옳은 말입니다. 위험을 무릅쓰거나, 자기 자신에게 위험을 가져오는 것만으로는 부족합니다. 우리는 율법을 실현시키든지, 아니면 율법을 초월하든지, 그것도 아니면 율법을 거스르든지, 어떤 방식을 취하든지 간에 율법 안에서 살고 있습니다. 여기에서 그 부자는 그의 눈앞에 있는 가난한 사람에게 무엇인가 먹을 것을 주어야 했습니다. 나사로의 긴급한 욕구에 관심을 기울이기 위해서 잠시 자기 몸의 욕구를 채우거나, 쾌락을 맛보려는 근심에서 떠났어야 했던 것입니다.

그러면 예수님이 가져온 새로운 것은 과연 무엇입니까?

예수님은 율법을 폐하러 오신 것이 아니라, 율법을 완성하고, 완전하게 하시려고 왔습니다. 물질적인 재화에 파묻혀서 사는 사람들이 어떻게 모세의 율법을 따를 수 있겠습니까? 예수님이 원하셨던 것은 사람들에게 물질적이며, 사회적인 삶을 초월하는 삶을 시작할 수 있도록 하시려는 것이었습니다. 그는 사람들을 이끌어서 영적인 데로 나아가게 하려고 했으며, 문자를 뛰어넘는 영을 향해서 나아가게 했습니다. 그러나 이 부자는 문자는 물론 영을 따르지도 않았습니다.

이 부자는 그의 모든 재산을 바쳐서 병자를 구해야 했습니까?

전혀 그렇지 않습니다. 왜냐하면 모세의 율법에 의하면 그가 가난한 사람들이나 성전에 바쳐야 하는 것은 그의 소득의 십분의 일이기 때문입니다(신명기 14:22 이하).

우리를 더 멀리 이끌어가고, 다른 곳으로 이끌어가려는 예수님의 영은 우리에게 십분의 일이 아니라, 우리가 가진 모든 것, 우리 존재를 바치고 … 우리 목숨까지 바칠 각오를 하라고 하십니다. 모든 것을 걸라는 것입니다. 우리들을 결핍 상태에 놓고, 욕망을 가지라고 하는 것입니다.

그러나 우리들은 비유 속에 나오는 부자처럼 우리가 가진 것들을 전혀 내놓으려고 하지 않으면서 … 영원한 생명을 바라고 있습니다. 좋은 것을 바라고 있지만, 우리 욕망은 높이 올라가서 더 높은 것을 상상하지 못하는 것입니다.

우리는 얼마나 안전한 것을 바라고 있으며, 우리 욕구를 충족시켜줄 수 있는 것을 얼마나 바라고 있습니까? 더구나 우리는 어떤 불확실한 것을 택하여 걱정과 근심 속에서 모험을 하려고 하기보다는 얼마나 안전과 소유를 원하고 있습니까?

욕망을 실현시키려고 모험을 하는 것과 욕구를 충족시켜서 평온을 찾는 것 사이, 욕망을 위해서 모험하는 것과 소유를 통해서 안심하려는 것 사이에서 우리는 무엇을 선택하고 있습니까? 우리는 대체로 우리 욕망을 신뢰하지 못하고, 우리가 가진 것을 신뢰하고 있습니다. 우리 미래를 위해서 대비하거나 무엇인가를 보존하려고 하며, 더욱더 많이 쌓아놓기 위해서 무엇인가를 얻으려고 하며, 무엇인가 하기 위해서 강력해지려고 합니다. 우리는 이 땅 위에 발을 딛으려고만 하는 것입니다. 자, 이런 태도들이 더 현실주의적이고, 더 "논리적인" 것이 아닙니까?

우리는 언제나 우리 서양 사람들이 구축해놓은 정신적인 도식을 따라서 살려고 합니다. 다른 사람들과 무엇을 나누려고 하기보다는 소비하려고만 하는 것입니다. 이것은 복음서가 나온 전통과는 반대되는 것입니다.

국제적인 수준에서 볼 때, 나사로는 우리 식탁에서 버려져서 쓰레기통으로 들어갈지언정 그것들을 같이 나누려고 하지 않는 제3세계 나라들을 지칭한다고 할 수 있지 않겠습니까?
그런데 모세의 율법을 따르지 않았던 부자는 지옥에 갔습니다.

우선적으로 생각할 것은 개인적인 차원에서 집단적인 차원으로 넘어가는 것은 좀 어렵다는 생각이 듭니다.
그렇습니다. 사람들은 "지옥"이란 사람들이 죽어서, 즉 우리 몸이 시체가 되어서 가는 곳이라고 생각합니다. 그러나 이 부자는 살아있을 때도 이 세상에서 정신적으로 외톨이였습니다. 마치 나사로가 물질적으로나 정서적으로 외톨이였던 것과 같습니다. 고통이란 외롭게 사는 것, 즉 사랑하고, 사랑해줄 사람이 아무도 없이 사는 것이 고통인 것입니다. 그러나 이 세상에서의 고통에는 아직도 희망이 남아있습니다. 그러나 지옥에서는 의사소통도 찾아볼 수 없고, 죽음에서는 아무런 희망도 남아있지 않습니다. 그런데 부자와 나사로 사이에서는 "입을 벌리고 있는 심연"이 있었습니다. 그래서 그들은 욕구와 쾌락과 고통으로 가득 찬 육신을 떠난 다음에야 비로소 서로 알 수 있었습니다. 그러나 이 심연, 즉 그들 사이에서 대화가 부재했고, 언어를 나눌 수 없었던 것은 그들이 살아있을 때 이미 찾아볼 수 있었던 것입니다.

그런데 예수님은 우리에게 살아있었을 때의 영웅은 나사로라고 하시지 않습니까?

내가 생각하기에 그런 것 같지는 않습니다. 왜냐하면 나사로는 자기 운명에 거역하지 못하고, 비참한 삶에 안주했기 때문입니다. 그는 이 세상에서 살았을 때 자기 운명에서 벗어나려고 노력했던 것 같지 않습니다. 그는 아마 그런 운명에서 벗어나려는 희망을 가지고 있었을지는 모릅니다. 그러나 그렇게 하기 위한 노력은 아무 것도 하지 않았습니다. 그래요, 하나의 짧은 비유에서 모든 것을 다 말할 수는 없을지도 모르지요.

어쨌든 여기에서 예수님이 말하고자 하는 것은, 내가 생각하기에, 부자에게는 아무 것도 부족한 것이 없었는데, 나사로는 결핍 상태에 있었다는 것입니다.

나사로는 건강이 좋지 않았으며, 먹을 것이 별로 없었습니다. 그런데 나사로와 같은 사람들에게서는 건강이 좋지 않은 것과 먹을 것이 충분하지 않다는 것은 헐벗고 굶주린 수많은 가난한 사람들이나 그들이 살고자 하는 유일한 목적이 밥 한 그릇 먹으려는 것인 제 3세계 사람들이 그러하듯이 살려는 욕망이 좌절된 것과 혼동되어서 나타납니다.

밥 한 그릇 먹으려는 것이 그들이 사는 유일한 존재 이유라면 그런 사람들은 이 비유에 나오는 부자와 마찬가지로 영적으로 죽은 것이나 다름없는 사람들입니다. 그러나 제3세계에 사는 사람들 가운데서 어떤 사람들은 아무리 헐벗고 굶주렸다고 할지라도 우리들에게 어떤 모범을 보여줄 수 있습니다. 그들 가운데는 나사로처럼 영적으로 건강하고, 그들 사이에서 의사소통을 하거나 상부상조하는 풍습을 잃지 않은 사람들이 있는 것입니다 … 왜냐하면 그들 가운데는 그들이 아무리 헐벗고 굶주렸지만 예수님이 십자가에 달려서 그를 박해하는 사람들을 위해서 하나님에게 "그들은 그들이 무엇을 하는지 알지 못하고 있습니다. 그러니 그들을 용서하여 주십시오"(누가복음 23:34)라고 기도 드렸듯이 부자들에게 아무런 적대감도 품지 않는 사람들이 많이 있기 때문입니다. 나는 예수님이 우리에게 나사로를 모범으로 삼으라고 하신 것은 그가 비참한 경지에 처해있었기 때문만은 아니라고 생각합니다. 오히려 그가 그처럼 비참한 경지에 처해있었지만 부자들에게 아무런 적개심도 품지 않았기 때문이라고 생각합니다.

그러나 가난한 상태에 있고, 결핍 상태에 있는 것이 좋은 것이라면, 나사로에게서 흐르는 고름을 고치기 위해서 약을 줄 필요가 없다는 것이 아닙니까?

우리가 약을 권할 때, 그 모든 것은 약을 권하는 우리의 마음이나 정신 상태에 달려있다고 생각합니다. 다시 말해서 현대 서양 의학이 약을 강제로 팔려고 사람들에게 겁을 주거나, 다국적 기업이 제3세계의 일차 산업자원을 수탈하려고 한다면, 그 중에서도 특히 경제적인 측면에서 패자(覇者)가 되기 위해서 겉으로는 제3세계 국가들의 경제 상황을 개선시키려고 한다는 미명 아래 더 많은 돈을 벌기 위해서 세계의 식량자원을 수탈하려고 한다면, 그것은 틀림없이 이 비유에 나오는 "부자"처럼 하는 것이며, 승자로서의 정신 상태를 가지고 있다는 사실을 보여주는 것입니다.

그러나 부자 나라들이 정말로 그들이 생각하기에 좋은 식량이나 약을 가져다준다면, 그들은 왜 그것들을 가지고 "나사로"를 부자가 되지 못하게 하는 것입니까? 다시 말해서 왜 가난한 나라들이 소위 물질적인 측면에서 발달한 부자 나라들에게 물질적으로는 물론 정신적으로도 예속 상태에 있게 하는 것입니까?

부자 나라들은 제 3세계 국가들에게 소비할 수 있는 물질들은 팔고 있지만, 정신적인 관계를 맺으려고 하지 않습니다.

왜 그렇지 않겠습니까? 사람들이 어려운 처지에 놓여있을 때, 그들은 그의 이웃과 의사소통을 더 잘 할 수 있는 것이 아닙니까? 내가 앞에서도 말했듯이, 그들의 머리 속에는 그때 오직 한 가지 생각, 즉 밥 한 그릇이 있으면 좋겠다는 생각밖에 없어서 다른 사람들과 의사소통을 더 잘 할 수 있습니다.
그런데 제 3세계 사람들과 우리들이 느끼는 것 사이에는 공통적인 것이 있습니다. 그것은 우리 모두가 인간이라는 것과 우리 모두는 우리 삶의 의미와 죽음의 의미에 관해서 질문을 하고 있다는 사실입니다.
그들과 우리 사이에는 한 가지 다른 느낌도 있는데, 그것은 부끄러움의 감정입니다. 제 3세계에서 사는 사람들에게는 생활 필수품도 모자라는데, 우리는 모든 것이 남아도는 가운데서 산다는, 삶에 대한 부끄러움이 그것입니다. 그래서 우리는 우리 의식이나 감수성의 정도에 따라서 무엇인가 잘못되어 있다는 감정이나, 불편한 감정이나, 거북스러운 감정을 느끼고 있습니다. 그런 상황은 모든 사람에게는 아닐지 모르지만, 어떤 사람들에게 부당하게 보입니다. 그러므로 그것을 부당하게 느끼는 사람들은 무엇인가를 해야 합니다. 그 밖의 다른 사람들이 어떻게 해야 하는지에 대해서는 나도 모르겠습니다.

선생님에게는 결국 사람들을 움직이는 것은 무엇인가 잘못되어 있다고 느끼는 감정이라는 말입니까? 다른 사람들은 죽어 가는데, 우리만 어떤 것을 즐기고 있을 때, 무엇인가 잘못되어 있다고 느끼는 감정을 가진다면 그것은 참으로 안타까운 일입니다.

그것만으로는 부족합니다. 자기네들의 삶을 지탱해 줄만한 아무 것도 가지지 못한 이들에게 같은 인간 형제로서 책임감만 느끼는 것이 아니라, 우리와 같은 인간 가족이 그렇게 되어서는 안 된다고 하는 인간의 존엄성에 대한 감정까지 있어야 합니다.

무엇인가 잘못되어 있다고 느끼는 감정은 우리가 어떤 것을 즐기고 있을 때 생기지 않습니다. 오히려 우리가 무엇인가를 소비하다가 … 그것을 그칠 때, 즉 우리가 욕구와 욕망 사이를 혼동할 때 생겨납니다.

우리 안에 결핍 상태가 조성되고, 무의식적인 고통이 생기면, 우리 내면에서는 긴장이 생깁니다. 그때 우리가 우리 욕구를 점점 더 많이 충족시켜가면서 그 긴장에서 벗어나려고 할 때, 우리는 무엇인가 잘못되어 있으며, 불편하다는 느낌을 가지게 되고, 모든 것이 무감각해지고, 권태를 느끼게 됩니다.

우리가 긴장에서 벗어나기 위하여 무엇인가를 낭비하며, 계속해서 물건을 사들이는 것은 흔히 있는 일입니다. 그렇게 함으로써 우리는 우리 의식의 저편에서 온 불편한 감정과 결핍감을 거짓으로 덮어버리고 맙니다. 그런데 우리가 이때 느끼는 불편한 감정이나 결핍감은 우리 주체의 무의식적인 역동성에서 오는데, 우리 주체는 이때 우리가 알지 못하는 것에 대해서 두려움을 느끼고 있으며, 그렇기 때문에 우리 욕망을 우리가 아는 범위 안에서, 우리가 통제할 수 있는 것들 속에서 조심스럽게 실현시키려고 하며, 욕망이 더 멀리 나아가는 것을 막아버리는 것입니다.

선생님 말씀을 알기 쉽게 설명하자면, 우리에게서 무엇인가 잘못되었다는 느낌은 우리가 욕망과 욕구를 혼동할 때 생긴다는 말입니까?

바로 그 말입니다. 우리 욕망은 물질적인 충족을 겨냥하지 않습니다. 그것은 사람들 사이에서 마음을 나누는 관계를 통해서 얻을 수 있는 쾌락을 겨냥하고 있습니다. 우리 욕망이 이렇게 "충족될 때", 우리들에게서 욕망이나 결핍감은 사라지게 됩니다. 그러면 그것은 더 멀리, 다른 곳에서 다시 태어나게 됩니다. 그러나 우리가 그 전에 만족을 느꼈던 것에 계속해서 머물러 있을 때, 우리 욕망은 우리가 알고 있는 것, 즉 우리 욕구와의 관계 속으로 들어가 버리고 맙니다. 그리하여 사람들은 다시 그들의 삶을 그들의 습관이나, 욕구나, 버릇들, 즉 안전한 것들만 따라서 살게 됩니다. 그러나 그것이 과연 진정한 삶입니까?

부자는 소비 문화 속에서 살았습니다. 자기 욕구를 마음껏 충족시킨 것입니다. 그런데 우리들에게서 문제는 우리에게 점점 더 많은 것을 요청하는 우리 욕구와 종종 혼동되는 욕망을 어떻게 실현시켜야 할 것인가 하는 것입니다. 자, 이 문제는 아주 심각한 문제가 아닙니까?

그 부자는 다른 사람들을 전혀 의식하지 못하고 죽어있었습니다. 그는 다른 사람이 무엇인가 욕구를 가지고 있기 때문에 그에게 무엇인가 주어야 한다는 사실을 눈치채지 못할 정도로 아주 혼자였던 것입니다. 그는 다른 사람들을 "보지" 못했으며, "듣지도" 못했습니다.

그는 자기 자신으로 가득 차있어서, 그의 속에 아무도 들어갈 자리가 없었습니다. 그는 자기 자신으로 가득 차 있어서, 나사로의 고통이나 헐벗음을 상상할 수도 없었습니다. 그래서 나사로가 그의 집 문 앞에서 쓰러져 누워있을 때 나사로와 아무 관계도 맺을 수 없었습니다.

그 부자가 처해있던 참극은 이런 것이었습니다. 그의 마음은 닫혀있었고, 그의 감정은 메말라 있었습니다. 그는 사정이 너무 딱하게 돼서 인간의 존엄성을 잃어버릴 정도에 이른 다른 사람들과 아무 것도 나누지 못하였고, 죽은 것같이 된 그 자신과도 아무 것도 나누지 못하였습니다.[5]

그러면 이 부자에게 있는 나쁜 점을 아무도 고칠 수 없는 것입니까? 모세가 다시 이 세상에 온다고 할지라도 그에게 다른 것들을 받아들일 수 있도록 어떤 결핍을 만들어 낼 수 없는 것입니까? 이 세상에는 그들의 욕망이 앞으로 한 발자국도 나아가지 못할 정도로 그렇게 닫혀 있고, 살만 뒤룩뒤룩 찐 사람이 정말로 있습니까?

아브라함은 이렇게 말한 적이 있습니다. "죽은 자들 가운데서 일어난 사람은 아무도 무찌를 수 없다." 그런데 예수님은 죽은 자들 가운데서 일어났습니다. 그러니 누가 예수님을 이길 수 있겠습니까? 나에게 말해보세요. 누가 예수님을 이길 수 있겠습니까? 그러나 이 부자에게는 … 그가 죽은 다음에 고통 가운데 있을 때, 결핍이 있었습니다. 그는 그의 다섯 형제들을 구원하려고 했습니다 … 당신이 말하는 것처럼 그를 전혀 고칠 수 없는 것이 아니었습니다. 그러나 이 비유가 말하려고 하는 것은 영적인(또는 영원한) 삶을 사는 진정한 부자는 이 세상에서 부족한 것이 가장 많고, 그 부족한 것을 위로 받을 수 없어서 고통 당하는 사람들이라는 것입니다. 이 세상에 있는 어느 누구도 그의 결핍을 달래줄 수 없지만, 그런 사람들은 절망하지 않으면서 그 고난을 견디고 있으며, 그보다 더 행복한 사람들을 부러워하지도 않고, 그들을 이기주의자라고 비난하지도 않습니다.

---

5 앞에 나온 "선한 사마리아 사람의 비유" 부분을 참조하라.

이 비유는 예수님의 산상수훈에 나오는 첫 번째 지복(至福)을 보여주려는 듯합니다. "그의 마음 깊은 곳에 결핍이 있는 사람들은 복이 있다."[6]

당신은 그 "지복"을 잘 번역하였습니다. 그렇습니다. 이 복음서 구절은 그것을 말하고 있습니다 … 아주 쉽게 설명하고 있는 것입니다.

사실, 이 비유는 우리가 우리 욕망을 매일 매일 실현시키려는데 좀 불편한 감을 주고, 불안하게 하기도 합니다. 우리는 어떻게 다른 사람들을 부러워하지 않으면서 우리 "욕망만을 실현시키려고" 할 수 있겠습니까? 다시 말해서 우리는 어떻게 다른 사람들이 가진 재화를 곁눈질하지 않으면서, 우리 욕망을 따라서 살 수 있는 것입니까? 그러나 예수님이 우리를 부르시는 그 욕망은 질투와 전혀 관계없는 욕망입니다.

정말로, 이 비유는 우리 마음을 불편하게 하는 것이군요?

그렇습니다. 나 역시 그렇게 느낍니다. 왜냐하면 당신이나 나나 우리가 아무리 기독교인이 라고 할지라도 아무 능력도 없기 때문입니다.

"선한 사마리아 사람"의 비유가 우리에게 해방적인 만큼 이 비유는 우리를 불편하게 합니다.

사마리아 사람은 길가에 쓰러져 있는 사람에게 쉽게 … 자기 자신을 투사시킬 수 있었으며, 투사가 불가피하기도 했습니다.

---

6 마태복음 5:3.

레위 사람이나 대제사장은 강도 만나서 길가에 쓰러져 있는 사람에게서 자기 모습을 찾아볼 수 없었지만 우리들은 사고를 만난 사람에게서 우리 자신을 발견할 수 있었던 것입니다. 더구나, 그 사람들은 강도 만난 사람이 벌받은 것이라고 여기지 않았던가요? 하나님은 공정하시니까 말입니다.

그런데 이 비유에서 문제가 되는 존재는 레위 사람이나 대제사장이 아니라, 부자입니다 …

그리고 우리들도 종종 그렇게 될 수 있다는 것입니다.

레위 사람이나 대제사장은 정죄당하지 않았는데, 여기에서 부자는 "지옥"에 간 것으로 되어 있습니다. 이것은 무슨 이유에서입니까?

그렇습니다. 대제사장이나 레위 사람이 정죄 당하지 않았던 이유는, 그들에게 사정이 여의치 못했고, 두려워했기 때문입니다. 그러나 그들은 그들 나름대로 율법을 지키기는 했습니다.

또한 이 비유들에서 강조하려는 초점이 같지 않다는 이유도 있기는 합니다 …

하여간 우리가 이미 살펴본 바 있듯이 "네 이웃을 네 몸과 같이 사랑하라"는 말씀의 의미는 누군가로부터 구원을 받은 사람은 자기 삶을 다 바쳐서 그를 구원해준 사람, 즉 그가 알지 못하는 사마리아 사람을 사랑해야 한다는 것입니다. 여기에서 그 부자가 생전에 나사로에게 아무런 관심도 기울이지 않았던 것은 위에서 말한 계명을 전혀 지키지 않은 것이었습니다. 따라서 그의 행위는 그가 죽은 다음에 하나의 심연(深淵), 즉 하늘과 지옥 사이에 깊게 패인 고랑으로 되어서 복 받은 나사로와 고통 당하는 부자 사이에 어떤 의사소통도 오갈 수 없게 하였습니다.

그런데 예수님은 이 두 사람의 경우를 앞에 놓고 우리가 영원히 살려면 어떻게 해야 할 것인가 하는 것을 묻고 있습니다.

그렇습니다. 그러나 이 비유는 우리의 화제 대상이 되는 부자 청년과 예수님과의 만남을 통해서 그 의미가 분명해지고 있습니다. 그대가 모세의 율법을 따른다면, 그대는 영원한 삶을 얻을 것이다. 그러나 그대가 "완전해지기"를 바란다면, 그리고 욕망을 따라서 살기를 바란다면, 그대의 모든 물질적 재산을 버려 두고 나를 따르라.

나는 선한 사마리아 사람의 비유에 나오는 길가에 쓰러진 사람과 부자의 집 앞에 쓰러져 있던 나사로 사이에 차이가 있다는 점을 덧붙이고 싶습니다.

길가에 쓰러져있던 사람은 우연히 사고를 당한 것이었지만 … 나사로는 건강이 좋지 않았거나 사회적인 상황이 열악해서 장애인이 되었던 근본적인 차이점이 있습니다. 말하자면, 그는 거지였습니다. 그러면서 그는 아마 유전적으로 물려받았을 아주 비참한 상황에서 살고 있었습니다. 그는 그 자신의 권리를 주장할만한 힘도 없어서, 기다리기만 했습니다. 그는 무엇인가를 바라고 있었지만 … 아무 것도 얻은 것은 없습니다.

그는 오늘날 우리 사회에서 물질적인 도움을 받으면서 목숨을 부지하는 장애인들의 표본입니다. 우리가 실제로 장애인들을 우리 삶에 통합하여 살아야 하는 의무를 느끼는 것은 바로 여기 있습니다. 장애인[42]들을 위해서 실제로 운동을 벌여야 한다는 생각은 우리가 그 사실을 의식하고 있든지 그렇지 않든지 간에 기독교인으로서의 우리 의식에서 비롯되고 있습니다.

선생님은 지금 그것을 "의무"라고 표현했습니다 … 따라서 …

우리는 그것을 정말 하나의 의무로 절감하고 있습니다. 복음서는 건강하게 사는 우리들에게 사회적으로나, 정신적으로나, 고질적인 육체적 질병 때문에 장애인이 된 모든 사람들을 바라보고, 살펴보고, 우리 사회 안에 통합해야 한다고 주장하고 있습니다. 그래야 옳은 것입니다.

사마리아 사람의 비유에서 모든 것이 "자연스럽게" 이루어진 것처럼, 여기에서는 (우리가 우리 자신을 투사시킬 수 없는 만큼) 힘을 써야 하는 것입니다. 선생님이 말했듯이 하지만 장애인들의 어려움을 보완해주려고 의무를 따라서 나가는 것은 "자연스러운" 일이 아닙니다.

왜 그렇지 않겠습니까? 그것은 전혀 자연스러운 일이 아닙니다. 예수님이 우리들에게 가르쳐주는 것은 모든 인간 존재들은 말씀의 존재이고, 교환의 존재인데, 우리는 그것이 어떤 이유에서이든지 간에 우리들로부터 배제된 사람들을 그대로 외로운 상태에 내버려 둘 것이 아니라, 우리가 사는 교환의 삶 속에 다시 편입시키고, 우리 우주 속에 통합해야 하는 것을 잊어버린다는 사실입니다. 사람들은 외로움 속에서 살거나, 배척을 당하면, 고통을 받게 됩니다.

선생님의 말씀에 전적으로 동의합니다. 그러나 선생님은 "선한 사마리아 사람"의 비유를 말하면서 우리가 잘못하지 않으려면, 강압을 해서는 안 된다고 한 적이 있습니다. 그러나 여기에서 선생님은 우리가 장애인들의 삶에 관심을 기울여야 하는 것은 우리 의무라고 말하고 있습니다.

나는 "그것을" 의무감 때문에 해야만 한다고 말하지는 않았습니다. 다만 그것이 우리 서양 사회에서 의무처럼 "느껴진다"고

했을 뿐입니다. 사실, 실용주의적인 사상을 이상으로 삼고 사는 현대 사회에서 우리는 모든 사람들은 그들을 보고, 듣고, 어깨를 부딪히고 사는 사람들하고만 교류하도록 부름 받았다고 착각하고 있습니다. 그러나 아무 것도 갖추지 못한 사람이라고 할지라도 모든 사람들은 다른 사람들과 의사를 나누고, 삶을 나누도록 태어났습니다. 물질적인 것들 뿐만 아니라 그것보다 더 미묘하고 상징적인 것들을 나눌 수 있는 말을 주고받으려고 이 세상에 태어난 것입니다.

그러면 어떻게 하는 것이 우리가 의무에 의해서가 아니라, 우리 욕망에 의해서 장애인들의 삶에 관심을 기울이는 것입니까?

예수님은 우리에게 그 방법에 관해서 가르쳐준 적이 있습니다. 그것은 지극히 작은 자, 아무 것도 가지지 않은 자 안에도 예수님이 계시다는 사실을 인정하는 것입니다. 그렇게 할 때 우리는 죄의식의 이름으로 그에게 관심을 기울이는 것이 아니라 사랑의 이름으로 관심을 기울이게 됩니다.

그러나 우리 사회는 아직 그 단계까지 와있지 않습니다. 그래서 우리 사회에서는 우리의 "공중" 도덕과 타협하기 위해서 죄의식의 이름으로 사회 기관들을 만들고 있습니다. 그러나 예수님은 우리에게 지극히 헐벗고 굶주린 사람 안에 현존하는 예수님에 대한 개인적인 사랑을 가지고 그렇게 하라고 가르치십니다. 그런데 당신은 이 세상에는 기독교인들이 누구인지도 모르지만, 아주 장애가 심한 사람의 얼굴 뒤에, 우리와 똑같은 인간의 모습이 담겨져 있다고 생각하면서 그 사람을 사랑하고 존중하는 사람이 있다는 사실을 잘 알 것입니다.

그러니까, 우리가 장애인들에게 관심을 기울일 수 있는 것은 우리가 그 사람들에게 우리 자신을 투사시키거나, 그들 속에 있는 예수님이 함께 계시기 때문이라는 것이군요 …

그 사람들에게 관심을 기울이도록 하는 것이 사랑이고, 영적인 창조성이라면 위에서 말한 두 가지 경우는 똑같은 말이 됩니다. 그러나 우리가 우리 자신을 헐벗고 굶주린 사람이나 장애인들과 동일시할 때, 우리는 우리를 그들과 같은 수준으로 퇴행할 수도 있습니다. 하지만 우리가 그들 속에서 예수님을 찾아낼 때, 우리는 우리 정신 상태를 유지하면서 그들의 수준으로까지 내려가지 않게 됩니다. 우리가 그 사람들에 대한 호의 때문에 그들에게 완전히 기울어지지 않을 수 있는 것입니다. 그들은 적어도 우리와 같은 사람들이고 고통받는 우리 형제들입니다. 그들은 우리가 우월한 입장에 있다는 사실을 알지 모르지만, 우리가 쓰는 언어 규칙 바깥에 있습니다.

그러므로 우리가 다가가고 있는 사람들이 우리에게 어느 정도 인간성을 갖추고 있는 사람으로 보일 경우, 우리 신앙은 활기를 띠게 됩니다. 그러나 우리에게 신앙이 없을 때, 우리는 모든 "나사로들"에게 등을 돌리거나, 그들과 완전히 동일시할 것입니다. 그때 우리들은 다른 사람 대신에, 또는 다른 사람의 입장에 서게 됩니다. 그러면서 어리석은 짓을 하거나, 다른 사람이 느끼는 것에 대해서 아는 체하면서 떠벌이고, 그들을 불쌍히 여기며, 불평을 털어놓습니다. 그러나 말이 많으면, 그만큼 그의 행동은 그들과 진정으로 만나는 것을 조심스럽게 피하게 되거나, 자기가 무엇이나 된 것처럼 생각하면서 모든 것을 낮은 수준에서 처리하게 됩니다.

그러나 사랑이 있는 경우, 거기에는 언제나 전염성이 큰 사랑의 효소가 담겨있기 마련입니다. 왜냐하면 사랑의 효소는 모든 것을 하향 평준화시키는 것과 전혀 다르며, 진정한 만남을 가능하게 하는 전제 조건이 되기 때문입니다.

사회 공익을 위해서 만들어진 기관에서일지라도 그것이 그 때문에만 만나는 것이 아닐 경우 이런 만남들이 종종 생기게 됩니다.

예수님이 그 안에 계시기 때문에 나는 다른 사람들을 좋아합니다. 그러므로 내가 정말 좋아하는 것은 다른 사람이 아니라, 그의 속에 있는 예수님입니다. 다른 사람은 간접적으로 내 사랑을 받는 것입니다.

그러나 결국 사랑 받는 것은 그 사람입니다. 그러나 나 역시 그가 받는 사랑이 내가 베푸는 것이라고 믿게 할 수는 없습니다. 그는 나를 통해서 하나님의 사랑을 받는 것입니다. 그러므로 그는 나를 동일시해서도 안 되고, 나를 사랑해서도 안 되며, 나에게 고맙다고 해서도 안 됩니다. 그에게 고마워해야 하는 것은 바로 나입니다. 왜냐하면 그는 나에게 그의 안에 살아있는 예수님을 만날 수 있는 기회를 마련해 주었기 때문입니다. 이렇게 생각하는 것은 우리의 자존심이나 자부심을 생각할 때 상당히 과격한 생각입니다 …

한 사람 한 사람이 예수님에 대한 믿음과 사랑을 가지고 사는 세상과 한 사람 한 사람이 의식적으로 또는 무의식적으로 가학적이고 피학적인 행위를 함으로써 발생하는 죄의식을 느끼거나 진정한 기쁨 없이 살아가는 세상 사이의 차이는 바로 여기에 있습니다.

내가 다른 사람 속에서 만나는 것이 예수님이라면, 그 사람 역시 나와 똑같이 행동할 것입니다. 다시 말해서 그 사람 역시 나를 만나는 것이 아니라, 내 속에서 예수님을 만날 것이라는 말입니다.

그렇습니다 … 예수님은 그 사람 안에 있습니다. 그리고 그는 예수님이 한 사람 한 사람 안에, 한 사람 한 사람을 통해서 한 일들을 발견하게 될 것입니다 … 마치 사람들이 무용가가 연출한 무용을 보고 안무가를 칭찬하듯이 말입니다.

그러나 다시 한번 말하지만, 위에서 말한 것은 우리가 가진 자기애적인 본성에 비추어 볼 때 좀 과격한 주장인 것은 틀림없습니다.

우리가 만나는 모든 만남 속에 눈에 보이지는 않지만 주인으로 현존하는 예수님이 주장하신 것은 사랑의 영으로의 부르심입니다. 우리에게 그 부르심이 강하게 작용할 때, 우리 안에는 죄의식이 있을 자리도, 힘도 없습니다.

우리 각자 속에서 작용하며, 우리에게 무의식적으로 의사소통을 하게 하고, 우리 각자의 차이와 감수성의 수준을 뛰어넘으면서 눈에 보이지 않는 결실을 맺게 하는 것은 사랑입니다.

그래서 예수님은 우리에게 이렇게 말하고 계십니다. "너희가 서로 마음을 나눌 수 있고, 사랑을 가지고 서로에게 갈라져 있는 고랑을 메울 수 있는 것은 너희가 이 땅에서 사는 동안뿐이다." 우리가 죽으면, 우리에게는 또 다른 세상이 전개되기 때문입니다 …

*
* *

    간단히 말하자면, 예수님은 우리가 다른 사람을 만나고, 다른 사람들과 함께 삶의 기쁨을 나누도록 촉구하고 있습니다.[7] 다른 사람들이 우리가 가진 기쁨을 시샘한다면 … 그것은, 흔히 말하는 대로, 그들의 문제입니다. 우리 가슴이 기쁨으로 벅차게 될 때 우리는 다른 사람들과 함께 기뻐 뛸 수 있습니다. 그래서,

  ―물건을 살 수 있는 "드라크마"를 잃어버렸다가, 다시 찾았을 때, 우리는 기뻐 웃으며 잔치를 벌일 수 있습니다.
  ―그것을 팔아서 다른 것을 살 수 있는 "양"을 잃어버렸다가, 다시 찾았을 때, 우리는 다른 친구들을 불러서 기뻐하며 함께 음식을 나누어 먹을 수 있습니다.
  ―대를 이을 수 있는 "아들"을 잃어버렸다가 다시 찾았을 때, 아버지는 사랑을 베풀 대상을 다시 찾게되었고, 따라서 그의 내면에는 욕망으로 향하는 통로가 다시 열리게 되었습니다. 그래서 기쁨 속에서 잔치를 베풀 수 있습니다. 그때 돌아온 탕자의 형은 고통 속에서 변화되며, 그 자신의 욕망에 대해서 눈뜨게 됩니다.
  ―"사마리아 여인"과 "간음한 여인"에서 우리는 여성으로서의 존엄성을 잃어버렸다가 되찾고, 그녀들의 진정한 사랑을 향해서 나아가도록 초대받는 것을 보게 됩니다.
  ―"쉐리"의 비유에서 우리는 인간으로서의 존엄성과 사회적이고 종교

---

7 우리와 비슷하든 다르든 간에 우리는 다른 사람과 함께 나누어야 한다. 예수님은 우리 모두를 말씀 안에서 같게 하신다. 감옥에 갇혀있고, 굶주리며, 늙어서 외로워 하는 이는 바로 예수님이다.

적인 자긍심을 잃은 사람을 보게 됩니다. 예수님은 그가 무가치하다고 생각하는 것이 오히려 그에게 하나님과의 사랑을 되찾게 하고, 마음에 평화를 가져오게 한다고 주장하십니다.

—"나사로"의 이야기는 우리에게 아무 것도 가지지 않은 순수한 결핍 상태에서 사람들이 기쁨 속에서 아브라함의 품에 안기게 될 수 있다는 이미지를 제공합니다.

마음이 닫혀 있고, 엄격했던 부자는 "지옥"으로 가게 됩니다.
하나님과 얼굴을 맞대고 산다는 확신을 가지고 있었고, 율법을 소유하고 있었으며, 다른 사람들과 만날 필요가 없다고 했던 바리새인들은 그들의 연약함과 부족함을 부인하였습니다. 그렇게 함으로써 그들은 모험을 도피했던 것입니다.

이렇게 바리새인과 부자는 진정한 기쁨이 무엇인지 알지 못했습니다. 그들은 자기들 밖에 즐길 줄 몰랐던 것입니다.

*
* *

자, 이것들은 하나님 나라의 열쇠입니까? 아니면 우리 인간의 조건을 분석한 것입니까?

16
예수님의 깨어남

누가복음 24:1-53

안식일에 여자들은 계명대로 쉬었다. 그러나 이레의 첫날 이른 새벽에, 그 여자들은 준비한 향료를 가지고 무덤으로 갔다. 그들은 무덤 어귀를 막은 돌이 무덤에서 굴려져 있는 것을 보았다. 그들이 안으로 들어가 보니, 주 예수의 시신이 없었다. 그래서 그들이 이 일을 어떻게 해야 할지를 모르고 있는데, 보니, 남자 둘이 눈부신 옷을 입고 그들 앞에 서 있었다. 여자들이 두려워서 얼굴을 아래로 숙이고 있는데, 남자들이 그들에게 말하였다. "어찌하여 부인들은 살아계신 분을 죽은 사람들 가운데서 찾고 있습니까? 그는 여기에 계시지 않고, 살아나셨습니다. 갈릴리에 계실 때에, 하신 말씀을 기억해 보십시오. '인자는 반드시 죄인의 손에 넘어가서, 십자가에 처형되고 사흘째 되는 날에 살아나야 한다'고 하셨습니다." 여자들은 무덤에서 돌아와서, 열 한 제자와 그 밖의 모든 사람에게 이 모든 일을 알렸다. 이 여자들은 막달라 마리아와 요안나와 야고보의 어머니인 마리아이다. 이 여자들과 함께 있던 다른 여자들도, 이 일을 사도들에게 말하였다. 그러나 사도들에게는 이 말이 어처구니 없는 말로 들렸으므로, 그들은 여자들의 말을 믿지 않았다. 그러나 베드로는 일어나서 무덤으로 달려가, 몸을 굽혀서 들여다보았다. 거기에는 모시 옷만 놓여 있었다. 그는 일어난 일을 이상히 여기면서 집으로 돌아갔다. 그런데 마침 그날 그들 가운데 두 사람이 예루살렘에서 한 삼십 리 떨어져 있는 엠마오라는 마을로 가고 있었다. 그들은 일어난 이 모든 일을 서로 이야기하고 있었다. 그들이 이야기하며 토론하고 있는데, 예수께서 몸소 가까이 가서, 그들과 함께 걸으셨다. 그러나 그들은 눈이 가리어서 예수를 알아보지 못하였다. 예수께서 그들에게 "두 분이 걸어가면서 서로 주고받는 이 말들은 무슨 이야기입니까?" 하고 물으셨다. 그들은 침통한 얼굴을 하고서, 걸음을 멈추었다. 그 때에 그들 가운데 하나인 글로바라는 사람이 예수께 말하기를 "예루살렘에 머물러 있었으면서, 이 며칠 동안에 거기에서 일어난 일을 혼자서만 모른단 말입니까?" 하였다. 예수께서 그들에게 물으셨다 "무슨 일입니까?" 그들이 예수께 말하였다. "나사렛 예수와 관련된 일입니다. 그는 하나님과 모든 백성 앞에서, 행동과 말씀에 힘이 있는 예언자이셨습니다. 그런데 우리의 대제사장들과 지도자들이 그를 법정에 넘겨주어서, 사형 선고를 받게 하고, 십자가에 못박아 죽였습니다. 우리는 그분이야말로 이스라엘을 구원하실 분이라는 것을 알고서, 그에게 소망을 걸고 있었던 것입니다. 그뿐만 아니라, 그런 일이 있은 지 벌써 사흘이 되었는데, 우리 가운데서 몇몇 여자가 우리를 놀라게 하였습니다. 그들은 새벽에 무덤에 갔다가, 그의 시신을 찾지 못하고 돌아와서 말하기를, 천사들의 환상을 보았다고 하였습니다. 천사들이 예수가 살아 계시다고 말했다는 것입니다. 그래서 우리와 함께 있던 몇 사람이 무덤에 가서 보니, 그 여자들이 말한 대로였고, 그분을 보지 못하였습니다." 예수께서는 그들에게 말씀하셨다. "그대들은 참 어리석습니다. 예언자들이 말한 모든 것을 믿는 마음이 참 무딥니다. 그리스도가 반드시 이런 고난을 겪고서, 자기 영광에 들어가야 하지 않겠습니까?" 그리고 예수께서는 모세와 모든 예언자로부터 시작하여, 성경 전체에 자기에 관하여 쓴 일을 그들에게 설명해 주셨다. 그 두 길손은 자기들이 가려고 하는 마을에 가까이 이르렀다. 그런데 예수께서는 더 멀리 가시려는 척하셨다. 그러자 그들은 예수를 만류하여 말하기를 "저녁때가 되고, 날이 이미 저물었으니, 우리 집에 묵으십시오" 하였다. 예수께서 그들의 집에 묵으려고 들어가셨다. 그리고 그들과 함께 음식을 잡수실 때에, 예수께서 빵을 들어서 축사하시고, 떼어서 그들에게 주셨다. 그제서야 그들의 눈이 열려서, 예수를 알아보았다. 그러나 그 순간 예수께서는 그들에게서 사라지셨다. 그들은 서로 말하였다. "길에서 그가 우리에게 말씀하시고, 성경을 풀이하여 주실 때에 우리의 마음이 속에서 뜨거워지지 않았던가?" 그들이 곧바로 일어나서, 예루살렘에 돌아와서 보니, 열 한 제자와 또 그들과 함께 있던 사람들이 모여 있었고, 모두들 말하기를 "주께서 확실히 살아나시고, 시몬에게 나타나셨다" 하는 것이었다. 그래서 그 두 사람도 길에서 겪은 일과 빵을 떼실 때에 비로소 그를 알아보게 된 일을 이야기하였다. 그들이 이런 이야기를 하고 있을 때에, 예수께서 몸소 그들 가운데 들어서서 "너희에게 평화가 있기를!" 하고 말씀하셨다. 그들은 놀라고, 무서움에 사로잡혀서, 유령을 보고 있는 줄로 생각하였다. 예수께서는 그들에게 말씀하셨다. "어찌하여 너희는 당황하느냐? 어찌하여 마음에 의심을 품느냐? 내 손과 내 발을 보아라. 바로 나다. 나를 만져 보아라. 유령은 살과 뼈가 없지만, 너희가 보다시피, 나는 살과 뼈가 있지 않으냐?" 이렇게 말씀하시고, 손과 발을 그들에게 보이셨다. 그들은 너무 기뻐서, 아직도 믿지 못하고 놀라워하고 있는데, 예수께서 "여기에 먹을 것이 좀 있느냐?" 하고 그들에게 말씀하셨다. 그래서 그들이 그에게 구운 물고기한 토막을 드리니 예수께서 받아서 그들 앞에서 잡수셨다. 예수께서 그들에게 말씀하셨다. "내가 전에 너희와 함께 있을 때에 너희에게 말하기를, 모세의 율법과 예언자의 글과 시편에 나를 두고 기록한 모든 일이 반드시 이루어져야 한다고 하였다." 그 때에 예수께서는 성경을 깨닫게 하시려고 그들의 마음을 열어 주시고, 그들에게 말씀하셨다. "이렇게 기록되어 있다. 곧 '그리스도는 고난을 겪으시고, 사흘째 되는 날에 죽은 사람들 가운데서 살아나실 것이며, 그의 이름으로 죄를 사함받게 하는 회개가 모든 민족에게 전파될 것이다' 하였다. 너희는 예루살렘으로부터 시작하여, 이 일의 증인이다. 보아라, 내가 내 아버지께서 약속하신 것을 너희에게 보낸다. 그러므로 너희는 위로부터 오는 능력을 입을 때까지 이 성에 머물러 있어라." 그리고 예수께서는 그들을, 밖으로 베다니까지 데리고 나가서, 손을 들어 그들을 축복하셨다. 예수께서는 그들에게 축복하시면서, 그들을 떠나 [하늘로 올라가셨다.] 그들은 [예수께 경배하고,] 크게 기뻐하며 예루살렘으로 돌아가서, 늘 성전에서 하나님을 찬양하며 지냈다.

요한복음 20:1-31; 21:1-14

20:1-31

주간의 첫날 이른 새벽에 막달라 사람 마리아가 무덤에 가서 보니, 무덤 문을 막은 돌이 이미 옮겨져 있었다. 그러므로 그 여자는 뛰어서, 시몬 베드로와 예수께서 사랑하시던 그 다른 제자에게로 가서 "누가 주님을 무덤에서 가져갔습니다. 어디에 두었는지 모르겠습니다" 하고 말하였다. 베드로와 그 다른 제자가 나와서, 무덤으로 갔다. 둘이 함께 뛰었는데, 그 다른 제자가 베드로보다 빨리 뛰어서 먼저 무덤에 이르렀다. 그는 몸을 굽혀서 고운 베가 놓여 있는 것을 보았으나, 안으로 들어가지는 않았다. 시몬 베드로가 그를 뒤따라와서, 무덤 안으로 들어가 보니, 고운 베가 놓여 있었고, 예수의 머리를 쌌던 수건은 그 고운 베와 함께 놓여 있지 않고, 한 곳에 따로 개켜 있었다. 그제서야 먼저 무덤에 다다른 그 다른 제자도 들어가서, 보고 믿었다. 아직도 그들은 예수께서 죽은 사람들 가운데서 반드시 살아나야 한다는 성경 말씀을 깨닫지 못하고 있었다. 그 제자들은 자기들이 있던 곳으로 다시 돌아갔다. 그런데 마리아는 무덤 밖에 서서 울고 있었다. 울다가 몸을 굽혀서 무덤 속을 들여다보니, 흰 옷을 입은 두 천사가 앉아 있었다. 한 천사는 예수의 시신이 놓여 있던 자리 머리맡에 있었고, 또 한 천사는 발치에 있었다. 천사들이 마리아에게 말하였다. "여인아, 왜 우느냐?" 마리아가 대답하였다. "누가 우리 주님을 가져갔습니다. 어디에 두었는지 모르겠습니다." 이렇게 말하고 뒤로 돌아섰을 때에, 마리아는 예수께서 서 계신 것을 보았지만, 그분이 예수이신 줄은 알지 못하였다. 예수께서 마리아에게 말씀하셨다. "여인아, 왜 울고 있느냐? 누구를 찾느냐?" 마리아는 그가 동산지기인 줄로 알고 "여보세요, 당신이 그분을 옮겨갔거든, 어디에다 두셨는지를 말해주십시오. 내가 그분을 모시겠습니다." 하고 말하였다. 예수께서 "마리아야!" 하고 부르셨다. 마리아가 돌아서서 히브리 말로 "라부니!" 하고 불렀다. (그것은 '선생님!'이라는 뜻이다.) 예수께서 마리아에게 말씀하셨다. "내게 손을 대지 말아라. 내가 아직 아버지께로 올라가지 않았다. 이제 너는 내 형제들에게로 가서, 내 아버지 곧 너희의 아버지, 내 하나님 곧 너희의 하나님께로, 내가 올라간다고 말하여라." 막달라 사람 마리아는, 자기가 주를 보았다는 것과, 주께서 자기에게 이런 말씀을 하셨다는 것을 제자들에게 가서 전하였다. 그 날, 곧 주간의 첫 저녁에, 제자들은 유대인들이 무서워서, 문을 모두 닫아 걸고 있었다. 그 때에 예수께서 오시어, 그들 가운데 서서 "너희에게 평화가 있기를!" 하고 인사하셨다. 이 말씀을 하시고, 두 손과 옆구리를 보여 주셨다. 제자들은 주를 보고 기뻐하였다. 예수께서 다시 그들에게 말씀하시기를 "너희에게 평화가 있기를 빈다. 아버지께서 나를 보내신 것과 같이, 나도 너희를 보낸다" 하셨다. 이렇게 말씀하신 뒤에, 그들에게로 숨을 내뿜으시고 말씀하셨다. "성령을 받아라. 너희가 누구의 죄든지 사해 주면 사해질 것이요, 사해 주지 않으면 그대로 남아 있을 것이다." 열두 제자 가운데 하나로서 '쌍둥이'라고 불리는 도마는, 예수께서 오셨을 때에 그들과 함께 있지 않았다. 다른 제자들이 그에게 "우리는 주님을 보았소" 하고 말하였으나, 도마는 그들에게 "나는 내 눈으로 그의 손에서 못자국을 보고 내 손가락을 그 못자국에 넣어보고 또 내 손을 그의 옆구리에 넣어 보지 않고선, 믿지 못하겠소" 하고 말하였다. 여드레 뒤에 제자들이 다시 집안에 있을 때에, 도마도 함께 있었다. 문이 잠겨 있었는데, 예수께서 오시어 가운데 서서 "너희에게 평화가 있기를 빈다" 하고 인사하셨다. 그런 다음에, 도마에게 "네 손가락을 이리 내밀어서 내 손을 만져 보고, 네 손을 내 옆구리에 넣어 보아라. 그래서 의심을 떨치고 믿음을 가져라" 하고 말씀하셨다. 도마가 예수께 "나의 주님, 나의 하나님!" 하고 대답하니, 예수께서 도마에게 말씀하셨다. "너는 나를 보았으므로 믿느냐? 나를 보지 않고도 믿는 사람은 복이 있다. 예수께서는 이 책에 기록하지 않은 다른 많은 표적도 제자들 앞에서 행하셨다. 그런데 여기에 이것이나마 기록한 목적은, 여러분으로 하여금, 예수가 그리스도요 하나님의 아들이심을 믿게 하고, 또 그렇게 믿어서 그의 이름으로 생명을 얻게 하려는 것이다.

21 : 1-14

그 뒤에 예수께서 디베랴 바다에서 다시 제자들에게 자기를 나타내셨는데, 그가 나타나신 경위는 이러하다. 시몬 베드로의 '쌍둥이'라고 불리는 도마와 갈릴리 가나 사람 나다나엘과 세베대의 아들들과 제자들 가운데서 다른 두 사람이 한 자리에 있었다. 시몬 베드로가 그들에게 "나는 고기를 잡으러 가겠소" 하고 말하니, 그들이 "우리도 함께 가겠소" 하고 말하였다. 그들이 나가서 배를 탔다. 그러나 그 날 밤에는 고기를 한 마리도 잡지 못하였다. 이미 동틀 무렵이 되었을 때에, 예수께서는 바닷가에 서 계셨다. 그러나 제자들은 그가 예수이신 줄을 알지 못하였다. 그 때에 예수께서 제자들에게 "애들아, 무얼 좀 잡았느냐?" 하고 물으셨다. "못 잡았습니다" 하고 그들이 대답하니, 예수께서 그들에게 "그물을 배 오른쪽에 던져라. 그러면 잡을 것이다" 하고 말씀하셨다. 제자들이 그물을 던지니, 고기가 너무 많이 걸려서, 그물을 끌어올릴 수가 없었다. 예수께서 사랑하시던 그 제자가 베드로에게 "저분은 주님이시다" 하고 말하였다. 시몬 베드로는 주님이라는 말을 듣고서, 벗은 몸에 겉옷을 두르고 바다로 뛰어내렸다. 그러나 나머지 제자들은 배를 탄 채로, 고기가 든 그물을 끌면서, 해안으로 나왔다. 그들은 육지에서 백자 남짓밖에 떨어지지 않은 곳에 들어가 있었다. 그들이 땅에 올라와서 보니, 숯불을 피워 놓았는데, 그 위에 생선이 놓여 있고, 빵이 있었다. 예수께서 제자들에게 말씀하셨다. "너희가 지금 잡은 생선을 조금 가져오너라." 시몬 베드로가 배에 올라가서, 그물을 땅으로 끌어내렸다. 그물 안에는 큰 고기가 백 쉰 세 마리나 들어 있었다. 고기가 그렇게 많았으나, 그물이 찢어지지는 않았다. 예수께서 그들에게 "와서 아침을 먹어라" 하고 말씀하셨다. 제자들 가운데서 아무도 감히 "선생님은 누구십니까?" 하고 묻는 사람이 없었다. 그가 주님이신 것을 알았기 때문이다. 예수께서 가까이 와서, 빵을 들어서 그들에게 주시고, 또 생선도 주셨다. 예수께서 죽은 사람들 가운데서 살아나신 뒤에 제자들에게 자기를 나타내신 것은, 이번이 세 번째였다.

제라르 쎄베랭: 여기에서 우리는 예수님의 "부활"에 관해서 다룬 복음서의 본문 몇 가지를 보고 있습니다. 그런데 이 본문들이 서로 완전히 일치하는 것은 아닙니다. 더구나 이 본문들은 신문 기자들이 쓰는 기사(記事)와는 다른 문학 양식으로 표현되어 있습니다. 따라서 우리가 이 이야기들만 본다면, 우리는 부활절 날 아침 무슨 일이 일어났는지 정확하게 알 도리가 없습니다.

프랑소와즈 돌토: 나는 복음서들을 읽을 때, 누군가를 만나게 됩니다. 복음서들을 기록한 사람들과, 거기에 나타나는 환상과 이미지들과 글을 통해서 나는, 앞에서도 이야기했듯이, 인간성이 스스로 드러나는 모습과 결코 일상적인 사건이라고 말할 수 없는 성육신 사건과 신적인 것이라고 말할 수밖에 없는 심오한 것(정신적인 것이 물질로 나타난 것)을 만나는 것입니다.

개신교 신학자들이 주장하듯이, 복음서 이야기들의 세밀한 부분에서 논리적으로 일관성이 없는 부분이 아무리 많이 발견된다고 할지라도, 나는 그 이야기들에는 겉으로 보기에 과장되게 나타나는 것들을 뛰어넘는 일관성이 있다고 생각합니다.

이 복음서들은 내 안에 충격의 물결을 일으키고, 나는 그것들을 따라가려고 합니다. 정신분석학적인 눈으로 보면, 우리는 언제나 현상을 뛰어넘게 됩니다. 모든 것들에 대한 대답을 한 다음 또 다른 질문을 하게 되는 것입니다.

그러나 정신분석학이 모든 것을 다 설명하는 것은 아닙니다. 어떤 경우 정신분석학은 제자리에 멈춰서있습니다. 그 이유는 사람들이 멈춰서있기 때문입니다. 그때 정신분석학은 더 멀리 나아가지 못합니다. 그러나 욕망은 언제나 우리를 더 멀리 나아가게 합니다 … 그때 우리에게 우리 자신에 대해서 더 깊은 질문을 던지게 하는 것, 다시 말해서 우리 자신에 대해서 알 수 없는 부분인, 내가 생각하기에 하나님의 영역에 속해있다고 생각되는 부분에 대해서 질문을 던지게 하는 것은 무의미와 모순 때문인지, 아니면 의미 때문인지 나는 모르겠습니다.

부활은 기독교인들에게서 결코 부인될 수 없는 하나의 사건이라는 사실을 나는 덧붙이고 싶습니다. 또한 기독교 문명이 형성된 것 역시 그 사건 다음이었습니다.

예수님이 "깨어나신 것"은 기독교의 모든 믿음의 기초가 되었습니다.

예수님이 죽음으로부터 "다시 깨어나셨다"는 사실은 내가 생각하기에 진실되고 참된 증언입니다. 내가 어떤 종류의 죽음을 당할지라도, 내가 살아있다면 나는 그 죽음으로부터 "깨어날 것"이라고 생각합니다.

선생님은 어떤 죽음으로부터 부활했다는 말입니까? 선생님은 벌써 어떤 종류의 죽음을 죽었고, 그 다음에 다른 종류의 삶으로 깨어났다는 말입니까?

자, 보십시오. 당신과 나, 우리는 여러 종류의 죽음을 겪고 있습니다.

우리가 태어날 때, 태아 상태로 있던 나는 죽습니다.

그 다음에 아이들은 어머니와 아버지가 하늘과 땅에 있는 모든 율법을 만들었다고 믿었다가 다섯 살 무렵이 되면 그들이 이제 더 이상 전능하지 않다는 사실을 알게 되면서 어린 시절에서 떠나며 유아 상태의 그들이 죽게 됩니다. 그런데 그들에게서 어머니, 아버지에 대한 신뢰의 상실은 얼마나 크게 작용하는지 생각해 보십시오!

그러다가 우리는 우리 어머니나 아버지에게 나 혼자만 사랑

받는 존재가 될 수 없다는 사실을 절감하게 되고, 계집아이인 경우 아버지의 아이를 가지고 싶다거나, 사내녀석인 경우 어머니와의 사이에서 아이를 하나 낳고 싶다는 욕망이 불가능하다는 사실을 깨닫게 됩니다. 정신분석에서 발견한 오이디푸스적인 비극을 맛보게 되는 것입니다.

사춘기 무렵에 겪는 죽음의 경험은 또 얼마나 크게 다가오고 있습니까? 나는 내가 믿고, 상상하는 그대로가 되고 싶고, 내 몸도 그에 따라주기를 바랍니다. 그러나 불행하게도 나는 내가 바라는 것과 전혀 다르다는 사실을 알게 됩니다. 한 순간 나와 사랑을 나누었던 사람은 나를 버리고 다른 사람에게로 갑니다. 그러나 그것보다 더 슬픈 일은 내가 나누었던 사랑과 나의 욕망은 사회적으로 도저히 이루어질 수 없는 사랑일 수도 있습니다. 그것들은 모두 우리에게 하나의 죽음으로 경험되고, 어떤 사람에게는 정말 죽음을 가져올 수도 있습니다. 살을 에이는 것과 같은 체험인 것입니다.

오늘날에도 우리는 여전히 어린 시절에 확실하게 생각했던 것이 무너져 내리고, 모험을 해야 하는 것 같은 체험을 하고, 청소년기에 겪었던 것과 비슷한 재난을 체험하기도 합니다. 그런데 그 체험들은 모두 우리에게 다른 사람을 향한 욕망으로 나아가도록 자유를 주고, 사회로 나아가게 합니다.

또한 오늘날에도 우리는 여전히 우리 앞에 전개되는 현실 앞에서 우리가 너무 무능력하다는 생각을 하고, 우리 현실은 우리가 꿈꾸던 것과 너무 어울리지 않는다고 생각하기도 합니다. 자, 이런 모든 삶이 영원한 죽음이 아닌지, 나에게 말해 보십시오.

우리는 우리 삶에서 매일 매일 우리의 무능을 발견하는 존재입니다. 이런 무능은 우리 자신이 전능하기를 바라는 우리 욕망에 하나의 죽음으로 느껴집니다. 이것들은 모두 살아있고, 사랑하고, 무엇인가를 욕망하는 우리 삶에 불가피하게 따라오는 위험이며, 동시에 우리 삶에 의미를 제공하는 것이기도 합니다.

결국 우리는 우리가 다 타버린 재로부터 다시 태어나는 것입니까?

옳은 말입니다. 우리는 계속해서 다시 태어납니다 … 우리는 영원히 애도와 죽음과 우리가 때때로 아주 깊게 체험하는 분리 위에 무엇인가를 다시 만들면서 계속해서 살아가는 것입니다.

우리는 우리 쾌락들이나 우리가 했던 시도들이나 희망이나 환상들에 내던져져서 어느 정도 우리 모습을 잃어버렸다가 다시 욕망으로 태어나는 것입니다. 더구나 우리 희망은 우리를 다시 태어나게 하며, 우리 욕망은 언제나 우리 안에서 살면서 우리가 건강하다면 다시 우리를 그 욕망으로 나아가라고 노래 부릅니다.

아니, 이런 일도 있을 터인데요 … 이 세상에는 여태까지 불행한 일들만 내내 겪어서 완전히 절망해서 사랑할만한 힘도 모두 잃어버린 사람들도 있지 않습니까? 내가 정신분석 과정에서 만나는 사람 가운데는 그런 사람들도 있더라구요 …

… 그런 사람들은 신경증이나 정신병 때문에 고통을 받고 있습니다 … 그런 정신병리뿐만 아니라 몸에 병이 드는 경우도 있습니다. 사람들에 따라서는 몸에 병이 들거나 경우에 따라서는 아주 중병이 들기도 합니다. 왜냐하면 우리 안에 있는 모든 것은 우리도 모르는 사이에, 우리 머리로는 그런 고통을 받아들이고 있을지라도, 우리 안에서 반항을 하기 때문입니다.

병을 통해서 우리 몸은 비명을 내지릅니다. 우리 몸의 그 비명은 말로 나오는 것은 아니지만, 때때로 우리를 죽음으로 이끌어

가는 병이 됩니다. 특히 아무도 우리의 그런 비명을 들어주는 사람이 없을 경우에 더 그렇게 됩니다.

선생님이 하는 말을 들으니까, 우리의 욕망과 고통은 같이 가는 것 같습니다.

사실, 고통과 욕망은 흔히 하나의 쌍을 이루고 있습니다. 시련은 항상 욕망 곁에 쪼그려 앉아 있으며, 인간의 고통은 그의 욕망과 결합되어 있는 것입니다. 그래서 우리는 우리 욕망대로 사는 것을 두려워합니다(그러나 어떤 사람들은 때때로 고통 속에서 쾌락을 느끼기도 하는데, 그때 그들은 그 고통을 욕망과 혼동하고 있습니다).

우리 신체의 어떤 기관이나 부분을 괴롭히는 고통은 마치 우리에게 무엇인가를 해주는 연인(戀人)과 같습니다. 우리는 그 연인들에 대해서 잘 알기 때문에 그 고통은 우리가 전혀 알지 못하는 대상, 즉 무엇을 향해서 나아가는지 모르는 우리의 욕망보다 덜 위험합니다. 그 고통은 우리 몸의 어떤 부분을 괴롭히면서 우리 욕망에서 나오는 긴장과 그것이 가져올 수 있는 함정을 완화시켜줍니다.

예수님이 이 세상에 살면서 내내 하셨던 일은 우리들로 하여금 이 두려움을 극복하게 하는 것이었습니다. 예수님이 "두려워하지 말아라"(마태복음 14:27)라는 말을 입버릇처럼 되뇌이지나 않았던가요?

예수님 자신은 처음부터 끝까지 그의 욕망을 따라서 살았으며, 하늘 아버지가 원하시는 일을 했습니다. 그는 그를 괴롭히고, 부당하게 죽음으로까지 몰고 간 사람들에게 복수하려는 마음을 품지 않았습니다. 더구나 그는 십자가에 달리시기 전 올리브 나무 동산에서 번민 때문에 고통을 당했음에도 불구하고, 그에게 다가온 죽음을 교묘하게 물리치려고 하거나, 죽음 앞에서 도망가지도 않았습니다. 그는 그의 존재 전체를 다해서 그들이 가진 욕망 때문에 불안해하는 모든 사람들을 구원하시려는 하나님의 욕망을 실현시키셨습니다. 하지만 사람들은 보통 그들의 욕망을 따라서 살면 죄를 짓고, 결국에 가서는 육체적인 죽음으로까지 이어지지나 않을까 하면서 두려움과 공포에 떨고 있습니다.

선생님 말에 의하면 예수님은 우리가 우리 욕망을 따라서 살도록 가르치려고 오셨습니다. 거기까지는 좋습니다. 그러나 예수님이 부활하신 것은 무엇 때문이었습니까? 그가 부활함으로써 덧붙여진 것은 무엇입니까?

우리는 살(肉)로 된 존재이며, 우리 욕망을 충족시키려고 합니다. 즉 우리 욕망을 우리 몸을 통해서 실현시키고, 즐기려고 합니다. 그러나 우리 욕망을 실현시키는 과정에서 우리 살로 얻어지며, 그 살이 가져다주는 쾌락만으로는 우리에게 충분하지 않으며, 그것들은 결코 우리를 채워줄 수도 없습니다.

그러나 부활하신 예수님은 우리가 만일 우리에게 다가오는 의심과 시련을 모두 받아들이면서 신령과 진정으로 우리 욕망을 실현시키려고 한다면, 우리 욕망이 활짝 피는 모습을 볼 수 있을 것이라고 가르쳐주셨습니다. 그러나 그렇게 하기 위해서 우리는 우리에게 느껴지는 부분적인 쾌락을 금하지 않으면서 우리 육체를 극복해야 하고, 우리 몸에 다가오는 모든 위험들—죽음까지도—을 도피하지 말아야 합니다.

이제 복음서 본문에 대해서 이야기하고 싶습니다. 복음서 기자들이 각각 자기 나름대로 그리스도가 죽음에서 "깨어나셨다"고 기록하고 있는 것들 가운데서 선생님에게 가장 인상적인 대목은 어느 것입니까?

나를 사로잡고, 나에게 가장 인상적인 대목은 그들이 느꼈던 기쁨(la joie)입니다. 복음서를 보면, 모든 사도들, 모든 여인들, 모든 제자들은 그리스도가 죽었다가 살아났다는 사실을 다른 사람들에게 알려주고, 다른 사람들과 그 소식을 나누려고 달려갔습니다. 그들 한 사람 한 사람은 모두 그리스도와 만나고, 그리스도를 발견하고, 그 기쁨을 나누는데 한데 어울려 하나가 되었던 것입니다.

사람들은 기쁨을 함께 나누면 그 뒤에 긴 여운이 남게 마련이라고 말을 합니다. 그런데 그리스도의 부활 사건이 남긴 첫 번째 열매, 첫 번째 결과는 이 기쁨의 선물이었습니다.

기쁨이란 재미나 쾌락이 아닙니다. 그것은 우리 존재 전체에 엄습해오는 깊은 정동(l'émotion)이고, 우리를 흥분시키고, 우리를 환하게 하는 것입니다.

그래서 엠마오를 향해서 가던 제자들은 그들의 가슴이 뜨거워지는 것을 느끼고, 즉시 "열 한 제자"들을 찾으러 예루살렘으로 발걸음을 돌렸습니다. "주님을 보자, 제자들은 기쁨에 가득 찼습니다." … 막달라 마리아는 예수님을 알아보았을 때, 예수님을 사랑으로 가득 찬 애칭으로 불렀습니다. 그것은 마치 예수님이 그녀를 "마리아"라고 하지 않고 "마리암"이라고 이름을 바꿔 부른 것과 마찬가지입니다 …

나는 이 본문 전체를 통하여 처음에는 충격의 감정이나 어리둥절함을 지배적인 감정으로 느꼈습니다. 그러다가 곧 이어 믿을 수 없다는 생각을 갖게 되었고, 그것이 지나가자 곧 예수님을 다시 찾은 데 대한 엄청난 기쁨을 느꼈습니다. 그 이후 예수님에 대한 친밀함과 예수님의 변화된 모습에 대한 놀라움을 연속적으로 느끼게 되었습니다. 그것은 나에게도 아연실색할 일이며, 기쁨이 아닐 수 없는 일이었습니다.

  어린아이가 태어나면 … 그 주위에 있는 사람들이 행복해 하듯이, 그 "일"이 끝나자 … 새로운 존재가 나타났습니다.

  당신이 제시한 이미지의 연상은 옳은 것으로 보입니다. 시간이 되면, 다시 말해서 아이가 태어나야 하는 때가 되면, 뱃속에 있던 태아는 죽음을 받아들이고, 새로운 생명으로 태어나게 됩니다.
  그때 그는 그를 둘러싸고 있던 피막(皮膜)과 태아 시절에 어머니 뱃속에서 듣던 규칙적인 소리, 즉 어머니의 가슴이 뛰는 소리를 들으면서 편안해 하던 것들을 다 뒤에 남겨두어야 합니다. 그는 이제 탯줄을 통해서 그 나름대로 영양을 취하던 방식도 남겨두어야 합니다. 그에게 주어졌던 첫 번째 요람의 따뜻한 느낌을 남겨두어야 하는 것입니다. 그는 거기에 다른 많은 것들도 함께 남겨두고 있습니까? 이런 것들을 생각할 때, 아이들은 이 세상에 태어나면서 얼마나 많은 것들을 잃어버리는지 알 수 없습니다 … 아기들은 그 전과 비교해 볼 때, 아주 다른 존재가 되었고, 그에게 주어진 수많은 약속들을 성취하고 있습니다.
  태반으로부터 분리된 다음에 살아있는 존재로 "깨어나고", 부활하는 것은 우리가 잘 알고 있던 삶의 상태로부터 죽은 다음에 우리가 욕망의 존재로 부활하는 이미지를 보여주고 있습니다. 그때 나는 내가 되고, 우리는 우리가 됩니다. 그때 우리는 이 세상에서 살기 위해서 필수 불가결하다고 생각했던 모든 것들을 잃어버리고, 그것들이 썩어버린 다음 그 전에 생각하지도 못했던 새로운 것들을 깨달은 존재로 태어납니다.

그러므로 우리는 복음서에서 그리스도가 죽은 다음에 또 다른 존재로 되었다고 증언하듯이 우리 역시 깨어나게 됩니다.

… 그렇습니다. 나는 그렇게 믿습니다. 육체적인 소비를 통해서 나오는 것이 아닌 영적인 것들은 우리가 사용하는 말로 표현할 수 없는 기쁨을 가져다줍니다. 왜냐하면 우리 몸이 누리는 향락과 쾌락은 우리 영이 누릴 수 있는 기쁨을 가리키는 비유나 은유밖에 되지 않기 때문입니다. 그때 가서야 비로소 우리는 우리에게 사랑하려는 마음으로 살짝 스쳐 지나가면서 느껴지는 영적인 욕구의 의미가 무엇인지 알게 됩니다. 그렇습니다. 우리는 성령 안에서만 비로소 사랑의 진리에 관해서 알 수 있고, 죽음을 거치기 전에는 도무지 알 수 없었던 사랑의 기쁨에 관해서도 알 수 있다고 나는 믿습니다.

선생님은 지금 예수님의 부활이 영적인 것과 육적인 것 사이에 있는 분리를 보여준다는 사실을 말하려고 하는 것입니까?

그렇지는 않습니다. 그 사이에는 아무 분리도 없습니다. 신생아가 태아의 연장이듯이, 거기에는 연장이 있습니다.

물론 어머니와의 분리가 아니라 자기 자신(태반과 탯줄은 나 자신입니다)과의 부분적인 분리를 어렴풋하게 보여주는 탯줄의 상흔이 남아있기는 하지만, 그것은 나 자신과 분열되는 것이 아니라 내가 또 다른 모습으로 실존하는 것을 의미합니다. 그때 우리는 우리 이상의 존재가 되어 우리 어머니, 아버지, 그리고 이 세상에 관한 또 다른 것들을 알게 되고, 또 다른 것들을 소유하게 됩니다.

예수님이 도마와 다른 제자들에게 나타나셨을 때 보여주었던 것은 몸의 상처가 아니라, "깨어난" 그의 육체와 그가 이 땅 위에서 살 때의 육체 사이에 있는 분열이었습니다 … (그러면 이 때의 육체는 어떤 육체입니까?) … 이 두 육체 사이에 어떤 분리가 있는 것은 아닙니다. 오히려 변환이 있다고 해야 합니다.

성령은 지금 우리 몸을 통해서 밖에는 우리에게 다가올 수 없고, 우리는 우리 몸을 통해서 밖에 하나님을 만날 수 없습니다. 그러나 그것들은 모두 우리가 예수님의 "출현"에 관해서 말을 할 때만 가능한 것입니다.

그 출현들 … 에 관해서 말하기 전에, 나는 선생님이 태아의 죽음이라고 말했고, 신생아가 태어난다고 말했던 부분에 관해서 좀더 말해주었으면 합니다 …

이 세상에 태어날 때, 우리는 우리 몸을 뒤덮고 있던 그 불명확한 것들을 우리 뒤에 남겨두면서, 우리의 진정한 모습에 도달할 수 있습니다. 이성과 영을 가진 인격체로 태어나는 것입니다. 그러면서 한 동안 우리에게는 생물학적이고, 기능적인 것들이 통합적으로 작용해서 우리를 저 멀리 있는 영적인 삶과 매개해 줍니다.

여기에서 질문할 것이 하나 있습니다. 사람들은 언제나 그들이 아는 대상에 집착하려고 하며, 그것을 다른 곳에 투사하는 것이 아닙니까? (여기에서는, 태아가 죽어야 아이가 태어나는 것으로 나타나고 있습니다). 그렇게 해서 예수님은 죽은 자 가운데서 살아난 최초의 인간이 되었고, 사람들은 죽음이 새로운 생명을 낳게 되었다는 등으로 말하게 된 것이 아닙니까?

우리는 사실 이런식으로 밖에 말할 수 없습니다. 우리가 현재나 미래를 알 수 있는 것은 과거를 통해서 일 수밖에 없는 것입니다. 마찬가지로 우리는 상상을 통해서 실제적인 것을 알게 됩니다.

그러므로 예를 들어서 말하자면 나는 2000년 또는 4000년 동안 잠자고 있다가 새로 생명을 찾게 된 말 속에서의 부활 이미지의 쓰임새를 중점적으로 살펴보려고 합니다. 우리는 얼음이나 돌에 어떤 글자가 새겨있을 경우 그 의미는 물론 규칙도 알 수 없습니다. 그것들이 아직 잠자고 있기 때문입니다 …

어떤 사람이 어떤 기호들을 발견해서, 연구한 끝에 거기 내포되어 있는 의미를 해독하면, 그 의미들은 수 천년 동안 상징적인 형태로 그 기호들 속에서 살기는 했지만 그때에야 비로소 하나의 의미를 나타내면서 다시 살아나게 됩니다. 그러면서 그것을 해독한 사람과 그 기호는 서로 의사소통을 하게 됩니다. 고대에 살았던 "저자"가 "문자들" 속에 담아놓았던 것들, 즉 그의 영(靈) 속에 담겨 있다가 돌이라는 물질 위에 새겨졌던 의미들이 비로소 풀려나는 것입니다. 이것이 바로 우리 몸 속에 한 동안 살았다가 우리 몸의 죽음을 뛰어넘어서 깨어날 수 있고, 계시될 수 있는 "성령"(l'esprit)의 이미지입니다. 무엇인가를 알게 하려는 욕망과 무엇인가를 알려고 하는 두 욕망이 서로 만나면, 그 사이에 열매가 열리게 됩니다. 어떤 사람이 무엇을 생각하고, 그것을 글로 기록했던 말을 독자가 해독할 수 있는 것입니다.

다시 한번 더 말합니다. 내가 생각하기에 부활이란 우리가 그 동안 이해해왔듯이 성령이 또 다른 이미지를 하고서 이 세상에 도래한 사건이며, 이 세상에서의 우리 삶은 우리가 자궁 안에서 살다가 이 세상이라는 시간과 공간 안에 하나의 피조물로 태어나면서부터 시작되는 것이라고 생각합니다.

그러므로 선생님에 의하면, 우리는 다른 것들과의 비교를 통해서만 알 수 있으며, 우리를 둘러싸고 있는 생명체들을 살펴볼 때, 비로소 결론을 내릴 수 있다는 것입니다 …

그렇습니다. 나는 그렇게 믿고 있습니다. 곤충의 모습들이 변환되는 것도 살펴보십시오 … 애벌레는 고치 속으로 들어가서 죽게 됩니다. 그래서 우리가 고치의 껍질을 시간이 되기도 전에 깨버리면, 거기서는 액체밖에 나오지 않습니다. 하지만 우리가 그것이 부화되도록 시간을 기다리면, 거기에서는 하나의 존재가 태어납니다. 말하자면, 빛과 색깔로 찬란한 영광스러운 존재가 태어나는 것입니다. 그리하여 이 꽃과 저 꽃을 찾아다니면서 나비는 그의 역할인 사랑의 말들을 전해주면서 매개자로서의 역할을 충실히 하게 됩니다. 그것은 지극히 짧은 시간에 지나지 않지만, 생명을 위해서 봉사하는 대단한 작업입니다.

나는 곤충이 이렇게 변화되는 모습과 영적인 존재로 된 인간의 삶 사이에 어떤 유사성이 있지 않은가 하고 생각합니다. 다시 말해서 우리들 역시 예수님처럼 "깨어나고", 욕구들로 가득 찬 인간의 한계에서 벗어날 때, 이 세상에서 다시 영광스럽게 태어날 수 있지 않을까 하고 생각하는 것입니다. 그때 우리를 둘러싸고 있던 육체라는 겉껍질과 시체와 욕망을 따라서 살던 주체는 말씀의 본향, 즉 말씀들이 오고, 가는 저 세상으로 돌아가 버리고 말 것입니다.

그러니까 선생님 생각에 의하면, 우리는 예수님의 부활에 관해서 우리 삶에 대한 확인, 즉 우리를 둘러싸고 있는 생명에 대한 관찰과 사도 바울의 서신과 복음서에 나타난 계시를 통해서 밖에 알 수 없다는 말입니다. 즉 그가 죽었다가 다시 살아났다는 사실밖에 알 수 없는 것입니다. "너희는 왜 산 자를 죽은 자 가운데서 찾고 있느냐? 그는 변화되었다."
 그러나 그가 엠마오로 가던 두 제자를 만났을 때, 막달라 마리아에게 나타났을 때, 또한 물가에 나타났을 때 사람들은 그를 불을 피우고 있는 모르는 사람으로 생각했습니다 … 그는 계속해서 변화되고 있었기 때문입니다. 그는 왜 한꺼번에 변화되지 못하고, 항상 그와 비슷한 사람의 모습을 하고 있었습니까?

 엠마오로 가던 사람들에게 나타나서 예수님은 그동안에 일어났던 일에 대해서 아무 것도 모르는 사람처럼 행동했다고 사람들은 생각할 것입니다. 그는 "여러분들은 어떤 일에 대해서 그렇게 열심히 말하는 것입니까?"라고 물어보았고, 그 두 사람은 "당신은 나사렛 예수에게 일어난 일에 관해서 아무 것도 알지 못한다는 말입니까? 그 사람은 예언자였는데, 사람들이 그를 죽였습니다"라고 대꾸하면서, 그동안 일어난 일에 대해서 모두 설명하고, 사람들이 그가 다시 부활했다고 말하는 것에 대해서도 일러주었습니다.
 이 사실을 보면, 예수님은 그가 살아있을 때 했던 일들에 대해서 모두 잊어버린 것이나 아닌가 하는 생각이 듭니다. 그가 죽기 전에 있었던 그의 삶에 관해서 아무 것도 기억에 남아있지 않은 듯한 것입니다. 그러나 그의 제자들이 그의 전생(前生)에 관해서 말하면서 그에게 그 기억들을 일깨우자, 그는 그것들을 알게 되었습니다. 그가 전생에서 살았던 일들도 그의 삶의 또 다른 일면이기 때문에 그 모든 것들에 대해서 알 수 있었던 것입니다. 그러나 그는 이제 또 다른 세상에서 "깨어났습니다."
 그에게는 어쩌면 지상에서 살았던 삶의 모든 것들이 기억에서 없어져버렸을지 모릅니다 … 그의 몸 역시 다른 사람들이 곧 알아볼 수 있을 정도로 이전과 같지는 않았을 것입니다. 그러나 그에게는 다른 사람들로 하여금 그를 알아볼 수 있게 하는 본질적인 것들이 여전히 남아있었습니다. 그는 사람의 모습을 하고 있었고, 그 위에는 사람들과 하나님의 욕망이 결합되어 새겨져 있었습니다.

우리들도 마찬가지입니다. 우리들 역시 우리가 태아 때 어땠었는지 알지 못합니다. 우리 의식에 그에 관한 것들은 아무 것도 기억되지 않는 것입니다.
그러나 예수님은 왜 나타나실 때마다 항상 다르게 나타나셨습니까?

그 이유는 그가 항상 그를 만나는 사람들의 욕망을 다시 내뿜게 하셨기 때문입니다. 예수님은 부활하신 다음에 그의 부모로부터 물려받은 몸이나 형태나 얼굴을 하고 있지 않았습니다.
우리들 역시 이 다음에 부활한다면 다른 어느 사람하고도 똑같지 않은 우리 고유의 원형(prototype), 즉 우리 자신만의 얼굴을 하고 있을 것입니다. 그러나 우리에게 우리 존재의 독특한 특성은 남아있어서 우리가 살아있을 때 우리를 가장 사랑했던 사람은 우리를 알아볼 수 있을 것입니다. 마치 요한이 언제나 예수님을 알아보았던 것처럼 말입니다. 우리들도 우리가 이 세상에서 살았을 때 어떠했는지 알지 못할 것입니다. 그러나 우리 역시 우리 욕망의 본질적인 부분들 안에서 계속해서 살 것이며, 그것을 통해서 우리가 가장 사랑하는 사람들과 아주 가까워질 것입니다.
또한 나는 "깨어난 다음"에 우리는 예수님처럼 본질적인 것들을 계속해서 알릴 것이라고 생각합니다. 그러나 … 그가 그런 것들을 알리고, 다른 사람들이 그가 예수님인 것을 알아보았을 때, 그는 사라졌습니다. 이것은 참으로 혼란스러운 일입니다.

그는 왜 이런 숨바꼭질을 한 것입니까? 그는 아주 의미심장한 몸짓을 하고, 의미 깊은 말을 한 다음에 사라졌습니다.

그것은 숨바꼭질이 아니었습니다.
그는 이 사실을 통해서 우리가 그의 육체적인 몸에 대한 기억 속에서 살 것이 아니라, 그가 말했던 것들 안에 담겨진 성령과 그가 행동했던 방식을 따라서 살라고 요구한 것입니다. 그가 했던 행동들과 그가 했던 말들은 이제 우리가 그를 알아보고, 그것에 따라서 살 수 있을 정도로 충분하고 효과적인 표시가 될 수 있습니다.
그는 사람들이 그를 하나의 주물(fétiche)로 만드는 것을 바라지 않았습니다. 그는 우상이 될 수 없었으며, 하나의 문이나 이정표가 되기를 바랐습니다. 그의 현존은 보이는 것으로부터 저 세상을 향해서 나아가는 길을 열어주는 통로였던 것입니다.
엠마오를 향해서 나아가던 두 제자의 이야기를 다시 한번 더 들여다보십시오. 그들은 예수님의 얼굴을 알아보지 못했습니다. 그러나 그들은 예수님이 했던 의미 있는 행동을 마치 하나의 계시라도 되는 것처럼 알아보았습니다. 예수님이 빵을 들고, 축사하시며, 그것을 떼어서 그들에게 나누어주자 그가 예수님인 것을 알아보았던 것입니다. 그때 그들의 눈은 열렸고, 그들은 "그들과 함께 나누는" 예수님을 알아보았습니다. 그러나 바로 그 순간 그들은 또 다시 그들의 인간으로서의 눈을 가지고 그를 다시 볼 수 없었습니다.
모든 것은 하나의 지표(指標)가 될 수 있는 이 행동에 들어있습니다. 사랑으로 감싸안을 준비가 되어있는 마음으로 삶의 양식(糧食)을 같이 나누는 이 행동에 모든 것이 들어있는 것입니다. 그리고 지표가 되는 이 행동은 그들로 하여금 그들을 여태까지 살게 했던 그 뜨거운 열정이 사실은 사랑의 불이었으며, 예수님은 그들 안에 이 불을 붙여주고, 다시 또 붙여주는 분이라는 사실을 깨닫게 해주었습니다. 모든 것을 나누고, 기쁨을 같이 나누어라. 그리고 너희들 사이에서 나-하나님의 관계를 맺으면서 살아라.

나는 선생님이 그 관계 속에서, … 영적인 관계 속에서 이루어지는 감정적인 측면에 대해서 그렇게 강조하는 것이 좀 의아하게 생각됩니다.

그렇습니다. 맞습니다. 그 관계가 그렇게 영적인 것은 아닙니다. 그러나 나는 그 관계에서 발견되는 감정적인 측면이 대단히 중요하다고 생각합니다. 우리, 사람들은 그것을 무시할 수 없습니다. 여기서 나타나는 감정적인 측면은 우리가 다른 사람들을 만나는 본질적인 방식이고, "선한 사마리아 사람"이나 돌아온 탕자의 비유에서 그 아버지가 보여 주었던 방식이며, 나사로에 대해서 그 부자가 보여주지 못했던 방식입니다.

물질과 영 사이에 아무 분열도 없기 때문에 물질 자체에는 영의 표지(標識)가 담겨 있습니다. 예수님의 몸과 삶, 그리고 그의 존재 전체는 이제 함께 나누어지는 빵인 것입니다. 그래서 그는 그때 두 제자의 눈앞에서 사라졌습니다. 그러나 그의 현존은 우리 가슴을 뛰게 하는 사랑의 박동이 되었습니다.

그렇습니다. 그는 우리에게 그를 "기념하면서" 다른 사람들과 함께 그런 나눔을 가지라고 말합니다. 그러면 그가 "나를 기념하면서 이와 같이 하시오"(누가복음 22:19)라고 한 말의 의미는 무엇입니까?

빵과 포도주를 나누라고 하는 것은 가장 중요한 재화를 함께 나누라는 의미입니다. 왜냐하면 빵은 우리 몸의 실체를 이루는 것이고, 포도주는 잔치 자리에서 사람들 사이의 관계를 맺어주는 데 필수적인 것이기 때문입니다. 사람들은 이것들을 통해서 하나가 되고, 형제애를 가지고 서로 기쁨을 나누게 됩니다.

그러나 기독교인들은 예수님을 기억하면서 다른 사람들과 함께 나누고 있습니다. 이 사실이 의미하는 것은, 예수님은 죽었다가 다시 살아나신 분이며, 항상 우리 자신을 초월하는 사랑으로 우리를 부르는 분이라는 것입니다. 예수님은 우리에게 항상 모든 부분적인 욕망들을 뛰어넘고, 이 세상에 있는 모든 재화들을 소비하는 데서 오는 부분적인 향락을 초월하는 욕망을 가지라고 초대하십니다. 그 욕망은 우리가 다른 사람들을 향해서 가지는 감정을 지배하고, 포함하며, 또 뛰어넘고 있습니다. 부활하신 예수님은 우리에게 이렇게 기쁘고, 인간적인 나눔이 우리가 이 세상에서 살아야 하는 하나의 여정(旅程)이라고 말합니다. "형제애를 가지고 함께 살아라. 나는 너희들 가운데 있으며, 언제나 함께 있을 것이다."

우리는 예수님과 함께 더 멀리 나아갑니다. 하나님의 아들인 예수님은 우리를 "깨우고", 또 다른 세상으로 데려갑니다. 우리들이 그를 기념하면서 이렇게 함께 나누고, "하나가 될 때" 우리 눈도 엠마오로 가던 제자들처럼 열리게 됩니다. 사람들은 한 순간의 행복에 머무르면서 같이 있을 수 없습니다. 그러므로 우리의 기쁨을 함께 나누러 가야 합니다.

이 "빵"을 먹으면 우리가 "영적"인 존재가 됩니까?

그렇습니다. 우리가 예수님과 함께 한다면, 우리 욕망은 항상 다른 것을 향하고, 언제나 다른 세상을 향해 열리게 됩니다. 예수님과 하나가 될 때, 우리 욕망은 예리해집니다. 예수님이 언제나 우리를 앞으로 나아가게 하기 때문입니다.

예수님이 언제나 거기 그의 몸을 가지고 계시다면, 우리는 언제나 그를 볼 수 있다고 당신이 말한 것은 옳은 말입니다. 그러면 사람들은 그에게서 한시도 눈길을 떼지 않을 것입니다. 우리 욕망은 이 신적인 주물(呪物)에 고정되고, 매혹 당해서 움직이지도 못하게 되고, 생기도 잃게 됩니다. 왜냐하면 우리 욕망은 인간적이면서 동시에 영적인 것이기 때문입니다. 그리하여 우리는 태어나면서부터 죽은 아이처럼 될 것입니다.

그러므로 우리를 앞으로 나아가게 하시는 분은 이렇게 현존(現存)-부재(不在)의 변증 가운데 계신 예수님입니다. 예수님이 그 자리에 계시지 않기 때문에 우리들은 그 분을 찾게 됩니다. 그때 그는 우리에게 어떤 대답을 하려고 합니다. 우리들이 여태까지 아무도 밟지 않았던 길을 개척하면서, 새로운 길을 만들어 가게 하는 것입니다.

예수님을 가리켜서 길이고, 생명의 원천이며, 열려있음이라고 하는 말들은 결국 그 모든 것을 다 말하지 못하고 맙니다. 왜냐하면 그는 부재이며 동시에 움직이는 분이기 때문입니다.

하지만 하나님과 생명을 향해서 가는 나의 길, 나의 원천, 나의 열림은 이 세상에서 하나밖에 없고, 가장 본질적인 것입니다. 부활하셨다가 내 눈앞에서 사라진 예수님은 나에게 그가 남긴 메시지를 보게 하면서 여태까지 어느 누구도 살지 못했던 삶을 살게 하십니다. 그것도 다른 사람을 향해서 나아가게 하면서 말입니다.

그러므로 그것은 숨바꼭질이 아니라 하나의 과정을 거쳐서 다른 과정으로 나아가는 삶의 가능성이며, 내가 계속해서 예수님과 함께 살 수 있도록 새로운 생명을 분만(分娩)하는 행위입니다. 그러면서 예수님은 나에게 "두려워하지 말라"고 끊임없이 반복하시며, 내 욕망을 낳고, 또 낳습니다.

엠마오를 향해서 나아가던 두 제자의 이야기에로 다시 돌아가 봅니다. 복음서의 그 구절에서 예수님은 좀 더 멀리 나아가려는 듯이 "보였다" … 고 기록되어 있습니다. 그것은 예수님이 숨바꼭질을 하려고 했다든가, 아니면 거기에 어떤 희극적인 요소가 있었다는 사실을 말하는 것이 아닙니까?

그 두 제자가 보기에 예수님은 좀더 멀리 나아가려는 듯이 보였습니다. 그렇습니다. 사실, 우리 욕망은 언제나 더 멀리 이끌고 가며, "깨어나신" 예수님은 더 멀리 가십니다. 그는 더 멀리 가려고 합니다. 더 멀리 가려는 욕망을 가진 것입니다. 그가 여기에서 어떤 연극을 하는 것이 아닙니다. 그러나 그 두 제자들―아니면 누가가 그렇게 보고했는지 모르지만―은 예수님의 그런 태도에서 또 다른 이유를 상상할 수 없었을 것입니다.

"저녁이 되었고, 날이 저물었다." … 그들은 이제 저녁을 먹고 잠을 자야 하는 시간이 되었습니다. 그들의 몸도 피곤했습니다. 예수님이 좀더 멀리 간다면, 그것이 그가 기도하려고 했기 때문일 것입니다. 그러나 그들은 예수님이 더 멀리 가려는 듯 했다는 말만 하고 있습니다.

이것이 투사의 기본적인 원리입니다. 자기 감정을 다른 사람들에게 전가시키는 것입니다. 이 두 제자는 예수님 대신에 더 멀리 가고 싶었던 것입니다. 그래서 그들이 보기에 예수님은 더 멀리 가려고 하는 것처럼 보였습니다.

그런데 그들은 왜 그가 예수님인 줄 알아보지 못했던 것입니까?

그들은 그때 말할 수 없는 행복감을 느끼고 있었습니다. 그들은 예수님께 매혹 당했으며, 그들의 가슴은 사람을 그렇게 사랑하는 이 유혹자의 가슴이 움직이는 데 따라서 같이 메아리쳤습니다.

예수님은 그동안 과연 무슨 일이 일어났는지 알고 싶어하는 이 사람들에게 나타났습니다. 오직 무엇인가를 알고 싶어하는 사람들만이 볼 수 있는 법입니다. 그리고 그들은 그런 체험을 할 수 있었기 때문에 그 체험을 한 다음에 "아, 그가 그 분이었구나"하고 말할 수 있었습니다.

그러나 예수님이 그들과 함께 있을 때, 그들은 그가 예수님인 줄 알아보지 못했습니다. 왜 그런 것입니까? 왜냐하면 그들은 예수님으로부터 더 많은 것을 들으려고 했고, 더 많은 것을 알려고 했습니다 … 말하자면, 그들은 너무 예수님의 입술만 쳐다보고 있었으며, 그들 자신에 대해서는 돌아보지도 못했습니다. 즉 그들은 그들이 지금 무엇을 느끼고 있으며, "그가 하는 모든 말들 때문에 우리 가슴이 뜨거워졌다"고 말할 정도로 그들 스스로를 살펴보지 못했던 것입니다. 그들은 그들을 매혹시키는 이 사람의 말 때문에 황홀했던 것입니다. 그들은 그에게 완전히 사로잡혀 있었고, 그와 함께 있으려고 했습니다.

예수님은 그들을 다시 한번 측은하게 여겼습니다. 그가 이 세상에 살 때 그랬듯이 그때도 그 사람들을 측은하게 여긴 것입니다. 사람들은 어떤 것 때문에 기뻐할 때, 언제나 그것을 물질적으로 소유하려고 합니다. 그것을 통해서 쾌락을 좀더 연장시키려는 것입니다. 자, 이 문제에 관해서 다시 생각해봅시다.

예수님은 그들에게 다시 빵을 나누어주었습니다. 그런데 예수님이 사라지고, 그 자리에 계시지 않게 되자, 그들은 그들이 들었던 것들을 다시 상기해보았습니다. 그들은 그때 '아, 그 분은 예수님이었구나' 하는 것을 알아차렸습니다. 그는 정말로 예수님이었던 것입니다.

예수님은 이렇게 사람들의 가슴을 치고 계십니다. 그때 사람들은 각성을 하게 되고, 확신을 가지게 됩니다.

그래서 그들은 즉시 다른 사람들에게 달려갔습니다.

그들은 다시 확신을 가지게 되었습니다. 그것도 그들이 어떤 이상한 체험을 했기 때문이 아니라, 예수님이 말씀하셨던 것들과 그들이 예수님을 만났던 것이 그들 안에서 어떤 것을 풍성하게 하고, 그들이 느끼는 기쁨을 참을 수 없게 했기 때문입니다. 그것들이 터져 나와서 다른 사람들에게 전하지 않으면 안 되게 되었습니다.

나는 여기에서 예수님은 엠마오의 두 제자가 이러저러한 말을 함으로써 예수님의 부활을 다른 사람들에게 알리게 한 것이 아니라, 그가 그들의 마음속에 지펴놓은 사랑을 통해서 알리려고 했다는 사실을 특별히 주장하려고 합니다.

그들은 예수님이 그들과 함께 하기를 바랐습니다. 그때 예수님은 그들과 함께 식탁에 앉아서 빵을 나누며 그들의 몸에 관해서 "말"을 했습니다. 다른 사람들에게는 평범한 것일 수도 있는 이 행동을 하다가, 사라진 것입니다! 제자들에게 '아, 저 사람은 부활하신 예수님이구나' 하는 확신을 준 것은 바로 그 행동이었습니다. 예수님은 그 전에도 그런 행동을 하면서 "나를 기억하며 이것을 행하라"고 말한 적이 있기 때문입니다. 이 표지를 통해서 예수님은 그가 그들에게 했던 말을 감싸 안으면서 아직도 그들의 가슴에 대고 말을 하십니다. 그리고 그들이 먹을 수 있는 빵조각을 주면서 그들이 다른 모든 사람들과 함께 나눌 수 있는 기쁨의 양식을 그들의 몸에 남겨주고 있습니다.

그는 그들이 성경 말씀을 더 잘 이해하도록 하기 위해서 그의 현존을 가지고 그들의 육체적인 몸과 감정적인 마음과 영을 채워주셨습니다.

그는 그런 방식으로 조금씩 조금씩 때로는 무의식적으로 변화되었습니다.

그때 그곳은 마침 엠마오였습니다. 그는 오늘날에도 그 어느 곳에서나 우리들의 일상적인 삶 속에서 우리 사랑에 진실이 없을 때도 무한하게 참으시며 우리를 "변화시켜서" 우리 가슴을 감동시키고 있습니다.

"깨어나고", "다시 깨어난" 몸, 좀더 특별한 용어로 부활에 관해서 말을 해봅시다. 예수님은 그의 몸을 다른 방식으로, 예를 들어서 말하자면 하나님이 모세에게 나타나셨을 때처럼 불이라든지, 그렇지 않으면 다른 현상을 통해서 나타날 수는 없었을까요?

그렇습니다. 사람들에게 들리는 음성을 통해서도 나타났을 수도 있겠지요 … 그러나 예수님은 본래 하나님의 말씀이 하나의 형체, 즉 인간이라는 조건 아래 성육된 분이기 때문에 몸으로 나타난 것입니다.

사도들이나 다른 사람들이 그리스도에 관해서 어떻게 생각했을까 하는 것에 관해서는 아무 말도 하지 않겠습니다. 다만 예수님의 몸이 "깨어났다"는 사실은 정신분석학적으로 살펴볼 때 억압으로부터의 귀환이라는 개념과 비슷한 것이라는 사실을 말하고 싶습니다.

좀더 깊이 들어가기 전에 지금 말한 "억압으로부터의 귀환"(retour du refoulé)에 관해서 좀 설명해주실 수 있습니까?

우리는 우리의 무의식 속에 어떤 사건들, 감정들, 생각들을 억압하곤 합니다. 그것들은 우리의 발달 과정에서 어떤 시기에 우리의 정신적인 삶 전체를 발달시키지 못하게 하거나, 발달을 지연시키게 됩니다.

그때 그 사건들은 어떤 말이나 이미지로 옮길 수 없을 정도로 강력한 정서적인 에너지를 담게 됩니다. 그래서 무의식은 그것들을 억압해야 합니다.

그런데 우리는 무의식의 억압 때문에 우리에게 몸이 있다는 사실을 조금씩 조금씩 의식할 수 있습니다. 예를 들어서 말하자면, 우리 어머니들이 우리가 어린 시절 우리 욕망을 그대로 실현시켜주지 않을 때, 다시 말해서 우리가 젖을 빨고 싶어하는 욕망을 즉시 채워주지 않거나, 어머니를 보고 싶어하는 욕망을 즉시 채워주지 않을 때, 어머니들은 우리에게 우리 몸이 지금 어머니의 젖과 분리되어 있으며, 배고픈 상태에 있고, 입술로는 젖을 찾고 있다는 사실을 의식하게 합니다. 우리는 지금 우리 욕구를 충족시키고, 어머니를 만나려는 기다림 속에 있다는 사실을 알게 해주는 것입니다.

어머니로부터 우리 욕망을 충족시키려는 기다림의 표현인 부르짖음과 눈물은 점차 말로 변하고, 욕구와 결합된 여러 가지 다양한 결핍들은 부르짖음이나 눈물과 다른 섬세한 방식으로 표현되게 됩니다. 이런 욕망들은 모양이 변하여 종종 어머니에게 어떤 욕구로 들릴 수도 있습니다. 우리 욕구와 욕망들이 모두 채워지지 못하기 때문에 우리 어머니와 우리들, 또는 우리들과 다른 사람들은 우리에게 말을 하게 되는 것입니다.

그리하여 우리 몸은 이런 부르짖음과 눈물과 이것들을 번역한 말들로 빼곡히 들어차게 됩니다.[1]

---

[1] 억압으로부터의 귀환을 좀더 쉽게 설명하면, 억압이란 우리가 자아의 안전에 위험을 가져올 수 있는 욕망을 억누르거나, 의식적으로 멀리하는 것인데,

선생님은 지금 "우리 몸이 빼곡히 차게 된다"고 말했는데, 그 말의 의미는 무엇입니까?

그것은 우리가 우리 자신을 몸이라는 이미지 안에 존재하게 하고, 그렇게 지각한다는 것입니다. 즉 우리는 어떤 것을 지각했을 때, 언제나 그것을 우리 몸의 어떤 특정 부위를 통해서 지각하고 있습니다. 그때 그 부위는 욕구나 욕망으로 긴장되기 마련이고, 그 욕구나 욕망은 채워질 수도 있고, 채워지지 못할 수도 있다는 말입니다. 욕구나 욕망으로 긴장된 이 부위 때문에 우리는 먼저 부르짖다가, 나중에 말을 하게 됩니다. 이처럼 우리 몸은 하나의 상징이 되고, 언어로 표현되어 나옵니다.

따라서 나는 우리 몸과 살(肉)은 아직 그것이 표현될 만한 수준까지 올라오지 않았거나, 그럴 만한 때가 되지 못해서 표현되지 못한 동사(動詞)들로 빼곡히 들어찬 창고라고 생각합니다.

선생님이 말하는 동사란 무엇을 의미합니까?

그것은 나에게 있어서 하나의 움직임이고, 모든 사람들이 본래 가지고 있는 약동(躍動)입니다. 문장 속에서 동사가 동력(動力)의 역할을 하듯이, 그것은 우리를 삶을 향해서 약동하게 하며, 다른 사람을 향해서 나아가게 하고, 다른 사람들을 찾게 하는 원천이고, 샘물이며, 충동입니다. 나는 동사를 하나의 잠재적인 에

이렇게 억압된 것들은 잊혀져서 완전히 사라지는 것이 아니라 무의식에 머물러 있으면서 기회가 있을 때마다 우리 의식을 뚫고 올라와 우리에게 억압된 것이 있음을 알게 한다는 것이다. 억압으로부터의 귀환을 통해서 사람들은 자기에게 억압이 있었음을 알게 되며, 자기를 다시 체험할 수 있게 된다—역자 주.

너지로 체험하는데, 그 에너지의 원천은 우리에게 삶의 의미를 새롭게 창조하는 성령의 운동을 가능하게 합니다.

이렇게 모든 사람들의 몸에는 "아직 말해지지 않은" 부분, 우리 감정으로 미처 나오지 못한 부분이 있을 것입니다.

그렇습니다. 거기에다가 나는 우리 인간의 말은 그 언어나 문법의 규칙이 어떻든지 간에 동사로 빼곡히 들어찬 창고이고, 그 동사들이 변형된 창고라는 사실을 덧붙이고 싶습니다.[2]

그런데 동사들로 가득 찬 창고인 언어를 통해서 때때로 어떤 정신적인 것들이 우리의 욕구나 욕망을 드러내면서 전달될 수도 있습니다. 우리 내면에 있는 순수한 에너지가 표현되는 것입니다.

우리는 아무리 우리에게 부족한 것들을 얻을지라도 우리 욕망이 결코 채워지지 않는다는 사실을 잘 알고 있습니다. 우리 욕망에는 언제나 어떤 결핍이 있는 것입니다.

우리 욕망에 결핍되어 있는 것, 그것은 우리가 어떤 동작을 한다고 해도 우리 안에서 결코 다 이룰 수도 없고, 우리 안에서 모두 이루려고 그 욕망에 우리를 개방할 수도 없는 그런 것이 아닌가 합니다.

우리 욕망이란 인간 자체인 말이 되는 것, 선생님에게 있어서는 동사 자체가 되는 것이 아닙니까?

---

[2] 여기에 말(la parole), 언어(le langage)가 나오는데, 언어란 각 사람들을 통해서 사용되기 이전에 존재하는 문법 체계라든지, 어법 등 객관적인 틀을 의미하고, 말이란 사람들이 언어를 가지고 자기 의사를 표현하는 방식 등 주로 개인적인 측면을 의미한다—역자 주.

그렇습니다. 그리고 나는 부활하신 예수님의 몸은 바로 동사이며, 하나님 자신의 순수한 욕망이라고 생각합니다. 그 분은 인간에 대한 그의 사랑 때문에 그가 했던 말씀의 진리를 통해서 우리를 일깨우려고 그의 모습을 드러냈을 때, 인간의 몸으로까지 나타나셨습니다.

이제, "억압으로부터의 귀환"으로 다시 돌아갑시다. 정신분석학적으로 볼 때 우리 기억에서 없어진 것처럼 보이는 사실들이 다시 나타나고, 다시 살아나는 것들을 찾아볼 수 있습니다.

그렇습니다. 피분석가들은 그들의 욕망을 이용하지 않는 정신분석가들과의 만남을 통해서 전이를 경험하며, 지나간 삶의 어떤 시기에 억압해놓은 것들을 되찾을 수 있고, 그 시기를 정서적으로 다시 체험할 수 있게 됩니다. 그렇게 될 때, 그것들은 피분석가의 기억 속에 아주 생생하게 떠올라 그에게 열매를 맺게 해줍니다.

삶의 이 열매는 지나간 시절에는 그에게 억압되고, 농축되어 있다가 이제 분석 체험을 통해서 알게 되고, 얻을 수 있게 된 것입니다. 이렇게 억압되었던 요소들이 다시 나타날 때, 억압으로의 회귀가 이루어집니다. 그때 그들은 자기 자신은 물론 다른 사람들에 대해서도 새롭게 "알게 되고", 과거로부터 해방되며, 삶에 열매를 맺을 수 있게 됩니다. 정신분석학은 이런 사실을 발견했습니다.

복음서의 이 구절에서도 그리스도를 향해 나아가려는 그들의 움직임이 멈춰 섰습니다. 예수님에 대한 사랑의 약동이 마비되었을 뿐만 아니라 "하나님, 나의 하나님 어찌하여 나를 버리십니까?"라고 울부짖는 예수님의 비탄의 소리에 대한 기억만이 가득

차 있었던 것입니다.[3]

그리스도가 십자가 위에서 그렇게 부르짖었기 때문에 사도들 역시 그런 비탄을 자기 것처럼 느끼고, 그들 역시 모든 것으로부터 버림받았다고 느꼈습니다. 어쩌면, 그때 그들이 그렇게 버림받았다고 생각했기 때문에 그들의 내면에서 일어나는 절망을 예수님에게 투사시켜서 예수님의 입을 통해서 그런 비명이 나오게 했는지도 모릅니다.

예수님의 "몸과 그가 했던 일들"은 죽음에 붙여졌습니다. 그는 끝장난 것입니다. 이제 예수님에 대해서는 생각하지 말아야 했습니다. 십자가에 길게 매달려서 파괴된 그의 몸은 덮어버려야 하고, 억누르고, 억압해야 하는 기억이었습니다. 예수님에 대한 이미지는 모든 사람들에게 불쾌감과 고통과 절망과 슬픔을 불러일으키는 원천이 되기 때문에 그것을 떠올리지 말아야 했습니다. 지난 3년 동안 예수님과 함께 살 때, 예수님은 그들에게 삶이나 하나님에 대해서 매일 매일 새롭게 알게 해주었고, 수많은 기적들을 행했으며, 기쁨을 나누어주고, 승리에로 다가서게 했는데 말입니다. 이제 모든 것은 실패했으며, 비참한 것으로 끝나버렸습니다.

나는 여기서 억압으로부터의 귀환이 이루어진 것 같다고 생각합니다. 예수님의 상처받고, 찔린 흔적이 있는 몸이 예수님을 죽음으로까지 몰아갔던 고난의 시련을 드러내면서 다시 나타난 것입니다. 그의 손과 발과 옆구리에 벌어져있는 상처에는 도마가 그의 손가락을 찔러 넣을 수 있었던 구멍까지 나있었습니다.

이렇게 고난받고, 버림받았던 몸이 갑자기 나타났습니다. 그

---

[3] 시편 22편에 처음 나타난 이 좌절의 비명이 하나님에 대한 신뢰의 말들로 끝맺어져 있을지라도 마찬가지이다.

모습은 그들이 보는 앞에서 틀림없이 죽어갔고, 그들이 억압했고, 잊어버려야 했던 사람의 귀환이었습니다. 그런 귀환을 통해서 예수님은 그들에게 그 자신이나 하나님은 결코 그들을 버리지 않았고, 다시 그들 가운데 있으며, 그런 고난을 초월하여 그 몸을 가지고 살아있다는 사실을 보여주었습니다. 그래서 그들은 그의 몸을 만질 수 있었고, 그는 그들과 함께 음식을 먹을 수 있었으며, 문이 닫혀져 있음에도 불구하고 나타날 수 있었고, 똑같은 방식으로 사라질 수 있었던 것입니다.

그러나 그것은 일종의 억압의 해제로서 심리적인 분출이 아니었습니까? 즉 사도들은 그들이 억압한 것을 외부적인 현실 속에서 찾은 것이나 아닙니까?

전혀 그렇지 않습니다. 사실이 그런 것이라면 그것은 환각이 됩니다. 다시 말해서 그들은 아무 실체도 없는 데 무엇인가를 보았고, 그들이 보았다는 것을 뒷받침해 줄 것은 아무 것도 없는 것입니다.

그러나 사실은 그렇지 않았습니다. 그런 심리적인 사건들은 아무 "열매"도 맺을 수 없습니다. 복음서를 읽고, 거기에 진술되어있는 사실들을 자세히 들여다보십시오. 그러면 당신은 복음서를 기록했거나, 그 사실에 대해서 증언했던 사람들은 환각 증상을 가진 환자들과 공통점이 전혀 없다는 사실을 발견하게 될 것입니다.

나는 여기에서 예수님이 그렇게 버림받고, 십자가 위에서 하나님으로부터 아무 도움도 받지 못했으며, 제자들이 "잊어버려야" 했던, 그 완전한 정신적인 고독에 잠겨있던 "몸"을 가지고 나타난 것이 대단히 중요한 사건이라고 말하고 싶습니다.

예수님이 그 몸을 가지고 그들의 눈에 보이는 모습으로 다시 나타났을 때, 그는 제자들을 해방시켰고, 그들의 비탄과 슬픔과 두려움과 그들이 억압하기 시작했던 것들을 "풀어주었습니다." 그 전에 제자들은 그들의 집으로 들어가 문을 닫아걸고 유대인들의 눈에 뜨이지 않도록 몸을 숨겼습니다. 그 이유는 그들 자신이 그 사건으로부터 몸을 숨기고 싶었기 때문입니다. 그들은 예수님이 결국에는 유대 당국으로부터 그들이 오랫동안 기다려왔던 메시아, 하나님의 아들로 인정받을 것이라고 생각했습니다. 그러나 그는 그렇게 강력한 능력을 보였다가, 멈춰 섰고, 재판 받았으며, 십자가에서 돌아가셨습니다.

그래서 예수님이 못자국을 보여주셨군요 …

그렇습니다 … 예수님은 그가 당한 고난과 그를 죽음으로까지 몰고 갔던 고난을 다시 증거했습니다. 그는 이제 다른 세상에서 깨어났고, 그가 그 전 삶에서 살았던 모든 흔적들은 이제까지와 다른 의미를 지니게 되었습니다.

그러나 그는 그의 못자국과 허리에 난 상처를 모든 사람들에게 다 보여주지는 않았습니다. 그는 그를 보려고 하거나 믿음을 얻기 위해서 그것을 필요로 했던 사람들에게만 나타났습니다. 각 사람들에게 서로 다른 모습으로 나타났던 것입니다.

그는 각 사람들의 관심사나 욕망이나 역량에 따라서 서로 다르게 계시했습니다. 그의 사도들에게는 그들이 그를 아는 만큼 자신의 모습을 드러내셨고, 엠마오로 가는 제자들에게는 성경 말씀을 깨우쳐주고, 빵을 나누는 방식으로 나타나셨습니다. 도마에게는 상처 난 그의 몸을 보여주셨습니다. 그는 진리를 만져보아야 믿을 수 있었기 때문입니다.

막달라 마리아에게 예수님은 정원사의 모습으로 나타났습니다. 당신은 여성에게 있어서 정원은 그의 자궁, 질이라는 사실을 알 것입니다 … 예수님은 그녀를 지칭할 그때 복음서에서 한번도 사용되지 않았던 그녀의 이름인 "마리암"이라고 불렀습니다. 그러자 그녀는 즉시 예수님을 알아보았습니다. 그녀가 그를 알아보았을 때, 그녀는 그 사람 앞에서 다시 여인으로 되었습니다. 그녀는 그를 만지고 싶었고, 다시 그를 가지고 싶었습니다. 그러나 그는 그녀에게 자기는 "저 세상", 즉 하나님 아버지를 위한 존재라고 말했습니다. 그러면서 그는 사라졌습니다. 그 사실은 그녀를 달려가게 했습니다. 그때 그녀는 예수님이 살았다는 기쁨과 확신이 너무 커서 그 사실을 전하러 사도들에게 갔습니다.

누가에 의하면, 사도들은 막달라 마리아의 말을 믿지 않았습니다. 그들이 생각하기에 막달라 마리아의 말은 헛소리 같았던 것입니다.

남자들은 대개 그렇습니다. 그들은 "여자들이란 언제나 헛소리만 한다니까!"라고 말했습니다. 그들은 부활에 대한 증언을 거부했습니다. 그들은 일상적인 논리법칙에 따르지 않는 비합리적인 생각들을 받아들일 수 없었기 때문입니다. 그러나 여자들은 이 세상이나 이 세상의 진리를 지각하는데 있어서 훨씬 더 직관적입니다. 남자들에 비해서 여자들은 결코 논리적이지 않은 것입니다.

예수님은 이 남자들에게는 확신을 주기 위해서 … 못이나 창으로 찔린 구멍과 상처가 난 모습을 보이면서 나타났습니다 … 그들을 더 잘 설득하기 위해서 예수님은 음식을 먹기도 했습니다. 왜냐하면 남자들은 언제나 무엇인가를 먹는 존재이기 때문입니다.

예수님은 그들에게 이렇게 말씀하셨습니다. "너희들에게 먹을 것이 있느냐? 그래야 너희가 믿을 것이다." 남자들은 항상 무엇인가를 먹으려고 합니다. 왜 그렇습니까? 그것은 우리에게 동물성이 있으며, 동물성은 항상 무엇인가를 먹어야 하기 때문입니다. 사실 모든 동물들은 세상에서 살기 위하여 무엇인가를 먹어야 합니다. 그들이 예수님이 무엇인가 먹는 모습을 보기를 원했다면, 그것은 예수님이 도깨비가 아니라는 사실을 확인하고 싶었기 때문입니다. 그래서 예수님은 그의 몸이 이제는 지상의 몸과는 다른 법 아래 있지만, 인간의 동물적인 몸을 가지고 부활했다는 사실을 보여주었습니다.

그런데 예수님은 왜 빵이나 포도주를 먹지 않고 물고기를 먹은 것입니까?

나는 예수님이 부활하신 다음에 그의 제자들에게 그가 이 세상에 살면서 했던 모든 것들과 그가 언젠가 그의 몸과 피라고 말했던 빵과 포도주뿐만 아니라 그가 살기 위해서 먹었던 모든 것들이 다 중요하다는 사실을 보여주려고 했다고 생각합니다. 그러므로 우리 욕구들 가운데서 가장 저속한 욕구까지 하나님과 인간 사이의 연합을 나타낼 수 있는 은유가 될 수 있는 것입니다.

그러나 이 물고기는 또 다른 의미, 아주 깊은 의미를 담고 있다고 생각합니다.

예수님의 부활을 이해하는데 있어서 더 덧붙일 수 있는 것은 무엇일까요?

나는 무엇을 더 덧붙여서 말하지 않을 것입니다. 왜냐하면 신비는 언제나 남아있기 때문입니다. 나는 우리가 여태까지 이 이야기들을 나누면서, 무엇보다도 먼저 우리 둘 다 기쁨을 체험했다는 느낌이 듭니다. 그리고 우리가 그리스도인의 대열에 자리 잡고 있었다고 생각합니다. 왜냐하면 그리스도인이라는 이름은 복음서를 믿는 모든 사람들을 일컫는 이름이기 때문이고, 복음서를 믿는 이유는 예수님이 죽으셨다가 다시 "깨어나셨기" 때문입니다.

17
변화산에서의 예수님

누가복음 9:28-36

이 말씀을 하신 뒤에, 여드레쯤 되어서, 예수께서는 베드로와 요한과 야고보를 데리고 기도하러 산으로 올라가셨다. 예수께서 기도하고 계시는데, 그 얼굴 모습이 변하고, 그 옷이 눈부시게 희고 빛났다. 그런데 마침 두 사람이 예수와 말을 나누고 있었는데, 그들은 모세와 엘리야였다. 그들은 영광에 싸여 나타나서, 예수께서 예루살렘에서 이루실 일, 곧 그의 죽으심에 대하여 말하고 있었다. 베드로와 그 일행은 잠을 이기지 못해서 졸다가 깨어나서 예수의 영광을 보고, 또 그와 함께 서 있는 두 사람을 보았다. 그 두 사람이 예수에게서 떠나갈 때에, 베드로가 예수께 말하였다. "선생님, 우리가 여기에 있는 것이 좋겠습니다. 우리가 초막 셋을 지어서, 하나에는 선생님을, 하나에는 모세를, 하나에는 엘리야를 모시겠습니다." 베드로는 자기가 무슨 말을 하는지도 모르고, 그렇게 말하였다. 그가 이렇게 말하고 있는데, 구름이 일어나서 그들을 뒤덮었다. 그들은 구름 속으로 들어갔을 때에, 두려움에 사로잡혔다. 그리고 구름에서 소리가 나기를 "이는 나의 아들, 곧 내가 택한 자다. 너희는 그의 말을 들어라" 하셨다. 그 소리가 났을 때에, 예수만이 거기에 계셨다. 제자들은 입을 다물고, 그들이 본 것을 얼마 동안 아무에게도 이야기하지 않았다.

쩨라르 쎄베랭: 예수님은 "높은 산" 위에서 그 모습이 변화되었습니다…

프랑스와즈 돌토: 그것은 마치 지상에서의 삶에 대한 유혹을 떨쳐버리고, "저 세상"에 대한 전망을 열어주는 징표 같은 것입니다. 모든 방향에서 불어오는 바람에 대해 열려 있는 상징 같다고나 할까요?

예수님은 눈부시게 영광스러운 모습으로 변화되었습니다. 그런데 그것은 "사탄" 앞에서였습니다. 왜냐하면 그는 그에게 합리적인 생각을 강요했던 베드로에게 "사탄아, 내 뒤로 물러가라"고 했기 때문입니다.

사실, 사탄이란 타락한 천사라는 특별한 실체만은 아니라고 생각합니다. 사탄은 우리 모든 사람 안에서 우리 자신이 우리 욕망과 운명을 따라 살 때 생길 수 있는 위험을 도피하게 하는 요소를 가리킵니다. 그것은 우리 안에서 두려움 때문에 져버리거나, 안락함을 찾으려고 타협하게 하는 요소입니다. 그것은 때때로 육체적인 쾌락을 누리기 위해서, 우리가 위험을 무릅쓰고 위로 올라가려는 작업을 포기하게 하기도 합니다. 우리 인간에게 지워진 버거운 짐인 것입니다.

사탄은 우리가 개인적인 삶을 살아갈 때 걸릴 수 있는 요소이기도 합니다. 그것은 또한 우리가 그것을 실제로 원하지 않음에도 불구하고 우리들로 하여금 재물을 향해서 나아가게 하거나, 어려운 순간들을 도피하게 하기도 합니다. 여기에서 그것은 베드로였습니다. 그는 예수님에게 자기 보존의 본능을 자극하여 육체적인 안락을 찾아서 그에게 본래 정해진 길을 따라가지 못하게 하려고 했으며, 그의 사회적이고 육체적인 삶에 위협이 되는 위험을 피하게 하려고 했습니다. 그러나 그는 그렇게 하지 못하도록 금지되었고, 배척되었으며, 실패하고, 죽임을 당했습니다.

사탄이란 우리 안에서 부글부글 끓고 있는 무의식적이고, 모호하며, 잘 알지 못하는 어떤 힘인 것 같습니다.

왜 그렇지 않겠어요? 사탄은 언제나 타협하려고 하며, 편한 것만 찾고, 안일하고, 그럭저럭 지내는 것을 좋아합니다. 그래서 사탄은 언제나 사람들을 혼돈 속에 빠트립니다. 그래서 이 구절에서도 거기에 집을 짓고 같이 따뜻하게 살면 참 좋겠다고 하지요. 그렇게 하면 참 좋을지도 모릅니다. 매혹적인 것이었습니다. 참 좋아요. 왜 그렇게 하지 않겠어요?

여기에서 제자들은 느닷없이 나타난 일 앞에서 깊은 정서적 체험을 하고, 아연실색한 듯이 보인다는 사실을 특별히 명기(明記)해야 합니다. 그래서 그들은 머리 속에서 금방 떠오르는 것들을 말하고 있습니다. 그때 그들은 행복했고, 황홀했으며, 무엇엔가 홀린 듯했습니다. 그래서 그들이 느끼고 있는 행복감을 계속해서 누리려고 했습니다. 그 시간들이 연장되거나, 그 자리에 멈

취 셨으면 했던 것입니다. 그것이 인간적인 모습인지도 모릅니다 … 또한 인간 속에 있는 사탄의 모습이기도 합니다.

그러나 예수님과 함께 하는 삶 속에서 "누에고치 속에서의 안락"은 결코 지속될 수 없습니다. 그는 우리들이 그런 삶을 떠나서 더 멀리 가도록 초대하고 있습니다.

그렇게 하지 않는 것이 사탄인가요?

사탄은 "격식을 차리고 관습에 얽매어 있는 부르즈와"입니다. 또한 지상에서의 편안한 삶에서 뒹굴고, 변화되지 않는 확실성과 과거의 "틀림없는" 가치들에 못 박혀 있는 것입니다. 그러나 예수님과 함께 하는 영적인 삶은 이것과 전혀 다른 영역에 속해있습니다. 그것은 여기에서 보듯이 그의 몸 전체가 다른 모습으로 바뀌고 온통 달라지는 것으로 "표현되고 있지" 않습니까? 그것은 우리가 애벌레 속에서 이미 하늘을 훨훨 날아다니는 나비를 보는 것과 같은 것입니다. 눈부시게 빛나는 모습을 보는 것입니다.

그러나 세 제자들이 보았던 것은 내면적인 비전(vision)이 아니었을까요?

아마 그럴지도 모릅니다. 그 당시에 영적인 것들에 접근하고 이해하는 방식이 그렇게 나타났던 것인지도 모릅니다. 그러나 오늘날 그것과 다른 문화적인 상황 속에서, 특히 서구적인 상황 속에서 하나님이나 영적인 것들은 우리에게 이런 이미지로 나타나지는 않을 것입니다.

그렇다면 예수님의 변모는 여기 기록되어 있듯이 그런 모습으로 이루어진 것은 아니라는 말입니까?

그 문제에 관해서 나는 아무 것도 알지 못합니다. 이 비전은 사도들이 심리적으로 지각했던 "어떤" 다른 것을 그리고 있습니다. 그래서 그들은 그들이 보았던 알 수 없는 어떤 것을 표현하기 위해서 그 당시의 이미지와 말들을 찾아낸 것입니다. 당신은 오늘날 사람들이 그들이 느끼는 열정이나 사랑을 제대로 말할 줄 안다고 생각하십니까? 오늘날 가수들이 부르는 노래나 연극을 보십시오. 오늘날의 그것들은 50년 전의 그것들과 다르게 표현되고 있습니다. 그 둘 사이에서 영적인 것은 왜 그렇게 다른 방식으로 표현되는 것입니까?

18
간질병 걸린 어린이

마가복음 9:14-29

　그들이 다른 제자들에게 와서 보니, 큰 무리가 그 제자들을 둘러싸고 있고, 율법학자들이 그들과 논쟁을 하고 있었다. 온 무리가 곧 예수를 보고서는 몹시 놀라, 달려와서 인사하였다. 예수께서 그들에게 물으셨다. "너희는 그들과 무슨 논쟁을 하고 있느냐?" 무리 가운데 한 사람이 대답하였다. "선생님, 내 아들을 선생님께 데려왔습니다. 그 아이는 말을 못하게 하는 귀신이 들려 있습니다. 어디서나 귀신이 아이를 사로잡으면, 아이를 거꾸러뜨립니다. 그러면 아이는 거품을 흘리며, 이를 갈며, 몸이 뻣뻣해집니다. 그래서 선생님의 제자들에게 그 귀신을 내쫓아 달라고 했으나, 그들은 내쫓지 못했습니다." 예수께서 대답하여 그들에게 말씀하셨다. "아, 믿음이 없는 세대여, 내가 언제까지 너희와 함께 있어야 하겠느냐? 내가 언제까지 너희에게 참아야 하겠느냐? 아이를 내게 데려오너라." 그래서 그들이 아이를 예수께 데려왔다. 귀신이 예수를 보자, 아이에게 즉시 심한 경련을 일으켰다. 아이는 땅에 넘어져서, 거품을 흘리면서 뒹굴었다. 예수께서 그 아버지에게 "아이가 이렇게 된 지 얼마나 되었느냐?" 하고 물으셨다. 그가 대답하였다. "어릴 때부터입니다. 귀신이 그 아이를 죽이려고, 여러 번, 불 속에도 던지고, 물 속에도 던졌습니다. 하실 수 있으면, 우리를 불쌍히 여기시고, 도와주십시오." 예수께서 그에게 말씀하셨다. "'할 수 있으면'이 무슨 말이냐? 믿는 사람은 모든 것을 할 수 있다." 아이 아버지는 큰 소리로 "내가 믿습니다. 믿음 없는 나를 도와주십시오" 하고 말하였다. 예수께서 무리가 떼를 지어서 달려오는 것을 보시고, 악한 귀신을 꾸짖어 말씀하시기를 "벙어리, 귀머거리 귀신아, 내가 너에게 명한다. 아이에게서 나가라. 그리고 다시는 그에게 들어가지 말아라" 하셨다. 그러자 귀신은 소리를 지르고 아이에게 심한 경련을 일으켜 놓고서 나갔다. 아이는 죽은 것과 같이 되었다. 그래서 사람들은 모두 말하기를 "아이가 죽었다" 하였다. 그런데 예수께서 아이의 손을 잡아서 일으키시니, 아이가 일어섰다. 예수께서 집 안으로 들어가시니, 제자들이 따로 그에게 물어 보았다. "왜 우리는 귀신을 내쫓지 못했습니까?" 예수께서 그들에게 대답하셨다. "이런 부류는 기도로 내쫓지 않고는, 어떤 수로도 내쫓을 수 없다."

쩨라르 쎄베랭: 간질병은 어떤 병입니까?

프랑스와즈 돌토: 그것은 사람들이 자기의 역동적인 충동을 제어하지 못하고, 다른 사람에 대한 공격성을 제어하지 못하는 병입니다. 간질병에서 그런 것들은 자기를 향해서 나타납니다. 따라서 간질병에 걸린 사람들은 자기 안에 웅크리고 있으며, 자기 개인만을 문제 삼고 있습니다. 말하자면 그들은 자기 안에 폐쇄회로를 만들어 놓고 있는 것입니다. 그런 사람들이 나누는 것들은 다른 사람을 향해서 멀리 나아가지 못하고, 끊임없는 왕복 운동 속에서 언제나 자기에게로 돌아옵니다. 건강의 문제에서도 마찬가지입니다.

여기 간질병에 걸린 사람 하나가 군중 속에 있습니다. 그는 거기에서 나가지 못하고 있습니다. 그는 다른 사람들을 진정으로 만나기 위해서 뒤로 물러서거나 그들과 분리되지 못했습니다. 그 대신에, 그는 그들의 한 복판에 있었고, 다른 사람들은 그를 괴롭혔습니다. 그러자 그에게는 그들을 향한 공격 욕구가 일어났고, 그 욕구는 자기를 향하게 되었습니다. 그래서 그는 자기에게 돌을 던졌고, 거품을 물었으며, 물이나 불 속으로 뛰어 들어갔습니다 … 포악해졌던 것입니다.

내가 생각하기에 이 환자는 다른 사람들과 전혀 의사소통할 수 없었고, 언제나 땅으로 되돌아와 땅바닥에 넘어지고, 풍토열에 시달렸을 것입니다. 그는 "높은 산꼭대기"에 있지 않았던 것입니다. 그에게 때때로 위기가 찾아 왔는지 몰라도 땅바닥이 제일 편안했을 것입니다. 그는 다른 사람들과 진정한 관계를 형성할 수 없었던 것입니다. 또한 그는 "다른 사람들의 바깥에 있는 것"이 그렇게 두려울 수 없었습니다. 그는 마치 하나의 살덩이 같았으며, 그의 몸에는 불안이 엉겨붙어 있었습니다. 그는 고통 속에서 머리를 어디에 두어야 할지, 어디로 나아가야 할지 몰랐습니다.

내가 생각하기에 우리 삶이 혼란하게 되는 것은 우리 존재의 심연, 즉 우리 안에서 가장 비밀스러운 곳이 우리 자신으로 가득 차있을 때입니다. 왜냐하면 우리 존재의 중심은 우리 자신을 보존하려는 것들로서가 아니라 사랑의 공백으로 가득 차있어야 하기 때문입니다. 그래야 우리는 우리 자신이 아닌 다른 사람들을 찾아 나설 수 있으며, 다른 곳으로 나아갈 수 있는 것입니다.

예수님은 "이런 종류의 귀신은 … 쫓아낼 수가 없다"고 말씀하셨습니다.

말이 나온 김에 하는 말이지만, 우리는 여기서 한 걸음 더 나아가 이 "귀신"은 사탄이나 마귀가 아니라, 두뇌의 에너지를 제대로 흐르지 못하게 하는 두뇌에 생긴 기형이나 상처 따위가 그 불쌍한 아이를 무의식적으로 "잘못되게" 한 것이라고 말할 수 있을 것입니다.

예수님은 "이런 종류의 귀신은 오직 기도밖에는 쫓아낼 수가 없다"고 말씀하셨습니다. 왜 그런 말씀을 하신 것입니까?

기도는 우리 믿음과 욕망의 표현으로서 우리를 부족한 힘과 인식으로 부르고 있습니다. 우리가 만일 하나님과 다른 사람들에 대한 신뢰를 가지기 위해서 우리 자신을 비워버린다면 우리는 그들을 받아들이려고 우리 내면을 움푹 팔 것입니다. 우리를 열어놓기 위해서 우리 자신을 더 깊이 파고, 우리에게 다가올 수 있는 통로를 만들어 놓을 것입니다. 더구나 예수님은 이렇게 말씀하시지 않았던가요? "모든 것은 믿는 사람에게만 가능하다." 다시 말해서 다른 사람을 향해서 나아가고, 자기 삶의 일부나 전체를 다른 사람들에게 내어놓는 사람들만이 그 병을 고칠 수 있다는 것입니다. 그 사람은 다른 사람을 자기 삶의 역동성의 중심으로 삼는 사람입니다. 그러므로 이 병이야 말로 고치기 어려운 병이며, 기도와 금식으로 자기 자신을 비워내지 않고서는 고칠 수 없는 것입니다.

알겠습니다. 그러나 여기에서 기도해야 할 사람은 간질병에 걸린 아이가 아니라, 그의 아버지였으며, 더 정확하게 말하자면 그 아이의 병을 고쳐줄 수 있는 예수님이었습니다.

당신이 금식을 통해서 당신의 몸을 비우고, 기도를 통해서 당신의 생각들을 모두 비워낸다면 당신은 환자들에게 다가갈 때 그의 모든 것들을 흡수할 수 있을 것입니다. 그때 당신은 그와 의사소통을 하는 하나의 그릇이 되어서 그가 자기 몸 속에 간직하고 있는 극단적인 요구들로부터 해방되게 할 수 있을 것입니다.

두 사람이 함께 할 때, 그들은 서로의 의견을 나누는 그릇이 되는 것인가요?

두 사람 가운데 어느 한 사람이 끊임없이 기도할 수 있었고, 그의 몸이 요구하는 것들을 들어주지 않을 수 있었다면, 그는 살(肉)의 요구가 아닌 다른 욕망을 불러낼 수 있을 것입니다. 그리하여 간질병이나 다른 병들의 차원이 아닌 또 다른 차원 위에 서게 될 것입니다. 지금 고통 당하는 사람의 고통을 자기 몸에 짊어질 수 있게 되는 것입니다. 왜냐하면 그는 지금 자기 안에 그가 들어올 수 있는 자리를 만들어 놓았기 때문입니다. 물론 그가 환자의 육체적인 병을 자기 몸에 덮어쓴 것은 아닙니다. 오히려 그가 자기 안에 웅크리고 있는 대신에 다른 사람들을 향해서 나아가고, 영적인 삶을 향해서 나아가도록 바로잡아준 것입니다. 이런 것을 가리켜서 복음서에서는 "성도들이 하나가 되는 것"이라고 부르고, 우리가 정신분석 과정에서 자주 보는 현상입니다. 나도 이 문제에 대해서 여러 번 이야기했습니다.

모든 "치료자"들이 그렇게 할 수 있다면, 그들은 모두 기꺼이 자기 몸을 비우고, 자기 안에 선생님이 말하는 "흡인 장치"를 만들어 놓지 않겠습니까?

그러므로 예수님이 "너희에게 겨자씨 한 알 만한 믿음이라도 있으면, 이 산더러 '여기에서 저기로 옮겨가라' 하면 그대로 될 것이요, 너희가 못할 일이 없을 것이다"라고 말씀하신 것을 우리가 말하는 이 상황에 옮겨 놓고 말한다면 이렇게 번역될 것입니다. "자기 몸에 그런 자리를 만들 힘이 있는 사람은 그렇게 하시오"라고 말입니다.

그러나 오늘날 현대인들이 "믿음"을 가지고는 있습니다. 그러나 기도를 통해서 산을 옮기려고 하기보다는 폭약(爆藥)을 이용해서 단숨에 산을 옮겨버리려고 합니다. 기도를 통해서 병을 고치려고 하기보다는 약을 사용해서 고치려는 것입니다. 그것이 더 확실하기 때문입니다.

맞습니다. 그렇게 함으로써 사람들은 각각의 분야에서 하나님이 하는 일을 하고 있습니다.

선생님 생각에는, 폭약의 성능을 믿는 것만 가지고 우리가 삶, … 영적인 삶을 살기에 충분하다고 생각하십니까?

당신이 빵을 살 때, 당신에게는 그것이 빵이라는 믿음이 있습니다.

그때 나는 빵을 보고, 만지고, 먹습니다. 그러나 그것은 믿음이 아닙니다.

아닙니다. 그것이 믿음입니다. 우리는 우리가 지각하는 것들만 믿습니다. 우리는 어떤 것이 "빵이다"라고 하는 기표(記標)를 믿지 않고, 우리 감각 기관이 우리에게 알려주는 것을 믿고 있는 것입니다.[1]

그것은 마치 내가 어떤 사람을 만나서 "자, 나에게 말해 보십시오. 나는 배가 고픕니다"라고 말했다면, 그것은 앞으로 "당신이 나에게 말하는 것은 나에게 먹을 것을 주는 것과 관계될 것입니다"라는 의미이군요.

예수님도 이렇게 말했습니다. "나에게는 또 다른 양식이 있는데, 그것은 내 아버지의 뜻을 행하는 것이다." 그러나 우리 인간들, … 보통 사람들은 "기표"만 가지고 살지 않으며 "사랑이나 목마르게 하지 않는 시원한 물"만 가지고 살지도 않습니다. 그러

---

[1] 언어학에서 의미에는 두 가지 요소가 있다고 주장하는데 하나는 signifiant(記標)이고 다른 하나는 signifi(記義)이다. 기표는 어떤 대상을 이름지어 불러서 우리 귀에 들어오는 청각영상을 가리키고, 기의는 그것이 가리키는 의미이다. 그런데 돌토는 현대인들은 기표가 가리키는 것을 믿지 못하고, 그 대상을 보고, 듣고, 만져야 비로소 믿게 되었다고 주장하였다. 즉 현대인들은 어떤 것을 "빵"이라고 말할 때도 그것을 빵이라고 믿지 못하고 그것이 정말 빵인지 아닌지 확인한 다음에야 믿는 믿음이 약해진 삶을 살게 되었다고 주장하는 것이다—역자 주.

나 우리 삶을 살아 움직이게 하는 것들은 이 기표들입니다. 왜냐하면 그것들은 우리 삶이 이 세상에 깊이 뿌리 박을 수 있게 하고, 우리 삶에 의미를 부여해주기 때문입니다. 이런 삶을 살 때 우리 믿음은 육체적인 삶을 통해서는 물론, 정신적이고, 영적인 삶을 통해서 스스로 드러날 것입니다.

하지만, 산을 옮기기 위해서 기도하는 것은 폭약을 가지고 옮기는 것보다 덜 확실한 것입니다.

지금 말한 "덜 확실하다"는 말은 나에게 "사탄"의 길처럼 느껴집니다. 그러나 나는 사탄의 길을 통해서도 우리는 하나님께 갈 수 있다고 믿습니다. 왜냐하면 예수님이 지옥에까지 내려가셨기 때문입니다. 다시 말해서 예수님이 우리의 가장 깊은 곳, 고태적(古態的)이고, 땅 속에 파묻혀 있으며, 공격성과 두려움으로 가득 찬 세계에까지 내려갔다가 다시 부활하셨기 때문입니다.

예수님이 부활하신 이래, 이 세상에 사탄이란 더 이상 찾아볼 수 없게 된 것입니다.

19
달란트의 비유

마태복음 25:14-30

"또 하늘 나라는 이와 같다. 어떤 사람이 여행을 떠나면서, 자기 종들을 불러서, 자기의 재산을 그들에게 맡겼다. 그는 각 사람의 능력에 따라, 한 사람에게는 다섯 달란트를 주고, 또 한 사람에게는 두 달란트를 주고, 또 다른 사람에게는 한 달란트를 주고 떠났다. 다섯 달란트를 받은 사람은 곧 가서, 그것으로 장사를 하여, 다섯 달란트를 더 벌었다 두 달란트를 받은 사람은 곧 가서, 그것으로 장사를 하여, 다섯 달란트를 더 벌었다. 두 달란트를 받은 사람도 그와 같이 하여, 두 달란트를 더 벌었다. 그러나 한 달란트 받은 사람은 가서 땅을 파고, 자기 주인의 돈을 숨겼다. 오랜 뒤에, 그 종들의 주인이 돌아와서, 그들과 셈을 하게 되었다. 다섯 달란트를 받은 사람은 다섯 달란트를 더 가지고 와서 말하기를 '주인님, 주인님께서 다섯 달란트를 내게 맡기셨는데, 보십시오, 다섯 달란트를 더 벌었습니다'

하였다. 그의 주인이 그에게 말하였다. '착하고 신실한 종아, 잘했다! 네가 적은 일에 신실하였으니, 이제 내가 많은 일을 네게 맡기겠다. 와서, 주인과 함께 기쁨을 누려라.' 두 달란트를 받은 사람도 다가와서 '주인님, 주인님께서 두 달란트를 내게 맡기셨는데, 보십시오, 두 달란트를 더 벌었습니다' 하였다. 그의 주인이 그에게 말하였다. '착하고 신실한 종아, 잘했다! 네가 적은 일에 신실하였으니, 이제 내가 많은 일을 네게 맡기겠다. 와서, 주인과 함께 기쁨을 누려라.' 그러나 한 달란트를 받은 사람은 나아와서 '주인님, 나는, 주인이 굳은 분이시라, 심지 않은 데서 거두시고, 뿌리지 않은 데서 모으시는 줄로 알고, 무서워하여 물러가서, 그 달란트를 땅에 숨겨두었습니다. 보십시오. 여기에 그 돈이 있으니, 받으십시오' 하고 말하였다. 그러자 그의 주인이 그에게 말하였다. '악하고 게으른 종아, 너는, 내가 심지 않은 데서 거두고, 뿌리지 않은 데서 모으는 줄 알았다. 그렇다면, 너는 내 돈을 돈놀이하는 사람에게 맡겼어야 했다. 그랬더라면, 내가 와서, 내 돈에 이자를 붙여 받았을 것이다. 그에게서 그 한 달란트를 빼앗아서, 열 달란트 가진 사람에게 주어라 가진 사람에게는 더 주어서 넘치게 하고, 없는 사람에게서는 있는 것마저 빼앗을 것이다. 이 쓸모 없는 종을 바깥 어두운 데로 내쫓아라. 거기서 슬피 울며 이를 가는 일이 있을 것이다.'"

프랑스와즈 돌토: 이 비유는 우리에게 하나의 윤리, 즉 우리가 이 세상을 개인적으로 어떻게 살아야 할 것인가 하는 것에 관해

서 가르쳐 주고 있습니다. 이 문제는 우리에게 두려움을 주는 것을 넘어서 영원한 위험이기도 합니다. 우리가 가진 것들, 그것이 우리 소질이 되었건, 우리가 애써서 얻은 것이 되었건, 유산으로 물려받은 것이 되었건, 벌어들인 돈이 되었건 간에 우리에게 주어진 것들 가운데서 어느 하나라도 그대로 남아있거나, 우리가 그것을 처음 얻었을 때와 같은 상태로 남아있을 수 없습니다. 우리가 가진 것들은 끊임없이 우리가 하는 일들을 통해서 위험에 빠지게 되는 것입니다.

께라르 쎄베랭: 다른 사람들을 도우려다가 그렇게 되는 것입니까?

그렇습니다. 그러나 이 세상에는 자기가 가진 것들을 가지고 다른 사람들을 돕는데 쓰지 않고, 자기 혼자서만 그것들을 즐기는 사람들도 많이 있습니다. 하지만 이 비유는 그 주제에 관해서 말하는 것이 아닙니다. 그런 것이라면 다른 구절에도 많이 있습니다.

모든 것을 가진 사람들은 그것 때문에 반드시 위험에 처하게 됩니다 …

… 마찬가지로 모든 것을 할 수 있는 사람은 여태까지 해왔던 습관만 반복하거나 똑같은 결과만 가져오는 도덕률만 따를 것이 아니라 위험을 무릅쓰고서라도 다른 사람들을 도와야 합니다. 그들은 다른 사람들이 과거의 삶보다 더 나은 삶을 살고, 아무 것도 발달시키지 않았던 것들에서 벗어나 새로운 길을 개척하도록 다른 사람들을 초대해야 하는 것입니다.

그것은 이 비유에 나오는 세 번째 종과 다르게 사는 것입니다.

세 번째 종은 자기 욕망의 주체가 돼서 살지 않고 주인의 욕망을 생각하면서 두려워하기만 했습니다. 두려움이 그를 사로잡아서 마비 상태에 빠졌던 것입니다. 그는 그 주인을 사랑하지 않았습니다. 그래서 그는 모든 사람에게 있는 것으로서 그의 내면에 있는 그 자신의 주체 역시 사랑하지 않았습니다.

그의 아버지는 아마 별로 따뜻한 사람이 아니었고, 그를 잘 보살펴주지 않았는지도 모릅니다. 그래서 그는 권위를 가진 사람들을 모두 이 적대적인 모델에 따라서 생각했는지도 모릅니다.

우리가 마음속에 미움을 품고 있으면, 우리는 자유롭지 못합니다. 그때 우리는 우리가 미워하는 사람에게 집착하게 되고, 그와 이어지기 때문입니다. 우리가 거기에 사로잡히는 것입니다. 왜냐하면 우리는 무슨 수를 써서라도 그와 남은 계산을 다 끝내려고 하기 때문입니다. 그러므로 우리가 욕망을 실현시키려면 다른 사람들과의 관계에서 최소한의 사랑과 거리와 자유를 확보해야 합니다. 이 비유에서 주인은 그런 거리를 확보했습니다. 여행을 떠나면서 그의 종들에게 그가 가진 재산의 일부를 맡기고, 그 사람들의 책임 아래 둔 것입니다.

하지만 세 번째 종이 그런 것을 바란 것은 아니지 않습니까?

그 사람은 태어나면서부터 겁쟁이였거나, 자기가 맡은 일을 제대로 처리할 줄 모르는 사람이었을 것입니다. 말하자면, 기생충 같은 사람이었던 것이지요.

그 주인은 돈 대신 그 농사꾼들에게, 예를 들어서 말하자면, 보리 한 항아리씩 맡겨 둘 수도 있지 않았습니까? 왜냐하면 거기에 수확을 보아야겠다는 말이 나오니까 말입니다 …

그랬을지라도 그 종들은 그 씨를 가지고 수확을 거두어 창고에 쌓거나 다른 단지에 넣어두기 위해서 모험을 하기는 했을 것입니다. 그래서 주인은 여행에서 돌아온 다음에 그 종들에게 그들이 수확한 것을 내놓아 보라고 요구했을 것입니다. 그때 각 종들은 주인에게 "주인님, 당신이 내게 맡기신 것을 가지고 나는 그 동안 잘 살았고, 그것이 남긴 것들을 모두 당신 앞에 내놓습니다"라고 말할 것입니다. 돈의 경우와 마찬가지입니다.

그러나 여기에서는 돈으로 나오니까, 일을 했다고 하는 것입니다. 그런데 돈은 그것이 어떤 일을 통해서 무엇인가를 다시 생산하지 않는 한 아무 가치도 없는 것입니다. 이 비유에서 주인이 "가진 사람에게는 더 주어서 넘치게 하고 없는 사람에게는 있는 것마저 빼앗을 것이다"라고 아주 간결하게 말하는 이유는 그 때문입니다. 이 말은, 자기 욕망을 따라서 살지 못하고 마비되어있는 사람에게 책임감을 주어서 무슨 소용이 있겠느냐 하는 의미입니다. 차라리 자기 욕망과 다른 사람들의 욕망을 감당할 수 있고, 거기에서 열매를 맺을 수 있는 사람에게 책임을 주는 것이 더 나을 것이라는 말입니다. 무엇인가 욕망을 가지고 사는 사람들에게 다른 사람들은 무엇인가 줄 것입니다. 그러나 아무 욕망도 느끼지 못하는 사람들에게서 무엇인가를 빼앗는다고 해도 그의 안일한 게으름밖에 취할 것이 없습니다. 그가 만일 두려워한다면 그는 그에게 있는 것들을 다른 사람의 욕망까지 감당할 수 있는 사람에게 맡길 것입니다.

모든 것은 그에게 주어진 것들을 따라서, 또한 그가 다른 사람들과 함께 또는 자기 혼자 무엇인가 할 수 있는 역량에 따라서 이루어질 것입니다.

그래서 그 주인은 가장 열심히 일한 사람에게 동전을 주었습니다. 그것이 보리 단지였어도 마찬가지일 것입니다.

… 그러면 그 단지로부터 많은 열매가 맺혔을 것입니다.

그 주인은 게으른 종에게 이렇게 말했습니다. "너는 내 돈을 은행에라도 맡겨야 하지 않았느냐?" 그러나 돈을 은행에 맡기는 것은 일은 하지 않고 돈만 불리는 것이 아닙니까?

돈을 가지고서는 일을 해야 합니다. 부자와 나사로의 비유(누가복음 15:19-31)에 나오는 부자처럼 많은 사람들이 다른 사람들에게 해를 끼치면서까지 자기 이익만 추구하거나, 자기만을 위해서 자기 부(富)를 사용하는 동안에 우리는 우리가 가진 것을 가지고 무엇인가 생산해야 합니다.

이 주인은 너무 아버지 같은 모습을 보이고 있습니다. 자녀들에게 벌을 주고, 또 무엇인가 나누어줌으로써 보상을 해주는 아버지 같은 것입니다.

사실, 여기서 아버지와 같은 시각을 볼 수 있는 것은 사실입니다. 우리 모두가 스스로에게 아버지가 될 수 있다는 의미에서 말입니다. 이 비유에 나오는 종 둘은 스스로에게 아버지의 역할을 잘 했습니다. 그러나 세 번째 종은 겁이 많은 아이처럼 살았습니다. "당신이 나에게 준 것은 이것입니다. 이것을 받으십시오. 다시 당신에게 돌려드립니다."

처음 두 사람은 선생님이 말한 대로 스스로에게 아버지가 되었습니다. 그러나 그들은 아무리 아버지처럼 했지만 아무 소득도 얻지 못했습니다. 그들의 주인에게 다시 돌려주어야 했기 때문입니다.

전혀 그렇지 않습니다. 당신이 지금 말한 것보다 더 미묘한 것이 있습니다. 하인들이 애쓰고 노력한 결과들을 주인에게 돌려주어야 하는 것은 사실입니다. 그러나 누가복음을 보면 주인은 종에게 열 고을을 다스리도록 합니다(누가복음 19:17). 그러면서 "네 주인의 기쁨을 함께 누리자"라고 합니다. 이 말이 의미하는 것은 모든 사람들은 자기 나름대로 다시 주인이 되어서 그가 소유한 것을 가지고 즐거워한다는 것입니다. 그러나 그들은 다시 주인이 되어서 자기가 가진 것을 다시 투자하여 위험을 무릅써야지, 그것을 잠자게 해서는 안 됩니다. 이것이 우리 삶에 있는 일이고, 우리 삶에서 벌어지는 일입니다.

그것을 가리켜서 이렇게 말할 수 있을 것입니다. "아무 위험도 감행하지 않는 사람은 아무것도 얻을 수 없다." 이 비유에서 강조하려고 하는 것은 "아무 위험도 감행하지 않는 사람은 존재조차 없어질 것이다"는 것이 될 것입니다.

20
정직하지 않은 청지기

누가복음 16:1-9

예수께서 제자들에게도 말씀하셨다. "어떤 부자가 있는데, 그는 청지기를 하나 두었다. 이 청지기가 재산을 낭비한다고 하는 고발이 들어와서, 주인이 그를 불러 놓고 말하였다. '자네를 두고 말하는 것이 들리는데, 어찌된 일인가? 자네가 맡아보던 청지기 일을 정리하게. 이제부터 자네는 청지기 일을 볼 수 없네.' 그러자 그 청지기는 속으로 말하였다. '주인이 내게서 청지기 직분을 빼앗으려 하니, 어떻게 하면 좋을까? 땅을 파자니 힘이 없고, 빌어먹자니 부끄럽구나. 옳지, 좋은 수가 있다. 내가 청지기의 자리에서 떨려 날 때에, 나를 자기네 집으로 맞이해 줄 사람들을 미리 마련해야 하겠다.' 그래서 그는 자기 주인에게 빚진 사람들을 하나씩 불러다가, 첫째 사람에게 '당신이 내 주인에게 진 빚이 얼마요?' 하고 물었다. 그 사람이 '기름 백 말이오' 하고 대답하니, 그 청지기는 그에게 '자, 이것이 당신의 빚문서요. 어서 앉아서, 쉰 말이라고 적으시오' 하고 말하였다. 그리고 다른 사람에게 '당신의 빚은 얼마요?' 하고 물었다. 그 사람이 '밀 백 섬이오' 하고 대답하니, 청지기가 그에게 '자, 이것은 당신의 빚문서요. 받아서, 여든 섬이라고 적으시오' 하고 말하였다. 주인은 그 불의한 청지기를 칭찬하였다. 그것은 그가 슬기롭게 대처하였기 때문이다. 이 세상의 아들들이 자기네끼리 거래하는 데에는, 빛의 아들보다 더 슬기롭다. 그러므로 내가 너희에게 말한다. 불의한 재물로 친구를 사귀어라. 그래서 그 재물이 없어질 때에, 그들이 너희를 영원한 처소로 맞아들이게 하여라.

께라르 쎄베랭: 여기 아주 이상한 비유 하나가 있습니다. 이 청지기는 정직하지 않습니다. 그는 자기 앞날을 도모하려고 주인의 소유를 훔쳐서 다른 사람들에게 나누어준 아주 고약한 사람이었습니다. 그런데 예수님은 이 사람을 예로 들었습니다.

프랑스와즈 돌토: 우리 사람들에게는 선과 악이 있습니다. 그러나 성령에는 그런 것이 없습니다. 성령 안에서 중요한 것은 의사소통을 하는 것입니다. 그렇습니다. 그런 나눔이 욕심쟁이들 사이에서 이루어지든지, 시정잡배들 사이에서 이루어지든지 하는 것들은 전혀 중요하지 않습니다. 다시 한번 더 말합니다. 가장 중요한 것은 그 사이에서 의사소통이 이루어지는 것입니다. 하나님에게서는 모든 것이 그렇습니다. 하나님은 우리가 다른 사람들과 의사소통을 하는 곳에만 존재하십니다.

우리가 가난하고, 옥에 갇혀있고, 굶주린 사람들을 … 만날 때 하나님을 만난다는 것은 우리가 잘 아는 주제입니다. 그러나 그런 만남과 의사소통은 아무렇게나 이루어지지 않습니다.

왜 그렇지 않겠습니까? 성령에는 법이 필요 없지만, 사람들에게는 언제나 법이 있습니다.

그러나 예수님은 우리가 하나님과 의사소통을 할 때에 "네가 제단에 제물을 드리려고 하다가 네 형제나 자매가 네게 어떤 원한을 품고 있다는 생각이 나거든 너는 그 제물을 제단 앞에 놓아두고 먼저 가서 네 형제나 자매와 화해하여라"(마태복음 5:23-24)라고 말했습니다. 우리가 하나님을 만나려고 할 때, 아무렇게나 해서는 안 되는 것입니다. 마찬가지로 우리는 아무렇게나 해서 우리 자신과 화해할 수도 없습니다.

그러나 우리는 추잡스러운 사람과도 화해할 수 있습니다.

그렇습니다. 그러나 거기에도 어떤 법이 있습니다. 사랑의 법 말입니다.

틀림없는 사실입니다. 내 생각에 의하면, 이 청지기는 인간의 법에 비추어보았을 때 부정직한 사람이었는지 모르지만, 그는 사랑의 법을 가지고 산 사람입니다. 완전히 그렇습니다.

그 주인이 그를 해고하려고 하자, 청지기는 어떻게 했습니까? 그가 관리하고 있던 장부를 정리하지 않았습니까? 그러면서 "당신은 우리 주인에게 빚을 진 것이 얼마입니까? 나는 그것을 감해 주겠습니다"라고 말하지 않았습니까? 그때 빚진 사람들은 그가 그렇게 하는 것을 보고 참 좋은 일이라고 생각하면서, 그에게 고마워했을 것입니다. 그리고 그 청지기를 좋아했을 것입니다. 그들은 그것이 주인에게는 올바른 일이 아니라고 생각했겠지만, 우리가 생각하기에 그것은 참으로 엄청난 일이었습니다.

그러니까 다른 사람들과 의사소통을 하고 무엇인가를 나누는 방법은 별로 중요하지 않다는 말입니까?

그렇습니다 … 당신은 사람들이 이 비유를 어떻게 해석하는지 알고 있을 것입니다. 사람들은 이 비유를 흔히 이렇게 주석하고 있습니다. "다른 사람들이 당신을 좋아하도록 만들 수 있는 지혜와 슬기는 물론 하나님도 당신을 사랑하게 할 수 있는 지혜와 슬기가 있다면, 당신은 … 영원토록 성공할 것이다." 그러면서 이 비유에서 상황이 역전된 것에 대해서는 이렇게 바로잡으려고 할 것입니다: "당신이 물질적인 재화를 버는데 사용하는 슬기를 영적인 성장을 가져오는데도 사용하시오."

그 청지기의 고약한 친구들은 하늘 나라에서 그를 기다리고, 그가 들어올 자리를 만들어 놓을 것입니다.

그렇지는 않을 것입니다. 그것은 우리가 지금 사는 현실에서는 곧 일어날 수 있는 일입니다. 이것은 하나의 이야기, 비유이며 우화입니다. 그는 이제 주인으로부터 쫓겨날 것입니다. 그러나 … 그는 그렇게 부당하게 얻은 돈으로 친구들을 많이 사귀었습니다. 돈이 좋은 것은 그것을 소유하는데 있지 않고, 그것을 가지고 친구를 사귈 수 있다는데 있습니다.

그 문제로 다시 돌아가 봅시다. 우리는 아무 방법으로나 다른 사람들과 의사소통을 할 수 있는 것이 아닙니다. 어쨌든 이 청지기는 주인에게 손해를 끼쳤습니다.

　이 청지기가 주인에게 원수가 될 것은 틀림없는 사실입니다. 그 주인은 이렇게 말할지도 모릅니다. "그 놈은 참 고약한 놈이다. 그 놈을 내쫓아야 했었는데 그렇게 하지 못해서 잘못 되었구나. 그 청지기는 아주 약삭빠른 놈이었는데, 나는 내 일을 제대로 처리할 줄 몰랐었구나." 그 주인이 그를 제대로 고용할 줄 몰랐던 것은 사실입니다.

　청지기는 제멋대로 살고, 다른 사람들과 좋지 않은 모임을 만들었습니다…

　… 그 사람들에게 사회 의식(意識) 같은 것이 있었다면 더 좋았을 것입니다. 그랬다면 그들은 그 청지기에게 돈 몇 푼을 주는 것으로 끝내지는 않았을 것이고, 그러면 그는 사회에서 밀려나 완전히 파멸될까 염려하지 않아도 되었을 것입니다.
　모든 사람들은 자기 나름대로 사는 것입니다. 그러나 예수님은 온 세상 사람들과 자기가 가진 것을 나누려는 이상(理想)을 가지고 사는 사람들을 모범으로 삼았습니다…

　… 지금 선생님은 어떤 조건을 제시한 것 같습니다.

　하지만 언제나 중요한 것은 다른 사람들과 의사소통을 하고, 함께 나누는 것입니다. 그런 삶은 자기 혼자서 부끄러워하거나, 기뻐하거나, 자부심을 가지거나 하는 삶이 아닙니다. 다시 한번 더 말하지만, 중요한 것은 의사소통을 하는 것입니다.
　나는 이 비유에서 요점이 되는 것은 그 청지기가 아주 기뻐하고, 즐거워했다는 점이라고 생각합니다 …
 그렇습니다. 여기에서 주인은 아주 큰 낭패를 보았습니다. 그는 좀더 조심했어야 했습니다. 그렇게 석연치 못한 구석이 있는 청지기를 잘 감독했어야 했던 것입니다. 그가 그 청지기를 상대로 해서 소송을 걸면 해결될까요? 만약에 그렇게 된다면, 그 소송은 그 청지기의 친구들을 더 많이 불러모을 것입니다. 왜냐하면 많은 사람들이 찾아와서 그를 변호할 것이니까요. 그러면서 "당신은 우리에게 별로 많은 것을 요구하지 않았습니다. 우리에게 말입니다 …" 하고 말할 것입니다. 주인은 그것을 잘 알고 있었습니다. 그는 주인의 청지기였으니까 말입니다.

 그것이 사랑인가요?

 잘 모르겠습니다. 그러나 아마 사랑 안에서 사는 방식이라고 말할 수는 있을 것입니다.
 우리에게 친구가 많으면 많을수록 그만큼 우리는 더 하나님과 함께 사는 것입니다. 하나님과 함께 하는 것은 하나님을 우리 안에만 모시고 사는 것이 아니라, 언제나 다른 사람들과 의사소통을 하는 것입니다. 그것이 예수님이 우리에게 다른 것들을 가르치면서 같이 가르쳐주신 것입니다. 그렇습니다. 혼자 지내는 것보다 다른 사람들과 관계를 맺으면서 사는 것이 아주 중요한 것입니다.
 드라크마를 잃어버렸다가 다시 찾은 여인의 비유(누가복음 15:8-10)에서도 예수님은 이 사실을 다시 말하지 않았습니까? 이 여자는 동전 한 닢을 다시 찾은 다음에 창문에 대고 "그녀의 친구들"에게 다같이 와서 그 기쁨을 함께 나누자고 외치지 않았습니까? 예수님은 그 여자가 모든 사람들과 함께 마음을 나누었다고 우리에게 모범으로 보여주신 것입니다. 그 여자는 자기 기쁨을 혼자서만 간직하지 않았습니다.

그것은 누가복음의 같은 장에서 양 한 마리를 잃어버렸다가 다시 찾은 목자나, 아들을 다시 찾은 아버지의 경우에서도 마찬가지였습니다.

바로 그렇습니다. 우리의 기쁨과 고통을 같이 나누는 것이야말로 우리가 다른 사람들과 같이 사는 것입니다. 그리고 다른 사람과 같이 사는 것은 우리가 하나님에게 가는 가장 빠른 지름길입니다.

선생님 생각에는 우리 삶에서 최고의 법칙은 다른 사람들과 의사소통을 하고 친구를 사귀는 것입니까?

그것은 내가 그렇게 말한 것이 아니라, 복음서에서 말하는 것입니다. 죄인일지라도 친구를 사귀어라! 그리스도는 어디에나 갔습니다. 죄인들이나 창녀들에게까지 말입니다 … 인간의 도덕률은 성령의 도덕률이 아닙니다. "자아"의 도덕률 역시 성령의 도덕률이 아닙니다.
사회의 법은 주인의 돈을 낭비한 청지기를 옥에 가두고, 때릴지 모르지만, 그 빚을 탕감 받은 사람들은 그를 위로할 것입니다. 그는 모험을 한 것이고, 사람들은 매일 매일 살면서 그렇게 하기도 합니다. 그러나 우리는 우리가 하는 모험에 대해서 잘 알고 있어야 합니다. 우리가 과연 올바른 양심을 가지고 모험을 하는 것이고, 친구를 사귀기 위해서 모험하는 것인가 하는 점을 말입니다.

그 사람은 자기 주인만 친구로 두었어도 충분하지 않았습니까? 또 다른 많은 사람들이 있어야 했습니까?

물론입니다. 그 모두가 하나님의 불꽃들인 다른 사람들을 더 많이 당신 주위에 모은다면, 당신은 그만큼 더 하나님과 의사소통을 많이 할 수 있습니다. 그리고 당신이 그 불꽃들을 더 잘 모은다면, 당신은 하나님의 빛을 더 잘 비출 수 있습니다.

21
어린이의 영적인 각성

프랑수와즈 돌토: 이런 각성은 무엇보다도 먼저 그것을 가르치는 사람들의 신앙에 달려있습니다. 왜냐하면 의사소통을 하는 것은 지식의 문제가 아니라, 삶의 문제이기 때문입니다.

부모님들이 매일 매일 자녀들에게 사랑이 가득 담긴 말을 하고, 젖을 먹이거나, 우유를 먹이는 것은 그들이 하나님과 이미 친밀한 관계를 맺어본 적이 있기 때문입니다. 그것은 전체적인 것입니다. 어머니가 "자기" 젖(그 젖은 아이에게 속해있습니다)을 가지고 아이에게 먹일 때, 어머니는 아이에게 사랑을 전해 줍니다. 그때 어머니는 사랑에 가득 찬 목소리로 아이들의 이름을 부릅니다. 그러면서 그녀는 자기 자신을 아이들에게 전해주고, 그것을 통해서 아이들의 인격은 형성됩니다. 이때 거꾸로 아이들은 부모님들의 사랑을 자극하고, 그들에게서 사랑이 자라나게 합니다.

사랑의 말을 통해서 믿음의 말이 오고갑니다. 다른 말로 해서, 부모님들은 아이들에게 사랑한다는 말을 하면서 그들을 안심시키고, 그것을 통해서 아이들은 자기 자신에 대한 신뢰를 가지게 되고, 자기 자신에 대한 믿음을 형성하게 됩니다.

　그러나 그것은 하나님이나 예수님에 대한 믿음은 아니지 않습니까? …

　하지만 당신은 당신 자신에 대한 믿음 없이 어떻게 하나님에 대한 믿음을 가질 수 있겠습니까? 또한 당신이 당신을 사랑하지 않고서 어떻게 다른 사람들을 사랑할 수 있겠습니까?

　그러나 이 세상에는 무신론자들도 존재하지 않습니까? …

　옳은 말입니다. 어떤 사람들은 스스로를 무신론자라고 말합니다. 그들은 처음에는 자기 자신에 대해서 엄청난 믿음을 갖고 있노라고 말하고, 그 다음에 하나님에 대해서 말하는데, "하나님은 없다"라고 반복하고 있습니다. 그런데 당신은 우리 무의식에는 부정(否定)이라는 것이 없다는 사실을 알 것입니다. 그러므로 어떤 사람이 "나는 무신론자이다"라고 말할 때, 그것은 그가 의식적으로 부인하면서(a-thée, 無-神이라는 말은 하나님 없이 라는 말입니다) 하나님에 대해서 말을 했다는 의미가 됩니다. 하나님이 정말 없다면, 그는 하나님에 대해서 아무 말도 하지 못했을 것입니다. 그러므로 그는 자기 삶에서 하나님의 존재를 거부하면서, 하나님에 대해서 말한 것입니다. 그는 하나님이 존재하지 않는다고 주장하는 것이 아닙니다. 그가 진짜 말하는 것은 하나님이 그의 매일 매일의 삶 속에, 의식적인 삶 속에 존재하기를 원하지 않는다는 것입니다.

　그러니까 선생님에게는 부모님들이 자기 아이들에게 자기 신앙과 하나님에 대해서 이야기하는 것이 중요하다는 것이군요.

우리가 아이들에게 말하는 것은 그들은 물론 그들의 무의식에까지 전달됩니다. 아이들은 우리가 그들에 대해서 가지는 모든 욕망들을 느끼는 것입니다.

선생님이 지금 그들의 무의식에까지 전달된다고 말했는데, 그것이 사실입니까?

지속적으로 보면 그렇습니다. 우리는 지금 아이들은 자기들이 이 세상에 나온 첫날 다른 사람들이 했던 이야기도 들었으며, 그것들이 아주 충격적인 것일 경우 그들 속에 간직되어 있다는 사실을 알고 있습니다. 심지어 어머니 뱃속에서도 아이들은 의식적으로 그것이 무엇인지 잘 알지는 못하지만 사람들이 말하는 것을 듣고, 그의 내면에 새기게 됩니다. 부모님들이 지나간 것들과 그들이 태어났을 때 했던 말들 또는 그 전에 있었던 일들에 관해서 다시 말해주지는 않지만, 그 모든 것들은 그들의 내면에 존재하고 있으며, 그들과 함께 있는 것입니다. 그들의 둘레에는 하늘 나라나 지옥이 있는 것입니다.

그래서 그들이 태어났을 때 다른 사람들이 '그가 차라리 죽었으면 더 좋았을 것이다'라고 하는 말을 들었을 경우, 그는 항상 죽기를 두려워하게 됩니다. 또 다른 경우 어떤 사람들은 "아주 좋은 별자리" 아래서 태어날 수도 있습니다. 그들은 다른 사람들이 사랑과 미래를 보장해주는 가운데서 태어나는 것입니다.

어떤 아이들의 어머니나 할머니가 그들의 탄생에 대해서 하나님께 감사하고, 그 아이를 위해서 하나님께 기도 드렸을 경우, 그들은 "영적으로" 되는 것입니까?

바로 그렇습니다. 그때 아이들은 영의 언어, 성령의 언어 속으로 진입하게 됩니다.

그러니까 선생님의 말에 의하면 어린이들의 영적인 삶을 위해서는 부모들의 기도가 중요하다는 것이군요?

그렇습니다. 그들을 위해서는 기도가 중요합니다.

그러면 좀더 구체적으로 접근하기 위해서 예를 들어서 세례를 살펴봅시다…

오늘날 세례를 주는데 겉치레가 많이 행해지기도 하지만 세례를 주는 것은 매우 중요한 일입니다.

선생님이 말한 "겉치레들"은 세례를 주기 위해 부모들과 대부, 대모들을 준비시키는 것을 두고 하는 말입니까? 그것은 그들이 진리와 도덕에 따라서 아이들을 기를 수 있도록 가르치는 것이 아닐런지요?

그것이 나에게는 어리석다는 것입니다. 사람들은 부모들이 아이들에게 종교에 관해서 의식적인 앎을 전달하지 못하지나 않을까 하고 두려워하는 것입니다.

그러나 세례란 인간의 심리에 주어지는 것이 아니라 영에 주어지는 것입니다. 그리고 성령은 그 부모들이 아무리 성령을 부인하거나 무신론을 말할지라도 언제나 거기 현존하고 있습니다.

부모들이 아이들을 사랑하는 순간부터 성령은 거기에 함께 합니다. 왜냐하면 성령은 사랑이기 때문입니다. 사랑에 속한 것은 모두 성령입니다.

그러나 우리는 인간의 사랑이 무엇인지 과연 알고 있습니까? 인간의 사랑이 성령, 즉 하나님의 숨결과 연관된 것이라고 말할 수 있겠습니까?

사랑이 그런 이미지를 가지고 있는 것은 아닙니다. 왜냐하면 사랑은 모든 사람들에게 이기심을 뛰어넘게 하기 때문입니다.

그러나 부모들이 교리교육을 받지 않았을 경우에는 어떻게 됩니까?

… 세례를 받았다는 사실은 매우 중요합니다. 왜냐하면 세례를 받을 때, 아이들은 교회에 속한 건강한 사람들의 기도 대상이 되기 때문입니다. 다른 사람들이 하는 축복 기도는 사람들에게 엄청난 힘을 주고, 그 힘에 닿고, 적셔지며, 그의 내면에 있는 어떤 것이 변화됩니다.

선생님에게서 세례란 다른 곳으로 가는 것이군요?

세례는 아이들(또는 어른들)을 그가 알지 못하는 곳에 놓는 것입니다. 세례는 그들에게 어떤 계획을 수립하고, 신비의 영역 안에 들어가게 하는 것입니다. 세례를 통하여 그들이 삼위일체 하나님과 사랑의 교통 안에 잠기게 되었다고 예수님은 이미 말한 바 있습니다.

예수님이 처음 하신 이 말은 우리들에 의해서 다시 행해지는데 "성부와 성자와 성령"이라는 소리 때문에 더욱더 감동적입니다. 우리 어른들도 귀로 그 소리를 듣지만, 아이들 역시 귀로 들으면서, 그들의 무의식은 그 소리를 느끼고, 깊이 새기게 됩니다.

높은 소리로 외쳐지는 소리는 아니지만, 그들의 무의식은 내가 앞에서 말했듯이 감동을 받을 것입니다. 따라서 어머니라든지 아버지 등 그 아이와 가까운 친척이 그 아이에게 세례를 받게 하려고 할 때, 아이는 그것을 느낄 것입니다. 그의 내면에 그것들이 모두 새겨지는 것입니다.

세례에 의식적(儀式的)인 측면이 있어야 되겠군요? 그렇지 않습니까?

거기에다가 우리가 세례 의식을 행할 때, 감각적인 측면들을 변화시킨다면, 다시 말해서 물이라든가, 욕조라든가, 혀에 바르는 소금들을 조금씩 변화시키려는 욕망과 함께 세례를 받는 아이나 어른들을 그들이 사는 시대 인류의 영적인 흐름 속에 인도하는 정확한 말씀들이 행해진다면, 세례를 받는 사람은 무엇보다도 중요한 보물을 받게 되는 셈이라고 생각합니다.

세례에서 가장 중요한 것은 예수님에 의해서 행해졌던 말씀, 즉 "가서, 이 세상을 모두 삼위일체 하나님인 사랑의 소통 속에 집어 넣으라"는 말씀입니다.

세례가 없다면, 세례라는 성사(聖事)가 없다면 어떻게 되겠습니까?

나는 성사에는 엄청난 힘이 있다고 믿습니다. 인간의 욕망도 마찬가지이지요.

성사가 중요한 것이군요 …

… 의식(儀式)은 인간의 사회적인 삶을 나타냅니다. 갓난아기가 교회에 처음 나올 때, 사람들은 세례라는 의식을 통해서 같이 기뻐합니다.

선생님에게서 의식과 성사는 다른 것이 아닙니까?

물론 그 둘은 다른 것입니다. 그 둘은 같은 평면에 있는 것이 아닙니다. 성사에서 사람들의 영을 깨운 것은 성령입니다. 성사가 행해질 때, 거기에서는 하나님의 숨이 쉬어집니다. 그때 예수님의 성령은 처음부터 거기 계시다가 그 아이에게 가서 닿게 됩니다. 성령은 그 작은 영적인 식물 위에 떨어지는 이슬방울 같은 것입니다. 아무도 이 이슬방울을 바꿔놓지 못하는데, 그 이슬방울은 시간을 가로질러서 여기에까지 … 온 것입니다. 그 이슬방울은 또한 태초부터 사람들이 기다려왔던 분, 예수님이 하신 말씀입니다. 예수님이 태어났을 때, 그는 이 믿을 수 없는 말씀으로 태어났는데, 그때 사람들은 아무도 예수님이 태어나는 소리를 들을 수 없었습니다. 하나님은 삼위일체이기 때문입니다. 계시란 바로 거기 있습니다. 우리 사회가 이 세상에 생기게 된 것도 그 계시 때문입니다.

선생님이 하는 말을 들으면, 이 모든 것들은 우리 의식의 영역은 물론 우리 심리와도 관계없는 것입니다. 다시 말해서, 우리는 세례 받게 되는 것이고, 그것에 관한 의식적인 것은 아무 것도 없다 … 는 것입니다.

… 더구나 그 덕분에 우리는 우리가 살던 것, 우리가 거기 있다고 믿고 있던 것과 다른 수준과 차원에서 사는 우리의 어떤 부분을 가지게 됩니다.

그러므로 선생님은 아이들이 아무리 교육을 받을 수 없고, 교리학습이 불가능할지라도 세례를 받게 해야 한다는 것이군요?

절대적으로 그렇습니다. 세례는 영의 땅에 씨앗을 심는 행위입니다. 즉 어린아이의 가슴에 씨를 뿌리는 것입니다. 그러면 그 씨앗은 아무도 모르게 싹을 틔웁니다. 그 씨앗은 우리가 그 자신의 몸의 무게를 느끼고 자기 삶을 살려고 하는 사람들에게 "이것은 다른 것이다"라고 말하면서 그에게 주었다는 사실을 아는 순간부터 거기 있게 됩니다. 그러면서 그는 성령 안에서 영원성을 부여받게 됩니다.

그것은 그에게 개인적인 사건입니까?

전혀 그렇지 않습니다. 세례를 통해서 부모의 욕망은 교회에 나타나고 있습니다. 세례는 하나의 만나이며, 영적으로 충만한 사건입니다. 세례를 통해서 사람들은 이 아이의 영에 하나님의 샘물이 있다는 사실을 드러냅니다. 그가 그 사실을 의식적으로 알든지 모르든지 상관없이 그의 영은 그 사실을 이미 통보 받았습니다.

그러나 그는 세례가 무엇인가 하는 것을 알아내려고 하지 않겠습니까?

그는 그것을 알려고 하지 않을 것입니다. 그것은 아이들이 젖병이 무엇인지 알려고 하지 않는 것과 같은 이치입니다. 사람들은 아이들에게 "내가 너에게 젖병을 주겠다"라고 말합니다. 이때 아이들은 젖병이 무엇인지 모릅니다. 어른들이 "자, 여기 젖병이 있다"고 하면서 주면 다 되는 것입니다. 그는 젖병이 무엇인가 하는 것을 알기 전에 젖병이 무엇인지 체험하는 것입니다. 마찬가지로 "이것이 세례다"라고 하면서 체험하기만 하면 됩니다. 그것은 하나님으로부터 어떤 표지가 주어지는 것입니다. 자기는 이제부터 예수님의 친구, 즉 하나님이신 예수님에 대해서 알기 원하는 사람들 가운데 하나가 되었다고 고백하는 사람에게 하나님의 자취와 하나님에 대한 경험의 흔적과 특성을 남기게 되는 사건인 것입니다. 그 분은 이 세상에 오셨습니다. 그러나 그 분은 이 세상과 너무 먼 하늘에 동시에 계십니다. 다시 말해서 그 분은 우리들과 너무 다르면서 동시에 우리와 아주 가까운 것입니다. 왜냐하면 그 분이 우리 안에 계시기 때문입니다. 우리가 잘 듣는다면, 그가 우리 한 사람 한 사람에게 말을 하는 것을 들을 수 있을 것입니다. 그러나 그 분은 우리 부모님들과 전혀 다른 방식으로 말을 합니다.

그것은 아이들의 신앙과는 상관없는 일입니다.

하지만 사람들은 혼자가 아닙니다. 사람들은 혼자서 태어나는 것이 아닙니다. 절대로 그렇지 않습니다. 아이들과 그들의 친지 사이에는 상호작용이 있고, 상호소통이 있습니다.

하지만 그것은 마술적인 것이 아닙니까? 아이들이 의식하지 못해도 그렇게 되니까 말입니다 …

… 그렇습니다. 그것은 "마술적인" 것처럼 보입니다. 무의식과 무의식의 역동성은 마술적으로 보입니다. 당신이 아이에게 "나는 너를 사랑하지 않아"라고 말할 때, 그 말이 정말 아이를 망치게 하는 것을 보면 어떤 마술적인 것이 느껴집니다. 그러나 "내가 너를 야단치는 것은 너를 사랑하기 때문이야"라고 말한다면, 그것은 앞에서 말한 것과 전혀 다른 것이며, 그 말은 아이를 바로 잡아 줍니다. 그래서 그것은 "마술적인" 것입니다. 어릴 때나, 그

다음에 어른이 된 다음에 그것이 비록 말로 나오지는 않지만 아기들에게 영향을 미치고, 아이들을 따라 다니는 것입니다. 참으로 마술적인 것입니다. 그런 모습들은 우리가 정신분석에서 매일 보는 현상입니다.

아기들의 이 신비한 삶으로 더 멀리 들어가 보지요. 선생님은 세례를 막 받은 이 작은아기들도 영성체를 하는 것에 동의하십니까?

절대적으로 그렇습니다.

그것은 그들의 젖병 같은 것입니까? 그 애들은 그것이 무엇인지 알기 전부터 체험해야 하는 것이 아닙니까?

우리가 그 애들에게 하나님을 전해준다는 믿음이 있다면, 그들은 우리가 그들에게 사랑의 말이나 미움의 말을 전해주는 것과 똑같은 방식으로 그것을 받아들일 것입니다.
복음서는 그 사실을 언제나 보여주고 있습니다. 자기 딸을 다시 살려낸 야이로의 믿음에서도 볼 수 있고, 자기 딸을 악마에게서부터 풀어내려고 예수님에게 끈질기게 조른 그리스 여자에게서도 볼 수 있습니다. 자기 아들을 간질병으로부터 낫게 했던 아버지 역시 그것을 믿고 있었습니다.

그러나 아이들은 어떻게 자기 아버지나 어머니에 대한 믿음과 예수님에 대한 믿음의 차이를 구별할 수 있겠습니까?

하나님은 어디에나 다 계시고, 모든 것 안에도 다 계신데, 거기에는 우리 몸을 먹여 살리는 빵이나 포도주나 젖도 포함됩니다. 나는 빵이나 포도주는 언제나 하나님이었다고 생각합니다. 우리는 때때로 그 사실을 다시 기억에 떠올리고, 식사를 할 때도 성례전을 행하듯이 해야 합니다. 다시 말해서 우리가 그 사실을 잊지 않도록 예수님의 말씀과 함께 식사해야 하는 것입니다.

 선생님은 지금 매 끼니는 신적인 것이라고 말하는 것입니까? 그래서 매 끼니는 전례이고, 예배라는 말입니까?

 언제나 그렇습니다. 땅에서 나오는 모든 것들은 하나님으로부터 나옵니다. 하나님이 거기 계시는 것입니다. 그러므로 이 세상에 영적이지 않은 것은 하나도 없습니다. 우리가 먹는 것이나, 마시는 것이나 다 말입니다 …

 … 선생님에게는 모든 것이 거룩한 것입니다.

 그러나 우리가 항상 이런 생각을 하고 살 수는 없습니다. 그래서 우리는 때를 정해놓고 그것들을 기억해야 하고, 다른 사람에게도 그들이 하는 모든 것이 거룩한 것이라고 기억하게 해야 합니다. 그러면 그들은 때때로 모여서 그 생각과 그 만남에 주의를 집중하게 될 것입니다.

 그러니까 선생님에게는 모든 자연이 신적인 것입니다. 선생님은 범신론자라는 말입니까?

 어쩌면 그럴지도 모르지요.

 그러면 풀을 뜯고 있는 암소는 하나님을 먹는 셈이 됩니까?

아마 그럴 것입니다. 그러나 그런 의미에서 우리들 역시 마찬가지가 아닙니까? 하지만 암소에게는 그들이 그렇다는 것을 우리에게 알려줄 수 있는 언어가 없습니다. 그래서 우리는 동물을 존중해야 하고, 괴롭혀서는 안 됩니다. 동물들은 우리에게 하나님의 이미지를 보여주고 있지 않습니까? 동물들은 우리 가까이에서 하나님의 섭리를 보여주는 하나님의 현존입니다. 우리가 살기 위해서 동물을 죽여야 한다면, 우리 인간의 욕망은 그들을 괴롭혀서는 안 됩니다.

자, 이제 세례의 문제로 돌아가 우리의 대화를 마치겠습니다 … 우리의 사회적인 삶을 표현하는 세례 의식 속에서 하나님의 공동체 안에 속한 사람들이 등장하고, 아기가 세례 받은 것을 축하하는 시간에 아기에게 성인(聖人)의 이름을 가지고 이름 지으면서 그를 삼위일체 안에 잠기게 한다고 선생님은 말했습니다. 그 아기를 사회적으로 지칭하는 그 이름은 그 순간 그에게 아주 중요한 것입니까? …

세례는 우리가 앞에서 말했듯이 또 다른 세계 안에서 태어나는 상징적인 행사입니다. 당신은 우리 아이의 이름을 우리가 상상하는 것을 따라서 선택한다는 것을 압니다. 예를 들어서 말하자면, 어떤 이름은 듣기가 좋으니까 짓거나, 그 이름을 가질 아이가 어느 날 너무 예쁘게 보여서 그 이름을 지어주고, 그 이름은 할머니 이름이기 때문에 짓고, 그 이름은 최근에 죽은 사람의 이름이기 때문에 그 아이가 죽지 말라고 그 이름을 따서 짓기도 합니다. 이렇게 하면서 가계가 이어지는 것입니다 … 이렇게 우리 아이들은 우리 상상을 차지하고 있습니다. 그만큼 강한 것입니다.

그러나 세례와 더불어서 우리는 그 아이를 또 다른 가족 안에 놓습니다. 그 아이를 다른 아이가 되게 하는 것입니다. 그 아이의 할머니 이름을 따서 마리(Marie)라고 부른다고요? 그렇게 하는 순간 우리는 그 아이를 삼위일체 하나님 안에 잠기게 하면서 그 아이가 할머니의 이미지뿐만 아니라 성모 마리아를 그의 삶의 동반자이며, 모델로 삼고 살게 하는 것입니다. 이렇게 우리는 이 아이를 부모로부터 해방시킵니다. 더 나아가서 부모님들은 그 아이에게 그 아이의 후원자에 대해서 이야기해주고, 삶에 대해서 이야기해주면서 그 아이가 영적으로 자기 이름을 따라서 살도록 도와줍니다. 이렇게 말하면서, 우리는 영적인 것을 인간화하는 것입니다.

그것이 영적인 교육입니까?

이것은 가르치는 것과는 아무 관계도 없습니다. 오히려 각성시키는 것입니다. 그래서 나는 이 장(章)의 이름을 그렇게 붙였습니다. 가르친다는 것은 자기에게 맞게 하는 것이며, 다른 사람들보다 뛰어난 능력을 얻게 하는 것입니다. 우리들은 모두 어떤 교육이든지 교육을 받았기 때문에 교육의 피해자들입니다.

하지만 교육이나 도덕률이 필요하기는 합니다 …

… 사회에서 살아가고 있는, 즉 내가 앞에서도 이야기했듯이 권력을 가진 사람들은 그것을 지키고 있습니다. 그리고 안정을 위해서는 그것이 유용하게 쓰이기도 합니다. 그러나 혁명적인 도덕을 말하는 복음서는 "도덕률"이 아닙니다. 복음서는 오히려 모든 사람들이 비록 자기 환경에 제대로 적응하지 못할지라도 자기 말이나 행동의 주체가 되게 합니다. 여기에서 사람들은 자기와 완전히 화해할 수 있게 됩니다. 그때에야 비로소 사람들은 가미가제 특공대와 같은 힘을 가질 수 있게 됩니다.

그러면 그때에는 자발적으로 자살을 하려고 했던 일본 조종사처럼 되는 것입니까?

복음서에서 말하는 도덕을 따라서 사는 사람들은 자기 자신과 완전히 하나가 된다는 의미에서는 그렇습니다. 그 사람은 점점 다른 사람을 모방하지 않게 되고, 그의 본래적인 모습을 찾아서 그렇게 되어갑니다. 그의 자아-이상, 그의 모델은 예수님입니다. 예수님이야 말로 사회적으로 죽는 위험을 무릅쓴 존재로 그의 가슴 안에 현존하는 가장 가까운 친구입니다.

그런 방식으로 예수님을 만나도록 인도된 아이들은 실제로 어떻게 살게 됩니까?

그의 삶의 초반기에 이 꼬마에게 자기애가 생겨서 그것이 발달되고, 자기가 생각하는 이미지가 그의 어머니나 아버지가 그를 바라보는 이미지와 같은지 다른지 확인하기 위해 그들의 이미지에 비추어 보고, 아이들은 이미 질문을 하게 됩니다. 그 두 모습이 같은가, 같지 않은가? 그래서 아이들은 그의 애인인 어머니가 그를 바라보면서 미소짓거나, 화를 내거나, 야단을 칠 때, 자기들도 미소짓거나, 화를 내거나, 심술궂은 표정을 짓습니다. 그런데 예수님은 이 아이들이 오이디푸스기에 이르기 전(오이디푸스기는 세 살 무렵부터 시작됩니다), 그들에게서 이 얼굴의 역할을 하게 됩니다.

다시 말해서 아이들은 그의 내면에서 아무 갈등도 느끼지 않는 "사랑의 예수님"이 되어가는 것입니다 …

… 아이들이 이런 가르침을 간직하고 있다면, 예수님은 그들 안에서 전혀 화를 내지 않는 존재로 있을 것입니다. 비록 그들의 부모님이 그들을 야단 쳤을지라도, 예수님은 언제나 그들의 내면에서 모든 것을 용서하실 것입니다.

그들을 가르치는 사람들이 "아, 내가 전에 그것에 대해서 잘 설명해 주었잖아? 그런데도 너는 바보 같은 짓만 하는구나"라고 말하거나, "너는 착하지가 않아. 언제나 너는 우리를 두렵게 한다는 말이다. 그것은 너무 위험한 짓이야 …"라는 등으로 말할지라도, 그들이 실망하거나, 환멸을 느끼는 것도 그렇게 나쁜 것만은 아닙니다. 결국 부모님들이 말하는 것들은 모두 그 아이들이 잘못되지 말라고 그러는 것들이지요. 아이들이 이렇게 인간적인 신중함 때문에, 또한 사회적인 행동들 때문에 자기 욕망을 별로 실현하지 못하면서도 살아왔다면, 그것은 예수님이 그들의 내면에 신뢰를 심어주었기 때문입니다. 예수님이 그들과 일치하기 때문인 것입니다.

그렇기 때문에 어린이들은 그들의 부모님들과 달리 언제나 그들을 사랑하시는 예수님의 현존을 그들의 내면에 모실 수 있도록 인도되어야 합니다.

그렇습니다. 옳은 말입니다. 그들에게는 그들의 부모님과 같은 예수님이 아닌 다른 예수님이 있어야 합니다. 그래야만 그들은 자기 자신에 대해서 신뢰를 가질 수 있고, 예수님을 신뢰할 수 있습니다. 아빠는 화내고, 엄마는 야단칠지 몰라도 예수님은 내가 아무리 위험한 일을 할지라도 내 반대편에 계시는 법이 없습니다.

그 다음에, 아이들이 어린 시절에서 떠나 근친상간 금지의 흐름에 접어들고, 어른이 되면 어떻게 됩니까?

그때 그들은 자기 안에 정신분석학에서 소위 "자아-이상"(le moi-idéal)이라고 부르는 자기와 매우 가까운 또 다른 자기가 들어있다는 사실을 발견하게 될 것입니다. 또 다른 자아(un alter ego), 그와 더불어 우리가 대화를 나눌 수 있는 또 다른 나를 발견하게 되는 것입니다. 그 친구와 함께 우리는 반성을 하고, 우리를 내세우며, 지혜나 슬기가 무엇인가 하는 것을 배워갈 수 있습니다. 우리가 도약을 하려고 할 때, 그 친구는 우리를 붙들어 줍니다. 우리가 올바른 생각을 할 수 있도록 돕는 것입니다 …

하지만, 예수님은 그 자아-이상이 … 아니지 않습니까?

그렇습니다. 예수님은 자아-이상이 아닙니다. 그러나 아이들이 복음서를 읽고, 복음서에서 예수님에 관해서 하는 이야기들을 들으면서, 다른 사람들이 그에게 바라는 것과 자기가 정말 바라는 것 사이에 엄청난 거리가 있다는 사실을 알게 되면, 그는 그의 안에 있는 예수님 덕분에 이 세상에서 궁극적으로 의미 있는 것은 하나님을 따르는 것이며, 그렇기 때문에 그의 삶도 하나님을 향해서 나아가야 한다는 사실을 알게 됩니다.

사람들은 우리 안에서 스스로 실현되려고 하며, 실현되려고 부추겨지는 것이 아니라면, 그 어떤 법도 하나님의 법이 될 수 없다고 아이들에게 가르칠 것입니다.

아이들이 부모님께 복종하지 않았다거나, 사회생활을 위한 규칙을 어겼다고 해서 벌받을 때, 그들은 예수님이 그들 안에 계시며, 그들의 친구처럼 하나님이 그들에게 결코 화내지 않을 것이라고 위로하고, 안심시킨다는 사실을 알게 됩니다. 왜냐하면 하나님은 "경찰"이 아니라, 사랑이기 때문입니다.

그러나 이 모든 것들은 … 교육을 필요로 합니다.

당신이 교육이라는 단어를 사용하고 싶다면, 사용하십시오. 그러나 그 경우 교육의 의미를 여태까지 사용했던 것과는 정반대되는 것으로 완전히 뒤집어야 합니다. 우리는 아이들에게 선악에 대한 생각을 비판하도록 가르쳐야 합니다. 우리 교육에서도 우리에게 그것을 가르쳤고, 우리는 그것을 부정해서는 안 될 것입니다. 그러나 아이들은 그것이 하나님의 생각이 아니라는 것을 알 것입니다.

여기에서는 아이냐 어른이냐 할 것 없이 아무런 준거점(準據點)도 없는 막막한 상태에 빠지게 되는군요?

당신이 위험을 감수하고서라도 당신이 받았던 교육에서 제시하는 가치나 이상을 부정할 수 있다면, 또한 당신이 당신의 어머니나 아버지나 그와 비슷한 사람들의 생각과 맞서는 모험을 무릅쓴다면, 그때에야 비로소 당신은 하나님에게만 복종하게 됩니다. 그러면서 당신은 완전히 자유로워지고, 정신적인 고독으로 가득 찬 당신의 이미지를 되찾게 되며, 당신의 삶은 모험에 내맡겨질 것입니다. 그렇습니다. 당신의 욕망은 언제나 당신의 삶을 위험으로 이끌고 갑니다. 서로 죽이려고 하는 두 진영 속에서 모든 사람들이 그들 안에 계신 하나님에게 복종한다고 믿으면서 자기 삶을 모험에 내맡긴다면, 그때에야 비로소 그들은 성령의 율법 안에 있게 됩니다.

그러나 하나님은 어떤 사람에게는 이렇게, 다른 사람에게는 저렇게 말하지 않습니까?

옳은 말입니다. 어떤 이가 다른 이에게 폭력을 휘두르지 않고, 이상을 향해서 나아간다면, 하나님은 그가 창조한 두 피조물이 서로 죽일 수 있도록 하십니다. 그 증거로서, 우리는 언제나 동식물을 잡아먹으면서 살고있습니다. 그러나 우리는 그것들에게 미움을 품지 않습니다 …

그러나 이웃을 죽이는 것은 그것과 전혀 다른 것이지요?

이웃을 죽이는 것은 매우 자비로운 행위일 수 있습니다. 다시 말해서 죽이는 자의 영적인 사랑에 의한 행위일 수 있는 것입니다. "나는 이제 더 이상 그것을 참을 수 없다. 그를 죽이는 것이 나의 의무이다"라고 말하면서 죽일 수 있는 것입니다. 그것까지는 좋습니다. 그러나 이 세상에는 법칙이 있으며, 법칙은 다른 사람들이 그렇게 하지 못하도록 처벌을 합니다. 처벌은 그런 목적으로 행해집니다. 우리는 사람들에게 일일이 어떤 것은 해야 하고, 어떤 것은 비사회적인 것이라고 가르칠 수 없습니다. 그러나 법이 있기 때문에 사람들은 어떻게 해야 하겠구나 하는 것을 알게 됩니다. 그럼에도 불구하고 사람들은 자기 목숨을 위태롭게 하거나, 형무소에 들어갈 일을 하기는 합니다.

선생님은 지금 죄와 벌이 사람들로 하여금 편의주의나 무정부주의에 빠지지 않게 하는 난간(欄干)이라는 것을 말하려는 것입니까?

나는 지금 법의 목적은 사람들에게 반성을 하게 하는데 있지만, 사람들은 또 자기 욕망을 실현시키기 위해서 하나님 안에서 모험을 한다는 사실을 말하는 것입니다. 그들에게 있어서 하나님은 모든 것입니다.

지금 말하는 것이 열광주의가 아닌가요?

우리는 여기에서 현실을 잊지 말아야 합니다. 우리 욕망에는 위계가 있습니다. 그러므로 우리는 지금 어떤 욕망을 가지고 사는가, 어떤 열망을 향해서 나아가는가 하는 것과 또한 여태까지 우리 인격을 형성하고, 살아왔고, 교육받은 것들을 가지고 어떤 봉사를 하려고 하는가 하는 것들을 시급히 살펴보아야 합니다. 하지만 열광주의자들은 다른 사람에 대한 사랑을 잊고 있습니다.

그러나 서로 죽이는 것은 사랑이 없어서 그러는 것이 아닙니까?

아닙니다. 그것은 서로가 미워해서 그러는 것이 아닙니다.

독일 사람들은 그들의 혁대에 "하나님은 우리와 함께 계십니다"라고 새기고 또 그렇게들 말한다고 합니다.

신부님들도 서로 서로를 축복하지요. 여기에 무슨 잘잘못이 있습니까? 아무도 어느 것이 옳은지 모릅니다. 그러나 얼굴을 마주 보고 있는 사람들에게 미움을 품지 않고, 가슴 가득히 사랑을 담고서 축복을 한다는 것을 믿는 사람들만이 축복을 받는 법입니다.

우리 인간의 조건은 매우 신비합니다. 그것은 사람들이 어떻다고 말하는 것과 정반대입니다. 영적인 것은 다른 세상에 있거나, 적어도 일상적인 것들과 다릅니다. 우리는 그것이 정말 존재하는구나 하는 것을 매우 깊이 느낍니다.

영적인 것은 정말로 다른 세상에 속한 것입니까? 정말로 다른 것입니까?

영적인 것은 일상적인 시간 바깥에 있는 또 다른 세상으로 우리를 인도하는 다른 것입니다. 영원이라고나 할까요? 거기에 말씀이 있습니다. 그것은 시간도 아니고, 공간도 아닙니다.

우리 주제로 되돌아옵시다. 우리는 어떻게 이것을 아이들에게 설명하겠습니까?

중요한 것은 아이들이 그들의 부모와 하나님을 혼동하지 않는다는 사실입니다. 아이들이 그들의 부모를 언짢게 한다고 생각하는 것과 하나님을 언짢게 한다고 생각하는 것을 혼동하지 않는다는 사실은 본질적인 것입니다. 하나님을 언짢게 하는 것은 소위 죄입니다. 그러나 우리가 부모님과 전혀 다른 하나님을 기쁘게 하기 위해서 우리 부모님들을 언짢게 하는 것은 덕이 될 수도 있습니다.

더구나 나는 아이들이 하나님이 그들에게 그렇게 하라고 해서 그런 일을 했다고 말하지 않으리라는 사실을 확신합니다. 하나님은 결코 어떤 잘못된 행동이나 신경증적인 행동을 하라고 하지 않습니다. 그렇게 하는 것은 오히려 부모들입니다. 부모님들은 예수님이 되어 자녀들의 조그만 머리에 "네가 그렇게 한 것을 보고 예수님이 얼마나 슬퍼하겠니? 예수님 마음이 몹시 아플꺼야"라고 말하면서 그런 것들을 가득 채울 것입니다.

그러면 우리는 어떤 것이 영적인 욕망이고, 어떤 것이 육적인 욕망인지 알 수 있습니까? 영적인 욕망이 육체를 통해서 전달되는 것은 아니지 않습니까?

전혀 그렇지 않습니다. 그 두 욕망은 서로 다르지만, 육적인 것과 영적인 것 사이에 반대되는 것은 하나도 없습니다. 육적인 것은 물리적인 것이지만, 영적인 것은 물리적인 것이 아닙니다. 육적인 것은 소모되지만, 영적인 것은 재생산합니다. 육적인 것은 우리 몸이 상해서 대가를 치르지만, 영적인 것을 더 잘 누리도록 정련하기 위해서 지불할 필요는 없습니다. 예수님 안에 계신 하나님은 우리 모두를 위해서 당신을 지불하셨습니다.

그것이 사람들이 말하는 구속(rédemption)이군요?

그러나 우리는 아직 완전히 구속되지는 않았습니다. 우리는 언제나 예수님 시대의 유대인 같습니다.

우리는 하나님을 두려워하는 것입니까?

우리는 삶의 욕망을 두려워합니다. 기독교는 기독교인들에게 "자, 나아가시오. 나아가시오. 당신에게 그것만으로는 충분하지 않을 것입니다. 그것은 좋습니다. 그러므로 하나님도 그것이 좋은 것이라고 원할 것입니다. 그러나 이 세상에는 더 좋은 것이 있으리라는 사실을 알아야 합니다"라고 말하지 않고, 그들의 육적인 … 욕망을 두려워하게 합니다.

선생님은 우리에게 그것들을 체험하라고 권하는 것입니까?

그렇습니다. 각 사람은 그의 성격이나 본성에 따라서 그렇게 해야 합니다. 그러나 우리들은 모두 타락한 메싸리나[1]나 살인자 같은 특성을 물려받지도 않았고, 거룩함만 추구하는 성자나 성녀와 같은 특성을 물려받지도 않았습니다.

선생님에게는 우리가 우리 욕망의 끝에 이르러 그 부족함과 불충분함을 발견하고, 거기에서 더 멀리 나아가는 것이 중요하다는 것이군요?
사람들은 성자성(聖者性)과 영적인 성애(性愛)를 동일시할 수 있겠습니까?

전혀 그렇지 않습니다. 영적인 것은 자기만을 위한 것이 아닙니다. 영적인 것은 자기를 하나님께 바치는 것입니다. 피학대음란증과는 전혀 다릅니다. 하나님은 우리를 가지고 즐기지 않습니다.

자기를 하나님께 제물로 바치는 것은 여성적인 성애가 아닙니까?

그것도 아닙니다. 성자성이란 우리가 알지 못하는 어떤 것, 우리 무의식을 뛰어넘는 눈에 보이지 않는 것을 활짝 피우게 하려는 욕망입니다.

그것을 아주 어린애들에게 어떻게 느끼게 할 수 있습니까?

하나님은 그 아이들에게도 그것을 느끼게 하고, 느끼게 할 것입니다. 우리는 우리 삶에서 그 모든 것들을 거의 다 느끼게 하

---

1 로마 황제 클라우디우스의 음탕했던 황후—역자 주.

고 있습니다. 부모님들은 자기 아이들을 위해서 기도하고, 그들의 삶과 다른 사람들의 삶에 좋은 것들을 해주신 하나님께 감사드립니다. 그러면서 그들은 그들의 자녀에게 아름다운 감정을 발달시켜줍니다.

아기들도 아름다운 것들을 느낄 수 있습니다. 그들의 눈은 빛이나 새 때문에 눈이 부시게 됩니다. 이 모든 것들은 우리에게 그런 것들을 즐기게 해준 하나님에 대한 감사의 말과 함께 그들에게 전해집니다. 아름다움 또는 아름다움을 감상하는 것은 우리가 하나님께 감사하는 길입니다.

이 세상에는 아이들을 하나님에 대한 감사에로 이끌어가지 않는 가정들도 있습니다. 하나님께 기도할 줄 모르거나, 하나님께 감사하려고 하지 않는 것입니다. 그러면 그 가정들은 어떤 것을 할 수 있겠습니까?

그런 가정들도 아이들에게 호기심을 불러일으킬 수는 있을 것입니다. 새가 창가에 앉지 않았습니까? 그러면 사람들은 "자, 저 작은 새들을 보아라. 너한테 인사하러 와서 기뻐하지 않니?"라고 말할 수 있습니다. 해가 지평선을 넘어가고 있습니까? 그러면 또 "자, 저 해를 보아라. 저 해는 너한테 가서 자라고 말하지 않니? 저 해는 이제 다른 아이들을 깨우러 가는구나"라고 말할 수 있습니다. 우리는 이렇게 아이들이 그들의 주위에 살고 있으며, 그들에게 다가오고, 기쁨을 주는 모든 것들과 하나가 되게 할 수 있습니다.

내 생각에 아씨시의 성자 프란시스는 그런 의미에서 완전히 현대적인 위대한 해석자였습니다. 그는 우리에게 피조 세계에 있는 모든 것들이 우리에게 하나님을 전달해주고, 하나님의 계시를 전해주는 것들로 복권시켜주었습니다.

*

아이들이 영적으로 각성할 수 있도록 그들의 죄를 사해 달라고 기도하게 돕는 것이 바람직한 일입니까?

아이들이 기도할 때, 그들과 함께 그 날 낮에 있었던 잘못한 일들을 … 하나님의 이름으로라도 되씹는 것은 좋은 일이 되지 못합니다. 아닙니다. 아이들은 하나님의 용서를 구하지 않습니다. 그들은 그렇게 하는 것이 좋은지, 나쁜지 스스로 알게 될 것입니다.

우리가 했거나, 했다고 믿는 모든 잘못들은 이기심이나 교만에서 나온 것들로 우리의 자기애나 자부심과 관계가 있습니다. 그래서 우리는 만족하지 못할 때, 죄를 지었다고 믿습니다. 하지만 그것은 쓸데없는 일입니다. 그때 우리들은 쓰레기통을 뒤져서 전혀 중요하지 않은 것들을 비워내려고 애씁니다. 그때 우리는 차라리 쓰레기통을 떠나서 앞으로 나아가야 하는 것이 아닙니까?

*

어린아이들에게 교회의 위계에 관해서 가르쳐주는 것이 좋을까요?

물론입니다. 그러나 다섯 살이나 여섯 살 무렵이 되어서 자기 나라에 있는 모든 기관들에 어떤 위계가 있다는 것을 이해할 수 있게 된 다음에 그렇게 하는 것이 좋습니다.

그러나 그들에게 교황무오설을 가르쳐주는 것은 좋지 않습니다. 오히려 교회도 교회가 할 수 있는 것을 하고, 교황도 교황이 할 수 있는 것을 하는 것이라고 가르치는 것이 좋습니다. 또한 예수님은 생명의 세력이 죽음의 세력보다 더 강해지도록 약속하셨다는 사실도 일러주는 것이 좋습니다.

교회는 교황이나 사제들만의 교회가 아니라 모든 신도들의 교회라는 사실도 일러주십시오.

*

어린아이들을 위해서 또 한 가지 물어보지 않을 수 없는 질문이 하나 있는데, 그것은 죽음에 관한 … 질문입니다.

… 우리 몸의 죽음 말이지요!

우리는 아이들에게 죽음에 관해서 말할 수 있습니까?

아이들은 아주 일찍부터 죽음에 대해서 알고 있습니다. 그렇지 않다면 자기들이 살아있다는 것을 알지 못할 것입니다.

그러므로 그들이 죽음에 대해서 알고 있다 … 그러면 죽음은 그들을 따라 다니는 것입니까?

틀림없는 사실입니다. 죽음이 없으면 삶도 없는 것과 마찬가지로 삶은 그들을 따라 다닙니다. 죽음은 아이들에게도 결합되어 있습니다.

예수님은 "죽음의 세력이 삶의 세력을 지배하지 못하게 하겠다"고 말씀하셨습니다. 그러므로 우리가 살아있는 한 우리를 지배하는 것은 삶의 세력입니다.

우리가 사람이 살도록 도와야 하는 것은 그 때문입니다. 또한 우리는 그에게 자기 자신에 대한 신뢰를 가지게 하면서 환상적인 능력을 가진 생명의 힘을 불어 넣어주어야 합니다.

어머니나 아버지나 형제가 그에게 등을 돌릴지라도 그의 수호천사는 그에게 힘을 줍니다. 수호천사가 언제나 함께 하는 것입니다. 이런 생각은 아주 환상적이고, 자기애에서 나오는 힘입니다. 그것은 또한 우리에게 말을 하고, 사랑을 하면서 우리를 붙들어 줍니다. 수호천사는 동정의 말 속에 있는 것입니다.

우리 한 사람 한 사람 모두에게 수호천사가 있다는 생각은 어디에서 온 것입니까?

그 생각은 하나님이 우리를 개인적이며 모성적인 사랑을 가지고 기른다는 표현입니다. 아기가 요람에 있을 때, 그는 어머니를 보지 못하지만 어머니를 듣습니다. 어머니가 가까이 오는 것을 느끼고, 어머니가 가까이 왔다는 음성을 듣고, 드디어 곁에 온 것을 듣습니다. 수호천사도 눈에 보이지는 않지만 거기 있다는 것을 알게 합니다. 예수님이 오신 이래 보이지 않는 것은 언제나 우리를 구원하는 것입니다. 우리 눈에 보이지 않는 것만이 우리를 구원할 수 있습니다. 모든 종교에는 악령이 있습니다. 그러나 예수님과 함께 악령은 서지 못하게 되었습니다. 그것은 지옥에 갔습니다. 예수님은 이처럼 구원의 영들만 우리에게 주셨습니다.

악마는 존재하는 것이 아닙니까?

나는 모르겠습니다. 어떤 경우에서든지, 세례를 받은 우리 한 사람 한 사람에게 악마는 존재하지 않습니다.

지옥에 떨어진 다음에 악마는 …

… 제압 당했습니다. 예수님을 의존하게 된 것입니다. 아무리 악마가 존재하고, 우리를 유혹하려고 하며, 우리에게 죽을 것들만 자극할지라도, 예수님은 우리 한 사람 한 사람 안에 계시며, 우리로 하여금 불행이 아닌 영원과 기쁨을 낳게 합니다.

그러나 요한계시록에 짐승이 있지 않습니까?

그것이 왜 악마입니까? 어쨌든, 아무리 악마가 이 세상에 존재할지라도, 그것은 미술가들이나 설교자들이 묘사하는 것과 같은 존재는 아닙니다. 내가 생각하기에 악마는 사람들에게 자기 욕망의 끝에까지 가지 못하게 하는 그 어떤 것입니다. 우리 몸을 만족시키는 욕망은 그것이 아무리 한 동안 우리를 만족시킬지라도, 우리에게 참된 욕망이 될 수 없습니다. 어떤 사람이 너무 많이 먹어서 죽든지, 에이즈나 다른 어떤 병 때문에 죽더라도 그들은 그들의 내면에 하나님이 숨어 계신 어떤 사랑할만한 것이 들어 있다는 사실을 알아야 합니다.

미 주

여기에 나오는 정신분석학적인 주는 끌로드 발디-물리니에 (Claude Baldy-Moulinier)가 작성한 것으로 미주 처리하였고, 본문 안에서 각주와 구별하기 위해 1* 등으로 표시하였다.

1* 고대 사회에서 행해지는 종교의식에서 남근은 주권적인 능력 및 사람이나 토지에 영원히 풍요를 가져오는 상징으로서 중심적인 자리를 차지하고 있었다. 정신분석학 이론에서 이 상징은 육체의 기관이라는 실상과 분리하여 다루고 있다. 라깡에게 남근은 매우 중요한 개념이다. "남근의 중요성은 로고스의 한 부분이 욕망의 사건과 결합되어 있다는 것이다"(*Les érits*, Le Seuil, 1966. p. 692). 돌토는 이 상징을 통해서 인간의 욕망이 가진 역동성은 조절하는 특성이 있다는 것을 나타내고 있다.

2* 여기에서 부모 두 사람의 혈통을 따라서 태어난 아이가 새로운 질서로 옮겨가는 것이 묘사되어 있다. 이렇게 "부자관계를 상징적인 방식으로 뿌리 박는 것"은 인간의 충동들을 상징화하고, 그렇게 함으로써 우리 욕망을 인간화시키게 된다. 돌토는 이런 발달 과정을 다른 저서에서도 많이 언급하고 있다. *Séminaire de Psychanalyse d'enfants*, Le Seuil, 1982, t. 1, ch. 5, p. 67. *Dialogues Québécois*, Le Seuil, 1987, pp. 24., 303.

      Solitude, Gallimard, 1995, pp. 240, 313-317을 참조하라.
3* 돌토는 우리에게 이렇게 힐문하면서, 우리가 아이들을 전체적인 존재로 인정해야 한다고 우리 주의를 촉구하고 있다. 그리고 그것이 그녀가 증진시키려는 입장의 기초임을 결론 삼아 말하였다. "어린아이들은 어른들의 아킬레스의 건이다." 또한 그녀는 평생 동안 어린아이들의 입장, 주체, 욕망 등에 대한 존중에 관해서 주의를 환기시켰다. 이러한 그녀의 가르침은 우리들에게 욕망의 길을 욕구로부터 벗어날 수 있게 해주고, 두려움의 장애를 제거하게 하며, 우리 삶에서 볼 수 없는 것들을 기꺼이 받아들이도록 해주고 있다. "어린아이들은 그들이 보고, 듣고, 느끼는 등 그들이 받아들이는 것을 가지고 무엇이든지 만들 수 있는 예술가들이다." *La Cause des enfants*, R. Laffont, 1985; *La Cause des dolescents*, R. Laffont, 1988을 참조하라.
4* 돌토는 오이디푸스적인 생식의 거세라는 단어를 그의 논문에서 확대시켜서 쓰고 있는데, 그녀는 프로이트가 말한 거세가 인간의 삶 속에서 여러 차례 나타난다고 주장하였다. 태아 시절의 거세, 구강기적 거세, 항문기적 거세, 초보 단계의 거세, 오이디푸스적인 생식의 거세 등 여러 가지가 있다는 것이다. 사람들은 그들의 삶에서 계속해서 다가오는 일련의 고난들을 통해서 그들의 충동을 상징화하고 있다. 이 고난들은 어른들이 말하는 법(法)과 함께 주어지는데, 사람들에게 "새로운 상징의 원천"이 되고, "상징 산출적인" 가치를 지니고 있다. "오이디푸스적인 거세는 어머니나 아버지가 그들의 아들이나 딸이 가지는 근친상간적인 욕망에 가하는 벽(壁)인데, 그것을 통하여 아이들의 삶을 위한 리비도적 에너지는 가정이라는 울타리 밖으로 풀려나가게 된다"(*L'image inconsciente du corps*, Le Seuil, 1984, p. 206). *ibid.*, chap. 2; *Au jeu du désir*, Le Seuil, 1981, chap. 7을 참조하라.
5* F. Dolto, 『정신분석학의 위협 안에 선 기독교 신앙』(서울: 다산글방, 1999). pp. 137-142를 참조하라.
6* 이 단어는 어떤 정신병리를 가리키는 특별한 의미로 쓰인 듯하다. 부모-자식의 관계에서 부모에게 고통 가운데 남아있는 무의식의 흔적들은 자식들을 감염시켜서 그들에게 "상징적인 종기"를 만들어낸다. 이때

실제로 행해지는 말 속에서 상징의 기능은 고장나 있다. 따라서 신체언어를 통해서 왜곡되어있는 규칙(les codes)들을 해독해야 한다. 이런 경우 정신병리는 당사자의 성격적 특성에 따라서 나타나며, 정신적인 불균형은 반사회적인 행동이라든지 충동성 등으로 표출된다. 이 단어는 돌토가 그렇게 많이 쓰는 단어는 아니지만, 이 단어가 내포하고 있는 의미는 그녀가 정신적인 혼란을 좀더 넓은 시각에서 바라보았다는 점을 암시해주고 있다. *L' image inconsciente du corps*, Le Seuil, 1984, chap. 3. *Séminaire de psychanalyse d' enfants*, t. II, chap. 9을 참조하라.

7* 돌토에게 있어서 이 개념은 라가쉬(Lagache)가 지적한 바 있는 자아-초자아의 이상과 구별되는 것으로 쓰인다. 우리 정신에서 자아-이상은 우리 몸의 이미지로부터 형성되는데, 자아-이상은 우리들에게 앞으로 우리 자아가 나아갈 길을 나타내는 우리와 동성인 어른들과의 동일시를 뒷받침해준다. 만약에 우리 부모가 죽는다면, 자아-이상도 변하여 우리에게서 죽음에의 충동이 생겨난다. 돌토는 이런 이야기를 하면서, 거기에서 나오는 위험 가능성과 상징화의 중요성에 관해서 강조하고 있다. 이런 어린이들에게 도움이 되는 것으로는 *Séminaire de psychanalyse d' enfants*, t. II, pp. 160-161. Solitude, pp. 386-396 등이 있다. 또한 자아-이상의 형성에 관해서는 *Le Cas Dominique*, Le Seuil, 1974, pp. 225-232가 있다.

8* 여기에서 돌토의 예리한 문장 스타일에 주목해야 한다. 그녀는 배에 주머니를 가진 캥거루 이미지를 통해서 어머니와 아들 사이에서 일어날 수 있는 모든 문제를 그 안에 깊이 담고 있다.

9* 미주 4를 참조하라.

10* 이 개념들은 라깡의 가르침으로부터 유래된 것이다. 라깡은 사람들 앞에 이미 존재하는 실재(le réel)에 그것을 감싸기 위해서 서로 결합되어 있는 세 개의 원 모양을 도입하면서, 각각의 원들은 이 결합체 내에서 그 자신의 견고성을 유지하고 있다고 주장한다. 서로 분리할 수 없는 세 개의 실체인 실재적인 것, 상징적인 것, 상상적인 것으로부터 인간의 욕망이 생겨나고, 사람들은 말을 하면서 산다. 돌토는 예수님은 모든 욕망의 조성 원리이며, 예수님 안에서, 그리고 예수님에 의해서 말씀이 육

신을 입고 이 세상에 왔다고 주장하고, 예수님은 또한 모든 사람들이 그의 말씀을 마음에 새기고 성육시키는 근본적인 율법에로 부르고 있다고 덧붙였다.

11* 미주 1을 참조하라.
12* 이 문제에 대한 생각을 좀더 확대하기 위해서 우리는 돌토가 청소년기라는 이 중요한 시기에 관해서 집중적으로 고찰한 *La Cause des Adolescences*를 들여다 볼 수 있을 것이다. 마찬가지로 *Dialogues Québécois*도 참조하면 좋다.
13* 이 개념은 우리 욕망의 상징이 무의식 안에서 혼란을 일으켰을 때, 그것이 우리 몸을 통하여 언어적인 표현으로 나타나는 것을 가리킨다. 이 때 사람들의 몸에는 지나간 삶 속에서 생긴 문제들 때문에 고통이 생기는데, 그것은 "무엇인가를 욕망하는 주체와 그의 몸 사이에서의 계약"인 통합이 깨어졌기 때문이다. 돌토의 이런 설명은 우리에게 이런 변이들의 의미를 개략적으로 밝혀주는데, 그것은 우리 안에서 욕망의 상징적인 교환의 역동성 속에서 어떻게 고통이 생기는지를 알게 해준다.
14* 나사로가 죽은 이유에 대한 돌토의 설명에서, 우리는 나사로가 예수님과 맺은 관계는 마치 유아의 양육 과정에서 유아와 보호자가 서로 몸과 몸을 맞대면서 "같이 사는 것"과 같은 관계임을 알 수 있다. 이런 관계 속에서 사랑하는 대상이 없어지면 주체는 이 세상에서 살지 못하게 되고, 그의 근본적인 안전은 깨어지게 된다. 따라서 "주체가 삶에 두었던 자기애적인 닻줄"은 끊어지고, 그는 자기 포기를 하게 된다. 그래서 돌토는 "그는 심한 우울증 때문에 죽었다"고 말하는 것이다. 프로이트의 이론에 의하면, 우울증은 자아와 사랑하는 대상 사이에서 혼돈이 일어나는 단계로의 퇴행 상태를 의미한다. 그때 우울증 환자는 죽은 이를 애도하지 못한다. 그는 사랑하는 대상의 상실을 견디지 못하고, 그에게서 떨어지지 못하는 것이다. 그의 자아가 상실된 대상과 혼돈 되어 있기 때문이다. 사랑하는 대상의 상실이라는 일어날 수 없는 사건은 그에게서 욕망이 일어나지 못하게 하고, 모든 욕망의 기반인 결핍의 구멍까지 막아버린다. 따라서 욕망의 주체는 사라져버리고 만다. 나사로가 죽음 속에서 그의 육체와 혼돈된 가운데 묶여있었다면, 예수님은 그에

게서 욕망을 풀어내고, 그를 육체로부터 부활의 성령으로 열어놓은 것이라고 생각할 수 있다. "우리의 육체적인 삶이 하나님의 말씀과 하나가 되는 진리 안에서 영원히 기쁨을 누릴 수 있는 욕망의 진정한 원천으로 열어놓은 것이다." 돌토의 복음서 읽기는 이런 의미를 전제로 하고 있다. S. Freud, "Deuil et M lancolie", in *Métapsychologie*, Gallimard, 1978; F. Dolto, *Solitude*, "La mort: clameurs et chuchotements", p. 415를 참조하라.

15* 생식욕의 승화는 오이디푸스 콤플렉스를 해결하고, 근친상간을 금지하는 법을 받아들여야 가능하다. "근친상간의 욕망에서 풀려난 생식의 충동은 사회적이며 문화적인 행동에 투자되게 된다." *Au jeu du désir*, chap. 7; *L' image inconsciente du corps*, pp. 186-207을 참조하라.

16* 최초의 타자인 생식자나 그를 보호해주는 어른들과의 관계 속에서, 또 그 관계에 의해서 아이들에게는 "나, 나의, 너의"라는 것이 알려지고, 자리잡고, 만들어지며, 표현되고, 주체가 자기 몸에게 말하게 된다. "우리는 우리를 받아들이고, 거부하고, 우리에게 거리를 두면서 스스로를 형성해 가는 것이다"(*Approches*, revue du Centre de Documentation Religieuse No. 40. p. 28). "Personnologie et image du corps", in *Au jeu du désir*, chap. 4; Tout est langage, Gallimard, 1995, pp. 99-102를 참조하라.

17* 이것은 주체가 가지게 되는 욕망의 윤리와 욕구의 강압적인 작용 규칙 사이를 철저히 구별해야 함을 강조하는 것이다. 여기서 전자가 욕망의 창조적인 역동성을 증진시키는 것이라면, 후자는 자아의 관심을 조절하는 것이다. 예수님은 사람들이 의미로부터 생기고, 말의 본질로부터 생기는 욕망의 진리를 찾도록 인도하였다. 그는 모든 사람들을 "욕망을 향하여 집중되는 사회의 상징"으로 부른 것이다(*Approches*, No. 40, p. 25). 그런데 무엇인가를 잘못했다는 느낌은 사람들에게서 욕망을 방해하고, 자아는 어떠해야 한다고 주장하고, 행동을 도덕적인 이상에 의존하게 한다. 사회적이며 종교적인 제도들은 이런 기조 위에서 움직이며 사람들 속에 있는 창조적인 말의 목소리를 막으며, 빼앗아버린다. 복음서의 진정한 의미를 왜곡하는 것이다. "예수님은 우리들에게서 죄의식을 완전히 벗길 수 있는 욕망의 열쇠를 주셨다. 그러나 사람들은

왜 복음서의 이름으로 그렇게 하지 않는가?"(*Approches*, No. 35, p. 13). 돌토는 끊임없이 우리들로 하여금 그렇게 하지 못하게 하는 기제에 대해서 경계하고, 그 결과 생기는 황폐함에 주의를 촉구하고 있다. *Au jeu du désir*, chap. 3; *La difficulté de vivre*, Gallimard, 1995. pp. 209-222를 참조하라.

18* 이구절은 거울에 대해서 돌토가 쓴 논문에서 따온 것일 뿐만 아니라, 그녀가 하고 있는 작업들의 성층(成層)이 담겨진 특별히 뚜렷한 구절이다. 다시 말해서 돌토의 저작들 안에 얼마나 그녀가 가진 신앙의 흔적이 찍혀 있으며, 신앙이 얼마나 그 기초를 형성하고 있는지 살펴볼 수 있다. 그녀의 저작들을 읽어보면서 우리는 그녀가 가르치고 있는 것들에서 얼마나 의미 깊은 지성이 담겨있는가 하는 것을 알 수 있다. *L'image inconsciente du corps*, "Le miroir", pp. 147-163을 참조하라.

19* 이것은 사람들에게 정체성이 형성되는 초기 단계에서 발견되는 정령숭배적인 인상을 가진, 지체된 고착점을 말하고 있다. 어쨌든 이것은 "욕망의 부분적인 대상"을 나타내는 마술적인 형식으로, 사람들을 안심시키는 환상을 그 안에 포함하고 있다. 그리스도와의 새로운 연합은 이 형식으로부터 퇴행으로의 고착을 분리시키고, 사랑으로의 해방을 진작시킨다. 또한 문자에 굴복하여 두려워하는 것으로부터 풀어내고, 사람들의 마음이 성령을 받을 수 있도록 해방시킨다.

20* 이 말을 통해서 돌토는 예수님 안에서 하나님의 욕망의 진리가 모든 사람들에게 계시되었고, 그 욕망의 진리는 사람들에게 무의식적인 욕망으로 남아있다고 주장하고 있다. 모든 욕망을 완성시키는 "욕망의 주인"인 예수님은 사람들을 창조적인 도약으로 나아가게 한다. 율법의 문자들을 도덕적으로 관찰하는 것을 초월하여 예수님은 사람들을 사랑의 영으로 나아가도록 모험으로 부르는 것이다. 그때부터 사람들의 모든 만남에서 우리는 하나님의 욕망이 가진 진리의 한 부분들을 찾아볼 수 있게 된다. "모든 사람들은 하나님입니다. 그렇지 않으면 우리가 사는 지구 위에서 하나님의 이미지가 널리 퍼지게 하는 하나님의 작은 부분들입니다"(*Espaces*, No. 13-14., 1986). 우리 욕망에 있는 질서가 돌토의 가르침의 매개체이다. 그녀는 그녀가 가진 신앙의 빛을 가지고 정신분

석학의 개념을 살펴본다. 그녀의 이론적인 발달을 더 깊이 알기 위해서는 *Au jeu du désir*, chap. 9를 참조하라.
21* 우리는 먼저, 프로이트가 말하는 죽음에의 충동이라는 개념을 돌토는 특별한 방식으로 생각한다는 사실을 알아야 한다. 그녀는 그에 대한 개념의 기초를 매우 특별한 방법으로 몇몇 저작들과 아직 출판되지 않은 세미나 자료들 속에서 발달시켰다. 그것을 설명하기 위해서 먼저 우리는 죽음에의 충동은 잠이나 오르가즘에서 나타나는 욕망의 절정에서 발견되는 휴식 상태에 해당한다는 사실을 밝혀야 한다. "그때 주체는 휴식을 취하게 되고, 충족되려는 모든 욕망들은 고갈되게 된다." 그러나 살해하려는 충동은 그것과 구별되고, 그 안에 자기-공격욕이나 타인-공격욕을 품고 있다. 죽음에의 충동은 두 가지 무의식적인 충동으로 구성되어있는데, 하나는 그의 힘을 과시하려는 성적인 충동으로, 다른 하나는 죽음에 대해서 모든 것을 알려는 인식에의 충동으로 나타난다 ("Désir de mort" in La mort au risque de la psychanalyse, 돌토의 문서들. ff. 65-66). 이구절 속에서 돌토는 문제가 되는 것은 현실을 초월하는 실재에 가기 위해서 자기 삶을 유희(遊戲)나 죽음에의 위험에 집어넣는 것도 아니고, 그런 "가능성들을" 넘어서 "심취하여" 실제로 모험을 하는 것도 아니라, 좌절된 욕망이라고 주장한다. 왜냐하면 그런 욕망들은 부분적인 쾌락을 얻기 위하여 퇴행하기 마련인데, 부분적인 쾌락은 주체의 통합성을 위태롭게 하고, 그가 다른 사람들과 삶을 나누지 못하게 하기 때문이다. 죽음에의 충동을 더 깊이 살펴보기 위해서는 *Séminaire de psychanalyse d'enfant*, t. I. chap. 13을 참조하라.
22* 프로이트는 변태란 "성적 충동의 본래적이고, 일반적인 성향"이라고 주장하였다(*Trois essais sur la théorie de la sexualité*, Gallimard, 1978). 다시 말해서, 성욕을 자극하는 기관을 시발로 해서 부분적인 만족을 얻으려고 하거나, 부분적인 쾌락을 얻으려고 하는 경향성을 말하는 것이다. 변태는 이런 기능의 지속과 연관되어 있다. 초기의 무정부주의적인 경향은 성장 과정에서 충동의 조직화나 협동 방식에 따라서 발달하게 된다. 발달의 각 단계에서 나타나는 거세의 개념을 확대시키면서, 돌토는 리비도의 에너지를 만드는데 따르는 계속적인 고통에 대한 연구의 길

을 열어놓았다. 거세의 질서는 사람들에게 "쾌락을 얻는 방식"을 변화시키고, 율법에 복종하여 욕망을 상징적인 방식으로 충족시키도록 한다. 하지만 변태는 부분적인 쾌락으로의 퇴행이나 고착으로서, 그의 심각한 차원에서의 병리는 거세를 부정하고, 현실을 부정하게 한다. 여기에서 돌토가 바리새인에 대해서 언급하는 것은 사람들이 율법을 받아들여서 율법이 그를 해방시키게 하고, 그로 하여금 성령에 따라서 살 수 있게 하지 않는 한 율법의 자구(字句)에서 벗어날 수 없고, 자기 책임을 다할 수 없으며, 거세를 시행할 수 없다는 사실을 말하려고 하는 것이다. 쾌락에 대한 노예적인 추종은 사람들의 정신을 약화시키고, 변질시키면서 법칙의 의미를 파괴시키고 만다. 변태에 관해서는 *Séminaire de psychanalyse d'enfants*, t. II. chap. 12; *Les étapes majeures de l'enfance*, Gallimard, 1994. pp. 60-62. 또한 거세에 관해서는 *L'image inconsciente du corps*, chap. 2를 참조하라.

23* 정신분석학에서 전이란 피분석자가 분석가를 향해서 갖게 되는 관계를 지칭한다. 치유가 일어나기 위해서는 전이의 본성이 이용되며, 전이에 대한 해석과 해결이 필요하다. 정신치료 과정에서 말하고 들으면서 사람들은 무의식적인 욕망을 표현하도록 자극된다. 서로의 감정이 오고 가는 관계 속에서 피분석자는 언어 속에서 말의 울림을 듣고, 음색까지 들을 수 있게 된다. 이런 가운데서 피분석자는 자기 삶의 이야기를 다시 살 수 있게 되고, 자기에 대해서 간파할 수 있으며, 무의미했던 유년기의 고통스러운 흔적들로부터 벗어날 수 있게 된다. 이런 과정들은 전이 관계의 해결로 이끌어간다. 돌토가 전이에 관해서 쓴 책은 없지만, 그의 작업은 모두 전이에 관한 것이었다(특히 *La difficulté de vivre*, pp. 227-230). 이렇게 좁은 의미에서 보지 않고, 좀더 넓게 본다면, 전이 현상은 많은 관계들 속에서 계속해서 나타난다. 이 본문 속에서 예수님은 사마리아 여인에게서 전이가 나타났음을 해석을 통해서 알았고, 그녀에게 그 의미를 넘어서는, 그녀 욕망의 진실에 관해서 찾아볼 것을 촉구하였다. "여태까지 분열되었던 그녀의 욕망이 결합하는 데 있고, 전이의 대상이 되는 것이 항아리라면, 그녀는 예수님의 말을 들을 수 있고, 예수님의 부름에 응답할 수 있을 것이다 (…) 예수님의 말씀은 그녀에게

기쁨과 여성으로서의 긍지를 가져다 줄 수 있는 것이다"(*Approches*, No. 40, pp. 63. p. 327).

24* 이 개념에 관해서 특별히 보충하여 생각해볼 것으로 우리는 돌토가 이 문제에 관해서 고찰한 저작을 들 수 있다. 여러 가지 종류의 외로움은 우리 실존의 불가피한 부분이며, 우리 삶에서 발견되는 결핍의 속성이고, "무엇이라고 헤아릴 수 없는 친구이자, 죽음을 가져오는 원수"로서 우리가 태어나면서부터 죽을 때까지 탄생과 죽음이라는 두 기둥 사이에서 전개되며 다가온다. *Solitude* 를 참조하라.

25* 우리는 "주체의 통합성"을 이룩하게 하는 이름의 원초적인 중요성에 관해서 돌토가 중요시하는 것을 주목해야 하는데, 이름은 평생 동안 그 사람에게 새겨져서 깊이 패이게 된다. *L'image inconsciente du corps*, pp. 46, 51, 93, 94를 참조하라.

26* 이 말은 아이들 속에서 부모의 모습은 "남성이면서 동시에 여성인 보호자"로 서로 결합되어 나타나고 있음을 보여준다. 그들은 서로 비슷하기 때문에 아이들은 부모에게 같은 가치와 같은 능력이 있는 것으로 체험한다. 그래서 아이들이 성의 차이를 알게 되기 전까지 그들에게 주체의 자기애는 통합되어 나타난다. 부모는 아이들에게 정체성과 자아-이상을 형성시켜주는 최초의 상징적 지표이며, 너를 참조하여 나를 세울 수 있는 밑받침이 되는 존재이다. "어머니의 우선적인 대상인 어머니 아닌 또 다른 사람(아버지)은 어머니의 욕망을 담고 있는 지표로 나타난다. 그래서 아버지도 어머니에 대한 욕망과 관계되는 감흥에 감염된 가치를 부여받는 것이다." *Le cas Dominique*, pp. 225-227. *Au jeu du désir*, chap. 4. *L'image inconsciente du corps*, pp. 86, 271을 참조하라.

27* 이러한 진술은 욕망의 문제를 농축시킨 것인데 이 진술의 관념적인 기반은 "주체의 욕망은 대타자(Autre)의 욕망이다"라고 하는 라깡의 가르침을 돌토가 세련된 방식으로 표현한 것이다. 욕망은 보통 대상의 결핍처럼 일어나는데, 욕망은 주체를 대상으로부터 분리시키는 상징적인 절단면처럼 보인다. 이때 그 대상은 상실된 것처럼 느껴지고, 그가 느끼는 결핍의 기반이 된다. 그녀의 저작을 통해서 돌토는 인간의 욕망에 내재된 역동성의 복합적인 의미에 관해서 조명하였다. 그녀는 사람들에

게서 결핍이 얼마나 많은 것들을 만들 수 있는가 하는 것에 관해서 잘 알고 있었다. 그것은 갱신과 창조적 도약의 원천이고, 주체 사이의 의사 소통으로 부르는 힘이라는 사실을 알고 있었던 것이다. "우리는 상상 속에서 강력하게 욕망하는 극적인 운명을 지지하기 위해서 서로가 다른 사람들을 필요로 하고, 매우 허약한 현실 속에서 개인을 필요로 한다. 타자들은 우리에게 고통 가운데 있는 인간에 대해서 알 수 있게 하는 가능성을 가져다주고, 우리가 서로에게 말할 수 있는 가능성을 가져다준다." 복음서는 의미를 초월하는 욕망을 발견하도록 이끌고, 사랑을 "마음에서 마음으로" 육화시키도록 한다. *Approches*, No. 40. p. 62. *L'image inconsciente du corps*, p. 328. *Au jeu du désir*, pp. 325-328을 참조하라.

28* 우리는 이것을 라깡이 말하는 대타자와 연관지을 수 있을 것이다. 라깡에게서 대타자란 담화의 축이며, "말하는 곳"이고, 욕망의 주체의 무의식적인 심급(審級)이다.

29* 우리는 여기 나오는 사항이 좀더 진전된 모습으로 나타나는 것을 *Au jeu du désir*, 5장에 나오는 "충동의 역동성과 소위 손아래 동생들이 갖는 질투심의 반작용"에서 찾아볼 수 있다.

30* 이러한 진술은 "사람은 자기 아버지와 어머니 곁을 떠날 것이다"(창세기 2:24)라는 가장 오래된 최초의 하나님의 명령을 상기시켜준다. 이것은 또한 돌토의 임상적인 입장으로 볼 때 본질적인 축 가운데 하나이다.

31* 이 단계를 위해서는 이 주제에 관해서 다룬 돌토의 저작 *La cause de adolescents*와 *Au jeu du désir*, pp. 238-244 그리고 *Dialogue Québécois* 8장을 참조할 수 있다. 또한 특별히 청소년에 관해서 참조하려면 Cathrine Dolto와 Colette Percheminier의 공저로 1989년 Hatier에서 나온 *Paroles pour adolescents ou le complexe du homard*를 보라.

32* 돌토는 한 사람이 태어날 때부터 그가 타고나는 선물인 재능들(les talents)이 모두 발휘되는데 필수불가결한 자율성이라는 차원으로 계속해서 돌아가고 있다. 자율성은 그녀가 하는 모든 생각의 기반이다. "모든 인간 존재는 태어나면서부터 그 자신이 욕망의 자율적인 원천이라고 스스로 생각한다. 나는 그가 (태어날 때) 이 세상에 살아있는 존재로

출현하는 것은 그 자체로서 그가 감당해야 하는 욕망의 자율성을 드러내는 상징이라고 생각한다." *Le cas Dominique*, p. 198. 자율성의 획득에 관해서 좀더 살펴보려면, *La difficulté de vivre*, pp. 117-142를 참조하라.

33* 이러한 진술은 프로이트에 의해서 처음으로 발견된 오이디프스적인 거세, 즉 아버지의 이름과 연관되어 있는 근친상간 금지라는 보편적인 법칙을 되돌아보게 한다. 여기에 대해서 라깡은 그 법칙이 가진 명령적인 효과를 다시 강조하고 있다. "사람들이 어머니에게 성적으로 집착하지 않고, 근친상간을 금하게 하는 법칙이 우리 욕망을 위해서 사용될 수 있는 것은 아버지라는 이름 때문에 가능한 것이다"(*Les écrits*, p. 852). 돌토의 모든 노력은 특별히 법칙의 근본적인 원동력을 부각시키고, 사람들에게 윤리적인 삶을 보장해주는 법칙의 상징적인 질서에 사람들이 접근할 수 있는 방도가 어떻게 생기는가 하는 것을 규명하려는데 집중되고 있다. 그녀의 이런 연구는 이 책의 다음 장, "간음한 여인"에서도 나타난다.

34* 이 상황은 우리에게 "자기 성(性)의 독특성을 찾게되는" 주체(le sujet)에게 윤리가 얼마나 적극적인 의미를 지니고 있는가 하는 사실을 되새기게 하는 돌토의 가장 특징적인 공식이다. 이러한 사실은 몸이라는 이미지 속에서 역동적인 이미지들과 결합되어 나타나는데, 이 이미지는 우리에게 존재란 앞으로의 형성을 향해서 나아가는 것이고, 주체는 욕망 속에서 … 무엇인가를 욕망할 권리가 있다"는 사실을 말해주고 있다. 그러나 여기에서 작은아들이 가지고 있던 이미지는 산산조각 나버렸다. 그는 굴욕감을 느꼈으며, 그의 실패는 그가 "욕망으로 향해서 나아가는" 미래를 굴절시켜버렸다. 하지만 아버지의 사랑은 인간으로서의 그의 존엄성을 회복시켜주었고, 인간의 욕망이 가진 창조적이고 윤리적인 차원을 역동화시켰다. 이제 그의 욕망은 그를 앞으로 나아가도록 자극할 것이다. *L'image inconsciente du corps*, p. 58을 참조하라.

35* 여기에서 돌토는 승화 과정을 거세, 더 특별하게는 우리 충동에 명령을 내리는 근친상간 금지의 법칙과 연결되어 있는 거세의 열매로 제시하고 있다. *Au jeu du désir*, p. 233; *L'image inconsciente du corps*, pp. 78-80을 참조하라.

36* 앞에 나온 미주 22를 참조하라.
37* 돌토는 끊임없이 "사람들에게 욕망을 차단하는 가장 불안하고 우울한 느낌"인 죄의식의 유해성에 관해서 주의할 것을 촉구하고 있다. 죄의식이 가져올 수 있는 신경증적인 결과와 소외감 등에 관해서 강조하면서, 죄의식의 폐해들에 대해서 주장하고, 종교가 그 문제에 관해서 설명해 주도록 촉구하는 것이다. "위계질서가 엄격한 사회정치적 제도인 종교는 사람들에게 그들은 종교와 조화를 이루지 못한다고 주장하면서 죄의식을 불어넣고 있다. 그러나 누가 나를 그 아래로 집어넣을 것인가? 하지만 그것은 탕자의 비유에 나오는 아버지의 태도와 정반대되는 것이다 (…) 예수님은 우리에게 죄의식으로부터 완전히 해방시켜주는 욕망의 열쇠를 주었다"(Approches, No. 35. p. 17). *Au jeu du désir*, chap. 3; *La difficulté de vivre*, pp. 195-222을 참조하라.
38* 사랑의 말을 표현하는 형식에 대해서 돌토는 *Au jeu du désir*, 10장 "사랑하기와 사랑"에서 고찰하고, 발달시켰다. 우리는 남자-여자의 관계와 부부의 관계에 대한 고찰에 관해서 *La difficulté de vivre*의 pp. 411-429에 있는 "남자와 여자"와 *Les chemins de l' éducation*, Gallimard, 1994의 pp.139-151에 있는 "사랑, 결혼, 행복"을 참조하라.
39* Saint Augustin, "Commentaires à la première épitre de saint Jean", 7론, 8절을 참조하라.
40* 프로이트에 의하면 환상이란 상상적인 표현이나 주체가 직접 또는 다른 인격으로 참여하는 백일몽을 가리키는데, 환상은 무의식적인 욕망을 형상화하며, 감각적으로 지각할 수 있거나 신체적인 것을 통해서 나타난다. 환상이란 주체의 리비도가 투자된 것이 그가 집착하고 있는 이미지를 통해서 분출되는 통로이며, 타협의 산물인 것이다. 라깡은 이런 사고의 계열을 따라서 환상의 구조에 대해서 정의하면서, 그것이 지닌 언어적인 본성을 강조하고 있다. 그러면서 그는 상상력이 부어지는 대상인 신체의 일부분(시선, 목소리, 젖가슴, 엉덩이)에 어떤 논리성이 있다는 사실을 부각시킨다. 이런 생각은 돌토에게서도 마찬가지로, 그녀 역시 우리 몸의 이미지가 가지고 있는 개념들과 환상을 결부시킨다. 그녀는 어린아이들이 그린 그림 속에 나타나는 환상적인 표현들과 그 환상

에 대한 그들의 해석을 꿈과 함께 매우 중요한 교육 자료로 삼는다. 돌토가 그 그림들, 특히 아직 출판되지 않은 아이들의 그림에 관한 세미나에서 어떤 의미를 찾아내려고 했던 것은 그 그림들이 어떤 형상적인 것들을 가지고 있었기 때문이 아니라, 그것들에는 주체가 이 세상과 관계 맺으면서 가지게 되는 욕망의 언어가 드러나 있기 때문이었다. "그림은 분석과정에서 (…) 즉각적인 환상을 볼 수 있는 것이다. 그래서 나는 환상 속에서 나타나는 신체의 이미지에 관해서 연구하였다." *L' enfant du miroir*, Payot, 1992. pp. 14, 15, 37을 참조하라.

41* 이런 해석을 통하여 거울의 단계에 대한 돌토의 이론이 근본적으로 어떻게 형성되었는가 하는 점을 살펴볼 수 있다. 거울 단계의 체험을 통해서 주체는 상징적인 가정을 하나 수립하게 되고, 어린아이들은 자기를 다른 사람과 혼동하지 않게 되며, 특히 자기가 그렇게 되기를 바라는 사람의 이미지와 혼동하지 않게 된다. 그는 "세상에 있는 자기 존재의 현실"을 발견하는 것이다. 그 후, 주체는 자기다운 위엄을 가지고 눈에 보이는 질서와 맞서게 된다. "아이들에게 있던 몸의 이미지는 특히 그들이 몸을 관찰할 수 있는 이미지를 발견함으로써, 그 다음에 이어지는 오이디푸스적인 거세에 의해서 억압된다." 그런데 이러한 억압은 "존재의 진정한 감정적" 차원을 보이지 않는 것으로 기억에 담아둔다. 이런 변환이 아이들에게 상징화를 가능하게 하고, 표현의 질서로 들어가게 하며, "자아"의 형성에 기여한다면, 이 변환은 사람들에게 주체의 진정한 모습은 우리 눈에 보이는 사면(斜面)과 다른 것이라는 점을 깨우치게 되는 것이다. 여기에서 돌토는 우리가 "우리 자신의 이미지"가 나타남에 따라서 그것을 찬양하게 되는 함정에 빠질 수도 있다고 강조하면서, 우리 "주체가 정말로 바라는 정체성"을 분출시키기 위해서 눈에 보이지 않는 것들에도 반응해야 한다고 주의를 환기시키고 있다. 이 점이 돌토의 이론을 파악할 수 있는 열쇠인데, 복음서는 그녀의 영감의 원천이고, 그녀가 캐내고자 하는 의미의 상층(上層)이다. *L' enfant du miroir*; *L' image inconsciente du corps* 중 pp. 147-163에 있는 "Le miroir을 참조하라.

42* 돌토가 사람들에게 개념이 생기면서부터 상징은 사람과 같은 것이었

다는 사실을 끊임없이 주장했음을 기억해야 한다. "모든 인간 존재는 나면서부터 욕망의 자율적 원천이다." 말은 주체에게 상징에 관한 것들을 알게 하고, 그의 인간성 깊은 곳에 자리잡으며, 인간을 형성하게 한다. 이러한 사상적 기반들은 그녀로 하여금 가장 어린아이들의 입장에 찬동하게 하고, 모든 종류의 장애인들에게 임상적으로 접근하는 의미를 뒷받침해주었다. 그녀는 언어를 통하여 아이들에게 내면적인 결합을 이루게 하고, 몸의 이미지를 되살리며, "다른 사람들과 언어를 나누는 관계 속"에서 욕망을 형성하도록 자극하기 위해서 사람들의 정신이나 신체에서 말소된 흔적들의 의미를 해독하려고 하였다. 그 예로써 신체적 장애를 가진 아이가 건강한 몸에 대한 이미지를 형성하도록 그의 장애에 관해서 말을 해주어야 한다는 사실을 강조하였다. "몸에 아무런 장애가 없는 이미지로 상징화되는 이 아이의 주체의 건강한 발달은 (…) 그에게 아주 일찍부터 그의 몸에 어떤 장애가 있다는 사실이 말을 통해서 진실되게 전달되는 것에 달려있다." *L'image inconsciente du corps*, pp. 18-22, 41-46; *Séminaire de psychanalyse d'enfants*; t, II, chap. 4.; *Les chemins de l'éducation*, "Accompagnement psychologique d'un enfant handicapé et de ses parents."; *Destin d'enfants*, Gallimard, 1995. pp. 53-56; *Tout est langage*, pp. 81-84를 참조하라.

성서본문 색인

마태복음
- 요셉의 수태고지　1:18-25　　　35
- 가나안의 이방여인　15:21-28　　　214
- 어머니와 아버지 곁을 떠남　19:4-5　　　56
- 달란트의 비유　25:14-30　　　432
- 마지막 심판　25:31-46　　　325

마가복음
- 사람 낚는 어부　1:16-20　　　439
- 회당장 야이로 딸의 부활　5:21-43　　　122
- 가나안의 이방여인　7:24-31　　　213
- 간질병자를 고치심　9:14-30　　　424
- 예수님과 어린아이들　10:14-15　　　56
- 십자가 아래　15:33-37　　　77

누가복음
- 수태고지　1:26-38　　　33
- 성전에서의 예수님　2:42-52　　　49
- 나인 성 과부 아들의 부활　7:11-16　　　88
- 예수님의 변모　9:28-36　　　419
- 선한 사마리아 사람　10:25-37　　　173

길 잃은 어린양과 잃어버린 드라크마 15:1-10   220
돌아온 탕자의 비유 15:11-32   266
부정직한 청지기 16:1-9   439
나사로와 부자의 비유 16:19-31   340
바리새인과 세리 18:9-14   321
예수님의 깨어남 24:1-53   379
엠마오로 가는 제자들 24:1-53   379

요한복음

가나의 혼인 잔치 2:1-11   66
사마리아 여인 4:1-42   329
간음한 여인 8:1-11   290
나사로의 부활 11:1-44   144
예수님을 죽이려는 음모 11:45-53   163
베다니에서의 향유 12:1-8   164
십자가 아래 19:25-27   77
무덤 곁의 제자들과 막달라 마리아 20:1; 21:14   383
예수님의 출현과 기적과도 같은 어획 20:1; 21:14 385

주제 색인

(ㄱ)

거세   30, 50-53, 92, 106, 109, 117, 119, 133, 139, 158
　　─구강기적   108, 158
　　─상상에서의   143
　　─태아의   158
　　─항문기적   108, 158
거울   82, 150-155
결핍(부족)   40, 96, 143, 154, 224, 236, 251, 261, 264, 357, 368, 409, 411
　　─존재의   318
고독   81, 259, 261, 414, 463
공격성   426, 431
교육   28, 36, 59
교회   43, 176, 199, 248, 451-2, 454, 470
구원   218, 244
근친상간 금지   109, 202, 261, 303-5, 308, 462
기독교   167, 183, 388, 467
기쁨(즐거움)   201, 211, 229, 232, 247, 255, 269, 288, 318, 377, 393, 407, 418, 445, 473

(ㄴ)

나　402
남근　168
　　—상징적　40, 113
　　—주물적　134

(ㄷ)

다른 사람(타인)　167, 171, 177, 179-180, 186, 189, 198, 200-201, 232, 238,
　　243, 295, 299, 318, 324-326, 330, 355, 367, 402-403, 426, 428, 435, 445
대상　189, 263
　　—부분적인　127
　　—상실　222, 236
도덕(도덕률)　281, 434, 445, 459,
　　—의식　314
동일시　190, 202, 260, 349, 374
　　—생식자와의　41, 42

(ㄹ)

리비도(정신적 에너지)　109, 133

(ㅁ)

마음(가슴)　26, 28, 45, 65 80, 132, 152, 179, 197-8, 215, 226, 263, 270-1, 298,
　　313, 326, 348, 367, 401, 445
말, 말씀　38, 41, 62, 81, 182, 196, 211, 235, 261, 285, 337, 372, 398, 412,
　　452, 466
　　—예수님의　313
　　—창조적인　73
　　—하나님의　43
말씀(동사)　264, 314

주제 색인 / 493

　　ㅡ하나님의　408
몸　43, 53, 69, 79, 89, 108-109, 120, 143, 150, 154, 160, 165, 177, 184, 195, 229, 245, 254, 260, 272, 293, 312, 325-6, 360, 389, 395 - 6, 428 - 429, 456, 467, 471, 473
무의식　200, 218, 408, 409, 448, 449, 451, 455, 468
문화　85, 308, 367,
믿음(신앙)　132, 136, 149-150, 354, 375, 388, 415, 427, 429, 448, 456

　　（ㅂ）

변태자　227
변화　94-95, 165, 293, 326, 344, 407
부모　51, 53-54, 111, 115, 188, 197, 260-261, 348-349
부인　118n, 448
부활
　　ㅡ예수님의　395, 398, 407, 417
　　ㅡ의 이미지　394
　　ㅡ존재의　394
분석가　46, 84, 108, 187, 259, 412
분리　248, 276-277, 306
불구(장애)　373
불안　20, 52, 71, 117

　　（ㅅ）

사도　45n
사랑　115, 139, 141, 150, 158, 178-179, 211, 256, 263, 271, 272, 345, 374, 376, 451
　　ㅡ부모의　187-188, 447
　　ㅡ부부의　40
　　ㅡ열정적인　170
　　ㅡ의 빚　119
　　ㅡ의존적인　125

─의 투사　189, 190
　　　─정결한　251
　　　─하나님의　281, 375
사실(현실)　55, 68
　　　─실재와　94
살　45, 410
　　　─의 부활　83
삼위일체　249, 458
　　　─하나님　249, 451, 452
상상　397, 458, 405
상상적인　113, 135, 256
상징　234, 257, 410, 420
새로운 연합　196, 198, 204, 209
생명(삶)
　　　─성적인, 육적인　244, 250
　　　─정신적인　409
　　　─영적인　244, 250, 327, 368
승화　166, 318
　　　─생식기적　119
　　　─항문기적　157
신경쇠약　106
신경증　302, 305, 390
신화　36
심리극　110, 142
실재　337
　　　─실재적인 것, 상징적인 것, 상상적인 것　373, 477

　　(ㅇ)

아버지　121, 249, 260, 287, 294, 303, 388
　　　─상징적인　121
　　　─생식자로서의　42
　　　─양부　42

─하나님　324, 416
아이(어린아이)　52, 57-8, 60-61, 91, 100, 102, 179, 202, 224, 275, 287, 302, 316, 343, 394, 454-455
애도　92, 149, 390
　　─의 대상　154
어머니　41, 45, 57, 60, 76, 96, 165, 177, 229, 276, 294, 388, 447
　　─의 이상　190
억압　271
　　─으로부터의 귀환　408
언어　58-9, 80, 85, 100, 204, 233, 261, 304, 411, 458
영　92, 120, 161, 214, 450, 453
영적인 것　256, 395
오이디푸스　299, 389
　　─콤플렉스　202
왕복　426
욕구　20, 82, 139, 156
　　─와 욕망　20, 82, 139, 156
욕망　45, 47, 54, 60, 68, 81, 100, 108, 116, 131-2, 142, 156, 165, 170, 197, 210, 217, 224, 231, 253, 271, 287, 308, 326, 335, 387, 390, 436
　　─고태적인　43
　　─과 고통　391
　　─과 욕구　258, 263, 265, 272, 341, 366, 410
　　─과 욕구의 혼합　127
　　─과 자율성　134, 283
　　─근친상간적인　158, 202, 312
　　─부분적인　228, 253, 318, 337-8, 403
　　─성욕　106
　　─에 대한 기술　307
　　─영의　161, 250, 467
　　─왜곡된　126, 133, 224, 252
　　─의사소통의　80, 230, 233, 234
　　─전생식적, 생식적　105, 115
　　─존재의　62, 394

—하나님의　110, 392, 400
우울증, 우울한 상태　105, 154-6, 229
위반　207, 310, 332, 336
윤리　288, 299, 338, 433
율법(법)　46, 84-5, 108, 118, 194, 207, 215, 225, 300-3, 314, 359, 360, 388
　　—모세의　214, 225, 291, 294, 297, 301, 312-3, 359, 360, 371
　　—무의식의　85
의사소통　21-22, 80, 132, 168, 198, 218, 230, 235, 249, 272, 282, 326, 342, 362, 391, 426, 440, 441, 446-7
　　—마음 사이의　255, 263, 326
　　—몸과 몸의　93
　　—무의식적인　376
이미지　195, 222, 244, 349, 409
　　—몸의　477, 486, 487, 488
이웃　174-6, 178, 180-182, 365

(ㅈ)

자기애, 자기애적인　47, 118, 150, 166, 265, 350, 376, 460
　　—고착　153
　　—사랑　156
　　—신경증　157
　　—의 미끼(유혹)　155
자비　25, 28, 177, 180, 182-3, 186
자아　153, 445, 462
　　—자아-이상　103, 462
저항　138
절대타자　168, 265
정신분석　74, 118, 200, 389, 390
정신신체적인　126, 142
존재　427, 460, 473
종교　169, 186, 323-324, 331, 450, 472
죄　208, 211, 225, 287, 288, 299, 300, 310, 338, 339, 392, 466, 470

주석   221, 301
주체   359, 366, 398, 435, 459
죽음   82, 97-98, 100, 104, 119-120, 172, 335-336, 358, 394, 471
　　─과 무의식   160
　　─그리스도의   388
　　─몸의   391
　　─상징적인   116
　　─아버지의   111
진리   204-205, 245, 247, 257, 263, 289, 324, 350
　　─사랑의   395
질투   128, 270-1, 369

　　(ㅊ)

청소년   60, 101, 109, 135
충동   225
　　─부분적인   93, 228-229
　　─삶과 죽음의   358
　　─생식의   113
　　─죽음의   116

　　(ㅋ)

쾌락   203, 207, 210, 234, 251, 273, 336-337
　　─부분적인   233
　　─상상에서의   313

　　(ㅌ)

태반   114, 394
태아   76, 155-156, 161, 394, 396, 400

(ㅍ)

피분석가   159n
피학대음란증, 피학대음란증의   468

(ㅎ)

하나님의 나라   346
하나님의 그림자   199
환상   43, 45, 91, 102, 261, 310, 336

한국심리치료연구소 총서

한국심리치료연구소는 한국심리치료 분야의 질적 향상을 위해서 이 분야의 고전 및 최신 서적들을 우리말로 번역 출판하고 있다. 본 연구소는 순수 심리치료 분야와 기독교 신앙과 관련된 심리치료 분야의 책들을 출판하며, 순수 심리치료 분야의 책들은 대상관계이론과 자기심리학을 포함한 현대 정신분석이론들과 융 심리학에 관한 서적이다.

순수 심리치료 분야

놀이와 현실
Playing and Reality
by D. W. Winnicott / 이재훈

울타리와 공간
Boundary & Space
by D. Wallbridge
& M. Davis / 이재훈

그림놀이를 통한 어린이 심리치료
Therapeutic Consultation
in Child Psychiatry
by D. W. Winnicott / 이재훈

멜라니 클라인
Melanie Klein
by Hanna Segal / 이재훈

자기의 분석
The Analysis of the Self
by Heinz Kohut / 이재훈

꿈상징 사전
Dictionary of Dream Symbols
by Eric Ackroyd / 김병준

편집증과 심리치료
Psychotherapy
& the Paranoid Process
by W. W. Meissner / 이재훈

유아의 심리적 탄생
Psychological Birth
of the Human Infant
by M. Mahler, & F. Pine / 이재훈

정신분석학적 대상관계이론
Object Relations
in Psychoanalytic Theories
by J. Greenberg & S. Mitchell / 이재훈

성숙과정과 촉진적 환경
Maturational Processes
& Facilitating Environment
by D. W. Winnicott / 이재훈

프로이트 이후
Freud & Beyond
by S. Mitchell & M. Black
/ 이재훈, 이해리 공역

기독교 신앙과 관련된 심리치료 분야

종교와 무의식
Religion & Unconscious
by Ann & Barry Ulanov / 이재훈

희망의 목회상담
Hope in the Pastoral Care
& Counseling
by Andrew Lester / 신현복

인간의 관계경험과 하나님경험
Human Relationship
& the Experience of God
by Michael St. Clair / 이재훈

현대정신분석학과 종교
Contemporary Psychoanalysis
& Religion
by James Jones / 유영권

살아있는 신의 탄생
The Birth of the Living God
by Ana-Maria Rizzuto / 이재훈 외

인간의 욕망과 기독교 복음
Les Evangiles au risque
de la Psychanalyse
by Françoise Dolto

앞으로 출간될 책

치유의 상상력
Healing Imagination
by Ann & Barry Ulanov

정신분석학과 종교경험
Psychoanalysis
& Religious Experience
by W. W. Meissner

교육, 허무주의, 생존
Education, Nihilism, Survival
by D. Holbrook

청소년 문제와 심리치료
Deprivation & Delinquency
by D. W. Winnicott

대상관계와 임상적 정신분석학
Object Relations
& Clinical Psychoanalysis
by Otto Kernberg

신학과 목회상담
Theology & Pastoral Counseling
by Debohra Hunsinger

외부세계와 내적현실
External World & Internal Reality
by Otto Kernberg

정신분석을 사랑한 소아과 의사
Through Paediatrics
to Psychoanalysis
by D. W. Winnicott

임상적 클라인
Clinical Klein
by Hinshelwood

성서와 정신
Bible and the Psyche
by E. Edinger

전환기의 종교심리학
Psychology and Religion
in Transition
by James Jones